NILS SALZGEBER

So lebst du deinen Flow

So lebst du deinen Flow

Für Spitzenleistung, Glück und Erfolg

NILS SALZGEBER

Bibliografische Information der Deutschen Nationalbibliothek
Die Deutsche Nationalbibliothek verzeichnet diese Publikation in der Deutschen Nationalbibliografie. Detaillierte bibliografische Daten sind im Internet über https://dnb.de abrufbar.

Für Fragen und Anregungen
info@m-vg.de

Wichtiger Hinweis
Ausschließlich zum Zweck der besseren Lesbarkeit wurde auf eine genderspezifische Schreibweise sowie eine Mehrfachbezeichnung verzichtet. Alle personenbezogenen Bezeichnungen sind somit geschlechtsneutral zu verstehen.

1. Auflage 2025

Türkenstraße 89
80799 München
Tel.: 089 651285-0

Übersetzung: Martin Bayer, Oliver Lingner
Redaktion: Petra Sparrer
Umschlaggestaltung: Sabrina Pronold
Umschlagabbildung: AdobeStock/nan2g
Satz: ZeroSoft, Timisoara
Druck: ScandBook, Litauen
Printed in the EU

ISBN Print 978-3-95972-831-7
ISBN E-Book (EPUB, Mobi) 978-3-98609-610-6

Inhalt

[...] Ihre Aufmerksamkeit ist auf ein bestimmtes Stimulusfeld beschränkt, sie vergessen persönliche Probleme, verlieren ihr Zeit- und Selbstgefühl, fühlen sich kompetent und der Situation gewachsen und empfinden Harmonie und Einheit mit ihrer Umgebung. [...] Sie machen sich keine Gedanken mehr darüber, ob die Tätigkeit produktiv sein oder belohnt werden wird. [...] Sie befinden sich im Flow-Zustand.[1]

Mihály Csíkszentmihályi

Einleitung

Waren Sie schon einmal so sehr in eine Tätigkeit vertieft, dass Sie alles um sich herum vergessen haben? Haben Sie jedes Zeitgefühl verloren und nicht mehr wahrgenommen, ob Sie hungrig oder durstig sind oder auf die Toilette müssen? Hat sich das unbeschwert und mühelos angefühlt? Haben Sie sich stark, selbstsicher und so gefühlt, als hätten Sie alles unter Kontrolle? Sind Sie nach dieser Erfahrung wieder ›aufgewacht‹ und kamen sich dann inspiriert, energiegeladen, erholt, kompetent und euphorisch vor?

Für dieses Erlebnis gibt es viele Namen. Psychologen bezeichnen es mitunter als »optimale Erfahrung«, Sportler sind »in ihrem Element«, Musiker »grooven«, Jogger erleben das »Runner's High« und Schriftsteller das »Writer's High«. Wir nennen es »Flow«, und genau darum geht es in diesem Buch.

Ich lernte zum ersten Mal etwas darüber, als ich Steven Kotlers Buch *The rise of superman* las. Darin wird beschrieben, wie die weltbesten Extrem- und Abenteuersportler Flow nutzen, um »die Grenzen der menschlichen Leistungsfähigkeit weiter und schneller zu verschieben, als das je in der 150 000-jährigen Geschichte unserer Spezies geschah.«[2]

Das begeisterte mich sofort und ich dachte: *WOW. Flow ist unglaublich. Das will ich auch erleben. Nein, das brauche ich. Wie komme ich in diesen Zustand?*

Diese Faszination führte mich auf eine vierjährige Reise, während der ich über Flow recherchierte und schrieb. Das Resultat ist das Buch, das Sie gerade in den Händen halten.

Was ist Flow und welche Bedeutung hat er?

Im Flow zu sein bedeutet, voll und ganz in einer Tätigkeit aufzugehen. Man ist so in das vertieft, was man tut, dass alles andere in den Hintergrund tritt. Der messerscharfe Fokus auf die anstehende Aufgabe lässt keine Zeit für Tagträume, Sorgen oder Selbstzweifel. Man vergisst seine Probleme und grübelt nicht mehr darüber nach, was andere über einen denken. Im Flow verstummt endlich die innere Stimme, die im Alltag ständig an einem nagt. Einen Moment lang fällt die »Last des Selbstseins« von einem ab.[3]

Menschen berichten, im Flow-Zustand das Gefühl zu haben, stark und kompetent zu sein, alles im Griff zu haben, mental voll präsent und im Einklang mit ihrer Umgebung zu sein. Im Flow gibt man die bewusste Kontrolle ab. Man steht sich nicht länger selbst im Weg und erlaubt dem Unbewussten, die Führung zu übernehmen.[4] Man *verwirklicht* Dinge nicht aktiv, sondern *lässt* sie geschehen.[5] Im Flow fühlt sich alles geschmeidig, fließend, leicht, mühelos und spontan an. Alles scheint sich reibungslos wie von selbst zu bewegen, nahtlos und automatisch. Es fühlt sich an, als würde man schweben, getragen von einer Strömung oder einem sanften Wind. Alles ist im Fluss – daher auch der Begriff Flow.

Flow-Erlebnisse bereiten großes Vergnügen und viele Menschen bezeichnen sie als die besten Momente ihres Lebens. Sie sind so bereichernd, dass wir am liebsten gleich noch einmal das tun möchten, was sie ausgelöst hat.

Vor einigen Jahren ging ich mit meinem Vater und meinen drei Brüdern Schlittenfahren. Ich kann mich noch daran erinnern, wie wir das Auto geparkt und die Tickets gekauft haben, wie der Skilift aussah und dass wir danach ein gemeinsames Foto gemacht haben. Am lebhaftesten ist mir jedoch in Erinnerung, wie ich mich nach einer unserer Abfahrten gefühlt habe: lebendig, stark, inspiriert, energiegeladen und euphorisch. Eine hohe Dosis Glückshormone hatte meinen Körper geflutet. Ich dachte: *Mensch, das hat sich gut angefühlt! Das hat Spaß gemacht! Das will ich noch einmal machen.*

Flow ist jedoch mehr als nur ein Wohlfühlerlebnis. Das Besondere daran ist, dass man auch großen Nutzen daraus ziehen kann. Flow fühlt sich fantastisch an, befähigt zu Höchstleistungen *und* trägt zur Verbesserung der Lebensqualität bei.

Im Flow schöpft man seine Fähigkeiten voll aus. Wenn Sie an Ihre Höchstleistungen in der Vergangenheit zurückdenken, werden Sie feststellen, dass Sie dabei im Flow waren. Umgekehrt fehlte Ihnen bei Ihren schlechtesten Leistungen der Flow – Sie haben wahrscheinlich zu lange nachgedacht, an sich gezweifelt, waren zu angespannt oder ließen sich ablenken. Sie standen sich selbst im Weg. Die gefürchtete »Schockstarre« ist das genaue Gegenteil von Flow.

Im Flow holen Sie das Maximum aus sich heraus. Er verhilft Ihnen dazu, Kompetenzen aufzubauen, Ziele zu erreichen und persönlich zu wachsen. Ihr Können und Ihr Selbstvertrauen nehmen zu und Sie sind mehr mit sich selbst im Einklang. Jahrzehntelange Forschung hat gezeigt, dass der Schlüssel zu Leistungsfähigkeit, Gesundheit, Erfolg und Glück im Flow liegt.

Lassen Sie es mich unverblümt sagen: Um Ihr bestmögliches Leben führen zu können, ist es entscheidend, im Flow zu sein. Ohne ihn können Sie nicht Ihr Bestes geben und nicht die beste Version Ihrer selbst werden. Es handelt sich nicht um einen netten Zeitvertreib, sondern um eine Notwendigkeit. Je besser Sie in der Lage sind, in den Flow zu kommen, desto eher können Sie Ihr Leben so gestalten, wie Sie es sich wünschen.

Die gute Nachricht ist: Auch wenn es Ihnen momentan nicht leichtfällt, in den Flow zu kommen, können Sie lernen, diesen Zustand öfter zu erleben. Sie können *Flow-affin* werden, beziehungsweise Ihre Fähigkeit verbessern, Flow zu erleben. Genau das können Sie mit *So lebst du deinen Flow* erreichen. Mit diesem Buch verfolge ich ein doppeltes Ziel: Ihnen etwas über den Flow beizubringen und Ihnen zu helfen, ihn häufiger zu erleben.

Was Sie in diesem Buch lernen

Dieses Buch ist in drei Teile gegliedert. Teil 1 handelt davon, was Flow ist und was wir darüber wissen. Stellen Sie es sich als eine Tour de Flow vor, bei der ich die grundlegenden wie auch die faszinierendsten und hilfreichsten Erkenntnisse aus über 50 Jahren Flow-Forschung vorstellen werde. Die Tour beginnt mit einem Gesamtüberblick, was Flow eigentlich ist. Darauf folgen der Ursprung des Begriffs, seine Definition und eine kurze Diskussion der verschiedenen Arten von Flow. Weiterhin erfahren Sie, unter welchen Umständen er auftritt und was alles zusammenkommen muss, um das ganzheitliche Gefühl zu erzeugen, im Flow zu sein.

Zu weiteren Höhepunkten der Tour zählen die für das Flow-Erlebnis förderlichen oder hinderlichen Persönlichkeitsmerkmale, die verschiedenen Forschungsmethoden, um zu den vielen in diesem Buch beschriebenen Erkenntnissen zu gelangen, die Aktivitäten und Zusammenhänge, in denen Flow sich am häufigsten erleben lässt und schließlich die faszinierende Welt Ihres Gehirns und Körpers im Flow-Zustand.

Teil 2 behandelt die positiven Effekte sowie die Gefahren von Flow. Er ist der Schlüssel zu Glück und Erfolg und entscheidend dafür, das bestmögliche Leben führen zu können. In den Kapiteln 10 und 11 werde ich diese Hypothesen belegen. Ich nenne Beispiele von Sportlern, Musikern, Schriftstellern, Unternehmern und Unternehmen, die ihre Goldmedaillen, Weltrekorde, Bestseller, wissenschaftlichen Durchbrüche und andere Erfolge auf den Flow-Zustand zurückführen. Zudem stelle ich wissenschaftliche Studien vor, die die vielen angeblich positiven Auswirkungen von Flow gründlich geprüft haben. In Kapitel 12 erörtere ich die Gefahren und Schattenseiten von Flow. Er kann eine mächtige Wirkung entfalten, so viel ist sicher, aber er ist nicht im absoluten Sinn gut oder schlecht. Das Flow-Erlebnis kann aufbauen oder zerstören, Sie zum Erfolg führen oder scheitern lassen. Flow macht zwar immer Spaß, doch er kann auch verheerende Folgen haben.

In Teil 3 geht es um die praktische Umsetzung. Hier erwartet Sie eine Art Werkzeugkasten mit Tipps und Strategien, um öfter Flow zu erleben. Sie erfahren etwas über Flow-fördernde Aktivitäten, Berufe, Umgebungen, Fähigkeiten, Denkweisen, Routinen und Gewohnheiten. Weiterhin lernen Sie, wie Sie Ihr Leben strukturieren, Ihre Umgebung optimieren und Ihre Gedanken und Emotionen steuern können, um Flow-Erlebnisse wahrscheinlicher zu machen. Vor allem aber lernen Sie, wie Sie Flow-affiner werden – wie Sie besser darin werden, sich jederzeit und in allen Lebensbereichen in den Flow-Zustand zu begeben und ihn wieder zu verlassen.

Flow kann Ihr Leben verändern. Sind Sie dazu bereit? Dann lassen Sie uns beginnen.

TEIL 1

Die Grundlagen des Flow

Flow zu erleben bedeutet, völlig mit dem zu verschmelzen, was man tut; zu wissen, dass man stark ist, zumindest in diesem Moment sein Schicksal in der Hand hat und unabhängig von den Ergebnissen ein Glücksgefühl verspürt.[6]

Susan A. Jackson, Flow-Forscherin

KAPITEL 1

Flow aus der Vogelperspektive

Flow wird als optimaler Bewusstseinszustand definiert. In diesem Zustand fühlt man sich am besten und erbringt die beste Leistung. Genauer gesagt bezieht sich der Begriff auf jene Momente begeisterter Aufmerksamkeit und völliger Absorption, in denen man sich so sehr auf die anstehende Aufgabe konzentriert, dass alles andere verschwindet. Handlung und Bewusstsein verschmelzen. Das Ichbewusstsein verflüchtigt sich. Das Zeitempfinden verzerrt sich – typischerweise beschleunigt es sich, gelegentlich verlangsamt es sich auch. Währenddessen gehen alle Leistungsaspekte, sowohl die geistigen als auch die körperlichen, durch die Decke.[7]

STEVEN KOTLER

Wir beginnen unsere Recherche zum Flow mit einem umfassenden Überblick über das Thema. Das Ziel dieses Kapitels ist es, Zusammenhänge zu schaffen und ein grundlegendes Verständnis des Flow-Zustands zu vermitteln, auf dem die folgenden Kapitel aufbauen. Alle hier erwähnten Punkte werden später im Buch ausführlicher behandelt.

Also was ist Flow? Es ist ein Bewusstseinszustand. Davon gibt es viele: alltägliche wie Wut, Angst, Langeweile, Traum und Schlaf sowie exotischere wie Hypnose, Trance oder Meditation.

Wie andere Zustände ist auch Flow eine vorübergehende Erscheinung, die sich in einem Kontinuum von schwach bis intensiv bewegt. Schwache Erlebnisse werden bisweilen als *Mikro-* oder *oberflächlicher* Flow bezeichnet und intensivere Erlebnisse als *Makro-* oder *tiefer* Flow. Flow kommt und geht im Alltag. In manchen Momenten erleben wir ihn intensiv, in anderen nur schwach oder gar nicht. Ein Vergleich mit der Wut veranschaulicht diesen Punkt: In unserem Alltag begeben wir uns in den Zustand der Wut und wieder aus diesem heraus. Manchmal sind wir wütend, manchmal nicht – wir erleben Wut auch in unterschiedlichen Ausprägungen, die von leichter Frustration bis hin zu rasendem Zorn reichen können.

Solche Zustände entstehen unter bestimmten Bedingungen. Wut kann aufkommen, wenn in einer ohnehin gereizten Gefühlslage eine vermeintliche Ungerechtigkeit wahrgenommen wird. Damit Flow entstehen kann, müssen die richtigen Einstellungen und Fähigkeiten auf eine ihn fördernde Tätigkeit und ein entsprechendes Umfeld treffen. Jeder kann Flow erleben, aber einigen von uns gelingt es leichter und häufiger als anderen. Weiterhin tritt Flow bei fast jeder Tätigkeit und in fast jedem Umfeld auf, doch einige Aktivitäten und Umgebungen rufen diesen Zustand eher hervor als andere.

Flow hat bestimmte Erfahrungsqualitäten, die ihn definieren und von anderen Zuständen unterscheiden. Er besteht aus sechs Komponenten: (1) intensive und fokussierte Konzentration, (2) Verschmelzung von Handlung und Bewusstsein, (3) Verlust der reflektierenden Selbstwahrnehmung, (4) das Gefühl, die Kontrolle über die eigenen Handlungen zu haben, (5) verzerrtes Zeitempfinden und (6) das Gefühl, dass die Tätigkeit zutiefst bereichernd ist. Keine Komponente erzeugt für sich allein das Gefühl, ganzheitlich im Flow zu sein. Nur wenn alle sechs Komponenten aufeinandertreffen, entsteht in ihrem Zusammenspiel das Flow-Erlebnis – das Gefühl, dass alles von selbst, nahtlos, mühelos und reibungslos läuft. Das gilt für alle Bewusstseinszustände. Wut regt sich beispielsweise, wenn mehrere der folgenden Merkmale gemeinsam auftreten: feindselige Gedanken, Muskelanspannung, ein erhöhter Herzschlag, Hitzegefühle, Nervosität, schwitzige Handflächen, Groll und das Gefühl, gedemütigt oder respektlos behandelt worden zu sein.

Flow hat eine bestimmte Signatur in unserem Gehirn und Körper. Dazu gehören unter anderem eine erhöhte, aber nicht übermäßige Erregung, ein moderater Cortisolspiegel und eine Zu- und Abnahme der Aktivität in bestimmten Gehirnbereichen.

Flow ist eine universelle menschliche Erfahrung. Männer und Frauen, Junge und Alte erleben ihn, unabhängig von kulturellen Unterschieden.

Wie bei allem gibt es Vor- und Nachteile. Wut liefert zwar viel Energie, führt aber oft zu einem Verhalten, das wir später bereuen. Im Gegensatz dazu steigert Flow die geistige und körperliche Leistungsfähigkeit, fördert dauerhaft die Motivation und führt in der Regel langfristig zu besserer Gesundheit und größerer Lebenszufriedenheit. Andererseits birgt Flow auch Risiken, darunter Sucht und Fahrlässigkeit.

Das war ein kurzer Überblick über Flow. Es handelt sich um einen universellen Bewusstseinszustand mit besonderen und faszinierenden Merkmalen. Menschen können diesen Zustand unter den richtigen Umständen erleben, und genau das ist das Spannende: Wir können diese Umstände erforschen und mehr darüber lernen. Wenn wir dann unser Leben entsprechend strukturieren, uns Fähigkeiten aneignen, eine bestimmte Geisteshaltung einnehmen und Gewohnheiten einüben, können wir öfter Flow erleben und von seinen Vorteilen profitieren.

Nach dieser Betrachtung von Flow aus der Vogelperspektive gelangen wir im Folgenden mit einer detaillierteren Betrachtung zu einem tieferen Verständnis.

KAPITEL 2

Die Entstehungsgeschichte des Begriffs »Flow«

Wenn Menschen die größte Freude bei einer Tätigkeit verspüren – vom Musizieren bis zum Schachspielen, vom Lesen eines guten Buchs bis zu einer guten Unterhaltung, von Höchstleistungen im Job bis zu dem Versuch, eigene sportliche Rekorde zu brechen – berichten sie von einem Zustand müheloser Konzentration, der so allumfassend ist, dass sie jegliches Zeitgefühl und Selbstempfinden verlieren und ihre Probleme vergessen. Wir bezeichnen das als »Flow-Erlebnis«, weil viele Menschen, die es beschrieben, die Analogie herstellten, mühelos von einer Strömung getragen zu werden – im Fluss zu sein.[8]

Mihály Csíkszentmihályi

Menschen erleben Flow vermutlich schon seit Zehntausenden von Jahren. Ich vermute stark, dass unsere Vorfahren im Flow waren, wenn sie gefährliche Tiere jagten, um das Feuer tanzten, Lieder sangen oder Zeremonien abhielten. Dieser Zustand existiert zwar schon seit langer Zeit, aber die wissenschaftliche Erforschung dazu ist relativ neu. Den Begriff »Flow« gibt es erst seit etwa 50 Jahren. In diesem Kapitel ergründen wir seine Entstehungsgeschichte und erfahren, wer ihn eingeführt hat und warum.

Woher stammt also der Begriff »Flow«? Der ungarisch-amerikanische Forscher Mihály Csíkszentmihályi prägte ihn in den 1970er-Jahren. In der Literatur tauchte er erstmals 1975 in seinem Buch *Das Flow-Erlebnis. Jenseits von Angst und Langeweile: Im Tun aufgehen*[9] auf. Es beschreibt die Anfänge der Flow-Forschung und präsentiert die erste Version der Flow-Theorie.

Das Konzept des Flow ist das geistige Kind von Csíkszentmihályi. Er trieb die gesamte anfängliche Forschung voran, prägte den Begriff, entwickelte die ursprüngliche Theorie, erforschte das Konzept über 40 Jahre lang und differenzierte die Theorie bis zu seinem Tod im Jahr 2021. Darüber hinaus veröffentlichte er Hunderte wissenschaftliche Arbeiten und mehrere Bücher zum Thema, darunter seinen Bestseller *Flow. Das Geheimnis des Glücks*[10] 1990. Aus diesen Gründen ist er zu Recht als »Vater des Flow« bekannt.

Csíkszentmihályi begann seine akademische Karriere in den 1960er-Jahren mit der Erforschung von Kreativität. Bei der Untersuchung des kreativen Prozesses von Malern machte er zwei Beobachtungen. Erstens gerieten die Künstler manchmal in einen »tranceartigen Zustand«, wenn die Arbeit gut lief: »Sobald das Gemälde Gestalt annahm, war der Künstler völlig in den Bann gezogen. Die Motivation, weiter zu malen, war so stark, dass Müdigkeit, Hunger, Stress oder Schmerzen keine Rolle mehr spielten.«[11]

Zweitens stellte er fest, dass sich die Maler nicht allzu sehr für das Endergebnis oder einen möglichen Erlös aus ihren Bildern interessierten. Vielmehr ging es ihnen um den Prozess des Malens selbst: »Mir fiel auf, dass die Künstler, die ich beobachtete, fast augenblicklich das Interesse an einer fertig gemalten Leinwand verloren. Meistens drehten sie das fertige Gemälde um und lehnten es an eine Wand. Sie waren auch weder sonderlich erpicht darauf, es vorzuzeigen, noch hofften sie, es zu verkaufen. Stattdessen konnten sie es kaum erwarten, mit einem neuen Bild zu beginnen.«[12] Zunächst erschien Csíkszentmihályi dieses Verhalten seltsam. Je länger er jedoch darüber nachdachte, desto klarer wurde ihm, dass es gar nicht so ungewöhnlich war: »Schließlich gibt es Hunderte von Tätigkeiten, die Menschen einfach nur um der Tätigkeit willen ausüben, ohne dafür eine externe Belohnung zu erwarten.«[13]

Csíkszentmihályi begriff, dass die Maler vorwiegend intrinsisch und nicht extrinsisch motiviert waren. Sie malten um des Malens willen, ohne auf extrinsische Belohnungen wie Geld, Ansehen, Macht oder Bewunderung zu spekulieren. Wenn man einer Tätigkeit um ihrer selbst willen nachgeht, wird dabei von intrinsischer Motivation gesprochen. Wenn eine Tätigkeit vorwiegend für eine äußere Belohnung ausgeübt wird, liegt ihr extrinsische Motivation zu Grunde. Csíkszentmihályi begann, Flow zu erforschen, weil er dieses Phänomen verstehen wollte.

Zu diesem Zweck befragten Csíkszentmihályi und sein Forschungsteam Bergsteiger, Schach- und Basketballspieler, Tänzer und Komponisten. Alle Befragten schienen das, was sie taten, um der Sache willen und nicht für extrinsische Belohnungen zu tun – sie waren intrinsisch motiviert. In den Worten Csíkszentmihályis: »Alle untersuchten Gruppen hatten eines gemeinsam: Sie bestanden aus Menschen, die viel Energie für eine Tätigkeit aufwenden, die nur minimale Belohnungen konventioneller Art verspricht.«[14]

Csíkszentmihályi begann mit einer einfachen Frage: Warum verbringen Sie so viel Zeit Ihres Lebens damit, etwas zu tun, wofür Sie weder Ruhm noch Reichtum erwarten können? Im Nachhinein betrachtet, waren die Antworten ziemlich offensichtlich. Die Befragten widmeten sich dem Felsklettern, dem Schachspiel oder dem Tanzen ganz ohne Belohnung von außen, weil diese Tätigkeiten an sich bereichernd waren. Es waren außerordentlich schöne und tief befriedigende Erfahrungen, die das Fehlen einer externen Belohnung wettmachten. Die Aktivität selbst war Belohnung genug und rechtfertigte sie bereits. Das Komponieren von Musik war kein Mittel zum Zweck, sondern ein Selbstzweck.

Das ist nicht gerade eine bahnbrechende Erkenntnis. Wir alle gehen bestimmten Tätigkeiten allein deshalb nach, weil sie Spaß machen oder sinnstiftend sind.

Eine wirklich faszinierende Erkenntnis gewann Csíkszentmihályi, als er die Befragten bat, die befriedigenden Erfahrungen bei ihren Aktivitäten zu beschreiben. Dabei fand er heraus: Unabhängig von der ausgeübten Tätigkeit beschrieben alle Befragten ihre Erlebnisse auf dieselbe Weise. Das Gefühl des Bergsteigers beim Erklimmen des Bergs war identisch mit dem des Schachspielers während einer knappen Partie oder dem des Musikers beim Komponieren eines neuen Meisterwerks. Sie alle berichteten, in solchen Situationen hochkonzentriert und souverän zu sein, alles im Griff zu haben, sich selbst, ihre Probleme und die Zeit zu vergessen und großen Spaß zu haben – alles in allem die Merkmale des Flow-Zustands. Was die Befragten *taten* war unterschiedlich, aber ihre *Erfahrungen* waren dieselben.

Viele beschrieben ihr Erlebnis mit dem Wort »Flow« und nutzten die Metapher strömenden Wassers, das sie mitriss. Einer sagte: »Es war, als würde ich schweben«, ein anderer »Ich wurde von der Strömung getragen«. Ein junger Dichter und Kletterer formulierte es so: »Die Magie des Kletterns besteht im Klettern; oben angekommen ist man froh, dass es vorbei ist – und wünscht sich gleichzeitig, es würde ewig weitergehen. Die Rechtfertigung des Kletterns ist das Klettern, die Rechtfertigung der Poesie das Schreiben; man erobert nichts außerhalb von sich selbst. [...] Der Akt des Schreibens rechtfertigt die Poesie. So ist es auch mit dem Klettern: Man erkennt, dass man einem Strom folgt, dessen einziger Zweck es ist, weiter zu fließen – man strebt weder nach einem Gipfel noch nach einer Utopie, sondern danach, im Fluss zu bleiben. Es geht nicht um das Erklimmen neuer Höhen, sondern um ein kontinuierliches Fließen; man bewegt sich nur nach oben, um den Fluss in Gang zu halten. Für das Klettern gibt es keinen denkbaren Grund außer dem Klettern selbst; es ist eine Form der Kommunikation mit sich selbst.«[15]

Viele Befragte nutzten spontan das Wort »Flow«, um das große Vergnügen zu beschreiben, das ihnen ihre intrinsisch motivierten Aktivitäten bereiteten. Daher verwendeten Csíkszentmihályi und seine Kollegen diesen Begriff, um die universelle Erfahrung zu benennen, die sie entdeckt hatten.[16] Das ist die Entstehungsgeschichte des Flow. Um es mit einem Satz zu sagen: Csíkszentmihályi bezeichnet mit dem Begriff den universellen Zustand von Menschen, die sich bei Aktivitäten vergnügen, die sie um ihrer selbst willen ausüben.

Wie bereits erwähnt, hat Csíkszentmihályi den Flow-Zustand über 40 Jahre lang erforscht. Er bemerkte rasch, dass diese Erfahrung in der Tat universell ist – überall auf der Welt und bei allen möglichen Aktivitäten erleben Menschen Flow. Zudem lernte er, dass Flow nicht nur bei intrinsisch motivierten Tätigkeiten auftritt, sondern auch bei extrinsisch motivierten. Man kann beim Schachspielen auch dann in den Flow kommen, wenn man dabei in erster Linie Geld gewinnen oder Weltmeister werden will. Genauso kann man bei der Arbeit Flow erleben, auch wenn man primär durch Geld oder Prestige motiviert ist.

Das Thema Flow hat seit seinem Aufkommen in den 1970er-Jahren stetig an Popularität gewonnen. Tausende von Studien und etliche Bücher wurden und werden dazu veröffentlicht. Spitzensportler, Musiker, Künstler, Peak-Performer und große Unternehmen auf der ganzen Welt streben diesen Zustand an.

Wie genau wird Flow jedoch definiert? Wie entsteht er? Wie fühlt er sich an? Das untersuchen wir im nächsten Kapitel.

KAPITEL 3

Die Definition von Flow

Flow ist ein optimaler Bewusstseinszustand, eine Höchstform, in der wir uns am besten fühlen und unsere beste Leistung erbringen. Es ist eine Transformation, die jeder überall durchlaufen kann, sofern bestimmte Ausgangsbedingungen erfüllt sind.[17]

STEVEN KOTLER

Nachdem wir Flow aus der Vogelperspektive betrachtet und seine Entstehungsgeschichte kennengelernt haben, ergründen wir nun tiefer, was Flow genau ist und was darüber bekannt ist. In diesem Kapitel geht es zunächst um die »offizielle« Definition, die die meisten Forscher bei der wissenschaftlichen Untersuchung des Phänomens Flow verwenden. Dann betrachten wir andere Sichtweisen und auch kurz die verschiedenen Arten von Flow. Diese Grundlagen helfen Ihnen, die folgenden Buchkapitel besser zu verstehen. Betrachten Sie es so: Je umfassender Sie Flow verstehen, desto leichter können Sie ihn häufiger erleben.

Die »offizielle« Definition

In der Forschungsliteratur wird Flow in der Regel als eine vielschichtige, ganzheitliche Erfahrung definiert, die sich aus neun Elementen zusammensetzt beziehungsweise aus ihrem Zusammenspiel ergibt.

Drei können als Bedingungen oder Vorstufen des Flow betrachtet werden und sie beschreiben, unter welchen Umständen Flow auftritt: (1) *klare Ziele*, (2) *unmittelbares Feedback* und (3) *ein Gleichgewicht zwischen der Herausforderung und den vorhandenen Fähigkeiten*.

Die restlichen sechs Elemente können als erfahrungsbezogene oder phänomenologische Komponenten angesehen werden. Sie beschreiben die Erlebnisse während des Flow: (4) *höchste Konzentration*, (5) *Ver-*

schmelzung von Handlung und Bewusstsein, (6) *Verlust des Ichbewusstseins*, (7) *das Gefühl, die Situation im Griff zu haben*, (8) *Verlust des Zeitgefühls* und (9) *das Gefühl, dass die Erfahrung zutiefst bereichernd ist.*

Auf diese drei Grundvoraussetzungen und die sechs erfahrungsbezogenen Komponenten gehen Kapitel 4 beziehungsweise 5 detaillierter ein.

Das Flow-Erlebnis

Bedingungen:		**Erfahrungsbezogene Komponenten:**
1. Klare Ziele 2. Unmittelbares Feedback 3. Optimale Beanspruchung: Gleichgewicht zwischen Herausforderung und Fähigkeiten	→	4. Höchste Konzentration 5. Verschmelzung von Handlung und Bewusstsein 6. Verlust des Ichbewusstseins 7. Das Gefühl, die Situation im Griff zu haben 8. Verlust des Zeitgefühls 9. Das Gefühl, dass die Erfahrung zutiefst bereichernd ist (tiefe Erfüllung)

Abbildung 1: Die Grundvoraussetzungen (Vorstufen) und erfahrungsbezogenen Komponenten von Flow.

Wie erwähnt ist keines dieser Elemente für sich genommen mit Flow gleichzusetzen. Nur wenn sie gemeinsam auftreten, stellt sich das ganzheitliche Gefühl ein, von einer Wasserströmung getragen zu werden. Je stärker die einzelnen Elemente wirken, desto intensiver wird das Flow-Erlebnis. Wie Sie bereits gelernt haben, bewegt sich Flow auf einem Kontinuum von oberflächlich bis tief. In ein gutes Buch vertieft zu sein, kommt einem relativ milden Flow-Zustand gleich. Dagegen ist das Flow-Erlebnis während einer spannenden Partie Schach oder Tennis wahrscheinlich intensiver. Ein Fallschirmsprung von einer Klippe ist wohl noch intensiver. Flow tritt also in einer großen Bandbreite von Erfahrungen auf, die von relativ alltäglichen bis zu ekstatischen und glückseligen Erlebnissen reichen.

Am schwachen Ende des Spektrums gibt es keine klare Grenze zwischen dem, was als Flow »zählt« oder »die Kriterien erfüllt«, und dem, was nicht dazu zählt. Aus der Definition geht nicht hervor, wie stark die einzelnen Komponenten ausgeprägt sein müssen (z. B. wie konzentriert man sein muss oder wie stark das Gefühl sein muss, Herr der Lage zu sein). Es gibt keine offiziellen Grenzen, die den Übergang vom Normal- in den Flow-Zustand markieren. Je nachdem, wie Forscher Flow messen, legen sie natürlich manchmal willkürlich Grenzen fest, was in Kapitel 7 thematisiert wird.

Manchmal fragen Menschen, ob das, was sie bei einer bestimmten Tätigkeit erleben, Flow ist. Das bedeutet in der Regel, dass sich die Erfahrung irgendwo zwischen Nicht-Flow und Flow bewegt und es deshalb keine richtige oder falsche Antwort gibt. Wenn die Tätigkeit Spaß macht, kann man davon ausgehen, dass es zumindest ein leichtes Flow-Erlebnis war. Davon abgesehen spielt es keine Rolle, ob wir das Erlebnis als Flow betrachten oder nicht. Eine vergnügliche Tätigkeit ist immer gut.

Zu berücksichtigen ist: Zwar besteht ein allgemeiner Konsens über die Multidimensionalität von Flow, aber die Details werden immer noch lebhaft diskutiert. Unter anderem sind sich die Forscher darüber uneins, wie viele Facetten es gibt, wie sie bezeichnet und in welche Bedingungen und Komponenten sie unterteilt werden sollen. So argumentieren einige Forscher, dass es nur drei und nicht neun definierende Komponenten gibt. Andere schlagen vor, dass die Komponenten »höchste Konzentration«, »das Gefühl, die Situation im Griff zu haben« und »tiefe Erfüllung« sowohl als Voraussetzungen als auch als Komponenten betrachtet werden sollten.[18] Dennoch kommt das hier vorgestellte Konzept mit neun Komponenten derzeit einer allgemein akzeptierten Definition am nächsten.

Weitere Perspektiven auf Flow

Ein Baum kann als eine hölzerne Pflanze mit einem ausgeprägten Wurzelsystem, einem Stamm, Ästen und Blättern beschrieben werden. Man kann ihn aber auch als eine evolutionär erfolgreiche Spezies, als Schattenspender, als Behausung, als Ökosystem oder als Ziel von Umarmungen beschreiben. Jede Perspektive hat ihre Berechtigung und kann uns etwas Einzigartiges und Interessantes über Bäume lehren.

Das Gleiche gilt für Flow. Er kann als eine vielschichtige Erfahrung, aber auch auf andere Weise beschrieben werden. Auf den folgenden Seiten betrachten wir Flow aus fünf weiteren Perspektiven. Jede erweitert unser Verständnis des Phänomens.

Flow als Zustand zwischen Langeweile und Angst

Am ehesten erleben wir Flow, wenn wir Aktivitäten nachgehen, die uns ein sogenanntes *Gleichgewicht zwischen der Herausforderung und den vorhandenen Fähigkeiten* bieten. Dies ist eine der drei Bedingungen für Flow, auf die Kapitel 4 näher eingeht. Wenn die Herausforderung unsere Fähigkeiten übersteigt, treten Ängste auf. Wenn uns die Herausforderung unterfordert, langweilen wir uns. Um in den Flow zu kommen, müssen wir also einer Tätigkeit nachgehen, die uns optimal beansprucht.

Ich nenne ein Beispiel: Wenn ich gegen Roger Federer Tennis spielen würde, dessen Können das meine bei Weitem übersteigt, wäre

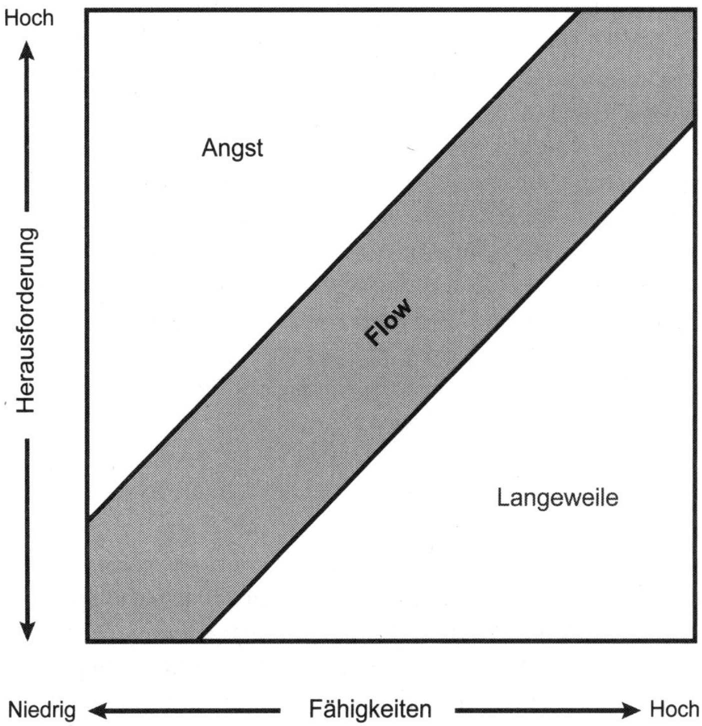

Abbildung 2: Csíkszentmihályis erstes Flow-Modell. Flow wird als ein Zustand zwischen Langeweile und Angst betrachtet. Er stellt sich ein, wenn Herausforderung und Fähigkeiten sich die Waage halten. Spätere Modelle stellen klar, dass Flow nur in der oberen rechten Ecke der Grafik auftritt, in der die Herausforderung und die Fähigkeiten hoch sind (siehe Kapitel 7). Nach Csíkszentmihályi (1975).[1]

ich stark unterlegen und schnell besiegt, sodass ich Angst bekommen könnte. Wenn ich gegen meinen schlechter spielenden Vater antreten würde, würde ich mich hingegen bald langweilen. Flow erlebe ich nur mit einem ebenbürtigen Gegner wie meinem jüngeren Bruder Yanis, da sich in diesem Szenario die Herausforderung und meine Fähigkeiten die Waage halten. Daher kann man Flow als den Zustand zwischen Langeweile und Angst betrachten. Wir sind weder unterfordert noch überfordert, weder gelangweilt noch ängstlich, weder geistig abwesend noch überreizt. Csíkszentmihályi veranschaulichte diese Vorstellung in seinem allerersten Flow-Modell (Abbildung 2), das als *Flow-Kanal-Modell* bekannt wurde.

Sie erinnern sich vielleicht, dass Flow erstmals in Csíkszentmihályis Buch *Das Flow-Erlebnis. Jenseits von Angst und Langeweile* in der Literatur auftauchte. Jetzt verstehen Sie, woher der Titel stammt.

Dieses Konzept ist natürlich nicht perfekt: Man bekommt nicht zwangsläufig Angst, wenn die Herausforderungen die Fähigkeiten übersteigen, und langweilt sich auch nicht jedes Mal, wenn die Fähigkeiten die Herausforderungen übersteigen. Dennoch ist das Modell hilfreich, da es Anhaltspunkte liefert, wie man mehr Flow erleben kann. Wenn Sie zum Beispiel bei der Arbeit kaum Flow erleben, könnte das daran liegen, dass Ihre Fähigkeiten die Herausforderungen übersteigen. Wenn das der Fall ist, könnten Sie überlegen, wie sich Ihre Arbeit anspruchsvoller gestalten lässt. Sie könnten um Aufgaben mit höheren Anforderungen bitten oder sich nach einem neuen Job umsehen.

Flow als optimale Erfahrung oder als optimaler Bewusstseinszustand

Csíkszentmihályi verwendete oft den Begriff *optimale Erfahrung* als Synonym für Flow. Der englische Untertitel seines Bestsellers *Flow* lautet übersetzt: *Die Psychologie der optimalen Erfahrung*. Steven Kotler hingegen definiert Flow als »einen optimalen Bewusstseinszustand, eine Höchstform, in der wir uns am besten fühlen und Höchstleistungen erbringen«.[19] Kotler ist ein amerikanischer Autor sowie Mitbegründer und Geschäftsführer des Flow Research Collective.[20] Er ist einer der weltweit führenden Experten auf diesem Gebiet und hat viel dazu beigetragen, Flow zu einem Mainstream-Thema zu machen.

Flow kann man als optimal bezeichnen, weil es nicht nur ein höchst angenehmer, sondern auch ein hochfunktionaler Zustand ist. Im Flow fühlt man sich selbstbewusst, stark und manchmal sogar ekstatisch. Gleichzeitig kann man Höchstleistungen erbringen, da Kreativität, Problemlösungsfähigkeiten, Konzentration, körperliche Kraft und Ausdauer sowie andere Leistungsmerkmale gesteigert sind. Im Flow treffen große Freude und hohes Leistungsvermögen zusammen und daher kann er glücklich machen.

Davon abgesehen hat Flow auch Schattenseiten und kann *sub*optimale Konsequenzen wie Sucht und Leichtsinn nach sich ziehen. Bei Extremsportlern kann die Jagd danach zu Verletzungen und sogar zum Tod führen. In Kriegszeiten kann Flow Soldaten dazu verleiten, Kriegsverbrechen zu begehen. Diese Gefahren behandelt Kapitel 12 detaillierter.

Wie Sie sehen, ist Differenziertheit geboten, wenn man Flow als optimal beschreiben will. Einige Flow-Aspekte mögen optimal sein, aber nicht alle. Dennoch ergänzt diese Sichtweise den Zustand um ein weiteres faszinierendes Element und veranschaulicht seine vorteilhafte und hochfunktionale Natur.

Flow als nicht alltäglicher Bewusstseinszustand

In ihrem Buch *Stealing Fire* beschreiben Steven Kotler und Jamie Wheal Flow als einen nicht alltäglichen Bewusstseinszustand (*non-ordinary state of consciousness*, NOSC).[21] Sie verwenden das von den alten Griechen entlehnte Wort *Ekstase* als Synonym dafür: »Plato beschrieb Ekstase als einen veränderten Bewusstseinszustand, in dem unser normales Wachbewusstsein vollständig verschwindet und durch eine intensive Euphorie und eine starke Verbindung zu einer höheren Intelligenz ersetzt wird.«

»Wenn wir von Ekstase sprechen«, erklären sie, »meinen wir eine ganz bestimmte Bandbreite nicht-alltäglicher Bewusstseinszustände (NOSC), die der Johns-Hopkins-Psychiater Stanislav Grof als jene Erfahrungen definierte, ›die durch dramatische Wahrnehmungsveränderungen, intensive und oft ungewöhnliche Emotionen und tiefgreifende Veränderungen in den Denkprozessen und im Verhalten gekennzeichnet sind, wie auch durch eine Vielzahl psychosomatischer Erscheinungsformen, die von tiefem Schrecken bis zu ekstatischer Begeisterung reichen. [...] Es gibt viele verschiedene Formen von NOSC; sie können durch eine Vielzahl unterschiedlicher Techniken ausgelöst werden oder spontan mitten im Alltag auftreten‹«.

Ekstase lässt sich als ›über sich selbst hinausgehen‹ oder ›außerhalb seiner selbst sein oder stehen‹ übersetzen. Es ist kein Zufall, dass das englische Wort *Ecstasy* der geläufige Begriff für die Partydroge MDMA ist. Der Begriff beschreibt einen außergewöhnlichen Bewusstseinszustand, der als »eine Trance oder ein tranceähnlicher Zustand definiert wird, in dem eine Person das Normalbewusstsein transzendiert«.[22]

Kotler und Wheal beschreiben in ihrem Buch drei mögliche Arten von NOSC: (1) durch Techniken wie Gesang, Meditation oder Gebet eingeleitete *kontemplative und mystische Zustände;* (2) durch die Einnahme von Substanzen wie MDMA, LSD oder halluzinogenen Pilzen induzierte *psychedelische Zustände;* und (3) bei allen möglichen Aktivitäten auftretende *Flow-Zustände.*

Die Charakterisierung von Flow als NOSC erweitert unser Verständnis dieses Zustands um ein faszinierendes Element: Nach Kotler und Wheal ist Flow anderen nicht-alltäglichen Bewusstseinszuständen bemerkenswert ähnlich. Sie mögen sich zwar in ihrer Erscheinung unterscheiden, doch unser inneres Erleben dabei und ihre neurobiologischen Grundlagen sind nahezu identisch. Ist das nicht eine faszinierende Vorstellung?

Ich selbst habe nicht genug Erfahrung mit kontemplativen und psychedelischen Zuständen, um sagen zu können, wie ähnlich sie dem Flow sind, doch ich vermute, dass die Ähnlichkeiten hauptsächlich für Flow-Erlebnisse am unteren Ende des Spektrums gelten. Wie wir wissen, können intensive Flow-Erlebnisse das Normalbewusstsein im Wachzustand transzendieren und werden häufig als ekstatisch beschrieben. Dahingegen sind die oberflächlichen Flow-Erlebnisse wahrscheinlich nicht mit den anderen nicht-alltäglichen Zuständen vergleichbar. Ich bin jedenfalls fasziniert von der Beziehung und den möglichen Ähnlichkeiten zwischen diesen verschiedenen Erfahrungen. Wie ähnlich sie sich wirklich sind, kann nur durch weitere Forschung oder persönliche Experimente festgestellt werden.

Flow als innere Harmonie oder geordnetes Bewusstsein

Neben der ›optimalen Erfahrung‹ beschrieb Csíkszentmihályi Flow auch als das Erleben *innerer Harmonie* oder eines *geordneten Bewusstseins.* So schrieb er einmal, dass »›Flow‹ die Art und Weise ist, wie Menschen ihren Geisteszustand beschreiben, wenn das Bewusstsein harmonisch geordnet ist«.[23]

Stellen Sie sich vor, Sie treiben in einem Boot einen Fluss hinunter. Während das Ufer an Ihnen vorüberzieht, werden Sie sich verschiedener

Gedanken und Gefühle bewusst. Wenn die Gedanken positiv sind – *gut gemacht, das ist großartig, alles klappt einwandfrei, weiter so* –, fühlen Sie sich beflügelt und zufrieden. Sie sind in der Lage, auf Ihrer Reise vollständig präsent zu sein, und Ihre Aufmerksamkeit ist vollständig auf das Paddeln gerichtet. Sie sind im Leben angekommen. Es ist eine harmonische, reibungslose Erfahrung. Sie sind im Flow.

Wenn dagegen negative Gedanken und Gefühle in Ihr Bewusstsein dringen – *das funktioniert nicht, ich bin nicht gut darin, das ist ätzend, ich würde lieber etwas anderes tun* –, fühlen Sie sich plötzlich entmutigt, frustriert, wütend oder generell unzufrieden. Ihrem Erlebnis fehlt der Flow, da ein innerer Konflikt entstanden ist. Es gibt Reibung, Unordnung und Disharmonie. Das führt zu Chaos.

Csíkszentmihályi erklärte das folgendermaßen: »Im Alltag erleben Menschen häufig Bewusstseinskonflikte. Wenn zum Beispiel ein Büroangestellter an seinem Schreibtisch sitzt und Zahlen addiert, richtet sich dabei ein Teil seiner Aufmerksamkeit auf die Arbeit und der andere Teil auf den Wunsch, bei seiner Freundin zu sein. Er ärgert sich darüber, in diesem Büro sitzen und seine Arbeit erledigen zu müssen. Im Flow sind dagegen die subjektiven Geisteszustände eines Menschen im Einklang miteinander. Körper und Geist arbeiten ohne inneren Konflikt zusammen. Dieser Zustand eines geordneten Bewusstseins ist eine der wichtigsten Belohnungen des Flow-Erlebnisses.«[24]

Auch das erachte ich als eine interessante und wertvolle Perspektive. Sie erweitert nicht nur unser Flow-Konzept, sondern veranschaulicht auch, warum in unserem Leben Flow gegenwärtig ist oder fehlt. Wenn Sie in einer unharmonischen Beziehung leben oder unter einem unharmonischen Arbeitsumfeld leiden, kann das äußere Chaos zu innerem Chaos führen und so dem Flow im Weg stehen. Äußere Konflikte können zu inneren Konflikten führen. Umgekehrt kann äußere Harmonie innere Harmonie erzeugen und Ihnen somit zu mehr Flow verhelfen. Wer sich mehr Flow im Leben wünscht, sollte nach Wegen suchen, sein Leben harmonischer zu gestalten.

Flow als Freude

Wenn Sie sich die schönsten Erlebnisse Ihres Lebens vor Augen führen, stellen Sie wahrscheinlich fest, dass Sie dabei im Flow waren. Unabhängig von der Aktivität sind bei solchen Erfahrungen in der Regel zumindest Elemente von Flow beteiligt. Menschen beschreiben intensive

Konzentration, das Gefühl, alles im Griff zu haben, sich selbst zu vergessen et cetera.

Aus diesem Grund verwendete Csíkszentmihályi die Begriffe »Freude« (»enjoyment«) und »Flow« synonym.[25] Er bezeichnete Flow als »das Erleben von Freude« und die Komponenten des Flow als »die Elemente der Freude«.[26] In dem Maße, in dem die Komponenten des Flow vorhanden sind, »genießt eine Person das, was sie tut«, so Csíkszentmihályi.[27] Laut dieser Sichtweise beinhaltet ein freudvolles Erlebnis immer Flow, und im Flow zu sein, ist immer freudvoll.

In der Alltagssprache ist das anders. Man kann etwas als freudvolles Erlebnis bezeichnen, auch wenn man dabei nicht im Flow war. Wir können es genießen, fernzusehen, ein heißes Bad zu nehmen oder den Sonnenuntergang zu beobachten, auch wenn dies keine typischen Flow-Erfahrungen sind. Während sich Flow immer gut anfühlt, setzt Genuss im herkömmlichen Wortsinn keinen Flow voraus.

Csíkszentmihályi verwendete das Wort ›Vergnügen‹ (»pleasure«) für angenehme Erfahrungen, bei denen man nicht im Flow ist. In seinem Sprachgebrauch sind Aktivitäten wie Netflix schauen, Wein trinken oder Doughnuts essen also vergnüglich, Flow-Aktivitäten sind dagegen freudvoll. Wir werden in Kapitel 10 auf diese Unterscheidung und ihre Implikationen zurückkommen.

Arten von Flow

Wie wir bereits festgestellt haben, besteht zwischen Flow-Erfahrungen unabhängig von den Umständen, unter denen sie sich erleben lassen, eine bemerkenswerte Ähnlichkeit. Was Sie während einer knappen Schachpartie erleben, ähnelt den Erfahrungen, die Sie bei Ihren Lieblingsaufgaben bei der Arbeit oder bei Ihren liebsten Hobbys machen. Dennoch wurde versucht, zwischen verschiedenen Arten von Flow zu unterscheiden. Eine dieser Unterscheidungen habe ich bereits erwähnt: Mikro-Flow oder oberflächlicher Flow und Makro-Flow oder tiefer Flow.

Eine weitere Unterscheidung wurde zwischen *individuellem Flow* und *Gruppen-Flow* getroffen. Ersteres bezieht sich auf eine einzelne Person, die Flow erlebt. Darüber habe ich bisher geschrieben. Das Subjekt, das Flow erlebt, ist das Individuum. Beim Gruppen-Flow ist dieses Subjekt die Gruppe als Ganzes. Sie ist entweder im Flow oder nicht. Keith

Sawyer, der den Begriff prägte, definiert Gruppen-Flow als »einen kollektiven Zustand, der eintritt, wenn eine Gruppe auf dem Höhepunkt ihrer Fähigkeiten Leistungen erbringt«.[28] Sawyer weist darauf hin, dass die Gruppe auch dann im Flow sein kann, wenn einzelne Mitglieder es nicht sind. Ebenso können die Mitglieder im Flow sein, auch wenn die Gruppe es nicht ist. Die meisten Erkenntnisse über individuellen Flow lassen sich auch auf den Gruppen-Flow übertragen. Zunächst einmal ist dieser ein höchst freudvoller und funktionaler Zustand.

Zusätzlich wurde vorgeschlagen, zwischen *solitärem* und *sozialem Flow* zu unterscheiden.[29] Ersteres bezieht sich auf Momente, in denen ein Individuum Flow erlebt, ohne dass jemand anderes anwesend ist. Das ist beispielsweise der Fall, wenn ich allein in meinem Büro sitze und an diesem Buch arbeite oder wenn ein Kajakfahrer allein auf einem abgeschiedenen Fluss paddelt. Letzteres bezieht sich auf eine Person, die Flow in Anwesenheit anderer erlebt. Es gibt zwei Arten von sozialem Flow:

1. *Koaktiver Flow* tritt auf, wenn ein Mensch in der Gegenwart anderer im Flow-Zustand ist. Dafür sind weder Kommunikation noch Interaktion nötig. Das ist beispielsweise der Fall, wenn ich im Schreib-Flow bin und meine Freundin neben mir auf dem Sofa ein Buch liest, oder wenn mehrere Studenten gemeinsam einer interessanten Vorlesung lauschen.
2. Im Gegensatz dazu findet bei *interaktivem sozialen Flow* Kommunikation und Interaktion zwischen den Gruppen- oder Teammitgliedern statt, wie beispielsweise, wenn man beim Fußballspielen im Flow ist oder sich mit Freunden unterhält und lacht.

Solitärer, koaktiver und interaktiver Flow treten unter leicht unterschiedlichen Umständen auf, fühlen sich angeblich etwas anders an und haben leicht unterschiedliche Folgen. Allerdings wurde nur wenig zu diesen vorgeschlagenen Abgrenzungen geforscht.

Im Verlauf der Jahre wurden noch weitere Unterscheidungen angeregt,[30] die ich hier aber nicht ausführe. Ich gehe auch nicht näher auf die Konzepte des Gruppen-Flow und des sozialen Flow ein. Ich wollte sie nur kurz erwähnen, um klarzustellen: Wenn ich in diesem Buch über Flow schreibe, meine ich damit, dass ein Individuum im Flow ist, unabhängig davon, ob es alleine oder in einer Gruppe ist. Wenn ich von Gruppen-Flow spreche, weise ich vorher ausdrücklich darauf hin.

Flow kann also auf viele verschiedene Arten beschrieben werden. Als Nächstes beschäftigen wir uns näher mit der offiziellen Definition von Flow. In Kapitel 4 nehmen wir die drei Bedingungen für Flow unter die Lupe und in Kapitel 5 geht es um die sechs erfahrungsbezogenen Komponenten.

KAPITEL 4

Die drei Bedingungen für Flow

Klare Ziele, relevantes Feedback und ein Gleichgewicht zwischen Herausforderungen und Fähigkeiten fördern ungeteilte und maximale Aufmerksamkeit.[31]

MIHÁLY CSÍKSZENTMIHÁLYI

Wie im vorherigen Kapitel besprochen, wird Flow üblicherweise als facettenreiche Erfahrung definiert, die aus neun Elementen besteht. Drei dieser Elemente sind Bedingungen und sechs sind erfahrungsbezogene Komponenten, die beschreiben, wie sich Flow anfühlt. Die ersten drei beschreiben, was ihn entstehen lässt. Drei Bedingungen müssen für den Flow erfüllt sein: (1) klare Ziele, (2) unmittelbares Feedback und (3) ein Gleichgewicht zwischen der Herausforderung und den vorhandenen Fähigkeiten.

Was genau sind jedoch klare Ziele? Warum muss Feedback direkt sein? Wie können sich die Herausforderung und die Fähigkeiten die Waage halten?

1. Klare Ziele

Flow stellt sich in der Regel ein, wenn die Aktivität, der man nachgeht, *klare Ziele* vorgibt. Diese erhalten das Interesse, die Konzentration und die Hingabe aufrecht. Eine der charakteristischen Komponenten von Flow ist die intensive Konzentration auf die anstehende Aufgabe, die durch klare Ziele gefördert wird.

Wir sprechen hier nicht von langfristigen Zielen, sondern eher von den vielen kleinen Schritten, die auf dem Weg zur Erfüllung der Aufgabe notwendig sind. Wenn ich Tennis spiele, muss ich den Ball über das Netz schlagen, mich dann in eine gute Position bringen und beobachten, wo der nächste Schlag meines Gegners landen wird, zu dieser Stelle laufen, den Ball zurückschlagen, wieder eine gute Position einnehmen et cetera. Ständig ergeben sich neue Ziele, und diese fesseln meine Aufmerksamkeit im Hier und Jetzt. Sie sorgen dafür, dass ich mich auf die vor mir liegende Aufgabe konzentriere. Abstrakte und entfernte Ziele wie »meinen Gegner zu schlagen«, »das Tennismatch zu gewinnen« oder »das Turnier zu gewinnen« tragen nur wenig dazu bei, dass ich während des gesamten Spiels bei der Sache bleibe.

Csíkszentmihályi betont: »Es kommt nicht darauf an, dass das übergeordnete Ziel der Aktivität klar ist, sondern dass die Aktivität ein klares Ziel für den nächsten Schritt in der Handlungssequenz vorgibt, und dann für den nächsten et cetera, bis das übergeordnete Ziel erreicht ist. Ein Bergsteiger richtet seinen Fokus nicht darauf, den Gipfel zu erreichen, sondern darauf, welchen Felsvorsprung er für den nächsten Griff nutzen und wo er die Schuhspitze platzieren soll. Die Aufmerksamkeit eines Schachspielers ist nicht auf den Sieg gerichtet – dieses Ziel ist zu weit entfernt –, sondern auf die nächsten Züge. Ein Pianist konzentriert sich nicht auf das Ziel, das Stück zu Ende zu spielen, sondern darauf, den nächsten Akkord oder die nächste Notengruppe genau richtig zu spielen.«[32]

Klare Ziele fördern also die für Flow charakteristische, aufgabenorientierte Aufmerksamkeit. Ohne klare Ziele für jeden einzelnen Moment schweift die Aufmerksamkeit leicht von der Aufgabe ab. Statt uns auf das zu konzentrieren, was gerade vor uns liegt, denken wir über die Zukunft nach oder grübeln über die Vergangenheit. Klare Ziele halten uns bei der Stange. Ohne sie ist es unwahrscheinlich, dass wir in den Flow-Zustand kommen. Deshalb sind sie eine Bedingung oder Vorstufe dafür.

2. Unmittelbares Feedback

Unmittelbares Feedback ist die nächste Grundvoraussetzung für Flow. »Klare Ziele können die Aufmerksamkeit nur aufrechterhalten, wenn die Aktivität auch unmittelbares Feedback liefert«, erklärt Csíkszentmihályi.[33] »Wenn ich beispielsweise mein eigenes Klavierspiel nicht hören kann, schweift meine Aufmerksamkeit leicht ab. Warum sollte ich bei der Sache sein, wenn es keinen merklichen Unterschied macht, was ich tue? […] Wenn wir Informationen darüber erhalten, wie erfolgreich unser

Handeln ist, wird sich unsere Aufmerksamkeit spontan auf unser gegenwärtiges Tun richten. Der Kletterer erhält dadurch Feedback, dass er mit jedem Zug dem oberen Ende der Felswand näher kommt. Der Schachspieler sieht, wie sich durch jeden seiner Züge die strategische Lage auf dem Brett verändert. Operationen bereiten Chirurgen Freude, da sie augenblicklich die Effekte ihres Wirkens sehen können – wenn sich die Kavität mit Blut füllt, muss das Skalpell wohl abgerutscht sein.«

Mit jedem Schlag im Tennis erhalte ich Informationen darüber, wie gut ich den Ball getroffen habe, wo er landet und ob mein Gegner ihn zurückschlagen kann. Mein Handeln ist an unmittelbares Feedback gekoppelt. Ich weiß immer, wie gut meine Leistung ist, und kann mein Handeln dementsprechend anpassen. Durch das Feedback bleibe ich engagiert, interessiert und konzentriert.

Wenn ich nie Informationen darüber erhalten würde, wo der Ball aufgetroffen ist, den ich gerade geschlagen habe – wenn er einfach in einem schwarzen Loch verschwinden würde –, dann würde ich mich auf der Stelle langweilen. Wie Csíkszentmihályi es ausdrückte: Warum sollte ich aufmerksam sein, wenn ich nicht sehen kann, was mein Handeln bewirkt? Ähnlich verhält es sich, wenn Sie sich eine alternative Version von Tennis ausmalen, bei der man erst 60 Sekunden nach einem Schlag sehen kann, wo der Ball aufgetroffen ist. Ungeduld und Frustration wären die Folge und man würde schon bald das Interesse verlieren. Das Feedback würde nicht schnell genug eintreffen.

Ohne unmittelbares Feedback schweift unsere Aufmerksamkeit leicht von der zu erledigenden Aufgabe ab. Statt uns darauf zu konzentrieren, schalten wir ab, und es fällt uns schwer, die für Flow charakteristische aufgabenbezogene Aufmerksamkeit beizubehalten.

3. Optimale Beanspruchung

Die ersten beiden Voraussetzungen genügen in der Regel noch nicht, um Flow zu erzeugen. Beim Geschirrspülen gibt es klare Ziele und unmittelbares Feedback, aber es versetzt wohl kaum in einen Flow-Zustand. Noch fehlt die Dritte: *das Gleichgewicht zwischen der Herausforderung und den vorhandenen Fähigkeiten.*

›Herausforderung‹ bezieht sich auf die Anforderungen oder den Schwierigkeitsgrad der Aktivität. Wie bereits im vorherigen Kapitel besprochen, muss beides in einem ausgewogenen Verhältnis zu Ihren Fähigkeiten stehen. Wenn die Herausforderung Ihre Fähigkeiten übersteigt, kann das Ängste auslösen. Im umgekehrten Fall kommt schnell Langeweile auf. In beiden Fällen ist es schwer, die für den Flow-Zustand notwendige, aufgabenbezogene Aufmerksamkeit vollständig beizubehalten. Wenn Sie unterfordert sind, haben Sie zu viel freie Gehirnkapazität und denken wahrscheinlich über Dinge nach, die für die Aufgabe nicht relevant sind. Wenn Sie hingegen überfordert sind, machen Sie sich wahrscheinlich Sorgen, werden unsicher und entwickeln eine mentale Blockade.

Das Oktantenmodell des Flow-Zustands

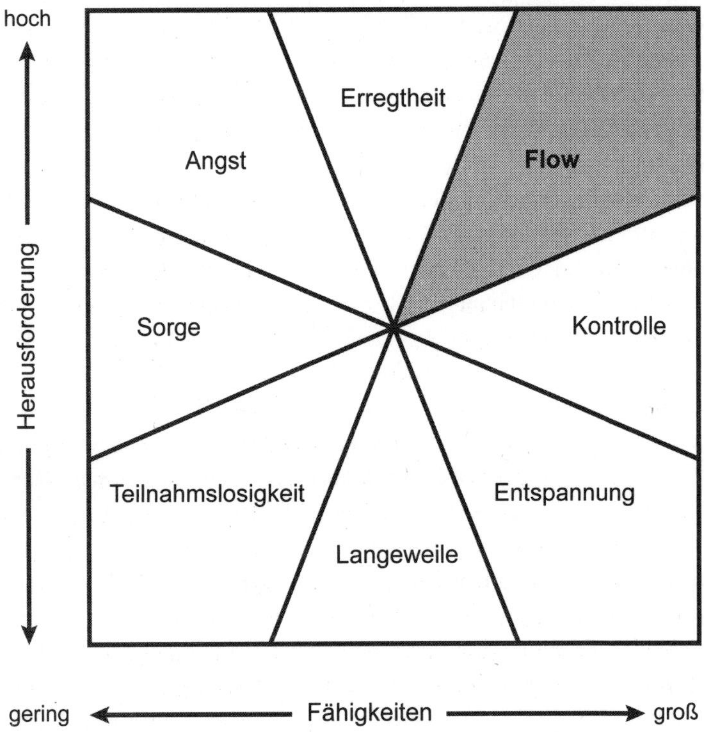

Abbildung 3: Das Oktantenmodell des Flow-Zustands unterteilt Alltagserfahrungen in acht Zustände, die vom Verhältnis zwischen Herausforderung und Fähigkeiten abhängen. Flow stellt sich ein, wenn beide Variablen maximal ausgeprägt sind. Nach Massimini, Csíkszentmihályi und Carli (1987).[34]

Damit Flow auftreten kann, müssen sich die Herausforderung und die Fähigkeiten die Waage halten. Genaugenommen müssen sie zudem beide auf einem relativ hohen Niveau sein. Wenn sie wie beim Geschirrspülen auf einem niedrigen Niveau sind, stellt sich viel eher Teilnahmslosigkeit ein als Flow. Dieses Prinzip wird im *Oktantenmodell des Flow-Zustands* veranschaulicht. Es unterteilt Alltagserfahrungen in acht verschiedene Zustände, die vom Gleichgewicht zwischen Herausforderungen und Fähigkeiten abhängen (Abbildung 3).

Auch wenn das Modell offensichtlich eine grobe Vereinfachung ist, zeigt es deutlich, dass Flow von dieser Balance abhängt. Es hebt zudem hervor, wie Flow in den Alltag passt: Wie andere Zustände auch, kommt und geht Flow aufgrund von situationsbedingten Gegebenheiten. Unser ganzes Leben lang wechseln wir in den Flow-Zustand hinein und wieder heraus. Manchmal sind wir im Flow, dann wieder sind wir gelangweilt, apathisch oder ängstlich, je nachdem, wie die Herausforderungen und unsere Fähigkeiten bei dem, was wir tun, zueinander im Verhältnis stehen.

Natürlich ist dieses Modell nicht perfekt. Es gibt mehr als acht verschiedene Seinszustände und mehr als nur Herausforderungen und Fähigkeiten, die uns beeinflussen. Dennoch ist das Modell nützlich, da es verständlich macht, welche Bedeutung das Verhältnis zwischen Herausforderung und Fähigkeiten hat.

Nachdem wir nun die drei Grundvoraussetzungen behandelt haben, will ich noch auf ein letztes Detail hinweisen: Diese Voraussetzungen beziehen sich sowohl auf objektive Gegebenheiten als auch auf die subjektive Erfahrung. Lassen Sie mich das erklären. Wenn ich gegen meinen jüngeren Bruder (einen ebenbürtigen Gegner) Tennis spiele, gibt mir die Aktivität klare Ziele vor, ich bekomme unmittelbares Feedback und es herrscht ein Gleichgewicht zwischen der Herausforderung und meinen Fähigkeiten. Objektiv betrachtet sind die drei Bedingungen erfüllt. Ob ich jedoch in den Flow komme, hängt letztendlich davon ab, ob ich subjektiv erlebe, dass die drei Voraussetzungen erfüllt sind. Wenn ich beim Tennisspielen an meine Steuererklärung denke, nehme ich die relevanten Ziele und das Feedback wahrscheinlich nicht wahr und erlebe somit auch keinen Flow.

Aktivitäten setzen Reize und manche Reize sind dem Flow zuträglicher als andere. Im Allgemeinen ist eine Tätigkeit, die (1) Ihnen ständig sagt, was Sie tun sollen (klare Ziele), (2) Ihnen spiegelt, wie gut Ihre Leistungen sind (sofortiges Feedback), und (3) eine Herausforderung bietet, die Ihren Fähigkeiten entspricht, dem Flow sehr förderlich. Tennis setzt eher Flow-fördernde Reize als Abwaschen. Letztendlich entscheidet jedoch Ihre Reaktion auf die Reize darüber, ob Sie Flow erleben oder nicht.

Flow-Trigger

Es gibt einen weiteren populären Ansatz, der erklärt, unter welchen Umständen sich Flow einstellt: Steven Kotlers Konzept der Trigger. Kotler prägte den Begriff *Flow-Trigger* in seinem 2014 erschienenen Buch *The rise of superman.*[35] Hinter diesem Begriff verbirgt sich die Vorstellung, dass bestimmte Faktoren dazu beitragen können, den Flow-Zustand zu aktivieren oder einzuleiten. Kotler bezeichnet die Trigger als »Konditionen, die mehr Flow herbeiführen«.[36] Er vermutet, dass die Trigger Flow fördern, indem sie die Aufmerksamkeit auf den gegenwärtigen Moment richten.

Als dieses Buch verfasst wurde, hatte Kotler 22 Trigger identifiziert, die er in interne, externe, kreative und soziale unterteilte.[37] Diese werden im Folgenden aufgelistet. Eine detailliertere Beschreibung der einzelnen Trigger sowie praktische Strategien, um durch sie mehr Flow zu generieren, finden Sie in Kotlers Buch *The Art of Impossible* aus dem Jahr 2021.[38]

Innere Trigger: (1) *Autonomie* (das Gefühl, die Situation im Griff zu haben), (2) *Neugier-Leidenschaft-Sinn* (drei Quellen intrinsischer Motivation), (3) *volle Konzentration* (die Aufmerksamkeit ist auf die anstehende Aufgabe gerichtet), (4) *klare Ziele* (das Erkennen klarer unmittelbar erforderlicher Schritte zur Bewältigung der Aufgabe), (5) *unmittelbares Feedback* (der Erhalt von Echtzeitinformationen über die eigenen Leistungen) und (6) *ein Gleichgewicht zwischen Herausforderung und Fähigkeiten* (beides ist auf hohem Niveau und hält sich die Waage). Die letzten drei Punkte kommen Ihnen vermutlich bekannt vor, da sie den drei offiziellen Grundvoraussetzungen entsprechen.

Äußere Trigger: (7) *hohe Konsequenzen* (verschiedene Formen von Risiko: körperliches, soziales, emotionales etc.), (8) *Neuartigkeit* (glänzende neue Objekte in der Umgebung, die man zuvor noch nie gesehen hat), (9) *Unberechenbarkeit* (nicht zu wissen, was als Nächstes passieren wird), (10) *Komplexität* (Erweiterung des Auffassungsvermögens des Gehirns) und (11) *tiefe Verkörperung* (gleichzeitige Reizung mehrerer Sinne). Die mittleren drei werden manchmal zu einem Trigger kombiniert, der als *reichhaltige Umwelt* bezeichnet wird.

Kreative Trigger: (12) *Kreativität* (Mustererkennung und Risikobereitschaft). Als ich dieses Buch verfasst habe, gab es einen kreativen Trigger.

Gruppen- oder soziale Trigger: (13) *volle Konzentration* (gezielte Aufmerksamkeit ist eine Voraussetzung für den individuellen Flow wie auch für den Gruppen-Flow), (14) *gemeinsame Ziele* (alle ziehen am gleichen Strang), (15) *geteiltes Risiko* (für alle steht etwas auf dem Spiel), (16) *genaues Zuhören* (alle sind mit ihrer Aufmerksamkeit ganz im Hier und Jetzt), (17) *gute Kommunikation* (stetiger Dialog und Informationsweitergabe; das ist die Gruppenversion von direktem Feedback), (18) *Verschmelzung der Egos* (alle sind voll beteiligt und niemand steht im Rampenlicht; das ist eine kollektive Version von Demut), (19) *gleich verteilte Partizipation* (jeder hat eine Aufgabe und erfüllt diese), (20) *Vertrautheit* (es gibt eine gemeinsame Wissensgrundlage; alle sind der gleichen Meinung), (21) *das Gefühl, die Situation im Griff zu haben* (die Kombination aus Autonomie und Kompetenz) und (22) *permanente Zustimmung* (die Interaktionen sind bereichernd und nicht konfliktbehaftet).

Jenseits offizieller Bedingungen

Die drei Grundvoraussetzungen sagen uns *etwas,* aber nicht *alles* darüber, wann Flow auftritt. Bevor das nächste Kapitel beginnt, möchte ich klarstellen: Jenseits der drei Voraussetzungen (und der 22 Flow-Trigger) gibt es viele weitere Faktoren, die das Auftreten von Flow beeinflussen.

Vereinfacht gesagt betreffen diese Faktoren die Person, die Tätigkeit und die Umgebung. Manche Menschen kommen leichter in den Flow als andere, manche Tätigkeiten sind ihm zuträglicher als andere und manche Umgebungen fördern ihn eher als andere. Generell kann man also sagen, dass Flow auftritt, wenn eine Person mit Hang zum Flow-Zustand eine dem Flow zuträgliche Tätigkeit in einem Flow-förderlichen Umfeld ausübt.

In diesem Buch erfahren Sie noch viel mehr über die Faktoren, die Flow beeinflussen. Davor sollten wir uns jedoch genau ansehen, was wir im Flow-Zustand erleben. Das folgende Kapitel behandelt daher die sechs erfahrungsbezogenen Komponenten des Flow.

KAPITEL 5

Die sechs erfahrungsbezogenen Komponenten des Flow-Zustands

Ich war völlig vertieft, zu 110 Prozent. Das war alles, was in meinem Leben zählte. Ich war verblüfft, dass ich drei Stunden lang so hoch konzentriert bleiben konnte. […] Man hat das Gefühl, dass absolut nichts schiefgehen kann und dass es nichts gibt, was einen aufhalten oder einem in die Quere kommen könnte. Jedes Ziel scheint greifbar, und man fürchtet sich vor keinem möglichen Endergebnis. Das ist einfach berauschend. Danach konnte ich mich nicht beruhigen, ich war von einem Hochgefühl beseelt. Ich wollte weiterfahren, wieder diesen Berg hochfahren.[39]

INTERVIEW MIT EINEM RADPROFI IN JACKSON
UND CSÍKSZENTMIHÁLYI, *FLOW IN SPORTS*

Wenn man im Flow ist, fühlt sich alles geschmeidig und mühelos an. Man ist in seinem Element, ganz und gar mit der momentanen Tätigkeit beschäftigt und fühlt sich stark, fähig und kontrolliert. Der Radfahrer aus obigem Zitat beschreibt einen Zustand der totalen Absorption und des maximalen Selbstvertrauens. Menschen beschreiben diese Erfahrung häufig mit Worten wie »ekstatisch«, »berauschend« oder »herrlich«. Kurz gesagt: Flow fühlt sich fantastisch an.

Doch was genau erleben wir im Flow-Zustand? Aus welchen verschiedenen Komponenten besteht die Erfahrung? Genau das wollen wir jetzt herausfinden. Auf den folgenden Seiten werden wir die subjektive Erfahrung des Flow genau inspizieren, indem wir die sechs zugrundeliegenden Komponenten erörtern, die in ihrem Zusammenspiel das Flow-Erlebnis erzeugen.

Ich habe viele Zitate angeführt, in denen Menschen ihre Flow-Erfahrungen und den Nutzen, den sie daraus ziehen, beschreiben. Ich habe auch versucht, die Zitate so zu platzieren, dass sie meine Ausführungen untermauern. Die meisten Beispiele stammen aus dem tieferen Bereich des Flow-Spektrums.

Das ganzheitliche Flow-Erlebnis

Bevor wir die sechs Komponenten einzeln betrachten, fasse ich noch einmal kurz zusammen, wie sich die Erfahrung insgesamt anfühlt. Kurz gesagt fühlt man sich dabei – *flowy*. Im Flow hat man das Gefühl, sich mühelos von einem Moment zum nächsten zu bewegen. Jede Handlung, jede Entscheidung scheint perfekt und nahtlos in die nächste überzugehen. Das zeigt sich auch in den Beschreibungen: »Ich wurde von einer Strömung getragen«, »es war, als würde ich schweben«. Im Flow folgt eine Handlung gemäß einer automatischen, inneren Logik auf die nächste, scheinbar ohne bewusstes Eingreifen des Akteurs.

> »Meinem Gefühl nach bin ich stark in das Geschehen involviert, ohne jedoch von mir aus viel tun zu müssen. Es ist fast, als würde ich von einem Ort zum anderen schweben […] mehr aus reinem Instinkt als durch irgendetwas anderes getrieben […] Man hat nicht das Gefühl, sich zu sehr oder zu wenig zu verausgaben; man fließt einfach.«
>
> Interview mit einem Sportler in Jackson und Csíkszentmihályi, *Flow in Sports*[40]

Im Flow fühlt sich alles geschmeidig und flüssig an, einfach und beschwingt, mühelos und spontan. Es gibt keine Unterbrechungen, keine Stolpersteine und keine Zweifel. Der Geist ist ruhig und gleichzeitig hoch konzentriert. Die Dinge scheinen automatisch zu geschehen, als wären sie ferngesteuert. Alles ergibt sich wie von selbst, alles fügt sich. Menschen beschreiben, dass sie »grooven«, »in ihrem Element sind«, »voll dabei sind« oder »auf Autopilot schalten«.[41]

Die sechs erfahrungsbezogenen Komponenten von Flow

Laut der Flow-Theorie resultiert das ganzheitliche Flow-Gefühl aus dem Zusammenspiel der sechs Komponenten. Wenn sie alle stark ausgeprägt sind, erlebt man Makro- oder tiefen Flow. Sind sie schwächer ausgeprägt, erlebt man Mikro- oder oberflächlichen Flow. Wir werden nun jedes Merkmal einzeln betrachten.

1. Höchste Konzentration

Im Flow-Zustand ist man extrem auf die anstehende Aufgabe konzentriert. Laut Csíkszentmihályi ist höchste Konzentration die wahrscheinlich *wichtigste* Eigenschaft von Flow.[42]

> »Sie sind hochkonzentriert. Ihr Geist schweift nicht ab, Sie denken an nichts anderes; Sie sind vollständig in Ihr Tun vertieft ...«[43]
>
> Interview mit Tänzer:in in Csíkszentmihályi, *Flow*

Aktivitäten, die tiefe Flow-Zustände hervorrufen, fordern Ihre Fähigkeiten in der Regel bis zum Äußersten heraus. Daher können Sie es sich nicht leisten, auch nur das kleinste bisschen Aufmerksamkeit etwas anderem als der Tätigkeit selbst zu widmen. Wenn der Skifahrer während der Abfahrt an seine Steuererklärung denkt, wird er mit dem Kopf voraus im Schnee landen. Wenn die Gedanken des Ringers abschweifen, wird sein Gegner ihn auf die Matte werfen. Wenn der Chirurg während einer Operation abgelenkt ist, setzt er das Leben seines Patienten aufs Spiel.

Wenn die Konzentration nachlässt und die Aufmerksamkeit von der Aufgabe abschweift, verlässt man technisch gesehen zumindest für diesen Moment den Flow-Zustand. Gedanken oder andere Reize, die für die Aufgabe irrelevant sind, haben sich aufgedrängt, wodurch das Flow-Erlebnis unterbrochen wurde.

Wie Sie in Kapitel 9 lernen, ist es unmöglich, aufgabenbezogene Aufmerksamkeit aufrechtzuerhalten, wenn man geistig abschweift. Man ist entweder auf die Aufgabe konzentriert oder denkt an etwas, das nichts damit zu tun hat. Wenn die für Konzentration zuständige Gehirnregion aktiviert wird, dann wird das Areal, das für das Umherschweifen der Gedanken zuständig ist, inaktiv – und umgekehrt. Während des im Flow-Zustand herrschenden tiefen, intensiven Fokus ist die Aufmerksamkeit vollständig auf die Aktivität gerichtet. Die Gedanken schweifen nicht länger umher. Das ständige Geplapper der Gedanken hat aufgehört. Dies ist einer der Gründe, warum das Flow-Erlebnis so angenehm ist. Wenn die gesamte Aufmerksamkeit auf die anstehende Aufgabe gerichtet ist, verstummt die innere Stimme, die immer an einem nagt. Probleme, Selbstzweifel und Unsicherheit treten in den Hintergrund.

> »Ich bin mir meiner selbst und meiner Probleme weniger bewusst. [...] Manchmal sehe ich nur die Position der Figuren.«[44]
>
> Interview mit einem Schachspieler in Csíkszentmihályi, *Beyond Boredom and Anxiety*

Das ist auch einer der Gründe, warum Flow Höchstleistungen fördert. Die hohe Konzentration dämmt Versagensängste, negative innere Monologe, Zweifel und Zögern ein.

Ein interessanter Aspekt dieser hohen Konzentration im Flow ist, dass sie sich mühe*los* einstellt und nicht mühe*voll* aufgebaut werden muss. Man ist intensiv auf die anstehende Aufgabe konzentriert, aber ohne die Zähne zusammenzubeißen. Man strengt sich nicht an. Man ist nicht angespannt. Man kämpft nicht damit, die Aufmerksamkeit aufrechtzuerhalten. Die Aufmerksamkeit im Flow kommt von selbst und ist nicht erzwungen. Flow ist durch *hohe Konzentration* gekennzeichnet, die *leicht* erreicht wird.

2. Verschmelzung von Handlung und Bewusstsein

Im Alltag geschieht es oft, dass wir nicht ganz bei der Sache sind. Was wir tun und worauf wir unsere Aufmerksamkeit richten, ist nicht identisch. Wir sind mit einer Tätigkeit beschäftigt, aber unsere Gedanken sind ganz woanders. Wir essen zu Mittag, denken aber daran, was wir am Nachmittag noch erledigen müssen. Wir sitzen im Unterricht, träumen aber vom Abendessen. Wir kochen uns Abendessen und machen uns Gedanken über die Präsentation, die wir morgen halten müssen. Zwischen Handlung und Bewusstsein besteht eine Trennung.

Im Flow gibt es das nicht. Unsere ganze Aufmerksamkeit ist auf die Tätigkeit gerichtet und wird von ihr aufgesaugt. Handlung und Bewusstsein vereinigen sich und verschmelzen miteinander. Wir sind so vollständig in die Aktivität involviert, dass wir eins mit ihr werden.

> »Man ist so sehr in das vertieft, was man tut, [dass] man keinen Unterschied mehr zwischen der Tätigkeit und sich selbst wahrnimmt. [...] Man sieht sich selbst nicht als getrennt von dem, was man tut.«[45]
>
> Interview mit einem Kletterer in Csíkszentmihályi, *Flow*

In extremen Fällen wird die Aufmerksamkeit so vollständig von der Tätigkeit absorbiert, dass Menschen kaum noch wahrnehmen, was um sie herum geschieht.

> »Das Dach könnte neben einem einstürzen, doch solange einem kein Ziegel auf den Kopf fällt, würde man es nicht mitbekommen.«[46]
>
> INTERVIEW MIT EINEM SCHACHSPIELER IN CSÍKSZENTMIHÁLYI, *FLOW*

Manchmal fließen auch Umgebungsaspekte in den Flow mit ein. Leichtathleten könnten beispielsweise beschreiben, dass sich die Geräusche und Bewegungen der Zuschauer mit dem Erlebnis verwoben haben. Ruderer haben erlebt, dass das Ruder zu einer Verlängerung ihrer Arme wurde. Basketballspieler fühlen sich mit ihrer Mannschaft verbunden oder als Teil von ihr. Musiker berichten von »einzigartigen, schwebenden Momenten«, in denen »die emotionalen oder sinnlichen Eigenschaften der Musik – die Farben, das Wasser, die Liebe« auf sie übergehen.[47] Der Dichter William B. Yeats schrieb einmal: »O Körper, der sich zur Musik wiegt, o erhellender Blick, wie können wir den Tänzer vom Tanz unterscheiden?«[48]

3. Der Verlust des Ich-Bewusstseins

Im normalen Wachzustand sind wir uns im Hintergrund ununterbrochen unserer selbst bewusst: wer wir sind, wer wir sein sollten und wer wir sein könnten; sowie unserer Vergangenheit, Gegenwart und Zukunft. Wir beobachten und bewerten ständig unser Verhalten und die Welt um uns herum und setzen sie in Beziehung zu uns selbst und unserer Lebensgeschichte. »Wie sehe *ich* aus?« »Hätte *ich* das nicht sagen sollen?« »Was hätte *ich* stattdessen sagen sollen?« »Was denken sie von *mir*?«

Im Flow wird unsere gesamte Aufmerksamkeit von der anstehenden Aufgabe in Anspruch genommen, und so fällt dieses Ich-Bewusstsein und die andauernde Beschäftigung mit uns selbst weg. Flow befreit uns vorübergehend von der »Last des Selbstseins«.[49]

> »So vergisst man sich selbst, vergisst alles und sieht nur noch das Spiel des Boots mit den Wellen, das Spiel der Wellen um das Boot herum und schiebt alles beiseite, was für dieses Spiel nicht wesentlich ist.«[50]
>
> INTERVIEW MIT EINEM HOCHSEESEGLER IN CSÍKSZENTMIHÁLYI, *FLOW*

Manchmal wird unser Ich-Bewusstsein im Flow-Zustand durch das Gefühl verdrängt, mit der Welt eins zu sein. »Wenn wir nicht mit uns selbst beschäftigt sind, eröffnet sich uns die Gelegenheit, unser Selbstkonzept zu erweitern«, erklärt Csíkszentmihályi.[51] »Der Verlust des Ich-Bewusstseins kann zu Selbsttranszendenz führen, zu dem Gefühl, dass sich unsere Seinsgrenzen ausgedehnt haben.«

Für einen Seemann kann es sich anfühlen, als wäre das Boot eine Erweiterung seines Selbst. Ein Kletterer spürt vielleicht eine Verwandtschaft zwischen Fingern und Stein. Ein Chirurg erlebt im tiefen Flow das gesamte OP-Team als einen einzigen Organismus, der von einem gemeinsamen Ziel angetrieben wird. Franziskanerinnen berichten von dem Gefühl der Einheit mit der Liebe Gottes, das sie Unio mystica nennen. Tibetische Buddhisten erzählen vom Gefühl des absoluten Einsseins mit allem.[52] Mitglieder von Rockergangs sprechen davon, mit der gesamten Bande eins zu werden.[53]

Wenn das Flow-Erlebnis vorbei ist, gehen wir merkwürdigerweise oft mit einem gefestigteren Selbstkonzept daraus hervor. Wir fühlen uns fähiger, effizienter und selbstbewusster als davor.[54] Das ist eine der positiven Folgen von Flow, die wir in Teil 2 näher betrachten.

4. Das Gefühl, die Situation im Griff zu haben

Wie wir in Kapitel 4 gesehen haben, tritt Flow typischerweise ein, wenn drei Bedingungen erfüllt sind: klare Ziele, unmittelbares Feedback und ein Gleichgewicht zwischen Herausforderung und Fähigkeiten. Anders ausgedrückt: Man neigt dazu, Flow zu erleben, wenn man weiß, was zu tun ist; wenn es schwierig, aber möglich erscheint; und wenn man währenddessen das Gefühl hat, gute Arbeit zu leisten und auf dem richtigen Weg zu sein. Das Ergebnis ist: Man hat das Gefühl, die Kontrolle über das Geschehen zu haben. Somit weiß man, was zu tun ist, und dass man dazu in der Lage ist. Man fühlt sich stark, effektiv und selbstsicher. Das Feedback, das man laufend bekommt, bestätigt das – man ist tatsächlich souverän. Das Selbstvertrauen und die Zuversicht nehmen im Flow stark zu.

> »Eine intensive Entspannung und Gelassenheit überkommen mich. Ich habe keine Angst zu scheitern. Was für ein starkes und warmes Gefühl das ist! Ich möchte mich ausbreiten, die Welt

umarmen. Ich spüre eine enorme Kraft, etwas Anmutiges und Schönes zustande zu bringen.«[55]

INTERVIEW MIT EINEM TÄNZER IN JACKSON UND CSÍKSZENTMIHÁLYI, *FLOW IN SPORTS*

Im Flow hat man das Gefühl, alles im Griff zu haben und über die Ressourcen zu verfügen, um die anstehenden Aufgaben zu meistern. In extremen Fällen kann das zu dem Glauben verleiten, mit jeder Herausforderung fertig werden zu können, als könnte nichts schief gehen und alles sei zu schaffen. Vielleicht hält man sich sogar für unbesiegbar und unschlagbar.

Wenn man dagegen glaubt, die Dinge nicht unter Kontrolle zu haben, seinen Willen nicht durchsetzen und sein Schicksal nicht bestimmen zu können, fühlt man sich ängstlich, nervös und machtlos. Solche Gefühle sind im Alltag häufig, doch im Flow-Zustand fehlen sie gänzlich. Man hat keine Sorgen, keine Versagensängste, keine Zweifel und keine Bedenken. Stattdessen verspürt man ein Gefühl von Macht, Stärke und Zuversicht. Es ist eine berauschende Erfahrung – kein Wunder also, dass viele Menschen diese Momente als die besten ihres Lebens bezeichnen.

Diese positiven Gefühle sind allerdings nicht immer nur etwas Gutes. Der Wohlfühlcharakter des Flow birgt Suchtpotenzial, und das Gefühl, alles im Griff zu haben, ist subjektiv und keine objektive Tatsache. Nur weil jemand glaubt, die Kontrolle zu haben, heißt das nicht, dass es tatsächlich so ist. Der Tänzer kann ausrutschen und seine Vorstellung vermasseln. Der Bergsteiger kann stürzen und sich ein Bein brechen. Wie Steven Kotler es ausdrückt: »Im Flow fühlt man sich so lange unbesiegbar, bis man es plötzlich nicht mehr ist«.[56] In Kapitel 12 werden wir über die Risiken des Flow sprechen.

5. Ein verzerrtes Zeitgefühl

Im Flow vergeht die Zeit meistens schneller. Stunden können sich wie Minuten anfühlen und Minuten wie Sekunden. Deshalb sagt man auch: »Die Zeit vergeht im Flug«.

»Im Grunde genommen war ich 16,5 Stunden lang [im Flow]. Wenn Sie mich fragen: Hat sich das wie 16,5 Stunden angefühlt?

Dann würde ich entgegnen, dass es mir eher wie drei Stunden vorkam.«[57]

Interview mit einem Ultramarathonläufer in Jackson und Csíkszentmihályi, *Flow in Sports*

Seltsamerweise kann sich die Zeit aber auch verlangsamen. Manchmal vergeht sie sogar gleichzeitig schneller und langsamer.

»Es geschehen zwei Dinge. In gewisser Hinsicht scheint sie sehr schnell zu vergehen. Nachdem sie vergangen ist, scheint sie sehr schnell vergangen zu sein. Ich sehe, dass es 1:00 Uhr morgens ist, und sage: ›Huch, vor ein paar Minuten war es noch 20:00 Uhr.‹ Aber dann, während ich tanze …, kommt es mir so vor, als wäre es viel länger gewesen, als es in Wirklichkeit vielleicht war.«[58]

Interview mit einem Balletttänzer in Csíkszentmihályi, *Flow*

Aber nicht alle Menschen erleben diese Zeitverzerrung. Wenn Zeiteinteilung ein wesentliches Element der Aktivität ist, wie in der Chirurgie oder bei Rennsportarten, dann spielt dieser Aspekt des Flow normalerweise keine Rolle, jedenfalls nicht merklich. Die Zeitverzerrung hängt also von der Aktivität und ihren Anforderungen ab.

6. Das Flow-Erlebnis ist zutiefst bereichernd

Vergegenwärtigen Sie sich die Erfahrung, die wir bisher beschrieben haben. Man ist völlig in das vertieft, was man tut. Man ist hoch konzentriert. Das »Ich« mit all seinen Ängsten, Sorgen und Zweifeln ist abwesend und wird von dem Gefühl des Einsseins ersetzt. Man wird eins mit der Welt und fühlt sich stark, fähig und souverän.

Wenn diese Elemente zusammentreffen, ist dies das Rezept für eine höchst lohnende und angenehme Erfahrung. Jede Aktivität, die einem zu einer solch exquisiten Erfahrung verhilft, wird zum Selbstzweck. Die intrinsischen Belohnungen der Erfahrung stellen die extrinsischen Belohnungen in den Schatten. Selbst wenn eine Tätigkeit ursprünglich aus anderen Gründen ausgeführt wurde, wird sie intrinsisch lohnend, wenn sich der Flow-Zustand einstellt.

»Es gibt nichts anderes. Kein anderes Erlebnis im Sport ist so beglückend oder bereichernd wie das Flow-Erlebnis. Das ist es. Deswegen steige ich immer wieder aufs Rad, weil ich mich wieder erleben könnte.«[59]

INTERVIEW MIT EINEM RADFAHRER IN JACKSON UND CSÍKSZENTMIHÁLYI, *FLOW IN SPORTS*

Flow ist das Feel-Good-Erlebnis schlechthin. In Kapitel 10 werden wir sehen, dass man im Flow solch tiefgreifende, ekstatische und glückselige Momente erleben kann, dass manche Menschen bereit sind zu sterben, um dieses Hochgefühl zu erleben.

Zuerst müssen wir jedoch noch einige weitere Stopps auf unserer Tour de Flow machen. Im nächsten Kapitel sprechen wir über die Faktoren, die dafür verantwortlich sind, dass manche Menschen eher Flow erleben als andere. Es ist Zeit, die autotelische Persönlichkeit kennenzulernen.

KAPITEL 6

Die autotelische Persönlichkeit

Autotelische Persönlichkeiten neigen dazu, sich in Situationen zu begeben, die ein häufiges Erleben von Flow-Zuständen ermöglichen. Sie sind besser dazu in der Lage, solche optimalen Erfahrungen zu initiieren, aufrechtzuerhalten und zu genießen.[60]

NICOLA BAUMANN

In Kapitel 4 haben wir gelernt, dass Flow auftritt, wenn bestimmte Voraussetzungen erfüllt sind. Das ist jedoch nur die halbe Wahrheit.

Wenn Forscher im Labor künstlich Flow erzeugen, indem Probanden beispielsweise Flow-fördernde Spiele spielen, haben manche von ihnen ein intensives Flow-Erlebnis, andere hingegen ein schwaches. Die Tiefe des Flow-Erlebnisses der Probanden unterschied sich trotz gleicher Ausgangsbedingungen. Solche Studien verdeutlichen die Bedeutung von Charakterzügen wie Einstellungen, Fähigkeiten, Verhaltensweisen sowie Gedanken- und Gefühlsmuster. Sie wirken sich auf die Fähigkeit eines Menschen aus, Flow zu erleben, weshalb manche eher Flow erleben als andere.

Eine Person mit vielen Charaktereigenschaften, die Flow begünstigen, kann als *Flow-affin* bezeichnet werden – sie hat eine hohe Tendenz, Flow zu erleben.[61] Alternativ kann sie auch als *autotelische Persönlichkeit* bezeichnet werden.[62] Das Wort »autotelisch« stammt vom Griechischen autotelḗs (auto = selbst; telos = Ziel) und bezeichnet »jemanden oder etwas, der oder das einen Sinn in sich selbst und nicht außerhalb von sich selbst hat«.[63] (Dieser Begriff wird in den Endnoten ausführlicher besprochen.) In diesem Kapitel verwende ich die Begriffe autotelisch und Flow-affin synonym. Wenn ich über autotelische oder Flow-affine Menschen schreibe, meine ich Menschen, die relativ leicht und häufig Flow erleben.

Welche Charaktereigenschaften haben solche Menschen also häufig? Welche Wesenszüge beeinflussen, ob man leichter oder schwerer in den Flow kommt? Das wollen wir in diesem Kapitel herausfinden.

Die »offiziellen« Sieben

Im Jahr 2018 identifizierte eine Forschergruppe sieben Merkmale, die ihrer Meinung nach den Kern der autotelischen Persönlichkeit ausmachen: (1) Neugier, (2) Beharrlichkeit, (3) geringe Ichbezogenheit, (4) intrinsische Motivation, (5) Freude an und Transformation von Langeweile, (6) Freude an und Transformation von Herausforderungen und (7) Aufmerksamkeitssteuerung.[64] Man nimmt an, dass dies die wichtigsten Eigenschaften sind, die die Flow-Affinität einer Person beeinflussen. Jemand, der viele oder alle dieser Eigenschaften besitzt, kann vermutlich leicht in den Flow kommen.

Um diese Annahme zu überprüfen, erstellten Forscher einen Selbstauskunftsfragebogen mit 26 Fragen, die die sieben Eigenschaften messen sollen. Dieser wird *Autotelic Personality Questionnaire* (APQ) genannt. Erste Studien haben gezeigt, dass die Ergebnisse des APQ sowohl die Flow-Affinität als auch die Lebenszufriedenheit gut vorhersagen: Personen, die im APQ hohe Werte erzielen, berichten tendenziell über mehr Flow und größere Lebenszufriedenheit als Personen mit niedrigen Werten.[65]

Stellen Sie sich vor, Sie lassen zwei Personen den APQ ausfüllen und bitten sie dann, eine Aufgabe zu erledigen. Anhand der Ergebnisse des APQ können Sie vorhersagen, wer mehr Flow erleben wird. Wer bei den sieben autotelischen Persönlichkeitsvariablen hohe Werte hat, wird mehr Flow erleben als diejenigen mit niedrigen Werten. Erstere berichten in der Regel auch über höheres Wohlbefinden und höhere Lebenszufriedenheit als Letztere.

Auf den folgenden Seiten sehen wir uns die sieben Eigenschaften genauer an. Wenn Sie glauben, diese Persönlichkeitsmerkmale nicht zu besitzen, brauchen Sie nicht zu verzweifeln. Die Persönlichkeit ist formbar und Teil 3 des Buchs stellt viele Möglichkeiten vor, wie Sie Flow-affiner werden können.

1. Neugier und Interesse am Leben

Autotelische Menschen sind neugierig. Sie neigen dazu, ein natürliches Interesse an der Lösung von Problemen zu haben, und sind oft bestrebt zu verstehen, wie die Welt funktioniert. Sie haben im Allgemeinen Spaß am Lernen und Erkunden.

Was hat das mit Flow zu tun? Wenn man neugierig ist, ist man auch leicht von Dingen fasziniert, was förderlich ist, sich schnell auf Aktivitäten einzulassen und darin aufzugehen. Wenn die Aufmerksamkeit auf das jeweilige Interessensobjekt gerichtet ist, vergisst man sich selbst und seine Probleme. Man verliert das Zeitgefühl und ist dann mit relativ wenig Aufwand im Flow. Wenn man dagegen nicht neugierig ist und nichts besonders interessant oder faszinierend findet, langweilt man sich oft und ist mit sich unzufrieden. Daher erleben neugierige Menschen eher Flow als weniger neugierige.

2. Beharrlichkeit

Flow-affine Menschen sind beharrlich. Sie halten durch, wenn der Weg steinig wird. Statt aufzugeben, krempeln sie ihre Ärmel hoch und machen sich ans Werk.

Dem Flow geht manchmal eine Phase der Frustration voraus. Langstreckenläufer können Schmerzen und Erschöpfung durchmachen, bevor sie das ›Läuferhoch‹ davon erlöst. Schriftsteller sind beim Schreiben oft gequält und gereizt, bis sie endlich das Hochgefühl des Schreibens erleben (ich spreche hier aus Erfahrung). Beharrlichkeit fördert Flow, indem sie ermöglicht, die Unannehmlichkeiten zu überwinden, die manchmal kurz vor dem Flow auftauchen. Wenn es an Beharrlichkeit mangelt, gibt man zu früh auf und verspielt die Chance auf ein Flow-Erlebnis.

Eine Studie aus dem Jahr 2008 veranschaulicht das.[66] Die Probanden sollten zunächst einen Fragebogen ausfüllen, um ihre sogenannte *aufgabenbezogene Handlungsorientierung* zu messen. Das ist eine Persönlichkeitsvariable, die »die Fähigkeit widerspiegelt, in einem handlungsorientierten Modus zu bleiben, wenn man mit einer Aufgabe beschäftigt ist, sowie den Fokus auf eine Aktivität effektiv aufrechtzuerhalten und durchzuhalten, bis die Aufgabe erfüllt ist«.[67] Nach dem Ausfüllen des Fragebogens wurden die Probanden nach dem Zufallsprinzip in drei Gruppen eingeteilt und gebeten, acht Minuten lang Tetris zu spielen. Als das Spiel beendet war, sollten die Probanden einen weiteren Fragebogen ausfüllen, um zu beurteilen, wie viel Flow sie erlebt hatten.

Die drei Gruppen unterschieden sich nach dem Schwierigkeitsgrad des Spiels:

- Langeweile (niedrige Anforderungen; Fähigkeiten > Anforderungen),
- Ausgewogenheit (Anforderungen werden ständig automatisch dem Können der Probanden angepasst; Fähigkeiten = Anforderungen),
- Überforderung (sehr hohe Anforderungen; Fähigkeiten < Anforderungen).

Die Forscher erwarteten, dass jene, die das Spiel mit dem ausgewogenen Schwierigkeitsgrad spielten (der immer ein optimales Gleichgewicht zwischen Herausforderung und Fähigkeiten bot) mehr Flow erlebten. Genau das stellten sie auch fest. Keiner der Probanden in der Langeweile- oder Überforderungsgruppe kam in den Flow. Das Spiel war entweder zu leicht oder zu schwer. Die Teilnehmer in der ausgewogenen Gruppe kamen hingegen durchweg in den Flow, und jene, die bei der Erhebung der Beharrlichkeit am besten abgeschnitten hatten, berichteten über den tiefsten Flow. Beharrliche Menschen erleben also eher Flow als weniger beharrliche.

3. Geringe Ich-Bezogenheit

In Untersuchungen zeigt sich, dass autotelische Menschen kaum ichbezogen sind. Ich-Bezogenheit wird hier als »auf die eigene Außenwirkung bedacht« definiert. Wenn sie nur schwach ausgeprägt ist, kümmert man sich kaum darum, ob andere Menschen einen beachten, was sie von einem denken und wie das eigene Aussehen und Verhalten wahrgenommen wird.

Ichbezogenheit stört den Flow, weil sie den Verlust des Ich-Bewusstseins verhindert, der für Flow charakteristisch ist. Wenn man nicht in der Lage ist, das »Ich« im Gehirn abzuschalten (siehe Kapitel 9), kann man nicht voll aufdrehen. Dann fällt es schwer, sich nicht mehr selbst im Weg zu stehen. Statt sich voll und ganz auf die anstehende Aufgabe einzulassen und sich im Tun zu vertiefen, denkt man zu viel nach. Die ganze Aufmerksamkeit wird von Sorgen und ichbezogenen Belangen in Anspruch genommen und richtet sich nach innen statt nach außen auf die anstehende Aufgabe. Ist man dagegen frei von übertriebenen Sorgen um die Meinung anderer, kann man die Aufmerksamkeit auf die Außenwelt richten, sich voll und ganz auf das Leben einlassen und sich leicht in das vertiefen, was man gerade tut. Weniger ichbezogene Menschen erleben also eher Flow als Menschen mit ausgeprägter Ichbezogenheit.

4. Intrinsische Motivation

Intrinsische Motivation bedeutet, Aktivitäten nachzugehen, weil sie interessant und herausfordernd sind und Spaß machen. Extrinsische Motivation bedeutet dagegen, etwas zu tun, weil man sich Gewinn verspricht (zum Beispiel in Form von Geld, Ansehen, Macht oder Bewunderung), oder durch Kontrolle, Druck oder Wettbewerbsfaktoren dazu gedrängt wird.

Flow-affine Personen sind in der Regel stark intrinsisch motiviert. Sie werden eher durch die Erfahrungen gelockt, die eine Aktivität bietet, als durch extrinsische Belohnungen, die im Nachhinein winken könnten. Sie spielen in erster Linie Schach, weil sie Freude daran haben, und nicht, um Geld oder Turniere zu gewinnen. Sie interessieren sich für die Dinge an sich und nicht dafür, Gewinn zu erzielen oder ihr Ego aufzublasen.

Diese beiden Arten der Motivation wirken sich unterschiedlich auf unsere Aufmerksamkeit, unsere Gedanken und unsere Gefühle aus. Deshalb haben sie auch einen unterschiedlichen Einfluss auf den Flow-Zustand. Wenn man intrinsisch motiviert ist, faszinieren einen Aktivitäten von Natur aus und üben Anziehungskraft auf einen aus. Die Aufmerksamkeit verschmilzt leicht und mühelos mit der Aufgabe und man verliert sich mit relativ wenig Aufwand ganz im Flow-Erlebnis. Man ist aufrichtig motiviert, sich auf die jeweilige Tätigkeit einzulassen, und empfindet sie als lohnend und angenehm. Deshalb kommen nur wenige Gedanken und Wünsche auf, die in Konflikt dazu stehen. Man erlebt innere Harmonie, Aufregung, Begeisterung und Neugier, was alles Flow fördert. Wenn man extrinsisch motiviert ist, muss man sich zwingen, die Aufmerksamkeit auf die anstehende Aufgabe zu richten. Das ist anstrengender und führt schneller zu Erschöpfung. Es kommen mehr Gedanken über den Nutzen und die Ergebnisse der Zeitinvestition auf, was den Flow unterbricht. Zudem leidet man unter mehr Stress und Negativität aufgrund widersprüchlicher Wünsche, da man tief im Inneren vielleicht gerne etwas anderes tun würde.

Da intrinsische Motivation dem Flow deutlich zuträglicher ist als extrinsische,[68] erleben intrinsisch motivierte Menschen mit größerer Wahrscheinlichkeit Flow als extrinsisch motivierte.

Präzisierungen:

- Niemand ist rein intrinsisch oder extrinsisch motiviert. Selbst ein vorwiegend intrinsisch motivierter Mensch kann manchmal extrinsisch motiviert sein, wobei es auf die Aktivität und die Situation ankommt.

Das Verhältnis beider Formen von Motivation variiert im Zeitverlauf und je nach Situation.

- Die Motivationsform kann sich schnell ändern. Wenn man sich beispielsweise unter Druck gesetzt, bewertet, kontrolliert oder überwacht fühlt, kann dies die intrinsische Motivation ausschalten und die extrinsische fördern. Wie bereits erwähnt, fördern manche Umgebungen Flow eher als andere. Also sind Umgebungen, die intrinsische Motivation fördern, dem Flow zuträglicher als solche, die extrinsische Motivation fördern.
- Es ist durchaus möglich, eine Tätigkeit primär extrinsisch motiviert zu beginnen, sie dann aber als so befriedigend zu empfinden, dass sich intrinsische Motivation einstellt. Genau das passiert nämlich, wenn wir Flow erleben: Die Tätigkeit selbst wird zur Belohnung.
- Interessanter Fakt: Laut Csíkszentmihályi und anderen sind häufige Flow-Erlebnisse genau das, was auf Dauer intrinsische Motivation erzeugt. Man beginnt vielleicht, Gitarre zu spielen, um andere zu beeindrucken, übt dann jedoch Monat für Monat und merkt irgendwann, dass man das Spielen immer mehr genießt. Schließlich erreicht man einen Punkt, an dem man nur noch um des Spielens willen spielt. Dann ist man nicht mehr in erster Linie an den extrinsischen Belohnungen (andere zu beeindrucken) interessiert, sondern an den intrinsischen (der reinen Freude daran, das Instrument zu spielen).

5. Freude an und Transformation von Langeweile

Autoteliker sind gut darin, Langeweile zu genießen und sie zu transformieren. Diese Fähigkeit wird manchmal als *Langeweilebewältigung* bezeichnet, was definiert werden kann als »die Bereitschaft, sich auf potenziell langweilige Aufgaben einzulassen und sie so auszuführen, dass sie intrinsisch bereichernd werden«[69].

Das möchte ich mit einem persönlichen Beispiel veranschaulichen. Vor einiger Zeit nahm ich an einem Laborexperiment an der Universität Bern in der Schweiz teil. Dabei saß ich drei Stunden lang vor einem Computer und musste in Hunderten von Fällen angeben, ob eine Linie, die in meinem peripheren Blickfeld erschien, gerade, nach links oder nach rechts gebogen war. Es war eine monotone Aufgabe, sodass mir langweilig wurde und mein Blick häufig zur Uhr wanderte. Meine Freundin nahm an der gleichen Studie teil. Sie saß auf dem gleichen Stuhl, vor dem gleichen Computer und erledigte die gleiche Aufgabe, doch sie machte eine ganz andere Erfahrung. Sie war nicht annähernd so gelangweilt und meinte sogar, die Aufgabe hätte ihr Spaß gemacht. Dieses Muster zeigt sich bei uns häufiger. Bei banalen Aufgaben langweile ich mich viel schneller als sie. Sie kann Tätigkeiten genießen und sich darin vertiefen, die mich langweilen. In diesem Aspekt ihrer Persönlichkeit ist sie deutlich Flow-affiner als ich. Menschen, die besser mit Langeweile umgehen können, erleben also leichter Flow als Menschen, die das nicht so gut können.

6. Freude an und Transformation von Herausforderungen

Flow-affine Menschen haben Freude an Herausforderungen und genießen sie geradezu. Es macht ihnen Spaß, die Grenzen ihrer Fähigkeiten auszutesten, und sie erbringen unter widrigen Umständen oft gute Leistungen. Andere mögen von einer Situation überfordert sein und Angst bekommen, doch autotelische Menschen können den Druck in Flow verwandeln.

Wenn man sich trotz Schwierigkeiten auf eine Tätigkeit konzentrieren und einlassen kann und man stressige Situationen eher als Herausforderung denn als Bedrohung ansieht, erlebt man viel leichter Flow als jemand, der schnell überwältigt und ängstlich reagiert. Wer also Freude an Herausforderungen hat und sie bewältigen kann, wird mit größerer Wahrscheinlichkeit Flow erleben als Menschen, die das nicht können.

Csíkszentmihályi sagte einmal: »Autotelische Wesenszüge zeigen sich am deutlichsten, wenn Menschen eine Situation zu genießen scheinen, die normale Menschen als unerträglich empfinden würden.«[70] Flow-affine Menschen sind in der Lage, sowohl langweilige als auch herausfordernde Situationen zu genießen und zu verändern.

7. Aufmerksamkeitssteuerung

Autotelische Menschen sind gut darin, ihre Aufmerksamkeit zu steuern. Sie können Ablenkungen ausblenden und über längere Zeiträume konzentriert bleiben. Gedanken und Reize, die Verunsicherung oder Ängste auslösen, dringen nicht zu ihnen durch. Ihre Konzentration ist so hoch, dass sie das Zeitgefühl verlieren und in das Geschehen vertieft sind. Dabei fällt es ihnen leicht, ihre Aufmerksamkeit unter Kontrolle zu bekommen und effizient zu steuern.

Wenn man bedenkt, dass konzentrierte Aufmerksamkeit eine der bedeutendsten Komponenten von Flow ist, wird klar, warum diese Fähigkeit wichtig ist. Fällt es schwer, sich auf die anstehende Aufgabe zu konzentrieren, kommt man entweder überhaupt nicht in den Flow oder kann ihn nicht über einen längeren Zeitraum aufrechterhalten. Csíkszentmihályi sagte sogar, dass Aufmerksamkeitsstörungen »die Möglichkeit, Flow zu erleben, praktisch ausschließen«.[71] Als Beleg führte er das Beispiel eines Schizophrenen an, der sein Bewusstsein weder gezielt auf Dinge richten, noch sie gezielt ausblenden konnte. Er nahm wahllos alles wahr und konnte sich daher nie auf eine einzige Sache konzentrieren. Wie er es ausdrückte: »Die Dinge stürzen zu schnell auf mich ein. Ich verliere die Kontrolle über sie und über mich selbst. Ich befasse mich mit allem auf einmal, und das hat zur Folge, dass ich mich mit nichts wirklich befasse.« Eine Person, die ihre Aufmerksamkeit leicht und effizient steuern kann, erlebt also viel leichter Flow als jemand, der weniger gut dazu in der Lage ist.

Weitere Aspekte der autotelischen Persönlichkeit

Bisher habe ich die sieben Persönlichkeitsmerkmale als »offiziell« bezeichnet, weil sie mit dem APQ gemessen werden. Wie sich herausgestellt hat, beeinflussen darüber hinaus auch noch andere Wesenszüge die Flow-Affinität. Während der Arbeit an diesem Buch hatte die Forschung schon über 30 solcher Wesenszüge identifiziert und die Liste wächst zügig weiter.[72] Im folgenden Abschnitt nenne ich neun zusätzliche Merkmale.

Zuvor möchte ich jedoch anmerken, dass die meisten Forschungsergebnisse zum Zusammenhang von Flow und Persönlichkeit nur auf Korrelationen basieren. Wenn zwischen Faktoren eine Korrelation (d. h. eine Verbindung) besteht, bedeutet das lediglich, dass sie gemeinsam auftreten. Beispielsweise sind Optimismus und Flow-Affinität positiv korreliert, wie wir noch sehen werden. Menschen, die in Erhebungen großen Optimismus zeigen, weisen also auch hohe Flow-Affinität auf, und umgekehrt. Das ist jedoch nur eine Korrelation, die nichts über die Wirkungsrichtung in dieser Beziehung aussagt. Es ist unklar, ob Optimismus Flow begünstigt oder häufige Flow-Erlebnisse Menschen optimistisch machen. Es könnte auch beides zutreffen. Auf den folgenden Seiten habe ich argumentiert, dass Charaktereigenschaften Flow fördern. Aus wissenschaftlicher Sicht ist das jedoch rein spekulativ. Mit diesem Vorbehalt im Hinterkopf beschäftigen wir uns nun eingehender mit der autotelischen Persönlichkeit.

Neurotizismus

Neurotizismus lässt sich als Hang zu Ängstlichkeit, Sorgen, Selbstzweifeln und anderen negativen Gemütslagen definieren. Menschen mit dieser Charaktereigenschaft sind gewöhnlich sehr unsicher, können schlecht mit Stress umgehen, empfinden normale Situationen als bedrohlich und sind selbst von kleinen Rückschlägen hoffnungslos überfordert.

Diese Eigenschaft wirkt sich negativ auf die Flow-Affinität aus.[73] Ausgesprochen neurotische Menschen erleben relativ selten Flow, da Ängste, Sorgen, Selbstzweifel, starke Unsicherheit und niedrige Stresstoleranz Flow verhindern. Menschen mit gering ausgeprägten neurotischen Persönlichkeitsanteilen erleben also mehr Flow als sehr neurotische Individuen.

Gewissenhaftigkeit

Gewissenhafte Menschen sind gut organisiert, verantwortungsvoll, arbeitsam, zielorientiert und befolgen Regeln und Normen.[74] Zudem sind sie selbstdiszipliniert, motiviert und ehrgeizig. In Untersuchungen weisen sie eine hohe intrinsische Motivation und Lebenszufriedenheit auf.

Anders als Neurotizismus ist Gewissenhaftigkeit durchweg positiv mit Flow-Affinität korreliert.[75] Gewissenhafte Menschen erleben häufig Flow, da sie über die nötige Motivation, Disziplin und positive Einstellung verfügen, um jene fordernden Aktivitäten auszuüben, die Flow hervorrufen. Sie sind auch in der Lage, dauerhaft hart zu arbeiten und ihre Fähigkeiten zu verbessern. Flow tritt leichter und intensiver auf, wenn bei einer Aktivität großes Können auf eine große Herausforderung trifft. Gewissenhaftigkeit ist dazu von Vorteil.

Angst und der Umgang damit

Angst ist sowohl ein vorübergehender Zustand als auch eine relativ beständige Charaktereigenschaft. Der *Zustand* der Angst ist durch Anspannung, Nervosität, Sorge und körperliche Erregung gekennzeichnet. Die *Charaktereigenschaft* bezieht sich darauf, wie leicht und häufig Angstzustände auftreten.

Studien zeigen, dass Ängstlichkeit bei Flow-affinen Menschen schwach ausgeprägt ist.[76] Anders ausgedrückt erleben ängstliche Menschen weniger Flow als entspannte, ruhige Menschen. Dafür sehe ich zwei Gründe. Erstens begeben sich ängstliche Menschen seltener in Situationen, die potenziell ein Flow-Erlebnis bieten könnten, weil Angst ein Vermeidungsverhalten begünstigt. Menschen mit Sozialphobie wollen beispielsweise keine Reden halten oder Interviews geben, womit sie auf die Chance verzichten, in solchen Situationen Flow zu erleben. Wenn sich ängstliche Menschen darüber hinaus in einer potenziellen Flow-Situation wiederfinden, fällt es ihnen schwerer, in den Flow zu kommen und ihn aufrecht zu erhalten. Sie stehen sich dann selbst im Weg und können nicht aufdrehen. Das ständige Grübeln verhindert es, aktiv zu werden, sich zu vertiefen und vollständig zu konzentrieren, was aber für Flow notwendig ist. Hochgradig ängstliche Menschen haben Schwierigkeiten, den Fokus weg von sich selbst auf die Aufgabe zu richten, die Sorgen und Unsicherheiten loszulassen. Wer weniger Angst empfindet, erlebt also eher Flow als ein ängstlicher Mensch.

Allerdings spielt hier noch eine weitere Variable eine Rolle. Forscher haben wie erwartet herausgefunden: Autotelische Menschen leiden seltener und weniger stark unter Angstzuständen. Zudem stellten sie fest, dass autotelische Menschen, *wenn* sie Angst empfinden, ihre Symptome als förderlich und nicht als leistungsmindernd erleben können.[77] Bei weniger autotelischen Personen erkannten sie das gegenteilige Muster. Zu den typischen Angstsymptomen gehören schwitzende Hände, Herzrasen, Nervosität, Schmetterlinge im Bauch, erhöhter Muskeltonus, aber auch Ängste und Sorgen darüber, was passieren oder nicht passieren könnte. Eine konstruktive Interpretation dieser Symptome könnte lauten: »Mein Körper macht sich bereit. Das Adrenalin fließt. Das ist gut. Ich bin aufgeregt und aufgedreht. Das wird mir helfen, die Situation zu meistern.« Eine hemmende Interpretation könnte hingegen lauten: »Oje, ich werde nervös. Das ist nicht gut. Ich bin zu erregt. Ich denke zu viel nach. So kann ich nichts zustande bringen. Ich muss mich beruhigen.« Die erste Interpretationsweise ist dem Flow eher zuträglich als die zweite.

Selbstvertrauen

Selbstvertrauen zu haben (umgangssprachlich auch »selbstbewusst zu sein«) bedeutet, sich selbst, den eigenen Fähigkeiten und dem eigenen Urteilsvermögen zu vertrauen. Man ist der positiven Überzeugung, das, was man tun möchte, im Allgemeinen auch erreichen zu können. Selbstvertrauen ist sowohl eine Eigenschaft als auch ein Zustand und steht in umgekehrtem Verhältnis zur Angst. Die beiden schließen sich zwar nicht gegenseitig aus – es ist theoretisch möglich, hohes Selbstvertrauen zu haben und trotzdem ängstlich zu sein oder andersherum –, aber typischerweise gilt: Wer sehr ängstlich ist, neigt zu geringem Selbstvertrauen; wer sehr selbstbewusst ist, ist auch weniger ängstlich.

Erwartungsgemäß sollten selbstbewusste Menschen also mehr Flow erleben, und genau das haben Forscher mit großer Eindeutigkeit herausgefunden.[78] Selbstvertrauen ist eine der wichtigsten Persönlichkeitsvariablen für den Flow-Zustand.

Das lässt sich mit den beiden oben erwähnten Mechanismen erklären. Erstens begeben sich selbstbewusste Menschen mit größerer Wahrscheinlichkeit in potenzielle Flow-Situationen. Während sich ängstliche Menschen in einer schwierigen Situation bedroht fühlen und sich Sorgen machen, sehen sie darin eine Herausforderung, der sie sich gerne stellen. Zweitens hilft Selbstvertrauen dabei, dass man sich der Situation gewachsen fühlt. Ist man ruhig, gelassen und selbstbewusst, kann man alle Sorgen beiseiteschieben und sich »verwirklichen«. Man ist optimistisch, stark und hat alles im Griff. Wenn man dagegen ängstlich ist, fühlt man sich eingeschüchtert, überwältigt und ist nervös. Negative Gedanken verhindern es, sich zu konzentrieren und in etwas zu versenken, was für ein Flow-Erlebnis jedoch notwendig ist.

Angst erstickt; Selbstvertrauen fördert den Flow.

Die folgende Aussage eines Golfprofis zum Thema, Selbstvertrauen Flow fördert, verdeutlicht das: »Durch das Vertrauen in meine Fähigkeiten […] und den Glauben, dass ich jeden Schlag spielen kann, wenn es darauf ankommt, gehe ich zum Tee, schüttle Ihnen die Hand, schaue Ihnen in die Augen und sage: ›viel Erfolg!‹, in vollem Bewusstsein, dass […] ich weiß, dass Sie wissen, dass ich Sie schlagen werde. […] Genau das bedeutet es, in seinem Element zu sein.«[79]

Optimismus

Optimisten erwarten, dass gute Dinge geschehen, Pessimisten hingegen, dass schlechte Dinge geschehen. Dieser kleine Unterschied hat große Auswirkungen. Menschen, die in Erhebungen großen Optimismus aufweisen, berichten auch über eine höhere Lebensqualität und ein größeres Wohlbefinden. Sie leiden seltener unter Depressionen und Ängsten, können besser mit Stress umgehen, ergreifen mehr Maßnahmen, um Widrigkeiten zu bewältigen, tun mehr, um ihre Ziele zu erreichen.[80] Optimistische Sportmannschaften und Athleten erbringen höhere Leistungen, optimistische Verkäufer erzielen mehr Umsatz, optimistische Politiker gewinnen öfter Wahlen.

In Anbetracht dieser Unterschiede überrascht es nicht, dass Optimisten eher Flow erleben als Pessimisten.[81] Anders ausgedrückt: Flow-affine Menschen haben in der Regel eine optimistische Grundeinstellung.

Wie hängen Optimismus und Flow zusammen? Die Mechanismen sollten mittlerweile vertraut klingen. Wer optimistisch ist, erwartet positive Ergebnisse und ist daher eher bereit, sich in herausfordernde Situationen zu begeben. Pessimisten tun das nur ungern. Wer am Erfolg zweifelt, versucht es vielleicht gar nicht erst. Sobald man bereits ein Risiko eingegangen ist, führt eine positive Erwartungshaltung zu Selbstvertrauen und positiven Gedanken. Wer gute Ergebnisse erwartet, hat eine positive Grundeinstellung. Man ist erregt und fühlt sich stark und fähig. Zweifel, Sorgen und andere Prozesse, die den Flow stören können, fallen weg. Erwartet man jedoch schlechte Ergebnisse, ist man nervös und besorgt, zweifelt an sich selbst und wird von negativen Gedanken überflutet. Dann ist es schwierig, sich zu konzentrieren und in den Flow zu kommen.

Darüber hinaus hilft Optimismus dabei, mit Zuversicht und Beharrlichkeit auf Probleme und Rückschläge zu reagieren. Man fühlt sich in der Lage, Schwierigkeiten zu meistern und ihnen zum Trotz Ziele zu erreichen. Pessimismus verleitet zu Zweifeln, zum Zögern und zum Aufgeben. Daher erleben Optimisten leichter Flow als Pessimisten.

Mentale Stärke

Mentale Stärke erlaubt es, in Drucksituationen aufzublühen. Sie lässt sich als die Fähigkeit definieren, mit Herausforderungen, Stressfaktoren und Druck erfolgreich umzugehen.[82] Eine ausführliche Definition lautet: »Das ist die Fähigkeit, mit Situationen zurechtzukommen. Sie zeigt sich dadurch, dass man nicht in Schockstarre verfällt und für das eintreten kann, an das man glaubt. Man hält Druck stand und lässt sich nicht ablenken. Sie erfordert Konzentration, Disziplin, Selbstvertrauen, Geduld, Beharrlichkeit, das Übernehmen von Verantwortung ohne Klagen oder Ausreden, Visualisierung, Schmerztoleranz und eine positive Herangehensweise.«[83]

Mentale Stärke hat Berührungspunkte mit mehreren Wesenszügen, die in diesem Buch bereits angesprochen wurden, darunter Beharrlichkeit, Freude an und Transformation von Herausforderungen, Selbstvertrauen und Optimismus. Es überrascht also nicht, dass mentale Stärke Flow stark begünstigt.[84]

Ich möchte betonen, dass mentale Stärke nicht bedeutet, sich gefühllos, egozentrisch oder machohaft zu verhalten. Mental starke Menschen können unterstützend, fürsorglich, mitfühlend und genauso gute Teamplayer sein wie andere Menschen. Wenn sie im Wettstreit stehen, dann mit sich selbst. Weiterhin können Frauen genauso stark wie Männer sein. Das Gegenteil von mentaler Stärke ist nicht mentale Schwäche, sondern Sensibilität.

Perfektionismus

Beim Perfektionismus steckt der Teufel im Detail. Das liegt daran, dass er verschiedene Formen annehmen kann. *Positiver Perfektionismus* bedeutet, sich hohe Standards zu setzen und herausragende Leistungen erbringen zu wollen. *Selbstkritischer Perfektionismus* führt dazu, dass man sich negativ einschätzt, ständig um Fehler sorgt und mit sich hadert, wenn man Ansprüche nicht erfüllt. Menschen können auf beide Arten gleichzeitig perfektionistisch sein, nur auf eine von beiden oder auf keine.

Um Flow zu erleben, sollte idealerweise der positive Perfektionismus stark und der selbstkritische schwach ausgeprägt sein.[85] Positiver Perfektionismus wird mit intrinsischer Motivation, intensiven Bemühungen und großem Können in Verbindung gebracht. All das fördert Flow. Selbstkritischer Perfektionismus hingegen ist mit extrinsischer Motivation, Versagensängsten und harscher Selbstkritik verknüpft, was dem Flow-Zustand im Weg steht. In Bezug auf Flow ist positiver Perfektionismus also ein Vorteil, selbstkritischer jedoch ein Nachteil.

Kontrollüberzeugung

Das Konzept der Kontrollüberzeugung bezieht sich darauf, ob man glaubt, dass man selbst die Kontrolle darüber hat, wie das eigene Leben verläuft (internale Kontrolle), oder dass der Ort der Kontrolle außerhalb des eigenen Einflussbereichs liegt und das Leben von äußeren Faktoren wie anderen Menschen, dem Schicksal, dem Glück oder dem Zufall bestimmt wird (externale Kontrolle).

Die meisten Menschen tendieren stark in die eine oder in die andere Richtung: Sie glauben entweder, dass die Ereignisse in ihrem Leben vorwiegend durch ihre eigenen Taten herbeigeführt wurden oder dass äußere Einflüsse dafür verantwortlich sind.[86] Folglich rühmen sich die einen für ihre Erfolge und geben sich die Schuld an Fehlschlägen, während die anderen Faktoren verantwortlich machen, auf die sie keinen Einfluss hatten. Erstere sehen eine gute Note als Ergebnis ihrer harten Arbeit an, Letztere machen Glück oder ihr Talent dafür verantwortlich.

Menschen mit internaler Kontrollüberzeugung erleben mehr Flow als Menschen mit externaler.[87] Eine mögliche Erklärung dafür ist, dass Menschen, die daran glauben, selbst für ihr Leben verantwortlich zu sein, auch eher das Gefühl haben, die Situation im Griff zu haben. Das fördert Flow. Eine andere Erklärung ist, dass sich eine internale Kontrollüberzeugung positiv auf die intrinsische Motivation auswirkt, was indirekt zu mehr Flow führen könnte.

Emotionale Intelligenz

Emotional intelligent zu sein bedeutet, die eigenen Gefühle wie auch die Gefühle anderer Menschen erkennen, verstehen, handhaben und beeinflussen zu können.[88] Personen mit hoher emotionaler Intelligenz haben ihre Emotionen und Impulse im Griff, können Druck standhalten, mit Stress umgehen und sich selbst motivieren. Sie verfügen über soziale Sensibilität und eine gute Sozialkompetenz, was es ihnen erlaubt, sich in andere hineinzuversetzen, ihre Gefühle zu verstehen und die eigenen Gefühle zu kommunizieren. Mit emotionaler Intelligenz sind viele wichtige Lebenskompetenzen verbunden, und wie gezeigt wurde, ist sie für das menschliche Wohlergehen absolut grundlegend.[89]

Die Flow-Forschung zeigt durchweg, dass Flow-affine Menschen über hohe emotionale Intelligenz verfügen.[90] Sie reduziert die Häufigkeit, Intensität und Dauer negativer Gedanken und Emotionen, die Flow verhindern, und hilft bei der Bewältigung emotionaler Stresssituationen sowie dabei, die Kontrolle über die eigenen Emotionen zu behalten, statt ihnen ausgeliefert zu sein. Im sozialen Kontext unterstützt emotionale Intelligenz positive und harmonische Interaktionen, die Flow fördern. Insgesamt erleben emotional intelligente Menschen daher mehr Flow als Menschen, denen diese Form der Intelligenz fehlt. Dieses Thema wird in Kapitel 21 nochmals thematisiert.

Weitere Flow-Faktoren

Die bisher aufgeführten Wesenszüge wurden in Untersuchungen am eindeutigsten mit Flow in Verbindung gebracht. Darüber hinaus wurden weitere Variablen erforscht.

Beispielsweise haben Forscher den Zusammenhang zwischen Flow-Affinität und Intelligenz untersucht, doch mehrere Studien konnten hier keine positive Korrelation feststellen.[91] Das könnte daran liegen, dass Intelligenz zwar eine Rolle bei angestrengter Aufmerksamkeit spielt, aber nicht bei der für Flow charakteristischen mühelosen Aufmerksamkeit.

Weiterhin untersuchten Wissenschaftler Selbstwertgefühl (eine gesunde Vorstellung vom eigenen Wert), »Grit« (Durchhaltevermögen und Leidenschaft für langfristige Ziele), Selbstmitgefühl (eine mitfühlende Beziehung zu sich selbst), Achtsamkeit (die Neigung, im Alltag die Gegenwart bewusst wahrzunehmen und anzunehmen) und Selbstkontrolle (die Fähigkeit, Impulse zu kontrollieren und ihnen nicht nachzugeben). Bei all diesen Eigenschaften wurde ein positiver Zusammenhang zur Flow-Affinität festgestellt.[92] Bei drei anderen bekannten Eigenschaften – Offenheit für Erfahrungen, soziale Verträglichkeit und Weltoffenheit – konnte nur eine leichte positive Korrelation mit Flow festgestellt werden.[93]

Das ist ein faszinierendes Forschungsgebiet und die Liste der Wesenszüge, die mit Flow in Zusammenhang stehen, wächst stetig weiter.

Die gute Nachricht

Wenn Sie das Gefühl haben, dass Ihre Persönlichkeit dem Flow-Zustand nicht sehr förderlich ist, lassen Sie sich davon nicht entmutigen. Auch neurotische, ängstliche oder wenig selbstbewusste Menschen können viel Flow erleben. Die hier beschriebene autotelische Persönlichkeit ist ein Ideal, nach dem man streben sollte, und keine Voraussetzung, um in den Flow zu kommen. Meine eigene Persönlichkeit ist bei Weitem nicht optimal, aber ich erlebe trotzdem jede Menge Flow.

Wir wissen heute, dass viele Persönlichkeitsaspekte formbar sind. Man kann beharrlicher, gewissenhafter, selbstbewusster, optimistischer, mental stärker oder auch emotional intelligenter werden.

Teil 3 dieses Buchs stellt einige Studien vor, die sich mit der Veränderung von Einstellungen, Fähigkeiten und Verhaltensweisen im Zusammenhang mit Flow auseinandersetzen. Wie wir sehen werden, wirken sich diese Veränderungen auf die Flow-Affinität aus. Betrachten wir zum Beispiel eine Studie aus dem Jahr 2022, in der Musikstudenten höherer Semester und berufstätige Musiker in zwei Gruppen aufgeteilt wurden: eine Interventionsgruppe, die über einen Zeitraum von zwölf Wochen ein Online-Selbstregulationstraining erhielt, und eine Kontrollgruppe, die kein solches Training erhielt.[94] Am Ende der zwölf Wochen konnte in der Interventionsgruppe eine Abnahme der Leistungsangst und Unsicherheit sowie eine Zunahme von Flow festgestellt werden.

Wenn ich mein heutiges Ich mit dem von vor zehn Jahren vergleiche, sehe ich eindeutige Verbesserungen bei einigen der besprochenen Persönlichkeitsmerkmalen. Ich bin gewissenhafter, emotional intelligenter, mutiger, selbstmitfühlender, achtsamer und habe eine bessere Selbstkontrolle. Einige dieser Veränderungen sind schlicht das Ergebnis des Älterwerdens, des Erfahrungslernens und des Reifens. Andere sind das Ergebnis engagierter Bemühungen. So oder so sind Veränderungen möglich. Wenn Sie die in diesem Buch besprochenen Strategien anwenden, habe ich keinen Zweifel daran, dass Sie Flow-affiner werden können.

Die autotelische Persönlichkeit

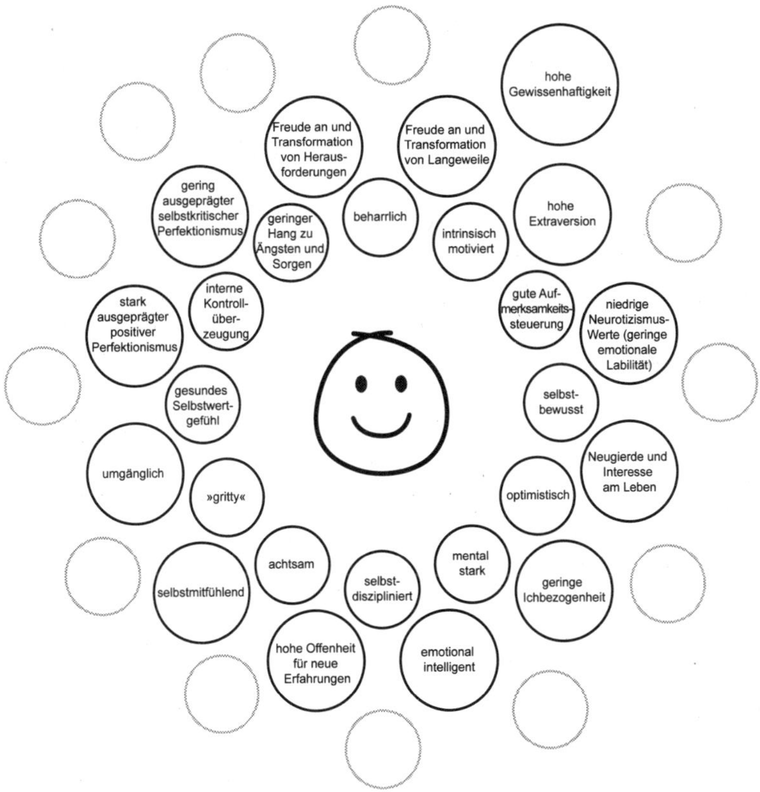

Abbildung 4: Persönlichkeitsvariablen eines autotelischen, Flow-affinen Menschen.

Eine kurze Zusammenfassung der autotelischen Persönlichkeit

Abschließend möchte ich die Wesenszüge eines hoch autotelischen, Flow-affinen Menschen zusammenfassen. Er ist neugierig, beharrlich, wenig ichbezogen, intrinsisch motiviert, in der Lage, mit schwierigen, aber auch mit langweiligen Situationen umzugehen, und kann seine Aufmerksamkeit gut steuern.

Zudem ist er gewissenhaft, selbstbewusst, optimistisch, mental stark, emotional intelligent, selbstdiszipliniert, achtsam, selbstmitfühlend, »gritty«, offen für neue Erfahrungen, umgänglich und weltoffen. Ängste sind bei ihm nur schwach ausgeprägt, er hat ein gesundes Selbstvertrauen und eine internale Kontrollüberzeugung und strebt positiv, aber nicht selbstkritisch nach Perfektion. Ein Mensch mit diesen Charakterzügen kommt leicht und häufig in den Flow.

KAPITEL 7

Flow messen und erforschen

Inzwischen wissen Sie, dass Flow ausgiebig und gründlich erforscht wird. Wie bereits erwähnt ging Csíkszentmihályi dem Flow-Zustand über 40 Jahre lang auf den Grund, nachdem er den Begriff Mitte der 1970er-Jahre geprägt hatte. Mittlerweile beschäftigen sich Hunderte oder gar Tausende Forscher auf der ganzen Welt mit dem Konzept.

Wie genau tun sie das? Wie können sie wissen, ob jemand im Flow ist? Wie beurteilen sie Flow-Affinität? Wie können sie wissen, dass selbstbewusste Menschen Flow-affiner sind als weniger selbstbewusste Menschen? Gibt es so etwas wie einen Flow-Monitor, den man am Handgelenk der Probanden befestigen kann, um ihr Flow-Level zu messen? Welche Instrumente und Methoden verwenden sie? Das untersuchen wir in diesem Kapitel. Es mag langweilig und trocken klingen, aber es ist faszinierend und erweitert unser Verständnis von Flow. Zudem hilft es bei der Interpretation der vielen Forschungsergebnisse, die dieses Buch vorstellt.

Bislang wurde Flow vorwiegend mit den folgenden vier Instrumenten erforscht: (1) Interviews, (2) dem Flow-Fragebogen, (3) der Experience Sampling Methode und (4) modernen Fragebögen.[95] Diese Methoden betrachten wir nun in der chronologischen Reihenfolge, in der Forscher sie entwickelt haben. Beginnen wir mit den Interviews.

1. Interviews

Das Konzept des Flow entstand aus Csíkszentmihályis anfänglichen Interviews, die in Kapitel 2 beschrieben wurden.[96] Durch Interviews erfuhr er: Wenn Menschen eine außerordentlich große Freude an intrinsisch motivierten Aktivitäten verspürten – sei es beim Klettern, Schachspielen, Tanzen oder Dichten –, erlebten sie einen Zustand, in dem sie intensiv vertieft waren, ihre Unsicherheit ablegten, sich ihr Zeitgefühl veränderte et cetera. Csíkszentmihályi bezeichnete diesen universellen Zustand als »Flow«, weil viele seiner Interviewpartner ihre Erfahrung mit dieser Analogie beschrieben. Aus diesen ersten Interviews ging die Definition und das Konzept des Flow hervor.

Interviews sind bis heute eine wichtige Methode der Flow-Forschung. Susan A. Jackson interviewte 1995 Profisportler, um mehr über verschiedene Aspekte des Flow im Sport zu erfahren. Sie wollte unter anderem in Erfahrung bringen, welche Faktoren den Eintritt in den Zustand fördern oder behindern, welche ihn unterbrechen und inwieweit die Sportler ihn kontrollieren können.[97] Im Jahr 1999 befragte Susan K. Perry Schriftsteller über ihr letztes Flow-Erlebnis beim Schreiben und bat sie zu schildern, was zu dieser Erfahrung geführt hat, wie sie mit Blockaden umgegangen sind und was ihren Flow gestört hat.[98] Seit 2016 befragen Christian Swann und Kollegen wieder Profi- und Freizeitsportler zu ihren jüngsten Flow-Erlebnissen im Sport.[99]

Auch wenn Interviews zeitaufwändig sind, eignen sie sich hervorragend, um neue Aspekte des Flow zu erforschen, wie die Ursachen, die Folgen oder die erfahrungsbezogenen Komponenten.

2. Der Flow-Fragebogen

Nachdem Csíkszentmihályi die Definition und die Dimensionen von Flow ausgelotet hatte, arbeiteten er und seine Kollegen den ersten Fragebogen aus, um ihr Konzept exakter messen zu können. So entstand der sogenannte *Flow-Fragebogen* (kurz als Flow-Q bezeichnet, für Flow-Questionnaire).[100]

Der ursprüngliche Flow-Q beginnt mit drei Zitaten, die das Flow-Erlebnis beschreiben:

> »Meine Gedanken wandern nicht herum. Ich denke an gar nichts anderes. Ich bin völlig absorbiert von dem, was ich tue. Mein Körper fühlt sich gut an. Es ist, als würde ich nichts hören. Die Welt scheint von mir abgetrennt zu sein. Ich bin mir meiner selbst und meiner Probleme weniger bewusst.«

> »Meine Konzentration ist wie mein Atem, ich denke nie daran. Wenn ich anfange, schließe ich die Welt da draußen komplett aus. Wenn ich erst einmal richtig loslege, nehme ich meine Umgebung

gar nicht mehr wahr. Ich glaube, das Telefon könnte klingeln, es könnte an der Tür läuten oder das Haus könnte abbrennen oder dergleichen. Wenn ich anfange, schließe ich die Welt da draußen komplett aus. Sobald ich aufhöre, kann ich sie wieder hereinlassen.«

»Ich bin so in meine Tätigkeit vertieft, dass ich eins mit ihr werde.«

Die Befragten werden gebeten, diese Zitate zu lesen und durch eine Ja-oder-Nein-Antwort anzugeben, ob sie jemals etwas Ähnliches erlebt haben. Auf diese Weise lassen sich die Befragten in »Flow-er« (Menschen, die in ihrem Leben Flow erleben) und »Nicht-Flow-er« (Menschen, die in ihrem Leben keinen Flow erleben) einteilen. Die Ergebnisse zeigten durchweg, dass die überwiegende Mehrheit der Menschen mit dem Flow-Zustand vertraut ist und ihn in ihrem Leben erlebt.

Wenn die Antwort auf die Frage »Haben Sie jemals ähnliche Erfahrungen gemacht?« »Ja« lautet, werden die Befragten gebeten anzugeben, welche Tätigkeiten ihnen solche Erlebnisse ermöglichen. Sie sollen also ihre Flow-Aktivitäten auflisten. Dadurch fanden die Forscher heraus, dass Menschen bei den unterschiedlichsten Tätigkeiten in etlichen verschiedenen Kontexten Flow erleben.

Dann werden die Befragten gebeten, aus ihrer Liste die Tätigkeit auszuwählen, die mit den intensivsten und tiefgreifendsten Flow-Erlebnissen verbunden ist. Sie wird als ihre primäre Flow-Aktivität bezeichnet. Anschließend sollen sie angeben, wie groß ihrem Empfinden nach die Herausforderungen und die nötigen Fähigkeiten bei dieser Tätigkeit sind, und verschiedene Aspekte der Tätigkeit auf einer Skala von 0 bis 8 (von »kaum« bis »sehr stark«) bewerten. Zu den Fragen gehören beispielsweise: »Ich bin engagiert«, »Es macht mir Spaß, dies zu tun und meine Fähigkeiten einzusetzen«, »Ich wünschte, ich könnte etwas anderes tun«.

Die Befragten sollen mit derselben Skala auch ihre Alltagserfahrungen bei anderen Aktivitäten beschreiben, wie beispielsweise, wenn sie bei der Arbeit, mit ihrer Familie, allein oder in der Kirche sind. So konnten die Forscher bestätigen, dass die Befragten, verglichen mit anderen Aktivitäten, größere Freude verspürten, engagierter, konzentrierter und weniger unsicher waren, wenn sie ihren Flow-Aktivitäten nachgingen.

Am Ende des Fragebogens wurden einige offene Fragen gestellt, wie beispielsweise: Was führt zu dem Erlebnis? Was hält es in Gang? Wie fühlt es sich an? Die Antworten auf diese Fragen lieferten den Forschern eine Fülle von Informationen zu den Auslösern und erfahrungsbezogenen Komponenten von Flow.

Durch den Flow-Q konnten viele der in Csíkszentmihályis ersten Interviews gewonnenen Erkenntnisse bestätigt werden. Der Fragebogen lieferte auch ausgezeichnete Daten über die Häufigkeit, mit der Flow in verschiedenen Kontexten und Aktivitäten erlebt wurde. Durch die Ausgabe des Flow-Q in verschiedenen Kulturen und demografischen Gruppen konnten die Forscher auch die sozialen Unterschiede in der Flow-Erfahrung messen.

Wegen des hohen Zeitaufwands für die Kodierung und Analyse der Antworten wird der Flow-Q heute nur noch selten verwendet. Im Jahr 2010 wurde jedoch im Vereinigten Königreich eine neuere Version des Fragebogens 393 Arbeitnehmern aus vielen verschiedenen Berufen vorgelegt.[101] Die aktualisierte Version beinhaltete Zitate, die sowohl tiefen wie oberflächlichen Flow beschrieben (sie sind in den Endnoten zu finden).[102] Dadurch wurde unter anderem festgestellt, dass ein Drittel der Befragten angab, seichten Flow, aber keinen tiefen Flow zu erleben. Dies war zu erwarten gewesen, da viele Menschen im Alltag regelmäßig ein niedriges bis mittleres Flow-Niveau erleben, während intensivere Erlebnisse eher selten sind.

3. Die Experience Sampling Methode (ESM)

Sowohl die ausführlichen Interviews als auch der Flow-Q hatten ihre Vorteile und beide spielten eine entscheidende Rolle bei der Konzeptionalisierung des Flow-Zustands. Sie griffen jedoch insofern zu kurz, als sie sich nur auf die retrospektive Rekonstruktion vergangener Erfahrungen stützten.

Die Erforschung des Flow ist auch deshalb so umfassend und populär, weil Csíkszentmihályi und seine Kollegen die *Experience Sampling Methode* (ESM) entwickelt haben. Sie ermöglicht es, diese Einschränkung zu überwinden und den Flow direkt im Alltag zu messen.[103]

Studienteilnehmer erhalten Piepser (Pager, Tablets, programmierbare Uhren oder Smartphones), die ihnen zu bestimmten Zeiten signalisieren, ein sogenanntes *Experience Sampling Formular* (ESF) auszufüllen. Das ist ein Fragebogen, in dem sie gebeten werden, verschiedene Aspekte ihres gegenwärtigen Erlebens in dem Moment zu beschreiben, in dem sie angefunkt werden. In der Regel werden die Teilnehmer eine Woche lang achtmal pro Tag angefunkt, was insgesamt 56 detaillierte Momentaufnahmen ihrer Alltagserfahrung ergibt.

Jedes ESF enthält sowohl offene Fragen als auch numerische Skalen. Zu Beginn sollen die Teilnehmer in der Regel angeben, wann sie angefunkt wurden und wann sie das Formular ausgefüllt haben (unmittelbar nach dem Anfunken oder einige Minuten später). Dann folgen Fragen zur Rekonstruktion der Aktivität und des Kontexts sowie zu Aspekten der Motivation und des Interesses. Die offenen Fragen lauten zum Beispiel: »Woran haben Sie gedacht?« »Wo waren Sie?« »Was haben Sie hauptsächlich getan?«

Ergänzt werden Fragen, bei denen die Teilnehmer aus mehreren Antwortmöglichkeiten wählen können. Bei der Frage »Warum haben Sie die Aktivität durchgeführt?« könnten zum Beispiel folgende Optionen zur Auswahl stehen: (1) Weil Sie es wollten, (2) Weil Sie es mussten, (3) Weil es nichts anderes zu tun gab. Für die Frage »Mit wem waren Sie zusammen?« könnte es folgende Möglichkeiten geben: (1) allein, (2) mit der Familie, (3) mit Freunden, (4) mit Fremden.

Der restliche Teil des Formulars enthält skalierte Items. In der Regel handelt es sich bei 16 davon um Zehn-Punkte-Skalen, die von null (»überhaupt nicht« oder »gering«) bis neun (»sehr« oder »hoch«) reichen und verschiedene Elemente im Zusammenhang mit dem Erlebnis messen sollen. Dazugehörige Fragen können lauten: »Wie herausfordernd war die Aktivität für Sie?« »Für wie geschickt würden Sie sich bei dieser Tätigkeit halten?« »Wie gut konnten Sie sich konzentrieren?« »War es schwierig, sich zu konzentrieren?«

Bei den übrigen 13 Items werden die Studienteilnehmer gebeten, auf einer Skala von eins (»überhaupt nicht«) bis sieben (»sehr«) zu bewerten, wie intensiv sie verschiedene subjektive Gefühle empfunden haben, zum Beispiel: »aufmerksam«, »glücklich«, »stark«, »einsam«, »ängstlich«, »engagiert«, »kreativ« oder »entspannt«.

Das Format des ESF kann von Studie zu Studie im Detail variieren. Fragen können entfernt oder hinzugefügt werden, Formulierungen und Skalen können verändert werden (z. B. eine Skala von 0–12 statt 0–9). Im Allgemeinen sind jedoch Gliederung und Inhalt ähnlich wie hier beschrieben.

Die ESM liefert eine riesige Menge an Daten über die Alltagserfahrungen von Menschen. Jeder Datenpunkt kann in Beziehung zum Flow-Zustand gesetzt werden, sodass Forscher ein hochdetailliertes Bild davon bekommen, wie und wann Flow auftritt, wie er sich anfühlt, welche Auswirkungen er hat und vieles mehr. So lässt sich zum Beispiel feststellen, ob Menschen eher allein oder mit anderen Menschen, bei der Arbeit oder in der Freizeit, beim Fernsehen oder beim Sport in den Flow kommen. Es lässt sich feststellen, wie häufig Menschen Flow erleben, welche Aktivitäten den Zustand am beständigsten und intensivsten hervorrufen oder was Menschen vor oder im Flow-Zustand denken. Bei der Erörterung der Kontexte des Flow in Kapitel 8 werden wir uns stark auf die Erkenntnisse aus den ESM-Studien stützen.

Zunächst gilt es jedoch zu klären, wie Flow in diesen Studien definiert wird. Welcher der etwa 30 Datenpunkte, die in jedem ESF erhoben werden, wird als Maß für Flow verwendet? Ist es die Intensität der positiven Gefühle (wie glücklich, aufgeweckt und fröhlich man sich fühlte)? Oder wie mühelos und hoch konzentriert man ist? Der Grad der erlebten Kontrolle? Die fehlende Unsicherheit? Oder eine Kombination aus all dem? Lassen Sie mich das erklären.

In den ursprünglichen ESM-Studien wurde zur Messung des Flow-Zustands das Verhältnis zwischen Herausforderung und Fähigkeiten herangezogen (in jedem ESF sollen die Teilnehmer angeben, wie herausfordernd die jeweilige Aktivität ist und wie geschickt sie dabei sind). In dem damaligen theoretischen Modell wurde davon ausgegangen, dass Flow immer dann auftritt, wenn Herausforderungen und Fähigkeiten im Gleichgewicht sind (Abbildung 2 in Kapitel 3). In den Studien wurde daher vorausgesetzt, dass die Teilnehmer bei einer Aktivität im Flow waren, wenn beide Items mit derselben Zahl bewertet wurden, beispielsweise wenn sowohl die Herausforderungen als auch die Fähigkeiten mit null oder neun bewertet wurden.

Da erwartet wurde, dass dieses Gleichgewicht mit dem Flow-Erlebnis zusammenfällt, wurde auch erwartet, dass es mit anderen positiven Aspekten des Erlebnisses korreliert, die im ESF gemessen wurden, beispielsweise wie glücklich, stark, motiviert und konzentriert man sich fühlt. Als Csíkszentmihályi und seine Kollegen jedoch mehrere Tausend der ersten Selbstberichte analysierten, die mit der ESM generiert worden waren, bestätigte sich diese Vorhersage nicht. Die Befragten fühlten sich nicht wacher, motivierter, stärker, kontrollierter und weniger unsicher, wenn Herausforderungen und Fähigkeiten im Gleichgewicht waren.

Diese Ergebnisse verwirrten und frustrierten Csíkszentmihályi und seine Kollegen jahrelang, bis es 1985 einen Durchbruch gab. Die italienischen Flow-Forscher Fausto Massimi und Massimo Carli stellten die Vermutung auf, dass Flow nur dann eintritt, wenn Herausforderungen und Fähigkeiten im Gleichgewicht sind und über einem bestimmten Niveau liegen. Sie nahmen an, dass die Probanden apathisch waren, wenn beides auf niedrigem Niveau war. Das stellten sie in ihrem überarbeiteten Flow-Modell dar, dem sogenannten *Quadrantenmodell des Flow* (Abbildung 5).

Das Quadrantenmodell des Flow

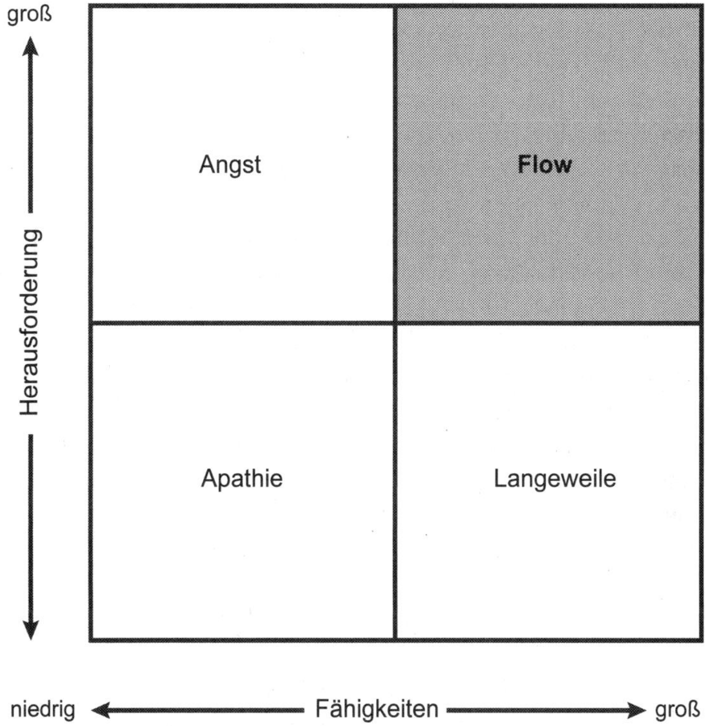

Abbildung 5: Das Quadrantenmodell des Flow. Es unterteilt Alltagserfahrungen in vier Quadranten, je nach dem Grad der Herausforderung und der Fähigkeiten, die mit einer Tätigkeit verbunden sind. Als die Forscher dieses Modell entwickelten, stimmten die ESM-Daten mit den Erwartungen der Flow-Theorie überein. Das Modell wurde später zum Oktantenmodell weiterentwickelt (siehe Abbildung 3 in Kapitel 4). Nach Csíkszentmihályi und LeFevre (1989).[104]

Mit dieser Neufassung des Modells wurde im ESM von einem Flow-Erlebnis ausgegangen, wenn Teilnehmer über Herausforderungen und Fähigkeiten berichteten, deren Niveau über dem Wochendurchschnitt lag und die in einem relativen Gleichgewicht standen.

Wenn Flow auf diese Weise definiert wurde, stimmten die ESM-Daten genau mit den theoretischen Vorhersagen überein.[105] Die Menschen berichteten am positivsten über Erlebnisse, wenn dabei Herausforderungen und Fähigkeiten ausgeglichen waren und über dem durchschnittlichen Niveau der Woche lagen. Es zeigte sich, dass man glücklicher, stärker, kontrollierter, engagierter, kreativer, freier, aktiver, offener, klarer, motivierter, aufgeregter und zufriedener war, wenn die Herausforderungen und die Fähigkeiten im Gleichgewicht waren und über dem Durchschnitt lagen.

Aus dem Quadrantenmodell wurde später das Oktantenmodell (siehe Kapitel 4) entwickelt, um ein genaueres und realistischeres Bild der Alltagserfahrung zu vermitteln. Das aktualisierte Modell definiert Flow enger und charakterisiert Zustände detaillierter, in denen man nicht im Flow ist.

Studien, in denen die ESM mit dem Quadranten- oder dem Oktantenmodell verwendet wurde, lieferten reichhaltige und robuste Ergebnisse und trugen wesentlich zum Verständnis von Flow bei. Es gibt allerdings auch Kritik an diesen Modellen.[106]

Die ES-Methode war in den 1980er-Jahren das vorherrschende Forschungsparadigma, doch mittlerweile wurde sie weitgehend durch modernere und weit weniger ressourcenintensive Fragebögen ersetzt. Dennoch führen Forscher gelegentlich noch ESM-Studien durch. Je nach Forschungsziel variiert der Zeitplan für das Anfunken, die Dauer der Studie, das ES-Formular und die Art und Weise, wie Flow gemessen wird.

In einer Studie aus dem Jahr 2016 wurden beispielsweise mit der ES-Methode Daten von hundert Angestellten in verschiedenen Berufen erhoben.[107] Die Teilnehmer wurden eine Woche lang 7-mal täglich angefunkt, was insgesamt 4504 Messungen ergab. Statt Flow als überdurchschnittliches Gleichgewicht zwischen Herausforderung und Fähigkeiten zu bestimmen, wurden alle seine Komponenten mit skalierten Items gemessen (im nächsten Abschnitt wird das näher erklärt). Die Ergebnisse bestätigten das sogenannte *Arbeitsparadoxon*, das in Kapitel 8 thematisiert wird: Die Teilnehmer erlebten bei der Arbeit mehr Flow als in der Freizeit, gaben aber gleichzeitig an, Freizeitaktivitäten gegenüber Arbeitsaufgaben zu bevorzugen.

4. Moderne Fragebögen

Der nächste Schritt in der Flow-Forschung waren klassische Fragebögen, die ausschließlich aus numerischen Skalen bestehen. Sie unterscheiden sich von den beiden vorangegangenen Methoden (Flow-Q und ESM) dadurch, dass sie für Forscher und Befragte deutlich weniger zeitaufwändig sind. Außerdem messen sie Flow anders und werden in erster Linie zur Messung der Intensität und nicht der Häufigkeit des Auftretens von Flow verwendet.

Es gibt zwar mehrere Skalen, aber die beiden bekanntesten und am häufigsten verwendeten sind die *Flow State Scale-2* (FFS-2), welche die Intensität von Flow als Zustand misst, und die *Dispositional Flow Scale-2* (DFS-2), welche die Intensität von Flow entweder als allgemeine oder als bereichsspezifische Eigenschaft misst (wie häufig und intensiv eine Person dazu neigt, Flow in einem breiten Spektrum von Situationen oder in bestimmten Kontexten zu erleben).[108]

Beide Skalen bestehen aus 36 Items mit fünf Punkten, die von »stimme überhaupt nicht zu« bis »stimme voll und ganz zu« reichen und jede der neun Komponenten des Flow messen sollen (jede Komponente wird über vier Items abgefragt). Der Hauptunterschied zwischen den beiden Skalen sind die Anweisungen, die den Studienteilnehmern gegeben werden. Im Zustandsfragebogen wird gebeten, Fragen zu einer bestimmten Aktivität zu beantworten, die man gerade ausgeführt hat. Im Eigenschaftsfragebogen soll man Fragen zum allgemeinen Erleben in verschiedenen Situationen und zu verschiedenen Zeiten oder zum durchschnittlichen Erleben in einem bestimmten Aktivitätskontext (zum Beispiel bei der Arbeit oder bei der Freizeit) beantworten.

Der Zustandsfragebogen enthält unter anderem folgende Items: »Ich weiß genau, wie gut meine Leistung ist«, »Meine Aufmerksamkeit war voll und ganz auf das gerichtet, was ich tat«, »Die Erfahrung war äußerst bereichernd für mich«.

Zu den Items des Eigenschaftsfragebogens gehören: »Ich mache mir keine Gedanken darüber, was andere über mich denken könnten«, »Ich verliere mein normales Zeitgefühl«, »Ich habe die Kontrolle über das, was ich tue«.

Durch die Messung aller neun Komponenten der Erfahrung (der drei Bedingungen und sechs erfahrungsbezogenen Komponenten) geben diese und ähnliche Fragebögen Aufschluss über die Intensität des

Flow-Erlebnisses eines Studienteilnehmers. Wenn jemand bei allen neun Flow-Komponenten auf dem Zustandsfragebogen hohe Werte erzielt, hat diese Person einen sehr intensiven, tiefen oder Makro-Flow-Zustand erlebt. Wenn die Person bei einigen Aspekten hohe, bei anderen jedoch mittlere oder niedrige Werte erzielte, war ihr Zustand weniger intensiv und ist als oberflächliches oder Mikro-Flow-Erlebnis anzusehen.

Durch die Messung der Flow-Intensität während einer einzelnen Episode (beispielsweise während eines Wettkampfs oder einer wichtigen Prüfung) können Forscher die Auswirkungen des Flow auf die Leistung messen. So können sie beispielsweise feststellen, dass diejenigen, die bei den neun Flow-Komponenten im Durchschnitt hohe Werte erzielen, auch im Wettbewerb oder bei Prüfungen besser abschneiden. Indem sie parallel dazu andere Fragebögen ausfüllen lassen, können sie ermitteln, wie Flow mit anderen Messgrößen korreliert. So lässt sich zum Beispiel feststellen: Wer viel Flow erlebt, hat auch ein großes Selbstvertrauen und glaubt an sich.

Ähnliche Erkenntnisse lassen sich mit dem Eigenschaftsfragebogen gewinnen. So zum Beispiel: Wer beim Lernen oft im Flow ist, schneidet im Durchschnitt auch bei Prüfungen besser ab.

Derartige korrelative Ansätze werden heutzutage bei der Flow-Forschung am häufigsten eingesetzt. Die Forscher korrelieren Fragebögen zum Flow mit Fragebögen zu anderen Themen, die von Interesse sind. Auf diese Weise kann Flow mit verschiedenen Persönlichkeitsmerkmalen, Einstellungen, Verhaltensweisen oder Leistungsmaßstäben in Beziehung gesetzt werden.

Da es sich lediglich um Korrelationen handelt, sind die Ergebnisse mit Vorsicht zu genießen. Nur weil eine positive Korrelation zwischen Flow und Leistung besteht, heißt das nicht, dass Flow die Leistung verbessert. Nur weil eine positive Korrelation zwischen Flow und Selbstvertrauen besteht, heißt das nicht, dass Flow größeres Selbstvertrauen bewirkt oder dass großes Selbstvertrauen Menschen mehr Flow erleben lässt.

Neuere Entwicklungen

Alle bisher aufgeführten Messverfahren unterliegen dem Problem, dass sie sich ausschließlich auf die Befragung von Personen zu ihren Erfahrungen stützen. Solche Selbstauskünfte sind immer ein Stück weit fehlerhaft. Die menschliche Wahrnehmung ist verzerrt. Unsere Erinnerungen an die (nahe und ferne) Vergangenheit sind eher Halbwahrheiten als genaue Erinnerungen an das Geschehene. Unsere Erklärungen für das, was passiert ist und warum, sind ebenfalls ungenau und verzerrt.

Dank des technologischen Fortschritts sind neue Messverfahren für Flow in der Lage, die subjektiven Berichte der Teilnehmer um objektive Marker zu ergänzen. So lässt sich ein vollständigeres und genaueres Bild des Flow-Erlebnisses erstellen. Studien, die diese Technologie anwenden, werden schon seit einiger Zeit durchgeführt und werden sich noch weiter durchsetzen.

In den Jahren 2008 und 2010 untersuchten Forscher in Laborstudien beispielsweise physiologische Marker des Flow beim Musizieren.[109] Wenn Berufsmusiker im Flow waren, stellten die Forscher besondere Muster von Herzfrequenz, Blutdruck, Herzfrequenzvariabilität, Atemtiefe und Gesichtsmuskelaktivierung fest. Ähnliche Studien, bei denen Hirnscans eingesetzt wurden, zeigten zudem besondere Aktivierungsmuster von Hirnregionen während des Flow-Zustands.

Im Allgemeinen zeigen solche Studien, dass die physiologischen und neurologischen Marker weitgehend mit den subjektiven menschlichen Erfahrungen übereinstimmen. Gehirnregionen, die mit müheloser Konzentration in Zusammenhang stehen, werden aktiver; Gehirnregionen, die mit Zeitwahrnehmung und Unsicherheit in Zusammenhang stehen, senken ihre Aktivität. Die Gesichtsmuskeln, die mit Lächeln und Freude zusammenhängen, werden aktiver; die für das Stirnrunzeln zuständigen Muskeln werden weniger aktiv. Auf einige dieser Erkenntnisse kommen wir in Kapitel 9 zurück, wenn wir uns mit den Prozessen im Gehirn und im Körper während des Flow-Zustands beschäftigen.

Ich hoffe, dass Ihnen dieser kurze Einblick in verschiedene Forschungsmethoden für den Flow-Zustand gefallen hat. Im nächsten Kapitel geht es um die vielen, mit diesen Methoden gewonnenen Erkenntnisse. Insbesondere beschäftigen wir uns mit den Kontexten von Flow. Wir werden sehen, wann und wo Menschen am häufigsten und am intensivsten Flow erleben.

KAPITEL 8

Tätigkeiten und Kontexte des Flow-Zustands

Alte koreanische Frauen erleben Flow, wenn sie die Bibel lesen, stricken oder ein aufwändiges Abendessen zubereiten; australische Seeleute, wenn sie von ihrem Schiff die Küste nicht mehr sehen können; junge Japaner, wenn ihre Motorräder im Gleichklang röhren. Alte Walser, Angehörige einer Volksgruppe in den Alpen, finden ihn anscheinend fast überall in ihrem Alltag, ihre Kinder dagegen brauchen dafür besondere Freizeit- und Unterhaltungsaktivitäten … Jede Tätigkeit, einschließlich der Arbeit, der Kinderbetreuung und des Lernens kann das für den Flow charakteristische Wohlgefühl hervorrufen.[110]

Mihály Csíkszentmihályi

Mittlerweile wissen wir, wodurch sich Flow auszeichnet, unter welchen Bedingungen er auftritt, welche erfahrungsbezogenen Komponenten er aufweist, wie man ihn messen und untersuchen kann und vieles mehr. In diesem Kapitel beschäftigen wir uns damit, wo sich der Flow in unserem Leben zeigt und bei welchen Tätigkeiten und in welchen Kontexten man ihn erlebt.

Um das herauszufinden, lässt sich die im vorherigen Kapitel besprochene Experience Sampling Methode (ESM) verwenden. ESM-Studien erzeugen oft Tausende Selbstberichte mit Informationen darüber, wo jemand war, was diese Person gerade tat und ob sie im Flow war oder nicht. Dadurch können die Forscher vergleichen, in welchem Rahmen und wie häufig Flow bei verschiedenen Aktivitäten auftritt.

Um eine Vorstellung davon zu bekommen, wie ESM-Daten analysiert und interpretiert werden, sehen wir uns nun zwei Beispielstudien an, bei denen diese Methode zum Einsatz kam. Dann betrachten wir allgemeine, aus vielen solchen Studien gewonnene Erkenntnisse und ziehen Schlüsse über die Häufigkeit von Flow bei verschiedenen Tätigkeiten und Rahmenbedingungen.

Wir beginnen mit einer Studie aus den 1980er-Jahren, die mit Hilfe der ESM den Flow im Alltag von 47 italienischen Schülern zwischen 16 und 19 Jahren untersuchte.[111] Die Studie sammelte insgesamt 1682 Selbstberichte und nutzte das Gleichgewicht zwischen Herausforderung und Fähigkeiten, um Flow zu messen: Wenn Teilnehmer angaben, dass die Herausforderung zwar groß war, sie ihr aber gewachsen waren, zählten die Forscher diesen Datenpunkt als Flow-Erlebnis. Bei geringen Herausforderungen, die Teilnehmer unterforderten, wurde der Datenpunkt als Langeweile gewertet et cetera.[112]

	Flow	**Langeweile**	**Angst**	**Apathie**
Kunst und Hobbys	**47,2**	20,8	28,3	3,8
Geselligkeit	**32,2**	24,5	31,5	11,7
Sport und Spiele	**26,3**	36,8	31,6	5,3
Lesen	**24,6**	34,8	24,6	15,9
Schulaufgaben	**23,8**	20,1	37,2	18,8
Lernen	**23,7**	22,2	37,4	16,7
Fahrtwege	**19,2**	41,1	17,8	21,9
Denken	**18,2**	21,4	36,5	23,9
Hausarbeiten und Besorgungen	**16,1**	54,0	10,3	19,5
Musik hören	**11,8**	17,6	52,9	17,6
Andere Freizeitaktivitäten	**10,8**	41,5	20,0	27,7
Ausruhen und Entspannung	**10,5**	44,7	13,2	31,6
Essen	**9,9**	56,0	7,7	26,4
Körperpflege	**3,5**	69,4	7,1	20,0
Fernsehen	**2,8**	45,8	12,1	39,3

Tabelle 1: Ergebnisse von Aktivitäten in vier Kategorien (Flow, Langeweile, Angst und Apathie), definiert durch das Verhältnis von Herausforderung und Fähigkeiten. Die Daten zeigen, wie beständig bei einer Aktivität Flow auftritt und wie sehr verschiedene Aktivitäten im Vergleich miteinander Flow fördern.

Tabelle 1 zeigt, wie die Jugendlichen die durchschnittliche Qualität der mit den 15 Hauptaktivitäten verbundenen Erfahrungen bewerteten. In der Flow-Spalte sieht man sofort, dass manche Tätigkeiten eher Flow herbeiführen als andere. Zu den Ersteren gehören »Kunst und Hobbys« (47,2 %), »Geselligkeit« (32,2 %), »Sport und Spiel« (26,3 %), »Lesen« (24,6 %), »Schulaufgaben« (23,8 %) und »Lernen« (23,7 %). Bei diesen Aktivitäten erleben die Schüler ziemlich regelmäßig Flow-Zustände. Im Gegensatz dazu geschieht das beim »Fernsehen« (2,8 %), während der »Körperpflege« (3,5 %) oder beim »Essen« (9,9 %) eher selten. Diese Tätigkeiten führen nicht zu Flow-Erlebnissen, sondern meistens zu Langeweile oder Apathie.

Man sieht auch, dass Aktivitäten nicht immer die gleichen Erfahrungen hervorrufen. Bei jeder Tätigkeit kann Flow, Langeweile, Angst oder Apathie erlebt werden. Selbst »Fernsehen« und »Körperpflege« können gelegentlich zu einem Flow-ähnlichen Zustand führen, während andererseits »Kunst und Hobbys« und »Sport und Spiel« manchmal auch Apathie hervorrufen können.

Betrachten wir jetzt die zweite Studie aus dem Jahr 2016.[113] Sie sammelte Daten von 100 deutschen Arbeitnehmern aus verschiedenen Berufsfeldern (darunter Angestellte, wissenschaftliche Hilfskräfte, Wissenschaftler, Sekretärinnen, technisches Personal, Studenten und andere). Das Durchschnittsalter lag bei 39 Jahren. Die Teilnehmer wurden eine ganze Woche lang täglich zwischen 8:30 Uhr und 21 Uhr sieben Mal angefunkt. Diesmal wurde der Flow mit einer Skala ähnlich der im vorherigen Kapitel beschriebenen Flow State Scale-2 gemessen. Die Werte reichten von 1 bis 7, wobei niedrige auf keine oder nur schwache Flow-Erlebnisse deuteten und hohe Werte auf intensive. Die Erfassungsbögen für die Erlebnisse maßen auch die *positive* und *negative Aktivierung*: wie energiegeladen, hellwach, freudig erregt und hochmotiviert beziehungsweise wie gestresst, genervt, nervös und beunruhigt sich die Teilnehmer fühlten.

Die Forscher codierten alle Aktivitäten in vier Hauptkategorien (Tabelle 2) und mehrere Unterkategorien (Tabelle 3, an späterer Stelle besprochen). Was die Hauptkategorien betrifft, verbrachten die Teilnehmer 35 Prozent ihrer Zeit mit Arbeitstätigkeiten, 20 Prozent mit aktiver Freizeitgestaltung, 10 Prozent mit Müßiggang und 36 Prozent mit Verpflichtungen. (Es ist mir bewusst, dass diese Prozentzahlen insgesamt mehr als 100 % ergeben; ich gebe hier nur die von der Studie gelieferten Zahlen wieder.) Der durchschnittliche Flow-Wert war bei der Arbeit am höchsten (5,28), gefolgt von Freizeitaktivitäten (5,20), Verpflichtungen (4,71) und Müßiggang (4,33). Dieses Muster taucht in vielen Studien auf, unabhängig davon, wie Flow gemessen wird. Menschen erleben am meisten Flow bei der Arbeit oder bei aktiven Freizeitaktivitäten und am wenigsten bei der Muße. Zu möglichen Gründen dafür kommen wir später.

Das waren die zwei Beispielstudien. Ich hoffe, sie haben Ihnen geholfen zu verstehen, wie man ESM-Daten analysieren und interpretieren kann und wie die Ergebnisse aussehen können. Als Nächstes besprechen wir die wichtigsten Erkenntnisse, die diese Forschung bezüglich der Aktivitäten und Kontexte hervorgebracht hat. Wo erleben Menschen am zuverlässigsten Flow?

	N	%	Flow	Positive Aktivierung	Negative Aktivierung
Arbeit	1577	35	**5,28**	4,97	3,01
Aktive Freizeit	888	20	**5,20**	4,88	2,45
Passive Freizeit	455	10	**4,33**	3,66	2,34
Verpflichtungen	1556	36	**4,71**	4,40	2,91

Tabelle 2: Häufigkeit von Aktivitäten/Kategorien und durchschnittliche Flow-Werte. (N zeigt die Gesamtzahl der Datenpunkte in einer Kategorie an. % ist der Prozentsatz davon – 35 % bedeutet, dass 35 % der Teilnehmer gerade dieser Aktivität nachgingen beziehungsweise sich in dieser Kategorie betätigten, als sie angefunkt wurden. Positive Aktivierung ist ein Maß dafür, wie energiegeladen, hellwach, freudig erregt und hochmotiviert sich eine Person fühlt. Negative Aktivierung ist ein Maß dafür, wie gestresst, genervt, nervös und besorgt sich eine Person fühlt.)

Flow bei der Arbeit

ESM-Studien bestätigen durchweg zwei wichtige Erkenntnisse bezüglich der Erfahrungen von Menschen bei der Arbeit.[114] Erstens erleben sie dabei häufig Flow. Tatsächlich zeigen die meisten Studien, dass bei der Arbeit mehr Flow auftritt als in der Freizeit.

Zweitens äußern Menschen bei der Arbeit regelmäßig trotzdem den Wunsch, etwas anderes zu tun. (In den ES-Formularen wird gefragt: *Würden Sie gerne etwas anderes tun?* Die möglichen Antworten reichen auf einer Likert-Skala von »überhaupt nicht« bis »sehr gerne«.) Das ist nicht nur der Fall, wenn Studienteilnehmer bei stumpfsinnigen, objektiv langweiligen Routinetätigkeiten ohne große Anforderungen und ohne Einsatz ihrer Fähigkeiten angefunkt werden, sondern sogar während ihrer Kernaufgaben. Selbst wenn sie mit ihren Lieblingsaufgaben beschäftigt sind, bei anspruchsvollen Aufgaben ihre Fähigkeiten entfalten können, wenn sie von Selbstvertrauen strotzen, alles unter Kontrolle haben, aufmerksam und fokussiert sind, geben sie doch häufig an, dass sie gerade lieber etwas anderes tun würden.

Dieses Phänomen wird *Arbeitsparadox* genannt: Auch wenn Menschen manche der besten Erlebnisse ihres Lebens bei der Arbeit haben, sagen sie trotzdem, dass sie lieber anderswo wären und etwas anderes tun würden. Das wurde bei einer großen Bandbreite von Berufen festgestellt, von Fließbandarbeitern über Büroangestellte, Rettungskräfte und Manager bis zu Hochschullehrern.

Was hat das zu bedeuten? Wie lässt sich das erklären?

Eine mögliche Erklärung von Csíkszentmihályi ist, dass die Menschen ihre Erfahrungen eher auf Basis gesellschaftlicher Konventionen beurteilen als auf Basis ihrer Gefühle.[115] Mit Arbeit verbindet man im Allgemeinen Pflicht, Einschränkungen und Langeweile. Wir *müssen* arbeiten, um unseren Lebensunterhalt zu verdienen. Spaß, Freiheit und Selbstverwirklichung haben damit nichts zu tun. Auch wenn wir die Arbeit gerne tun und Sinn darin finden, überschreibt unser Verstand diese positive Erfahrung mit dem Hinweis, dass sie eine Pflicht ist.

Eine weitere Erklärung ist, dass die Frage selbst – *Würden Sie lieber etwas anderes tun?* – die Menschen an noch vergnüglichere Aktivitäten denken lässt. Auch wenn sie Freude an ihrer Arbeit haben, schätzen sie vielleicht ihre bevorzugten Freizeitaktivitäten noch mehr. Der ESF selbst könnte also irreführend sein und zu dem Paradox beitragen.

Eine letzte Erklärung ist, dass Arbeit – selbst wenn sie Flow-Zustände fördert und tatsächlich Spaß macht – regelmäßig auch von negativen Erscheinungen wie Stress, Zeitdruck, Versagensängsten, mangelnder Freiheit, Sorgen oder Erschöpfung begleitet ist. Vielleicht überschatten diese Faktoren die ansonsten häufig positive Erfahrung. Die deutsche Studie von 2016 bestätigte diese letzte Hypothese. Die Forscher fanden heraus, dass sowohl Flow als auch positive Aktivierung bei der Arbeit am stärksten waren. Gleichzeitig war jedoch auch die negative Aktivierung bei der Arbeit am stärksten (Tabelle 2). Wenn Teilnehmer angeben, dass sie lieber etwas anderes tun würden, dann denken sie vielleicht an eine aktive

Freizeitgestaltung, die mehr Flow vermittelt ohne die negativen Begleiterscheinungen der Arbeit.

Warum tritt Flow bei der Arbeit stärker auf als in der Freizeit? Zwei Erklärungen stechen hervor. Erstens bieten viele Berufe ausgezeichnete Bedingungen für Flow-Erlebnisse: strukturierte Aktivitäten, klare Ziele, Feedback, soziale Interaktionen und Herausforderungen, die den Fähigkeiten des Mitarbeiters entsprechen. Bei der Arbeit ist man oft sehr konzentriert. Viele Berufsumfelder bieten die Möglichkeit, sich eigenverantwortlich zu betätigen, die Kontrolle über seine Arbeit zu haben und stolz auf seine Leistungen zu sein. Zweitens bietet die Arbeit vielleicht deshalb mehr Gelegenheiten für Flow-Erlebnisse, weil viele Menschen es nicht schaffen, ihre Freizeit so zu strukturieren, dass sie in den Flow kommen. Möglicherweise stehen passive Aktivitäten wie Fernsehen, Musik hören oder anderweitiger Medienkonsum dabei zu sehr im Zentrum. Wir werden sehen, dass solche Aktivitäten normalerweise Flow-Zustände nicht begünstigen.

Im Allgemeinen erlebt man also bei der Arbeit häufig Flow. Natürlich eignen sich manche Berufe (und manche Aufgaben) dafür mehr als andere. Eine Studie zeigte zum Beispiel, dass Manager und Ingenieure bei der Arbeit öfter Flow erleben als Fließbandarbeiter oder Büroangestellte.[116] Und doch bieten auch weniger begehrte Berufe viele Gelegenheiten dafür.

Flow in der Freizeit

Im Vergleich zur Arbeit bietet die Freizeit mehr Gelegenheiten, aber auch mehr Risiken.[117] Einerseits haben viele Menschen dabei die intensivsten Flow-Erlebnisse. Sie ereignen sich bei Tätigkeiten wie Tanzen, Singen, beim Spielen von Musikinstrumenten, beim Krafttraining, bei Computerspielen, bei handwerklichen Tätigkeiten oder beim Langstreckenlauf. Denken Sie an Hobbys, Sport, Spiele, kreative und künstlerische Bemühungen; an Tätigkeiten, die wir gelernt haben, die für uns eine Herausforderung darstellen und denen wir freiwillig nachgehen.

Andererseits kämpfen viele Menschen in der Freizeit auch mit Langeweile, Apathie, Ängsten, Depression, Sucht und anderen seelischen Problemen. Allein zu sein, ohne etwas zu tun zu haben, kann schwer sein. Kapitel 9 zeigt, dass in solchen Fällen der Geist umherzuschweifen beginnt und oft an trostlose und dunkle Orte wandert. Dann kämpft man mit Gefühlen der Unzulänglichkeit, Schuld, Reue oder Traurigkeit. Um diesen unangenehmen Gefühlen zu entkommen, lenkt man sich ab, indem man endlos bei Netflix Serien ansieht, krampfhaft die sozialen Medien checkt, Glücksspiele spielt, sich betrinkt, Drogen nimmt oder ähnliches tut. Freie Zeit ist ein zweischneidiges Schwert.

Bei der Untersuchung des Zusammenhangs zwischen Freizeit und Flow unterscheiden Forscher oft zwischen aktiven und passiven Freizeitaktivitäten. Studie um Studie kommt bei allen Altersgruppen und sozialen Gruppen zu dem gleichen Ergebnis: Aktive Freizeitgestaltung ist viel aufregender und vergnüglicher und führt öfter zu Flow-Erlebnissen als passive. In der Studie mit italienischen Teenagern wurde beim »Fernsehen« nur während 2,3 Prozent der Zeit Flow erlebt und beim »Musik hören« nur während 11,8 Prozent. Im Gegensatz dazu lag der Wert von »Kunst und Hobbys« bei fast 50 Prozent, von »Geselligkeit« bei 32,3 Prozent, von »Sport und Spielen« bei 26,3 Prozent und von »Lesen« bei 24,6 Prozent.

Die passiven Aktivitäten bieten einfach nicht die richtigen Bedingungen für Flow. Man braucht dafür keine Fähigkeiten, keine Bemühungen und keine Konzentration. Sie stellen uns nicht vor Herausforderungen und bringen uns nicht weiter. Und ganz sicher bringen sie uns nicht dazu, uns stark, wach, selbstbewusst und lebendig zu fühlen. Das heißt nicht, dass diese Aktivitäten kein Existenzrecht haben. Das haben sie. Aber den Flow sucht man damit vergeblich.

Innerhalb der Kategorie der aktiven Freizeitgestaltung fallen die dem Flow förderlichsten Aktivitäten tendenziell in den Bereich von Spiel, Sport, künstlerischen und kreativen Tätigkeiten und allgemein allen Arten von Hobbys. In der deutschen Studie von 2016 war der Flow am höchsten in den Unterkategorien »kreative Tätigkeit« (5,72), »Sport/Training« (5,52) und »geistige Tätigkeit« (5,29; Tabelle 3). Die Unterkategorien »Spazierengehen« (5,09) und »Beziehungen und Intimität« (4,95) führten zwar seltener zu Flow-Erlebnissen, aber immer noch deutlich häufiger als alle passiven Freizeitaktivitäten wie »Konsumieren« (4,35), »Ausruhen« (4,25) und »Pause machen« (4,38).

	N	%	Flow	Positive Aktivierung	Negative Aktivierung
Arbeiten					
Kernarbeit	716	16	**5.4**	5.00	2.97
Kooperation und Kommunikation	470	11	**5.19**	5.07	3.14
Routine	268	6	**5.01**	4.61	2.96
Planen und Organisieren	123	3	**5.53**	5.20	2.79
Aktive Freizeitgestaltung					
Beziehungen und Intimität	379	8	**4.95**	4.82	2.49
Geistige Tätigkeit	228	5	**5.29**	4.52	2.44
Sport/Training	107	2	**5.52**	5.52	2.66
Kreative Tätigkeit	87	2	**5.72**	4.52	2.25
Spazierengehen und Wandern	87	2	**5.09**	4.97	2.19
Passive Freizeitgestaltung					
Konsumieren	272	6	**4.35**	3.75	2.38
Ausruhen	131	3	**4.25**	3.26	2.26
Pause	52	1	**4.38**	4.19	2.37
Verpflichtungen	484	11	**4.93**	4.38	3.04
Haushalt					
Grundbedürfnisse	475	11	**4.73**	4.45	2.50
Fahrtwege	363	8	**4.44**	4.29	3.04
Routinen andere	125	3	**4.83**	4.74	3.18
Pflichten (soziale)	72	2	**4.76**	4.60	3.40
Warten	37	1	**3.61**	3.65	3.36

Tabelle 3: Häufigkeit von Aktivitäten und durchschnittliche Flow-Werte. (N zeigt die Gesamtzahl von Datenpunkten in einer Kategorie. % ist der Prozentsatz davon – 35 % bedeutet, dass sich 35 % der Teilnehmer gerade in dieser Aktivität/Kategorie betätigten, als sie angefunkt wurden. Positive Aktivierung ist ein Maß dafür, wie energiegeladen, hellwach, freudig erregt und hoch motiviert sich eine Person fühlt. Negative Aktivierung ist ein Maß dafür, wie gestresst, genervt, nervös und besorgt eine Person ist.)

Erklärungen zu den Unterkategorien in Tabelle 3:

Arbeiten

- **Kernarbeit** – »Tätigkeiten, welche die zentrale Aufgabe der jeweiligen Arbeit repräsentieren (z. B. Datenverwaltung für technisches Personal).«
- **Kooperation und Kommunikation** – »dazu gehören Aktivitäten zum Informationsaustausch mit anderen (z. B. Gespräche mit Kollegen, E-Mails).«
- **Routineaufgaben** – »alle stark repetitiven Arbeiten, die man mit einfachen Grundkenntnissen erledigen kann (z. B. eingehende Post sortieren).«
- **Planen und Organisieren** – »(z. B. Zeitpläne erstellen).«

Aktive Freizeit

- **Beziehungen und Intimität** – »jedes Zusammensein mit Freunden und geliebten Personen.«
- **Geistige Tätigkeit** – »Aktivitäten wie Lesen, eine Fremdsprache lernen, eine Ausstellung besuchen und im Internet surfen.«
- **Sport/Training** – »alle Arten von körperlichen Aktivitäten vom Golf spielen bis zum Krafttraining.«
- **Kreative Tätigkeit** – »Aktivitäten wie Gartenarbeit, Musizieren oder Malen.«
- **Spaziergänge** – »alle Berichte über einen Spaziergang alleine, zusammen mit anderen oder mit einem Hund.«

Passive Freizeit

- **Konsumieren** – »Fernsehen, Filme im Kino ansehen und Musik hören.«
- **Ausruhen** – »auf dem Bett/Sofa liegen, ein Bad nehmen und faulenzen.«
- **Pause** – »auch Kaffee- oder Mittagspausen, die nicht explizit der Beziehungspflege dienten.«

Verpflichtungen

- **Haushalt** – »Aktivitäten wie Putzen, Kochen und Lebensmittel oder andere Artikel des täglichen Bedarfs einkaufen.«

- **Grundbedürfnisse** – »Essen und Trinken (nicht explizit geselliger Natur) und Duschen/Baden oder sich anderweitig auf den Tag vorbereiten (z. B. Rasieren oder Makeup auftragen).«
- **Fahrtwege** – »Fahrten mit dem Auto, mit öffentlichen Verkehrsmitteln, dem Fahrrad, oder auch Wege, die zu Fuß zurückgelegt werden (nicht explizit Spaziergänge oder Fahrradtouren zum Vergnügen).«
- **andere Routinetätigkeiten** – »private Büroarbeit wie Onlinebanking, das Auto reparieren, zum Arzt gehen und sich auf eine Reise vorbereiten.«
- **Pflichten (sozial)** – »Kinder hüten und etwas für andere tun.«
- **Warten** – »codiert, wann immer die Teilnehmer erwähnten, dass sie auf ein bevorstehendes Ereignis warteten.«

Beziehungen und Intimität (oder auch Geselligkeit) verdienen besondere Aufmerksamkeit. Laut Csíkszentmihályi sind diese Tätigkeiten im Vergleich zu anderen kaum vorhersehbar: »Im einen Augenblick ist es Flow, im nächsten Apathie, Angst, Entspannung oder Langeweile.«[118] Die Interaktion mit anderen ist im Durchschnitt eine Aktivität mit überraschend hohen Flow-Werten. Bei den italienischen Jugendlichen stand »Geselligkeit« direkt hinter »Kunst und Hobbys« an zweiter Stelle (Tabelle 1).

Geselligkeit beinhaltet viele Elemente, die Flow-Zustände begünstigen. Sie erfordert einiges an Fähigkeiten, Bemühungen und Konzentration. Die Emotionen, Ziele, Sehnsüchte und Ängste der anderen Person müssen wahrgenommen und ihr Feedback in Form ihrer Mimik und Gestik muss interpretiert werden. Wir müssen unsere eigenen Emotionen und Sichtweisen zum Ausdruck bringen und dafür die richtigen Worte und Redewendungen finden. Wir müssen einschätzen, wann es Zeit ist zu sprechen oder zuzuhören, und uns davor hüten, das Gespräch zu vereinnahmen oder bei unserem Gegenüber in Fettnäpfchen zu treten. Wir müssen genau und aufmerksam zuhören und dabei versuchen, die andere Person zu verstehen. Es hilft, wenn wir uns verletzlich zeigen und aufgeschlossen, tolerant, selbstsicher und entspannt sind, statt schüchtern und reserviert.

Normalerweise macht man sich keine Gedanken über die Fähigkeiten, die für die Interaktionen mit anderen benötigt werden, aber auf jeden Fall gibt es sie. Je besser diese sozialen und interpersonalen Fähigkeiten entwickelt sind, umso mehr Flow erleben wir in der Gemeinschaft. Die Interaktion mit anderen bringt zwar selten tiefe Flow-Zustände hervor, die bei manchen Hobbys erlebt werden, aber das dadurch regelmäßig erlangte schwache Flow-Niveau ist entscheidend dafür, dass der Geist nicht in endlosen Grübeleien versinkt.

Was passiert bei anderen Alltagsaktivitäten? Beim Essen, Kochen, Putzen, Duschen, Einkaufen, auf dem Weg zur Arbeit oder beim Bezahlen von Rechnungen? Diese bringen tendenziell weniger Flow hervor als Arbeit oder aktive Freizeit, aber mehr Flow als Müßiggang. Wie Sie sehen können, trifft dies in beiden Beispielstudien bei allen diesen Aktivitäten zu.

Zusammengefasst zeigen sich bei der Freizeit deutlich größere Abweichungen als bei der Arbeit. In der Freizeit erlebt man berauschende Hochgefühle, niederschmetternde Tiefpunkte und alles dazwischen. Was Flow anbelangt, erlebt man tendenziell bei Hobbys und anderen aktiven Freizeitaktivitäten hohe, bei passiver Freizeitgestaltung niedrige und bei den meisten anderen alltäglichen Aufgaben niedrige bis mäßige Flow-Levels.

Die einfachste Art, mehr Flow zu erleben

Das Ziel dieses Buchs ist es, Ihnen zu mehr Flow in Ihrem Leben zu verhelfen. Die einfachste Möglichkeit dafür ist, sich mehr Zeit für Hobbys zu nehmen. Ein Hobby betreibt man freiwillig, weil es Spaß macht. Man ist dazu intrinsisch motiviert. Wie schon erwähnt, fördert das Flow deutlich stärker als extrinsische Motivation. Auch in diesem Kapitel haben wir gesehen, dass Hobbys es uns erlauben, häufige und tiefe Flow-Zustände zu erleben.

Leider vernachlässigen viele Menschen ihre Hobbys (und ihr Wohlergehen), um materiell und beruflich voranzukommen. Die moderne Gesellschaft treibt uns dazu, mehr und mehr zu arbeiten. Hobbys treten in den Hintergrund und werden oft als Luxus und Zeitverschwendung betrachtet. Nichts könnte falscher sein. Hobbys sind gut für uns. Es hat sich herausgestellt, dass sie Stress abbauen, die seelische und körperliche Gesundheit fördern, das Selbstvertrauen stärken und sogar die beruflichen Leistungen verbessern.[119] Indem Hobbys einen Flow-Zustand bewirken, verschaffen sie Ihnen dadurch eine temporäre Auszeit von Ihren Sorgen, und so können Sie sich auch anschließend wieder stärker und optimistischer fühlen. Wenn Sie Ihre

Hobbys vernachlässigt haben, sollten Sie in Erwägung ziehen, ihnen wieder mehr Zeit einzuräumen. Pflegen Sie alte Hobbys aufs Neue oder probieren Sie neue aus.

Zu meinen liebsten Hobbys gehören Tennis- und Fußballspielen, Brett- und Kartenspiele, Lesen und Wandern. Diese Hobbys verhelfen mir nicht nur zu Flow-Zuständen, ich kann mich dabei auch regenerieren und mich dann erfrischt, energiegeladen und motiviert wieder an die Arbeit machen. Hobbys erlauben mir, sowohl in der Freizeit als auch bei der Arbeit besser in den Flow zu kommen.

Fazit: Hobbys sind es wert, gepflegt zu werden. Sie tun Ihnen gut. Wie die amerikanische Dichterin Phyllis McGinley einmal schrieb: »Ein Hobby am Tag hält den Trübsinn fern.«

Vorbehalte und Schlussfolgerungen

Ich möchte dieses Kapitel mit einigen Vorbehalten und einer kurzen Zusammenfassung abschließen. Der wichtigste Vorbehalt ist, dass die Generalisierungen, die hier vorgenommen wurden, genau das sind – Generalisierungen. Flow mag im Allgemeinen bei der Arbeit stärker sein als in der Freizeit, aber das bedeutet nicht, dass das immer so ist. Ob das für Sie zutrifft oder nicht, hängt von verschiedenen Faktoren ab: Ihrer Motivation, Ihrem Job, Ihrem Chef, Ihren Kollegen, Ihrem Arbeitsumfeld und davon, wie Sie Ihre Freizeit verbringen.

Nur weil es einen statistischen Zusammenhang zwischen Sport und hohen Flow-Werten gibt, bedeutet das nicht, dass er sich bei jedem Menschen einstellt. Wenn Sie an den Sportunterricht in der Schule zurückdenken, wird Ihnen klar werden, dass Sport bei manchen Menschen alles andere als förderlich für den Flow ist.

Eine Tätigkeit mag statistisch gesehen wenig Flow erzeugen, aber bei manchen Menschen trotzdem regelmäßige und intensive Flow-Zustände auslösen. Wenn bei einer Kategorie ein bestimmter Durchschnittswert von Flow gemessen wird, bedeutet das nicht, dass alle ihre Aktivitäten gleichwertig sind. Manche Alltagspflichten oder Sportarten fördern Flow zweifellos mehr als andere. Manche Menschen erleben intensiven Flow beim Kochen, doch andere langweilen sich dabei.

Ich sollte auch erwähnen, dass es große individuelle Unterschiede gibt, wie häufig und in welchen Kontexten Flow-Zustände erlebt werden. Wenn Forscher ESM-Daten von Individuen vergleichen, stellen sie fest, dass manche sehr regelmäßig solche Zustände erleben, andere dagegen fast nie. Hoch autotelische Menschen können selbst bei stumpfsinnigen Tätigkeiten in den Flow-Zustand gelangen. Andere können das nur bei ihrem liebsten Hobby oder vielleicht auch gar nicht. Hobbys wiederum können so verschieden sein wie Wandern, Brettspiele spielen, Fremdsprachen lernen, Zeichnen, Malen, Backen, Gartenarbeit, Nähen, Stricken, Angeln, Skifahren, Rollschuhfahren und Lesen – und sie alle können zu Flow-Erlebnissen führen.

Weiterhin erleben Individuen Flow-Zustände unterschiedlich intensiv. Die meisten Menschen werden wahrscheinlich nie die tiefen Flow-Zustände erreichen, die Mountainbiker, Kajakfahrer, Boxer, Musiker oder andere Profisportler erleben.

Zuletzt möchte ich darauf hinweisen, dass alle Zahlen und Prozentangaben in diesem Kapitel gewissermaßen willkürlich sind und man sich nicht darauf fixieren sollte. Sie hängen nämlich davon ab, wie Flow gemessen wird. Wenn oberflächlicher Flow mitgezählt wird, ist die Häufigkeit viel höher, als wenn nur die intensivsten Erlebnisse gezählt werden. »Die mit der ESM festgestellte Häufigkeit von Flow-Zuständen hängt davon ab, ob Flow weit oder eng definiert wird«, erklärt Csíkszentmihályi[120] »Es ist wichtig, diese Häufigkeit nicht als absoluten Zahlenwert zu verstehen, sondern sie vergleichend zu nutzen, sowohl zwischen Einzelpersonen als auch zwischen Gruppen, um einzuschätzen, wo Flow-Erlebnisse am wahrscheinlichsten auftreten.«

Wenn bei einer Studie 50 Prozent der Teilnehmer berichten, nur einmal pro Woche Flow zu erleben, bedeutet das einfach, dass die Studie nur auf sehr intensive Flow-Zustände ausgerichtet war. Wenn dagegen bei einer anderen Studie 80 Prozent der Teilnehmer beim Netflix schauen Flow erleben, heißt das nur, dass die Studie auch oberflächliche Flow-Zustände erfasst haben muss. Wie schon erwähnt gibt es keine offizielle Grenze dafür, was als Flow zählt und was nicht. Die Häufigkeit von Flow-Zuständen hängt immer davon ab, wo die Grenze gezogen wird, und das ist in einem gewissen Maß willkürlich. Beim Flow geht es immer um relative und nicht um absolute Häufigkeit.

Was lässt sich unter Berücksichtigung dieser Einschränkungen darüber sagen, wo Menschen am zuverlässigsten Flow finden können? Im Allgemeinen erleben sie Flow-Zustände bei aktiven, produktiven, anstrengenden und herausfordernden Tätigkeiten, bei denen mittlere bis große Fähigkeiten gefragt sind. Statistisch gesehen erlebt man die häufigsten Flow-Zustände bei der Arbeit. Die intensivsten und befriedigendsten Flow-Zustände erlebt man jedoch bei einer aktiven Freizeitgestaltung, vor allem beim Sport, bei Spielen, bei künstlerischen oder kreativen Tätigkeiten und bei Hobbys aller Art. Ein mittleres Maß an Flow kann man bei geselligen Aktivitäten erleben, wie auch bei alltäglichen Verrichtungen wie Kochen, Putzen, Einkaufen oder beim Autofahren. Am wenigsten Flow erlebt man bei passiven Freizeitaktivitäten wie Fernsehen oder Musik hören.

KAPITEL 9

Gehirn und Körper im Flow

Solange man in eine herausfordernde Aufgabe vertieft ist, kann man nicht über sich selbst grübeln. Das ist ein Grund, warum Menschen gefährliche Sportarten wie Bergsteigen lieben. In einer solchen Situation muss man vollkommen fokussiert sein. Aber wenn man vom Berg herunterkommt, bringt das selbstreferentielle Netzwerk Sorgen und Kummer unverzüglich zurück.[121]

RICHARD DAVIDSON

Stellen Sie sich vor, dass Sie gerade ihrer liebsten Flow-Aktivität nachgehen. Sie sind völlig darin vertieft. Sie fühlen sich selbstsicher und stark und meinen, alles im Griff zu haben. Sie sind in Ihrem Element und ganz bei der Sache. Alles fühlt sich einfach, leicht und spontan an, als würden Sie von einem Augenblick zum nächsten treiben. Sie sind wie berauscht.

In diesem letzten Kapitel von Teil 1 erfahren Sie, was im Gehirn und im Körper geschieht, während Sie von dem Geschehen total vereinnahmt sind, sich souverän fühlen, das Bewusstsein für sich selbst verlieren und andere Merkmale des Flow-Zustands erleben. Das wird Ihr Verständnis vom Flow weiter vertiefen und Ihnen helfen, einige der in den späteren Kapiteln beschriebenen Flow-fördernden Strategien besser zu verstehen.

Abschweifende Gedanken

Haben Sie sich schon einmal dabei ertappt, dass Sie während einer Tätigkeit an etwas ganz anderes gedacht haben? Vielleicht haben Sie sich beim Lesen dieses Buchs gefragt, was es wohl zum Abendessen gibt, oder beim Fernsehen von einem Urlaub mit ihrem Partner oder ihrer Partnerin geträumt, oder Sie wollten sich auf die Arbeit konzentrieren, haben sich aber dann an ein unangenehmes Gespräch mit einem Kollegen erinnert.

Für die Erfahrung, dass die Aufmerksamkeit von der Aufgabe abschweift und man sich in andere Gedanken verliert, gibt es viele Bezeichnungen: *Mind Wandering, Tagträumen oder reizunabhängiges Denken.*

Jonathan Smallwood und Jonathan Schooler, zwei führende Forscher auf diesem Gebiet, definieren Mind Wandering als »eine Verschiebung des Gedankenprozesses weg von einer aktuellen Aufgabe und/oder von Ereignissen in der äußeren Umgebung hin zu selbsterzeugten Gedanken und Gefühlen«.[122] Beim Mind Wandering sind wir geistig nicht im »Hier und Jetzt«.

Diese Erfahrung ist allgegenwärtig. In einer Studie aus dem Jahr 2010 nutzten Forscher eine ESM-Version, um herauszufinden, wie oft die Gedanken der Versuchspersonen im Alltag abschweiften.[123] Sie entwickelten eine iPhone-App, welche die Teilnehmer tagsüber nach dem Zufallsprinzip kontaktierte und sie fragte, was sie gerade machten und ob sie gerade an etwas anderes gedacht hatten als an ihre gegenwärtige Tätigkeit. Wenn dies zutraf, schlossen die Forscher daraus, dass die Gedanken der Teilnehmer abgeschweift waren.

Und das kam in der Tat vor. Die Studie ergab, dass die Teilnehmer im Alltag sage und schreibe 47 Prozent der Zeit nicht bei der Sache waren. Fast die Hälfte ihres Lebens im Wachzustand dachten sie also an etwas, das mit ihrer gegenwärtigen Tätigkeit überhaupt nichts zu tun hatte. Am häufigsten schweiften die Gedanken ab, wenn eine Situation wenig bewusste Aufmerksamkeit verlangte. Bei einfachen und alltäglichen Verrichtungen kann man oft auf Autopilot schalten und sich dann geistig mit etwas anderem beschäftigen, deshalb wanderten die Gedanken der Versuchspersonen beim Duschen oder Zähneputzen 65 Prozent der Zeit. Bei anspruchsvolleren Tätigkeiten gab es weniger Tagträume, aber immer noch viele. Die Werte betrugen bei der Arbeit 50 Prozent, beim Training 40 Prozent und beim Sex 10 Prozent.

Andere Studien kamen zu ähnlichen Ergebnissen. Smallwood und Schooler geben an, dass Menschen zwischen 25–50 Prozent ihres Lebens im Wachzustand an etwas denken, das mit ihrer gegenwärtigen Beschäftigung nichts zu tun hat.[124]

Angesichts dieser ganzen investierten Zeit könnte man sich fragen: An was denken wir denn ständig? Wohin wandert unser Geist? Welche Themen sind so wichtig?

Wie sich herausgestellt hat, beschäftigen wir uns hauptsächlich mit uns selbst. Ich denke über *mich* und *meine* persönlichen Probleme, *meine* Beziehungen zu anderen Menschen, *meine* Vergangenheit und *meine* Zukunft nach; was *ich* heute noch erledigen muss, die Ziele, die *ich* erreichen will, die falschen Dinge, die *ich* gesagt habe und was *ich* stattdessen hätte sagen sollen.

Bei den meisten Menschen ist dieses selbstreferentielle, ich-bezogene Denken negativ ausgerichtet. Unsere Gedanken beschäftigen sich hauptsächlich mit unseren Unzulänglichkeiten, Schwächen, Fehltritten und Ängsten, und nicht mit unseren Erfolgen, guten Taten, Stärken oder schönen Erinnerungen. »Der Geist wandert manchmal zu angenehmen Gedanken oder Fantasien, aber anscheinend tendiert er öfter zu Grübeleien und Sorgen«, erklärt der Wissenschaftsjournalist Daniel Goleman.[125] Grübeleien (die zwanghafte Vergegenwärtigung vergangener Ereignisse) und Sorgen (die angstvolle Vorstellung zukünftiger Ereignisse) sind Formen von Mind Wandering.

Weil der Geist einen Hang zu negativen Gedanken hat, ist das oft eine unangenehme Erfahrung. Eine Studie aus dem Jahr 2014 lieferte einige interessante Ergebnisse, die das belegten. Sie ergab, dass »es den Versuchspersonen normalerweise nicht gefiel, 6 bis 15 Minuten allein in einem Raum zu verbringen und nichts anderes tun zu können, als nachzudenken. Sie gingen viel lieber banalen externen Tätigkeiten nach und viele zogen es sogar vor, sich selbst Elektroschocks zu verabreichen, als mit ihren Gedanken alleingelassen zu werden«.[126] Die Forscher stellten die Hypothese auf, dass es schwierig war, mit den eigenen Gedanken alleine zu sein, weil »die Versuchspersonen sich nur mit ihren eigenen Unzulänglichkeiten beschäftigten und aus dem Grübeln nicht mehr herauskamen«.

Die vorher erwähnte Studie aus dem Jahr 2010 ergab, dass »die Menschen weniger glücklich waren als sonst, wenn ihre Gedanken abschweiften, und das galt während aller Tätigkeiten, selbst bei den unangenehmsten«. An etwas Angenehmes zu denken, machte diese Menschen nicht glücklicher, als sich auf ihre gegenwärtige Tätigkeit zu konzentrieren. Und sie waren deutlich unglücklicher, wenn sie über neutrale oder negative Themen nachdachten, als wenn sie sich auf ihre gegenwärtige Tätigkeit konzentrierten. Die Forscher schlossen daraus: »Der menschliche Geist ist ein wandernder Geist und ein wandernder Geist ist ein unglücklicher Geist. Die Fähigkeit, über etwas nachzudenken, das nicht geschieht, ist eine kognitive Errungenschaft, die einen emotionalen Preis hat.«

Langfristig kann übermäßiges Mind Wandering (z. B. in Form von Sorgen oder Grübelei) zum Entstehen verschiedener seelischer Krankheiten wie Depressionen und Angststörungen beitragen. Depressive Menschen sind zum Beispiel dafür bekannt, in negative, selbstbezogene, sich im Kreis drehende Grübeleien zu versinken. Eine Studie erklärt das so: »Depression ist mit bedeutenden Schwierigkeiten verbunden, ›im Hier und Jetzt‹ zu bleiben, weil die Gedanken dazu tendieren, von der gegenwärtigen Tätigkeit abzuschweifen und sich stattdessen auf persönliche Belange zu konzentrieren.«[127] Eine andere Studie kommt zu dem Ergebnis: »Der depressive Zustand ist charakterisiert durch eine gesteigerte Fokussierung auf die eigene Person und die Unfähigkeit, sich von selbstbezogenen Grübeleien zu lösen.«[128]

Kurz gesagt ist Mind Wandering oft unangenehm und kann zu einer schwerwiegenden Verschlechterung der psychischen Gesundheit führen.[129] Also warum hören wir dann nicht einfach damit auf? Warum verbringen wir so viel Zeit mit selbstbezogenen Gedanken? Die Antwort lautet, dass wir es nicht lassen können. Wir können unsere Gedanken nicht daran hindern abzuschweifen. Wenn Sie je versucht haben zu meditieren, haben Sie das selbst erlebt. Der Geist möchte offensichtlich denken, auch wenn uns das unglücklich macht oder uns daran hindert, unsere Aufgaben zu erfüllen. Selbstbezogenes Denken scheint die Lieblingsaktivität unseres Gehirns zu sein.

Wenn ich Sie dazu auffordere, sich hinzulegen und nichts zu tun, wird Ihr Gehirn nicht zur Ruhe kommen oder sich ausschalten, sondern ganz von alleine anfangen umherzuwandern. Wenn es nichts anderes zu tun hat, fängt das menschliche Gehirn naturgemäß an, über die Person nachzudenken, in der es verwurzelt ist. Selbst wenn wir einer Aufgabe nachgehen, will ein Teil unseres Gehirns uns davon abhalten und uns in Gedanken verstricken, die damit nichts zu tun haben. Deshalb kann es manchmal so mühsam sein, sich zu konzentrieren – wir müssen ständig achtgeben, nicht durch selbstbezogene Gedanken abgelenkt zu werden. Mind Wandering ist der Ruhezustand unseres Gehirns.

Der Ruhezustand

Weil Mind Wandering unser Ruhezustand oder »Default Mode« ist, bezeichnen die Forscher die Gehirnareale, die gemeinsam für seine Erzeugung verantwortlich sind, als *Default Mode Network* (DMN, auf

Deutsch: *Ruhezustandsnetzwerk).*[130] In Hirnscan-Studien sehen Neurowissenschaftler regelmäßig eine erhöhte Aktivität dieses Netzwerks, wenn Menschen von Mind Wandering berichten, und umgekehrt auch eine verminderte Aktivität, wenn Menschen konzentriert bei der Sache sind. Die genaue Funktion des DMN ist zwar noch umstritten, doch auf jeden Fall ist eine seiner Kernaufgaben, das selbstbezogene Denken zu erzeugen, über das wir gesprochen haben. Dieses Netzwerk von Gehirnarealen kann man als die neuronale Entsprechung von Mind Wandering betrachten.

Immer wenn man in Sorgen, Grübeleien oder Selbstzweifel verfällt oder sich in einem persönlichen Melodrama, einem Tagtraum oder einer Fantasie verliert, kann man sich beim DMN dafür bedanken oder es dafür verdammen. Wenn Ihre Gedanken beim Lesen dieses Buchs abschweifen, dann ist Ihr DMN in Aktion getreten.

Seit seiner Entdeckung im Jahr 2001 wurde viel über dieses faszinierende Hirnnetzwerk geforscht. Die Erkenntnisse fügen sich gut in unsere Diskussion über Mind Wandering und das Gehirn im Flow-Zustand ein.

Eine relevante Entdeckung ist, dass Abgelenktheit, Aussetzer und verminderte Leistung bei Aufgaben, die unsere volle Konzentration erfordern, mit mangelnden Fähigkeiten einhergehen, das DMN zu regulieren oder zu deaktivieren.[131] Wenn wir einer Aufgabe unsere volle Aufmerksamkeit widmen wollen, soll das DMN Ruhe geben und Platz machen, damit aufgabenbezogene Netzwerke in Aktion treten können. Selbstbezogene Aufmerksamkeit soll aufgabenbezogener Aufmerksamkeit weichen. Damit wir uns konzentrieren können, müssen unser inneres Geplapper und das DMN zur Ruhe kommen. Wenn das nicht gelingt, führt das zu Konzentrationsschwierigkeiten, da unsere Gedanken, Tagträume, Fantasien, Sorgen, Zweifel und Ängste uns ablenken.

Es besteht ein Zusammenhang zwischen Mind Wandering und DMN-Aktivität auf der einen Seite und der Leistungsfähigkeit bei verschiedenen Aufgaben auf der anderen.[132] Je stärker das DMN aktiv ist und je mehr man tagträumt, desto schlechter schneidet man bei Aufgaben zum Leseverständnis, Aufmerksamkeitstests oder allgemeinen Intelligenztests ab. Eine Studie beschreibt das folgendermaßen: »Beim Mind Wandering werden kognitive Ressourcen innerer Aktivitäten beansprucht, die mit der äußeren Umgebung nichts zu tun haben. Angesichts dieses geistigen Zustands überrascht es kaum, dass Mind Wandering die Leistungsfähigkeit bei der primären Aufgabe erheblich beeinträchtigen kann.«[133]

Exzessives Mind Wandering scheint eines der Kennzeichen von ADHS zu sein, verursacht durch die Schwierigkeit, das DMN auszuschalten.[134] Edward Hallowell, ein auf Aufmerksamkeitsstörungen spezialisierter Psychiater, bezeichnet das DMN als »Dämon der ADHS.«[135]

Eine weitere Erkenntnis ist, dass ein hyperaktives DMN mit Depression zusammenhängt.[136] Depressive Menschen verlieren sich in wiederkehrenden und destruktiven Grübeleien, die durch das DMN ausgelöst werden. Einige Forschungsergebnisse deuten darauf hin, dass selektive Serotonin-Wiederaufnahmehemmer (SSRI), die am häufigsten verwendete Klasse von Antidepressiva, mittels einer Verringerung der DMN-Hyperaktivität wirken.[137]

Andere Forschungsergebnisse zeigen, dass sich das DMN durch Meditation beruhigt.[138] Bei Langzeitmeditierenden geht die DMN-Aktivität während der Meditation stärker zurück als bei Neulingen. Sie zeigen auch eine niedrigere Grundaktivität des DMN, ihre Gedanken schweifen weniger ab und sie können sich allgemein besser konzentrieren. Das macht Sinn, wenn man bedenkt, dass die allgemeine Anweisung während der Meditation lautet, die Aufmerksamkeit wieder auf ein Objekt der Konzentration (wie den Atem) zu lenken, sobald die Gedanken zu wandern beginnen. Daher überrascht es nicht, dass Meditation die Symptome von ADHS und Depression lindert.[139]

Forschungsergebnisse des Psychiaters und Neurowissenschaftlers Judson Brewer deuten an, dass sich die subjektiven Erfahrungen während der Meditation mit der Aktivität des DMN decken.[140]

Wenn an den Gehirnen der Versuchspersonen nachlassende DMN-Aktivität erkennbar ist, berichten sie Folgendes: sich entspannt, ruhig und zufrieden zu fühlen; ihre Gedanken ohne Mühe daran hindern zu können abzuschweifen; Sinneswahrnehmungen bemerken und beobachten zu können, ohne dadurch abgelenkt zu werden; mühelos konzentriert zu sein; die Dinge so akzeptieren zu können, wie sie sind; sich leicht, gelassen oder glückselig zu fühlen; sich nicht abmühen oder anstrengen zu müssen; völlige Mühelosigkeit zu erleben.

Wenn die Gehirne der Versuchspersonen während der Meditation verstärkte DMN-Aktivitäten zeigen, berichten sie dagegen: abgelenkt zu sein und sich nicht konzentrieren zu können; sich benebelt, nicht klar im Kopf oder durcheinander zu fühlen; in Gedanken, Überlegungen oder Erinnerungen zu versinken und zu versuchen, die gegenwärtige Erfahrung zu verstehen; zu versuchen, den Lauf der Dinge zu kontrollieren und zu verändern, oft verbunden mit Unzufriedenheit über die gegenwärtigen Umstände; zu versuchen, etwas zu bewirken; sich unglücklich, unbehaglich, unzufrieden, verärgert oder frustriert zu fühlen; sich das Ende der Meditation herbeizuwünschen; Qual und Mühsal zu erleben.

Brewer geht davon aus, dass das DMN zumindest teilweise verantwortlich ist, wenn wir uns selbst im Weg stehen.[141]

Andere Untersuchungen bringen die Aktivität im DMN mit unserem Selbst- oder Ich-Gefühl in Verbindung. Wenn Forscher Probanden eine Liste von Adjektiven vorlegen und sie bitten abzuwägen, welche davon auf sie zutreffen, tritt sofort das DMN in Aktion.[142] Es wird auch aktiv, wenn wir in den sozialen Medien geliked werden, und zwar umso stärker, je mehr »Likes« wir bekommen.[143] Wegen seiner Bedeutung für die selbstbezogene Verarbeitung bezeichnet Brewer das DMN als das »Ich«-Netzwerk.

Psychedelische Drogen wie Psilocybin (der aktive Inhaltsstoff in psychoaktiven Pilzen) und LSD lassen Konsumenten Selbsttranszendenz oder eine *Auflösung des Ichs* erleben. Diese wird definiert als Reduktion der selbstbezogenen Wahrnehmung, Auflösung der Grenze zwischen dem Selbst und der Welt und als verstärktes Gefühl der Einheit mit den anderen Menschen und mit der Umwelt.[144] Während der das Selbst transzendierenden Zustände sehen die Forscher eine starke Abnahme der DMN-Aktivität. Interessanterweise erfährt die therapeutische Nutzung psychedelischer Substanzen bei der Behandlung von Angstzuständen, Sucht und Affektstörungen seit einigen Jahren zunehmende Aufmerksamkeit.

Derselbe Abfall der DMN-Aktivität lässt sich wahrscheinlich bei anderen Erfahrungen des Einsseins oder der Auflösung des Ichs beobachten, wie während tiefer meditativer Zustände oder Nahtoderfahrungen.[145] In einem geringeren Maß gilt das auch für Alltagstätigkeiten, die einen völlig in Anspruch nehmen, was der Metapher »sich ganz in der Arbeit verlieren« eine neue Bedeutung verleiht.

Zusammengefasst scheint es, dass sich das innere Geplapper bei einer steil abfallenden DMN-Aktivität beruhigt, die gezielte Aufmerksamkeit zunimmt, sich ein Gefühl der Entspannung, Leichtigkeit, Ruhe und Gelassenheit einstellt, das Ichbewusstsein sich verflüchtigt und das Gegenwartserleben einen mühelosen und angenehmen Charakter annimmt.

Sehen Sie mittlerweile die Verbindung zum Flow?

Das Gehirn im Flow

Wenn Sie viele Gemeinsamkeiten zwischen dem Herunterregulieren des DMN und dem Flow bemerken, dann liegen Sie goldrichtig. Im Gehirn sehen wir während dem Flow-Zustand eine Deaktivierung oder *Hypo*aktivierung des DMN, und je ausgeprägter sie ist, desto tiefer ist der Flow.[146]

Im Flow wird die Plapperzone still. Die Zentren für Sorgen und Grübeleien schalten sich ab. Das »Ich« geht vom Netz und nimmt unsere negativen Selbstgespräche, Ängste, Sorgen, Unsicherheiten und Selbstzweifel und unser Gefühl des Getrenntseins gleich mit. Der innere Kritiker tritt in den Hintergrund und wir hören damit auf, uns selbst im Weg zu stehen. Das könnte die neuronale Erklärung dafür sein, warum Flow so ein angenehmer und funktionaler Zustand ist. Wenn wir von uns selbst befreit sind, lösen sich unsere Blockaden und wir können endlich das Beste aus unseren Fähigkeiten machen. Bruce Lee hat einmal gesagt: »Sich seiner selbst bewusst zu sein ist das größte Hindernis für die korrekte Ausführung aller körperlichen Betätigungen.«[147]

Flow und das DMN befinden sich an gegenüberliegenden Enden einer Wippe; zwischen ihnen besteht eine gegenläufige Entweder-oder-Beziehung. Wenn die DMN-Aktivierung zunimmt, nimmt der Flow ab, und umgekehrt.

Zu Beginn dieses Buchs wurde Flow als der Zustand zwischen Langeweile und Angst beschrieben. Untersuchungen kommen zu dem Schluss, dass die DMN-Aktivität in beiden Zuständen ansteigt.[148] Wenn Aufgaben entweder zu einfach oder zu schwierig sind, schweift unsere Aufmerksamkeit ab und richtet sich auf das »Ich«. Deshalb ist das Gleichgewicht zwischen Herausforderungen und Fähigkeiten die vielleicht wichtigste Bedingung oder Vorstufe des Flow.

Auch wenn die Gehirnforschung beim Flow noch in den Kinderschuhen steckt, ist die Regulation des DMN bisher wohl die belastbarste Entdeckung. Nach allem, was wir über das DMN gelernt haben, ergibt es viel Sinn, dass es im Flow-Zustand herunterfährt. Das DMN erstreckt sich jedoch über mehrere verschiedene Gehirnareale, weshalb künftige Forschung enthüllen könnte, dass im Flow nur manche Teile des Netzwerks heruntergefahren werden und andere nicht.

Zudem ist die Deaktivierung des DMN nicht die einzige Veränderung des Gehirns im Flow-Zustand. Wir können generell davon ausgehen, dass für die Aufgabe relevante Gehirnareale eine gesteigerte Aktivierung aufweisen, während die anderen (wie die DMN) eine abnehmende Aktivität zeigen. Welche Areale genau sich in welche Richtung verändern, ist bislang noch unbekannt.

Flow und DMN-Aktivierung

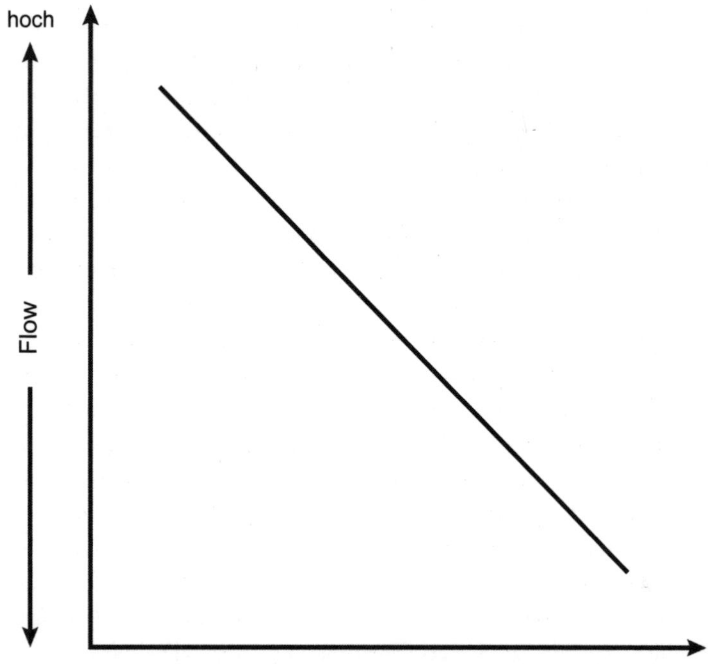

Abbildung 6: Die gegenläufige Beziehung zwischen Flow und dem Ruhezustandsnetzwerk oder Default Mode Network (DMN). Wenn das eine zunimmt, nimmt das andere ab. Flow scheint zumindest teilweise das Ergebnis verringerter Aktivität des DMN zu sein. Nach Peifer und Tan (2021).[149]

Einige Untersuchungen zeigen, dass die Aktivität im sogenannten »Multiple-Demand (MD) System«, das bei verschiedenen, aufgabenrelevanten, kognitiven Funktionen eine Rolle spielt, im Flow zunimmt.[150] Andere Forschungsergebnisse deuten darauf hin, dass Gehirnstrukturen, die mit *kognitiver Kontrolle* zu tun haben, speziell der dorsolaterale

Präfrontalkortex (DLPFC), im Flow stärker aktiviert werden.[151] Dies erscheint sinnvoll, da die kognitive Kontrolle verschiedene Prozesse einschließt, die für die Ausübung einer Tätigkeit erforderlich sind, wie Planung, Aufrechterhaltung von Zielen, Leistungskontrolle und Unterdrückung unangemessener Gedanken, Emotionen und Verhaltensweisen. Es gibt auch Anzeichen dafür, dass mit Belohnung verknüpfte Areale wie der Nucleus accumbens, das Putamen und der Nucleus caudatus im Flow stärker aktiviert werden.[152] Angesichts der intrinsisch belohnenden Natur des Flow würde auch das Sinn machen. Der sogenannten Synchronization Theory of Flow Experiences (STF) liegt die Hypothese zugrunde, dass im Flow aufgabenrelevante Gehirnareale, die mit kognitiver Kontrolle zu tun haben, mit Belohnungsstrukturen synchronisiert werden, was einen energetisch optimierten Zustand herbeiführt.[153]

Bisher haben wir das Gehirn nur aus neuroanatomischer Sicht betrachtet. Es finden jedoch auch Veränderungen der Gehirnwellenfrequenz und der Neurochemie statt, über die allerdings weniger bekannt ist. Man nimmt stark an, dass Dopamin beim Flow eine Schlüsselrolle spielt.[154] Es ist ein wichtiger Bestandteil des Belohnungssystems und der Sucht – zwei Themen, die mit Sicherheit eng mit Flow-Erlebnissen verknüpft sind (Sucht wird in Kapitel 12 behandelt). Steven Kotler, der seit über 20 Jahren versucht, die Neurowissenschaft des Flow zu entschlüsseln, vermutet dass dabei eine ganze Reihe von Neurochemikalien im Spiel sein könnten, nicht nur Dopamin, sondern auch Endorphine, Anandamid, Noradrenalin, Serotonin und Oxytocin.[155] Es kann noch lange dauern, bis die Wissenschaft herausfindet, wie genau diese Chemikalien interagieren, um Flow-Zustände zu erzeugen.

Bezüglich der Gehirnwellen hat eine Studie aus dem Jahr 2018 die Theorie aufgestellt, dass der Flow-Zustand »durch erhöhte Theta-Aktivität in den frontalen Hirnarealen und moderate Alpha-Aktivität in den frontalen und zentralen Hirnarealen charakterisiert ist.«[156] Wenn das nicht wirklich zu Ihrem Verständnis vom Flow beiträgt, sind sie damit nicht alleine.

An diesem Punkt sollten wir auch festhalten, dass verschiedene Flow-Zustände möglicherweise verschiedene neurologische Profile haben. Flow kann völlig unterschiedlich sein, je nachdem, ob er bei sportlichen Aktivitäten, bei geistiger Tätigkeit, bei Meditation oder beim zwischenmenschlichen Kontakt auftritt. Wir können jedoch stark davon ausgehen, dass allen Flow-Zuständen sowohl im Gehirn als auch im Körper einige

Erscheinungsmuster gemeinsam sind. Welche das sind, ist aber noch unbekannt. Genauso wenig wissen wir über die möglichen Unterschiede zwischen verschieden Flow-Zuständen.

Der Körper im Flow

Über das Gehirn im Flow-Zustand gibt es relativ wenig Erkenntnisse und über den Körper im Flow-Zustand ist noch weniger bekannt. Das spärlich vorhandene Wissen trägt jedoch schon viel zu unserem Verständnis darüber bei.

Aus der Sicht des Körpers ist Langeweile ein Zustand niedriger Erregung, Angst dagegen ein Zustand hoher Erregung. Flow ist zwischen diesen beiden Zuständen angesiedelt, und hier ist die Erregung auf moderatem oder optimalem Niveau. Man ist gerade erregt genug, um wachsam, aufmerksam und angeregt zu sein, aber nicht so sehr, dass man aufgeregt und nervös wird.

Das deckt sich mit dem sogenannten *Yerkes-Dodson-Gesetz*. Es besagt, dass die Leistung bei physiologischer oder mentaler Erregung zwar steigt, aber nur bis zu einem gewissen Punkt. Wenn das Erregungsniveau zu hoch wird, nimmt die Leistung ab. Diese Beziehung wird oft als umgekehrte U-Kurve dargestellt, die erst steigt und dann abfällt, während das Erregungsniveau steigt (Abbildung 7).

Forscher haben die Beziehung zwischen Erregung und Flow untersucht, indem sie unterschiedliche körperliche Marker verwendeten, einschließlich Cortisol, Herzfrequenz, Herzfrequenzvariabilität und die elektrodermale Aktivität.

Cortisol wird oft als *Stresshormon* bezeichnet, weil es in stressigen Situationen in großen Mengen ausgeschüttet wird. Es hilft uns, mit Stress umzugehen, indem es die Erregung erhöht, die Ausschüttung von Glukose fördert und uns dadurch mit zusätzlicher Energie versorgt. Es erhöht auch unsere Aufmerksamkeit, richtet sie auf stress-relevante Stimuli und schirmt sie vor Ablenkungen ab. Ohne ausreichend Cortisol fehlt uns die Energie und Aufmerksamkeit, um optimal mit einem Stressfaktor umzugehen. Zu viel Cortisol ist aber auch ein Problem, weil es die kognitive Leistungsfähigkeit vermindert.

Wir würden also im Flow-Zustand einen mittleren Cortisolspiegel erwarten, da dieser für die Leistungsfähigkeit ideal wäre. Das bestätigt auch Corinna Peifer, eine Flow-Forscherin, die schon mehrere Studien über die Psychophysiologie des Flow-Zustands durchgeführt hat. Ihr zufolge »lässt sich das Verhältnis von Cortisol und Flow-Erlebnis als umgekehrte U-Kurve darstellen: Solange sich der Cortisolspiegel in einer normalen, alltäglichen Bandbreite bewegt, ist eine positive Beziehung zwischen Cortisol und Flow zu erwarten. Wenn der Cortisolspiegel weiter steigt, wie etwa durch starken und anhaltenden Stress, würde daraus eine negative Beziehung zwischen Cortisol und Flow resultieren.«[157]

Flow und Erregung

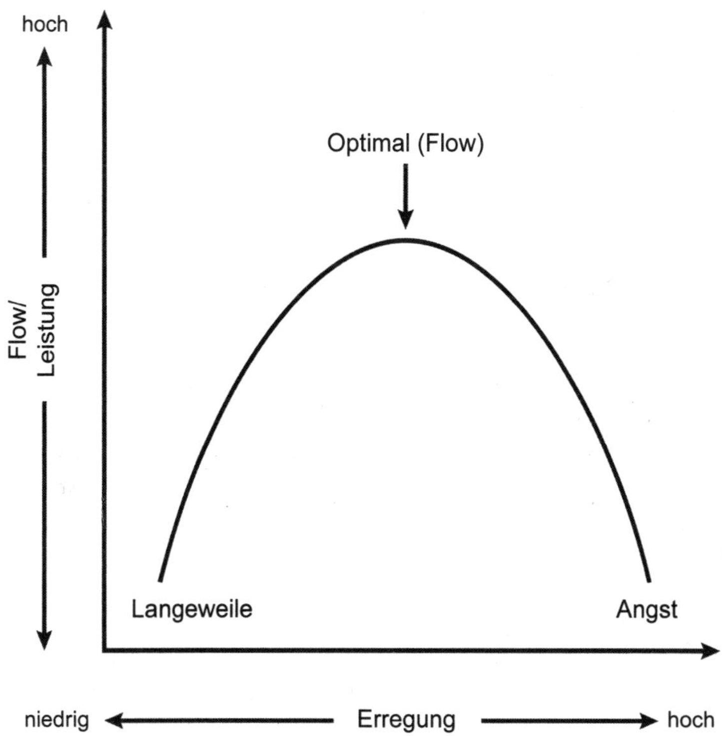

Abbildung 7: Flow als Zustand moderater physiologischer Erregung und optimaler Leistung. Nach dem *Yerkes-Dodson-Gesetz* beeinträchtigen sowohl zu geringe als auch zu hohe Erregung die Erfüllung einer Aufgabe. Man kann sagen, dass geringe Erregung mit Langeweile einhergeht und hohe Erregung mit Ängsten. Nach Peifer und Tan (2021).[158]

Erregung kann auch über die beiden Teile des vegetativen Nervensystems gemessen werden. Das sympathische Nervensystem erhöht die Herzfrequenz und die Erregung, während das parasympathische Nervensystem sie senkt. Wenn der Einfluss des Parasympathikus dominiert, führt das zu einem Zustand der geringen Erregung (zum Beispiel Langeweile). Wenn der Einfluss des Sympathikus dominiert, kommt man in einen hohen Erregungszustand (zum Beispiel Angst). Wie erwartet gibt es Hinweise darauf, dass beim Flow beide Teile auf gemäßigtem Niveau aktiv sind. Anders ausgedrückt sind sowohl das sympathische »fight or flight«-System (»Kampf oder Flucht«) als auch das parasympathische »rest and digest«-System (»Ausruhen und Verdauen«) aktiviert.

Laut Peifer kann eine solche Koaktivierung »als *entspannte Aufmerksamkeit* beschrieben werden, die mit vielen erwünschten Ergebnissen verbunden ist: Untersuchungen zeigen, dass dieses Aktivierungsmuster zu einer besseren Anpassung an herausfordernde Situationen und zur aktiven Bewältigung hoher Arbeitsbelastung führt. Entsprechend schafft dieses spezielle Koaktivierungsmuster optimale Bedingungen für den erfolgreichen Umgang mit herausfordernden Situationen.«[159] Damit bekommt der Begriff »optimal« im Zusammenhang mit Flow noch eine tiefere Bedeutung.

Untersuchungen zu anderen Erregungsmarkern kamen zu dem gleichen Schluss: Flow scheint tatsächlich ein Zustand der moderaten Erregung zu sein.

Diese Erkenntnis trägt viel zu unserem Verständnis von Flow bei: Die dabei erlebte Mühelosigkeit ist eine subjektive Erfahrung und keine objektive Realität. Auch wenn sich Flow mühelos anfühlt, ist dabei doch eine gewisse Anstrengung für den Körper und das Gehirn im Spiel. Die physiologischen Kosten sind vielleicht im Flow nicht spürbar, aber sie akkumulieren sich dennoch. Diese Kosten variieren abhängig von der Art der Flow erzeugenden Tätigkeit und der Intensität des Zustands. Aber es gibt sie und das sollten wir berücksichtigen. In Peifers Worten: »Trotz der angenehmen und bereichernden Natur des Flow-Zustands legt die Literatur nahe, dass er auch ein Zustand gesteigerter physiologischer Erregung ist, der durch Entspannungsphasen ausgeglichen werden muss.«

Zusammenfassung – eine Gehirn-Körper-Definition von Flow

Beim Eintritt in den Flow-Zustand finden sowohl im Gehirn als auch im Körper eine Reihe von Veränderungen statt (Abbildung 8). Im Gehirn sehen wir eine reduzierte (oder Hypo-)Aktivierung von Gehirnarealen, die für die gegenwärtige Aufgabe irrelevant sind (insbesondere im DMN), und eine gesteigerte (oder Hyper-)Aktivierung aufgabenrelevanter Gehirnareale. Wir sehen auch die Freisetzung hochwirksamer Neurochemikalien wie Dopamin und eine Veränderung in der Aktivität der Gehirnwellen.

Für den Körper ist Flow ein Zustand erhöhter, aber nicht exzessiver Erregung, der durch einen moderaten Cortisolspiegel und eine Koaktivierung des sympathischen und parasympathischen Teils des vegetativen Nervensystems gekennzeichnet ist.

In einer Zusammenfassung ihrer Forschungsergebnisse zur Psychophysiologie des Flow bezeichnen Peifer und ihre Kollegen Flow als einen Zustand *optimierter physiologischer Aktivierung,* der sich auszeichnet durch: (1) ein moderates Aktivierungslevel der sympathischen Bereiche, (2) einen moderaten Cortisolspiegel, (3) eine verminderte Aktivität im Ruhezustandsnetzwerk des Gehirns, (4) eine starke Synchronisation der für kognitive Kontrolle und Belohnung zuständigen Gehirnareale, (5) eine starke Aktivierung des Multiple-Demand-Systems des Gehirns, das für aufgabenrelevante kognitive Funktionen zuständig ist, (6) ein moderates Aktivierungslevel der parasympathischen Bereiche.[160]

Sich mit den dem Flow zugrundeliegenden, physiologischen Mechanismen zu beschäftigen ist nicht nur intellektuelle Spielerei. Die gewonnenen Informationen lassen sich auch in die Praxis umsetzen, um häufiger in den Flow zu kommen. Beispielsweise kann man vor einer anspruchsvollen Aufgabe meditieren, um das DMN zu beruhigen und das Abschweifen der Gedanken zu vermindern. Darüber hinaus hilft regelmäßiges Meditieren, diesen Effekt dauerhaft zu verankern. Wie wir in Kapitel 18 sehen werden, macht uns regelmäßige Meditation generell empfänglicher für Flow-Zustände.

Psychedelische Substanzen können die Aktivität im DMN verringern. Es könnte also möglich sein, durch Microdosing Flow-Zustände auszulösen. Microdosing hat in den vergangenen Jahren an Popularität gewonnen, da Berichte von Konsumenten darauf hindeuten, dass es Ängste verringert, die Stimmung verbessert und die Aufmerksamkeit, das Gedächtnis und die Kontaktfreudigkeit steigern kann.[161] Man könnte auch mit anderen Substanzen spielen, die übermäßiges Kopfzerbrechen verringern, ängstliche Gemüter beruhigen oder die Konzentration steigern.

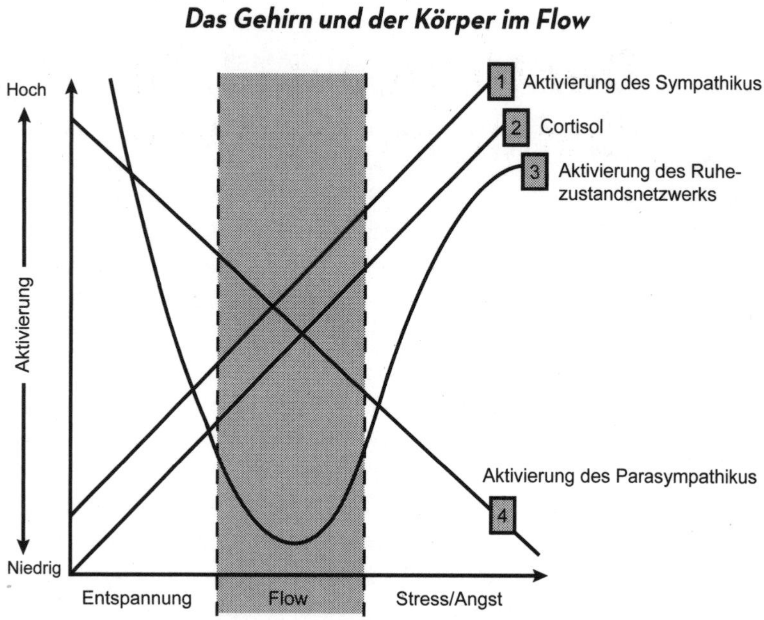

Abbildung 8: Ein Überblick über die Vorgänge im Gehirn und im Körper während des Flow-Zustands. Nach Peifer und Tan (2021).[162]

Auch sollte man seine momentane physiologische Erregung im Blick behalten. Bei Untererregung hilft ein Spaziergang, hellere Raumbeleuchtung oder eine Tasse Kaffee, um den Sympathikus zu aktivieren. Bei Übererregung helfen Entspannungsübungen, tiefes Durchatmen oder Meditation, um den Parasympathikus zu aktivieren.

TEIL 2

Der Nutzen und die Gefahren von Flow

KAPITEL 10

Sich so gut fühlen wie noch nie

Im Schlaf haben wir gute Träume und schlechte Träume; unter dem Einfluss psychedelischer Drogen haben wir gute Trips und schlechte Trips. Dagegen ist Flow immer eine positive Erfahrung. Niemandem ist es im Flow-Zustand jemals schlecht gegangen.[163]

STEVEN KOTLER

Erinnern Sie sich noch daran, wie ich mich auf der Schlittenfahrt mit meinem Vater und meinen Brüdern gefühlt habe? Total lebendig, energiegeladen, euphorisch und als wäre mein System mit jeder Menge Glückshormonen geflutet worden. So unglaublich kann sich Flow anfühlen.

Dieses Kapitel analysiert die Beziehung zwischen Flow und Wohlbefinden. Zuerst wollen wir noch einmal festhalten, dass Flow eine äußerst angenehme Erfahrung im Hier und Jetzt ist. Wie wir sehen, kann sich Flow so gut anfühlen, dass Menschen bereit sind, dafür zu sterben. Dann richten wir unseren Blick auf die Langzeiteffekte. Hat Flow einen Nutzen jenseits der positiven, aber flüchtigen Gefühle? Kann uns Flow glücklicher machen? Kann er uns zu persönlichem Wachstum verhelfen? Kann er unserem Leben einen Sinn geben? Das wollen wir herausfinden.

Der Spaßfaktor

Wie schon beschrieben bewegt sich die Intensität von Flow-Erlebnissen auf einem Spektrum. Am seichten Ende fühlt sich das nicht unbedingt spektakulär an, aber auf jeden Fall gut, und definitiv besser als Langeweile, Angst oder Apathie. Über Flow-Erlebnisse im Alltag berichten Menschen, dass sie sich munter, stark, heiter, engagiert, angeregt, frei, kreativ, energiegeladen und motiviert fühlen.[164] Sie gaben auch an, mit sich im Reinen zu sein; das Selbstwertgefühl nimmt im Flow stark zu.[165]

Jede Tätigkeit fühlt sich besser an, wenn man sie im Flow verrichtet, auch wenn er nur relativ oberflächlich ist. In einer Studie ließen Forscher Probanden im Labor Tetris spielen.[166] Sie stellten fest, dass den Probanden das Spiel viel mehr Spaß machte, wenn sie im Flow waren.

Je intensiver der Zustand wird, desto intensiver werden auch die positiven Gefühle. Wir fühlen uns noch munterer, stärker, heiterer et cetera. Am tiefen Ende des Spektrums wird Flow regelmäßig als ekstatisch, beglückend, herrlich, euphorisch, himmlisch oder mystisch beschrieben.

Der Zustand fühlt sich so gut an, dass Menschen viel auf sich nehmen, um ihn zu erleben. Das zeigt sich schon daran, wie viel Zeit, Nerven und Geld für das Skifahren geopfert werden: Man muss die Koffer packen, sich fertig machen, ins Skigebiet fahren, den ganzen Tag unbequeme Ausrüstung tragen und dafür noch eine ordentliche Stange Geld hinlegen. Aber sobald man dann die Piste hinuntersaust, ist das alles vergessen, weil man gerade einen höchst exquisiten Bewusstseinszustand erlebt. Das Gleiche gilt für Snowboardfahren, Mountainbiken, Surfen, Kajakfahren, Wandern, Kitesurfen und andere beliebte Hobbys.

Vielleicht ist der größte Beleg für die Glückseligkeit, die uns Flow bietet, dass manche Menschen bereit sind, den ultimativen Preis dafür zu zahlen. In seinem Buch *The rise of superman* aus dem Jahr 2014 beschreibt Steven Kotler einige der erfolgreichsten und am meisten verehrten Action- und Abenteuersportler der Welt.[167] Sie betreiben Fallschirmspringen, Base-Jumping, Bergsteigen oder andere Extremsportarten, um den Flow-Zustand am tiefsten Ende des Spektrums zu erleben.

»Ich mache es mir einfach, sagte der amerikanische Freeclimber, Alpinist, Base-Jumper und Highliner Dean Potter.[168] »Ich kann zwei Stunden lang auf meinem Hintern sitzen und meditieren, um 15 Sekunden lang einen Blick auf diesen Zustand zu erhaschen. Oder ich kann mein Leben riskieren und sofort dahin gelangen – und dann hält er stundenlang an.« Potter starb 2015 bei einem Wingsuit-Unfall im Yosemite-Nationalpark. Shane McConkey, ein professioneller Skifahrer and Base-Jumper, der ebenfalls in dem Buch vorkommt, sagte einmal: »Ich genieße das Leben bis zum Äußersten und werde nie damit aufhören.«[169] Er fand seinen Tod 2009 bei einem Ski-Base-Jump in den italienischen Dolomiten. Diese Beispiele zeigen, dass sich Flow für manche Menschen vielleicht sogar zu gut anfühlen kann.

Bevor wir uns näher mit den Risiken beschäftigen, möchte ich festhalten: Flow fühlt sich am flachen Ende des Spektrums gut an und am tiefen Ende himmlisch. Es ist eine Wohlfühlerfahrung par excellence; ein äußerst angenehmes Erlebnis im Hier und Jetzt. Aber was macht Flow auf lange Sicht mit uns? Welche Folgen hat diese Erfahrung? Was geschieht jenseits des Hier und Jetzt?

Kurze Beschreibungen ekstatischer Flow-Erfahrungen

Flow kann sich ekstatisch anfühlen. Wie Csíkszentmihályi einmal schrieb: »Wenn die Erfahrung vorbei ist, berichten die Menschen, dass sie in einem unübertrefflich positiven Gefühlszustand gewesen waren.«[170]

Hier drei Beispiele, die das veranschaulichen:

»Man ist in einem solch ekstatischen Zustand, dass es einem so vorkommt, als würde man gar nicht richtig existieren. Ich habe diese Erfahrung immer wieder gemacht. Meine Hand scheint sich selbstständig zu machen, und ich habe nichts damit zu tun, was geschieht. Ich sitze nur da und sehe ehrfürchtig und staunend zu. Und die Musik fließt einfach von selbst heraus.«[171] – Komponist, zitiert in Csíkszentmihályi, *Beyond Boredom and Anxiety*.

»Es war einfach eine dieser Küren, bei denen es klick machte. Ich meine, alles klappte, alles fühlte sich gut an. ... Es ist wie im Rausch, man hat das Gefühl, man könnte ewig weitermachen, man möchte, dass es niemals aufhört, weil es so gut läuft.«[172] – Eiskunstläufer:in, zitiert in Csíkszentmihályi, *Flow, the secret to happiness.*

»Du hast das Gefühl ..., dass dich nichts aufhalten oder dir im Weg stehen kann. Und du bist bereit, alles anzugehen, und du hast keine Angst, dass etwas Schlimmes geschehen könnte, und es ist einfach beglückend.«[173] – Radfahrer, zitiert in Csíkszentmihályi, *Living in Flow – The Secret of Happiness.*

Freude, Vergnügen und persönliches Wachstum

Es gibt einen wichtigen Unterschied zwischen Flow und anderen »Wohlfühlaktivitäten« wie Fernsehen, Wein trinken, Donuts essen, Gras rauchen oder anderem Drogenkonsum. Denn wenn es nur um ein gutes Gefühl geht, kann man das auch zu einem wesentlich geringeren Preis bekommen.

Wie schon in Kapitel 3 erwähnt, unterscheidet Csíkszentmihályi zwischen Freude (»enjoyment«) und Vergnügen (»pleasure«).[174] In seinem Sprachgebrauch sind mit Flow verbundene Aktivitäten freudvoll, die anderen Wohlfühlaktivitäten dagegen vergnüglich. »Ein enges Tennismatch, in dem wir über uns hinauswachsen, macht genauso Freude wie ein Buch zu lesen, das die Dinge in einem neuen Licht erscheinen lässt, oder ein Gespräch, in dem wir plötzlich Ideen äußern, von denen wir gar nicht wussten, dass wir sie haben. Der Abschluss eines hart umkämpften Geschäfts oder gut gemachte Arbeit bereiten Freude. Vielleicht ist keine dieser Erfahrungen zu der Zeit besonders vergnüglich, aber später denken wir daran zurück und sagen: ›Das hat wirklich Spaß gemacht‹, und würden es am liebsten noch einmal erleben.«[175]

Das Vergnügen ist leicht zu haben. Ohne großen Aufwand bekommt man einen Kick und riskiert dabei kein Scheitern. Andererseits ist das damit verbundene gute Gefühl auch vergänglich und kurzlebig. Ist der Reiz weg, ist man wieder da, wo man davor war – oder sogar noch schlechter dran, wenn man es übertrieben hat. Dann hat man vielleicht seine Gesundheit geschädigt oder sein Leben anderweitig aus dem Tritt gebracht, und kann sich schuldig oder frustriert fühlen und dafür schämen.

Die Freude dagegen wird typischerweise mühsam errungen. Flow erfordert Fähigkeiten und Bemühungen, und weil man dafür Herausforderungen bewältigen muss, kann man dabei auch scheitern. Flow verlangt Arbeit. Normalerweise muss man sich erst anstrengen, bevor das Gefühl von Mühelosigkeit aufkommt.

Außerdem können Flow erzeugende Aktivitäten stressig sein. »Ein Kletterer kann völlig erschöpft und dem Erfrieren nahe sein oder Gefahr laufen, in eine tiefe Gletscherspalte zu fallen«, erklärt Csíkszentmihályi.[176] Und trotzdem ist es das alles wert. Der Kletterer würde nirgends anders sein wollen. »Unter Palmen am Strand eines türkisenen Meers am Cocktail zu nippen ist schön, aber es ist nichts im Vergleich zu dem Hochgefühl, das ihn auf diesem eiskalten Grat überkommt.«

Vergnügungen sind nett. Sie fühlen sich gut an und sind eine ausgezeichnete Möglichkeit, sich etwas zu gönnen. Aber was Begeisterung, Glückseligkeit und Hochgefühl anbelangt, verblassen sie im Vergleich zum Flow.

Und während man sich nach den Vergnügungen schuldig, unmotiviert, leicht deprimiert und vielleicht beschämt fühlt, verleiht einem Flow Stärke, Selbstvertrauen und Lebenszufriedenheit. Man sonnt sich im Stolz auf die erbrachte Leistung. In den Worten eines Felsenkletterers: »Man blickt voller Ehrfurcht auf sich selbst zurück, auf das, was man geleistet hat, und man kann es kaum fassen.«[177]

Doch das ist noch nicht alles. Diese Erfahrungen fühlen sich nicht nur im Moment und hinterher großartig an, sie tragen auch langfristig zu unserem Wachstum bei. Im Flow gehen wir bis an die Grenzen unserer Fähigkeiten. Wir sind ganz bei der Sache. Wir nutzen unsere Fähigkeiten. Die Konzentration steigt sprunghaft an. Wir investieren Energie und Aufmerksamkeit und ernten Wachstum und Entwicklung. Ein Mensch, der regelmäßig Flow erlebt, wird zu einer reiferen und komplexeren Persönlichkeit. »Eine Person, die ihre Fähigkeiten laufend erweitert und sich immer größeren Herausforderungen stellt, entwickelt sich zu einem immer außergewöhnlicheren Individuum«, erklärt Csíkszentmihályi.[178]

Die offensichtlichste Entwicklung ist die der Fähigkeiten. Der Schachspieler verbessert sich im Flow am Brett genauso wie der Schriftsteller am Schreibtisch und der Pianist am Klavier. Auch Teilkompetenzen und für die Tätigkeit notwendige Kenntnisse verbessern sich. Bei einem Mathematikstudenten wächst im Flow das logische Denkvermögen, die Problemlösungsfähigkeiten, das abstrakte und das räumliche Denken, die Konzentration und vieles mehr.

Darüber hinaus findet auf psychologischer Ebene eine Entwicklung statt: das Persönlichkeitswachstum. Anspruchsvolle Aufgaben zu bewältigen und die eigenen Fähigkeiten zu verbessern gibt einem das Gefühl, kompetent zu sein und sein Leben unter Kontrolle zu haben. Häufige Flow-Erlebnisse können den Glauben an sich selbst, das Selbstwertgefühl, die Selbstwirksamkeit, die Handlungsfähigkeit, den Optimismus, die psychische Belastbarkeit und die intrinsische Motivation stärken.

Dieses Wachstumsprinzip trifft nicht auf das Vergnügen zu. Wenn wir fernsehen, uns den Bauch vollschlagen oder eine Instagram-Story nach der anderen ansehen, sind wir nur passive Konsumenten. Wir genießen den Komfort der modernen Welt. Wir ziehen positive Gefühle aus dem, was wir aufgebaut haben. Aber wir bauen nichts Neues auf.

Auch das Vergnügen hat seine Berechtigung, aber es sollte bei unserem Lebensentwurf nicht im Vordergrund stehen. Wenn wir Zeit und Energie in Flow-fördernde Aktivitäten investieren, werden wir zufriedener und eignen uns einzigartige Fähigkeiten an. Und wie wir gleich sehen, finden wir auch mehr Freude und Sinn.

Das Glück und der Sinn des Lebens

Beim Glück gibt es das gleiche Problem wie beim Flow: Es ist schwer zu definieren und zu messen. Was heißt es genau, glücklich zu sein? Woran erkennt man, dass jemand glücklich ist? Wie kann man feststellen, wie glücklich jemand im Vergleich zu anderen ist?

Die Forscher sind sich einig, dass wir unterscheiden müssen, wie man sich in einem bestimmten Augenblick fühlt (unser sogenannter *affektiver Zustand*) und wie man seine allgemeine Zufriedenheit oder Lebensqualität (unsere sogenannte *Lebenszufriedenheit*) bewertet. Man kann für einen Moment traurig sein, aber trotzdem ein glückliches Leben führen, oder man kann gerade gut gelaunt sein, aber eine geringe Lebenszufriedenheit haben.

Flow ist ein ausgesprochen positiver affektiver Zustand, wie mittlerweile deutlich geworden sein sollte. Wir genießen ihn in dem Moment und bei dem Ereignis, bei dem er eintritt. Aber wie steht es mit unserer allgemeinen Gemütsverfassung? Können vorübergehende Flow-Erfahrungen die allgemeine Lebenszufriedenheit verbessern?

Höchstwahrscheinlich ist das der Fall. Flow wird in vielen Studien – unabhängig von demografischen Merkmalen – mit größerer Lebenszufriedenheit verbunden.

In einer Studie aus dem Jahr 2020 mit dem Titel *Gut leben durch guten Flow* begleiteten die Forscher die Studienteilnehmer zehn Tage lang und untersuchten die täglichen Schwankungen von Flow, Gefühlshaushalt und dem persönlichen Gedeihen (ein Maß für Lebenssinn, gute soziale Beziehungen, sinnvolle soziale Beiträge, Optimismus und andere Elemente einer guten seelischen Gesundheit).[179] Sie stellten bei den Personen, die mehr Flow erlebten, eine bessere Gemütslage fest, was sich in einem höheren täglichen Maß an persönlichem Wachstum und positiven Gefühlen zeigte. Eine ähnliche Studie aus demselben Jahr begleitete die

Teilnehmer zwei Wochen lang und stellte fest, dass die Häufigkeit von Flow bei der Arbeit positiv mit dem Wohlbefinden im gleichen Zeitraum korrelierte.[180]

In einer italienischen Studie aus dem Jahr 2013 berichteten die Jugendlichen, die mehr Flow erlebten, auch über höhere Lebenszufriedenheit, ein *hedonisches Gleichgewicht* und höheres *psychologisches Wohlbefinden* als ihre Altersgenossen.[181] (Das hedonische Gleichgewicht ist ein Maß für das Überwiegen positiver im Vergleich zu negativen Gefühlen. Psychologisches Wohlbefinden ist ein kombiniertes Maß für Lebenssinn, Autonomie, Bewältigung, positive Beziehungen, persönliches Wachstum und Selbstakzeptanz.)

Bei einer Studie an japanischen Studenten aus dem Jahr 2010 berichteten diejenigen, die im Alltag öfter Flow erlebten, über größere Lebenszufriedenheit und mehr *Jujitsu-kan,* eine japanische Vorstellung von Erfüllung.[182] Sie gaben auch an, ein höheres Selbstwertgefühl und weniger Ängste zu haben und sich mehr im College-Leben, bei der Karriereplanung und bei Alltagstätigkeiten im Allgemeinen zu engagieren.

Studien mit älteren Koreanern, Schullehrern, Berufsmusikern, Spitzensportlern und anderen Individuen aus allen Lebensbereichen kommen zum gleichen Schluss.[183] Mehr Flow spiegelt eine größere Lebenszufriedenheit wider.

Wie erwähnt erforschte Csíkszentmihályi über 40 Jahre lang Flow und Glück. Er war der Ansicht, dass »Flow nicht nur unsere momentanen Erfahrungen verbessert, sondern auch zu einer insgesamt besseren Lebensqualität verhilft«.[184] Ihm zufolge »hängt Glück davon ab, ob eine Person fähig ist, bei allem, was sie tut, in den Flow zu kommen«.[185] Er meinte auch, dass Flow-Erlebnisse »ein Gefühl der Beherrschung – oder vielleicht eher ein Gefühl, ein Mitspracherecht am Inhalt des eigenen Lebens zu haben – hervorrufen, das unserer herkömmlichen Vorstellung von Glück so nahe kommt wie alles Erdenkliche andere«.[186] Csíkszentmihályi ging sogar so weit, Flow als »Kern der Existenz« zu bezeichnen, weil »ohne ihn das Leben wenig Sinn machen würde«.[187]

Andere prominente Forscher in diesem Bereich sehen das auch so. Sonja Lyubomirsky hat etliche Studien und mehrere Bücher über das Glück verfasst und sagt, dass »uns das Erleben von Flow dazu führt, mitten im Leben zu stehen (statt davon entfremdet zu sein), Tätigkeiten zu genießen (statt sie eintönig zu finden), sich souverän zu fühlen (statt hilflos) und ein starkes Selbstwertgefühl zu spüren (statt Wertlosigkeit). Alle diese Faktoren erfüllen unser Leben mit Sinn und verleihen ihm Reichtum und Intensität. Und Glück.«[188]

Martin Seligman, ein weiterer renommierter Forscher, der sich mit Wohlergehen beschäftigt, führt Flow in seinem PERMA-Modell als einen von fünf Hauptfaktoren an, die es fördern.[189] Die Faktoren sind Positive Emotionen, Engagement (Flow), Beziehungen, Sinn und Erfolge.

Angesichts dessen, was wir bisher gelernt haben, ist es nachvollziehbar, dass Flow glücklicher macht. Häufige Flow-Erlebnisse verbessern das Selbstwertgefühl und das Selbstvertrauen. Sie schalten die »Ich«-Zentren im Gehirn ab und verschaffen uns dadurch die so notwendigen Pausen von, naja, uns selbst – unseren Sorgen, Unzulänglichkeiten und Unsicherheiten. Durch die volle Konzentration auf die zu bewältigende Aufgabe erlaubt uns der Flow, frei von Zukunftsängsten im Hier und Jetzt zu leben und Vergangenem nicht mehr nachzutrauern. Die *selbstfokussierte Aufmerksamkeit,* die eng mit klinischer Depression und Angststörungen verbunden ist, wird durch *aufgabenfokussierte Aufmerksamkeit* ersetzt.[190]

Flow-affine Menschen verfügen im Vergleich zu weniger Flow-affinen eher über größere Fähigkeiten und erzielen öfter Erfolge, auf die sie stolz sein können. Sie wachsen und lernen ständig und spüren auf diese Weise ihre Fortschritte. Sie stehen mitten im Leben und schöpfen ihr Potenzial aus, weshalb sie weniger mit Schuld, Scham und Reue zu kämpfen haben. Regelmäßige angenehme Flow-Erfahrungen bieten ihnen etwas, worauf sie sich freuen können.

Flow ist auch sinnstiftend. Spitzensportler finden Flow und Sinn in ihrem Sport, Extremsportler in riesigen Wellen, reißenden Flüssen oder hohen Bergen, Wissenschaftler in ihrer Forschung, Chirurgen im Operationssaal, Lehrer im Klassenzimmer.

Ungeachtet der jeweiligen Tätigkeit sind Menschen, die leicht und oft Flow erleben, glücklicher als Menschen, die oft gelangweilt, ängstlich oder apathisch sind. Flow ist eindeutig ein direkter Pfad zu größerem Glück.

Unter Vorbehalt

Ich habe in diesem Kapitel drei wichtige Tatsachen festgehalten: Erstens ist Flow eine positive Gefühlserfahrung, zweitens führt Flow zu langfristigem Wachstum und drittens macht uns Flow glücklicher. Der erste Punkt stimmt immer, aber für die anderen beiden gibt es Ausnahmen.

In Kapitel 12 sehen wir, dass Flow nicht immer zu Wachstum und Glück führt. Wenn eine Person zum Beispiel wichtige Lebensbereiche vernachlässigt, weil sie ständig auf der Suche nach Flow ist, kann das negative Folgen haben. Auch wenn jemand von einer Flow-Aktivität abhängig wird, kann diese Sucht viele Probleme verursachen.

KAPITEL 11

Höchstleistungen abliefern

Ein Individuum schöpft seine Fähigkeiten voll aus, wenn es im Flow ist.[191]

Mihály Csíkszentmihályi

Flow ist mächtig. Er kann Leben retten und er erlaubt unserem Körper, die Grenzen dessen zu durchbrechen, was wir für möglich hielten. ... Menschen sind im Flow-Zustand besser. Sie scheinen mehr Zeit zu haben. Sie treffen schnellere und bessere Entscheidungen. ... Flow kann der Kreativität einen tagelangen Schub verleihen. ... Sportler nehmen im Flow mehr Informationen auf und verarbeiten sie effektiver.[192]

Amit Katwala

Denken Sie an die produktivsten und kreativsten Augenblicke in Ihrem Leben – wenn Sie Ihre volle Leistungsfähigkeit abgerufen haben. Sie haben Zugang zu ihrem gesamten Arsenal an Fähigkeiten und Wissen. Sie sind ganz im Hier und Jetzt, und so gut, wie Sie nur sein können. In diesen Momenten sind Sie im Flow, oder etwa nicht?

Für mich ist das ganz offensichtlich: Ob ich schreibe, laufe, lese, Tennis spiele oder bei einer Prüfung glänze – ich bringe meine besten Leistungen, wenn ich im Flow bin; wenn die Stimme in meinem Kopf schweigt und ich selbstsicher, fokussiert und ganz bei der Sache bin.

In diesem Kapitel beschäftigen wir uns mit den Belegen für den leistungssteigernden Nutzen des Flow-Zustands. Dabei betrachten wir zuerst anekdotische Belege. Wir sehen, dass alle – von Spitzensportlern und erfolgreichen Trainern über die weltbesten kreativen Köpfe und berühmten Künstler bis zu großen Konzernen wie Toyota, Patagonia und

Ericsson – auf Flow schwören. Dann nehmen wir uns die wissenschaftlichen Belege vor. Wir werden feststellen, dass die weltweite Forschung diesen Sachverhalt bestätigt: Flow steigert die Leistung in verschiedenen Bereichen wie Sport, Musik, akademischer Tätigkeit und Arbeit erheblich. Schließlich geht es um die Frage, warum Flow sowohl für kurzfristige Leistungen als auch für langfristige Erfolge so segensreich ist. Wir sehen uns genau an, wie Flow das Beste in uns zum Vorschein bringt.

»Wenn du in diese *zone* kommst …«

Während der Halbzeit der Super Bowl von 1992 wurde der Trainer der Dallas Cowboys Jimmy Johnson gefragt, wie er seine Mannschaft auf diese höchste Prüfung vorbereitet hat. Johnson hielt als Antwort ein Exemplar von Csíkszentmihályis Buch *Flow* hoch. Nachdem er beide Super Bowls von 1992 und 1993 gewonnen hatte, erklärte er, sein Team auf der Basis des Flow-Konzepts aufgebaut zu haben: »Seit vielen Jahren bewundere ich Dr. Csíkszentmihályis Pionierarbeit und versuche, seine Konzepte auf dem Footballfeld umzusetzen. Manche haben meinen Ansatz als ›intensiv‹ bezeichnet, aber ›im Flow‹ ist vielleicht die korrektere Bezeichnung. Wer es zu sportlicher Meisterschaft bringen will, muss in der Lage sein, sich völlig in eine Aufgabe zu vertiefen.«[193]

Der legendäre Basketballspieler Bill Russell, ein Leistungsträger der Boston Celtics zu der Zeit, als sie innerhalb von 13 Jahren elf Meisterschaften gewannen, ist ein solcher Spitzensportler, der seine hohe Leistung dem Flow zuschreibt: »Als es geschah, konnte ich spüren, wie mein Spiel ein neues Niveau erreichte. … Auf diesem besonderen Niveau geschahen alle möglichen merkwürdigen Dinge. Das Spiel stand auf Messers Schneide und doch fühlte ich mich nicht wie in einem Wettbewerb. … Ich strengte mich an, so sehr ich konnte … doch fühlte dabei nie Schmerzen.«[194]

Kobe Bryant, eine andere Basketballlegende, erzielte 2006 legendäre 81 Punkte, seine persönliche Bestmarke und die zweithöchste Zahl in einem einzelnen Spiel in der Geschichte der NBA. In seinen Interviews sprach er häufig davon, in der *zone* zu sein. Einmal sagte er: »Wenn du in die *zone* kommst, ist es einfach diese maximale Zuversicht; du weißt, er geht rein. Es ist keine Frage, ob … er geht sicher rein. Alles wird langsamer. Weißt du, alles wird einfach langsamer, und du hast einfach diese maximale Zuversicht. Und wenn das passiert, weißt du, dann versuchst du, dich auf keinen Fall darauf zu fokussieren, weil du es innerhalb einer Sekunde verlieren kannst … Du versuchst zu verhindern, dass irgendwas diesen Fluss unterbricht. Du nimmst nichts wahr, was um dich herum vorgeht.«[195]

»Für Mannschaften auf Top-Niveau hat Flow Vorrang«, sagt Steve Kerr, der Trainer der Golden State Warriors.[196] »Es gibt nichts, was an den Gruppen-Flow herankommt. Ich hoffe die ganze Zeit, dass unser Team ihn erreicht.« Kerr fing 2014 bei den Warriors an und führte die Mannschaft in die erfolgreichste Zeit ihrer Geschichte. Sie erreichte sechs NBA-Finals und gewann in den Jahren 2015, 2017, 2018 und 2022 viermal die Meisterschaft. In der Saison 2015/2016 gewann sie noch unglaubliche 73 Spiele und brach damit den Rekord für die meisten Siege in einer NBA-Saison.

Lewis Hamilton ist einer der erfolgreichsten Formel-1-Fahrer der Geschichte. Mit seinen sieben Titeln ist er zusammen mit Michael Schumacher Rekordweltmeister und hält die Rekorde für die meisten Siege (104), Pole Positions (104) und Podiumsplätze (199). Laut dem Sportjournalisten Amit Katwala, der Hamilton mehrmals interviewt hat, dreht sich bei dem Briten alles um den Flow.[197] Nach dem Sieg beim Grand Prix von Spanien 2020 sagte Hamilton in einem Interview: »Ich hatte das Gefühl, dass ich in einer … Es war wie eine freie *zone*. … Die Klarheit, die ich beim Fahren hatte … Ehrlich, ich fühlte mich in dem Auto fantastisch. Es war eine körperliche Herausforderung, aber was die Fehlervermeidung anging, Runde um Runde um Runde Leistung zu bringen, war ich in der perfekten *zone*. Und das ist die *zone*, von der ich träume. … Alle diese Elemente spielten perfekt zusammen. Ich war ganz in meiner Mitte und muss versuchen, jeden Tag dahin zu gelangen. … Ich rede gerne davon, dass wir nach unserem höheren Selbst streben sollen, weil jeder von uns grenzenlose Fähigkeiten hat. Es fühlte sich an wie ein höherer Seinszustand. Ich spreche immer über das perfekte Rennen und das war eins. Wir streben alle nach Perfektion und es ist nicht immer einfach, solche Leistungen abzuliefern, aber heute bin ich über mich und mein Auto begeistert. Als ich über die Ziellinie fuhr, habe ich nicht realisiert, dass es die letzte Runde war. Ich wollte einfach weiterfahren. Ich war wie ein Pferd mit Scheuklappen. Ich wollte immer weiter.«[198]

Das Fußballidol Pele erwähnte »eine seltsame Gelassenheit« und »eine Art Euphorie« während seiner besten Spiele: »Ich hatte das Gefühl, ich könnte den ganzen Tag laufen, ohne zu ermüden; ich könnte jeden aus ihrer Mannschaft oder alle zusammen ausdribbeln; ich könnte mich fast körperlich durch sie hindurchbewegen. Ich hatte das Gefühl, mich könnte niemand verletzen. Es war ein wirklich eigenartiges Gefühl, das ich noch nie zuvor erlebt hatte. Vielleicht war es einfach nur Selbstvertrauen, aber ich war schon oft selbstsicher, ohne mich dabei so seltsam unbesiegbar zu fühlen.«[199]

Der Sportpsychologe Michael Sachs vermutet, dass hinter »jeder Goldmedaille oder Weltmeisterschaft, die je gewonnen wurde, aller Wahrscheinlichkeit nach ein Flow-Zustand steckt, wie wir jetzt wissen«.[200]

In der Welt des Extremsports macht mittlerweile das Erreichen des Flow-Zustands nicht nur den Unterschied zwischen dem Aufstellen eines neuen Rekords oder dem Scheitern, zwischen dem Titelgewinn oder dem zweiten oder dritten Platz aus – es kann den Unterschied zwischen Leben und Tod ausmachen. »In den Flow zu kommen mag das Ziel jedes Athleten auf der Welt sein, doch für Action- und Abenteuersportler ist es eine Notwendigkeit«, erklärt Steven Kotler.[201] »Bei allen anderen Aktivitäten ist Flow das Kennzeichen einer großen Leistung, aber in Situationen, in denen der kleinste Fehler tödlich sein könnte, ist Perfektion die einzige Überlebensmöglichkeit – und Flow ist die einzige Garantie für Perfektion. Flow ist also die einzige Möglichkeit, in den unberechenbaren, lebensbedrohlichen Bedingungen der Monsterwellen, reißenden Flüsse und hohen Berge zu überleben.« Der legendäre Skateboarder Danny Way drückte es so aus: »Man muss entweder die *zone* finden oder die Konsequenzen tragen – es gibt keine andere Wahl.«[202]

Viele Schriftsteller sehen Flow als den idealen Zustand zum Schreiben an. »Es gibt zwar keine wissenschaftlichen Belege, dass Flow immer hochwertige Literatur hervorbringt, doch Untersuchungen haben ergeben, dass viele Schriftsteller davon überzeugt sind, ihre besten Werke größtenteils in einem solchen veränderten Zustand zu produzieren«, erklärt Susan K. Perry, Autorin von *Writing in Flow*.[203] »Wenn man im Flow ist, scheinen sich die Szenen und Bilder fast von selbst zu ergeben. Ein Schriftsteller hat mir erzählt: ›Ich muss mich immer wieder daran erinnern, dass ich nur an diesen Ort gelangen muss, und dann richtet sich die Sprache von selbst ein.‹«

Der Flow »verbindet einen mit der Freude am Schreiben«, erklärt Anne Janzer in ihrem Buch *The Writer's Process*.[204] »Wenn du in den Flow kommst, ist es die Arbeit wert. Für viele Leute ist die Erfahrung allein Grund genug zu schreiben. Versuche, deinen Prozess so zu strukturieren, dass Flow entstehen kann.«

Die Romanautorin Zadie Smith beschreibt einen hochproduktiven Zustand des magischen Denkens, während dem »du dich um 9 Uhr morgens zum Schreiben hinsetzt, einmal blinzelst, und dann flimmern schon die Abendnachrichten über den Bildschirm und 4000 Wörter sind geschrieben«.[205] Der Literatur-Nobelpreisträger John Steinbeck bemerkte einmal in einem Tagebucheintrag: »Kein früher Start heute, aber das macht gar nichts, weil das Einheitsgefühl wieder da ist. Das ist eine feine Sache. Das macht es leicht, und die Arbeit macht Freude.«[206] Für die australische Singer-Songwriterin Tash Sultana ist der Flow so wesentlich für alles, was sie tut, dass sie ihr erstes Album danach benannt hat. Es heißt »Flow State«.

Diese Empfindungen kann ich nachvollziehen. Ohne Flow geht das Schreiben langsam voran, es ist schwierig, frustrierend und entmutigend. Mit Flow schreibt man zügig, es ist einfach, bereichernd und macht Spaß. Wenn ich in den Flow komme, mache ich heute Fortschritte, nehme Fahrt auf und bin morgen motiviert weiterzumachen. Flow ist in vielerlei Hinsicht der Treibstoff für meine Schreibtätigkeit. Wenn ich beim Schreiben nicht einigermaßen regelmäßig im Flow wäre, könnten Sie wahrscheinlich dieses Buch jetzt nicht lesen.

Laut einer zehnjährigen McKinsey-Studie in der Geschäftswelt berichten Spitzenmanager davon, im Flow bis zu fünfmal produktiver zu sein: »Wenn wir zum Beispiel Manager während einer Höchstleistungsübung fragen, wie viel produktiver sie auf dem Höhepunkt waren als sonst, bekommen wir verschiedene Antworten, aber in leitenden Positionen wird am häufigsten eine Verfünffachung angegeben.«[207]

Der Risikokapitalanleger James Slavet führt den »Flow-Zustand-Prozentsatz« (die Zeit, die Menschen im Flow verbringen) als einen der fünf wichtigsten Indikatoren für Managementerfolg an.[208] Jim Clifton, der frühere CEO von Gallup, sagte einmal: »Flow-affine Menschen fehlen keinen einzigen Tag. Sie werden nie krank. Sie fahren nie ihr Auto zu Schrott. Ihr Leben funktioniert einfach besser.«[209]

Als Stefan Falk, ein früherer Vizepräsident von Strategic Business Innovation bei Ericsson, Mitte 2003 bei Green Cargo anheuerte, hatte der Konzern seit 120 Jahren Geld verloren. Dann implementierte Falk, der Flow gründlich studiert und vorher bei Ericsson angewandt hatte, ein neues, auf Flow basierendes Managementprogramm. Daraufhin machte der Konzern zum ersten Mal Gewinn und diese Trendwende wurde Falk zugeschrieben.[210]

»In allen unseren Studien zu extremen Leistungsverbesserungen kamen immer die Leute und Organisationen in der kürzesten Zeit am weitesten, die mit Leidenschaft dabei waren und Flow erlebten«,[211] sagt John Hagel, der Gründer des Deloitte Center for the Edge, einer Organisation, die die Zukunft der Arbeit in einer sich wandelnden Welt untersucht.

Der frühere CEO von Patagonia, Michael Crooke, schrieb unter der Betreuung von Csíkszentmihályi eine Doktorarbeit über die Gestaltung einer Arbeitsumgebung, die Flow fördert. »Der Flow stand im Zentrum all dessen, was ich bei Patagonia tat, und ist seither der Kern aller meiner beruflichen Tätigkeiten«, erklärt Crooke.[212] »[Flow] manifestiert sich in gezielten, pünktlich gelieferten, passgenauen Produkten, die am Markt bestehen, weil sie in einem System entwickelt wurden, in dem die Kunden und die Mitarbeiter alle wissen, was sie wollen und brauchen.«

Bei Patagonia, dessen Konzernzentrale sich an der kalifornischen Küste befindet, »gilt der Grundsatz, dass man die Arbeit liegenlässt und surfen geht, wenn es große Wellen gibt«, sagt Yvon Chouinard, Besitzer und Gründer des Unternehmens.[213] Der Gedanke dabei ist, dass sich der Schub an Produktivität und Kreativität auf die Arbeit überträgt, wenn die Angestellten im Wasser in den Flow kommen.[214]

Wie Sie sehen, gibt es viele anekdotische Belege, dass Flow die Leistung steigert. Top-Performer aus allen Lebensbereichen rühmen und suchen den Flow wegen seiner leistungsfördernden Wirkung. Als Nächstes wollen wir sehen, was die Wissenschaft zu diesem Thema zu sagen hat.

Wissenschaftliche Erkenntnisse

Die Verbindung zwischen Flow und Leistung ist in der wissenschaftlichen Literatur gut belegt. Flow steht positiv in Zusammenhang mit Kreativität, intrinsischer Motivation, der Entwicklung von Fähigkeiten und Höchstleistungen in verschiedenen Bereichen wie Wissenschaft, Sport, Musik und Arbeit.

Im akademischen Kontext wird Flow durchweg mit höherem Lernerfolg, besseren Noten und der Entwicklung von Kompetenzen, Leistungsbereitschaft und Erfolg verbunden.

Eine Studie von Csíkszentmihályi und seinen Kollegen begleitete begabte Jugendliche über einen Zeitraum von vier Jahren.[215] Sie kamen zu dem Schluss, dass diejenigen, die im Alter von 13 Jahren mehr Flow erfuhren, ihre anderen Altersgenossen in verschiedenen Begabungsbereichen (zum Beispiel Mathematik, Musik oder Fußball) auch mit 17 Jahren noch übertrafen. Durch mehr Flow im Alter von 13 Jahren lassen sich bessere Leistungen vier Jahre später mit 17 Jahren vorhersagen. In einer ähnlichen, wenn auch kürzeren Studie mit Mathematikstudenten war die Leistung im zweiten Teil des Kurses bei denjenigen besser, die schon in der ersten Hälfte mehr Flow erlebt hatten.[216] Eine Studie von 2008 erfasste die Flow-Erfahrungen während eines Französisch- und eines Statistikkurses. Sie kam zum gleichen Ergebnis.[217] Studenten, die am Anfang des Semesters während der Kurseinheiten mehr Flow erlebten, erzielten bei der Prüfung am Semesterende ein besseres Ergebnis.

Mehr Flow heute bedeutet bessere Leistungen morgen.

Auch im Bereich des spielerischen Lernens hat sich gezeigt, dass sich über den dabei erlebten Flow die Leistung vorhersagen lässt. Sogenannte *Serious Games* machen Spaß, sind aber in erster Linie für Übungs- oder Bildungszwecke gedacht. Eine Studie aus dem Jahr 2010 ließ Menschen im Labor ein Serious Game spielen und testete dann, was sie gelernt hatten.[218] Und siehe da, mehr Flow beim Spielen brachte einen höheren Lernerfolg und bessere Testergebnisse mit sich.

Eine Studie mit Collegesportlern aus verschiedenen Individualsportarten (darunter Schwimmen, Golf, Gymnastik, Laufen, Disziplinen der Leichtathletik und Tennis) ergab, dass die eigenen Bewertungen ihres Flow-Zustands signifikant höher waren, wenn die Athleten sich auf ihre Bestleistungen bezogen, als wenn sie ihre allgemeinen Leistungen bewerteten.[219]

Eine Studie mit Läufern kam zu dem Schluss, dass Flow die Leistung beim Marathonlauf indirekt verbessert.[220] Läufer, die beim Training oder in vorherigen Wettläufen Flow erlebt hatten, fanden die Erfahrung angenehmer. Sie waren motivierter weiterzumachen und erhöhten ihren Trainingsaufwand. Der während des Wettlaufs erlebte Flow hatte zwar auf die Leistung selbst keinen signifikanten Einfluss, aber dafür auf das Training davor. Also fördert Flow die Wettkampfleistung indirekt, indem er einen positiven Einfluss auf das Training davor hat.

Die Arbeitsproduktivität und Kreativität werden ebenfalls gesteigert. Jef van den Hout und Orin Davis, zwei Experten für Flow am Arbeitsplatz, versichern, dass Flow der »heilige Gral für den Geschäftserfolg von einzelnen Mitarbeitern, Teams und Unternehmen« ist.[221] Sie erklären:

»Flow-Erfahrungen sind extrem wertvoll für Unternehmen, denn je mehr Flow die Mitarbeiter erleben, desto mehr werden sie ihre Arbeit lieben, gute Leistungen bringen, kreativere Lösungen finden und sich ganz ihrer Arbeit verschreiben. … Wenn Menschen bei der Arbeit im Flow sind, erleben sie ihre Tätigkeit eher als sinnhafte Berufung und sind bereit, mehr zu leisten, als von ihnen gefordert wird. Überdies werden sie eher ihre Fähigkeiten erweitern und damit besser in der Lage sein, komplexe Aufgaben zu erfüllen und Wert zu generieren.«

Eine Feldstudie aus dem Jahr 2019 mit Bürokräften stellte eine positive Beziehung zwischen Flow und der selbst eingeschätzten Arbeitsleistung fest.[222] Wenn die Teilnehmer relativ starken Flow erlebt hatten, berichteten sie mit höherer Wahrscheinlichkeit, »produktiv zu sein«, »viel erledigt zu haben« und »keine Fehler zu machen«.

Eine Umfrage unter Kundenbetreuern in 20 Hightech-Unternehmen in Taiwan aus dem Jahr 2010 ergab, dass Teilnehmer, die über höheren Flow bei der Arbeit berichteten, auch die Qualität ihres Kundenservices höher einschätzten (sie seien beispielsweise zuverlässiger, zugänglicher, fürsorglicher, vertrauenswürdiger, sachkundiger, einfühlsamer und höflicher gewesen).[223] Nebenbei ergab die Studie auch, dass Mitarbeiter, die meditierten, mehr Flow erlebten. Wir werden in späteren Kapiteln auf die Meditation zurückkommen.

Eine Studie aus dem Jahr 2014 untersuchte während einer Projektmanagementsimulation die Auswirkungen von Team-Flow auf die Leistung.[224] Studenten trafen sich in Arbeitsgruppen von vier bis sechs Mitgliedern. Sie wurden angewiesen, ein maßstabgetreues Modell eines Transportfahrzeugs zu bauen. Nach 6,5 Stunden musste es in der Lage sein, zwei unterschiedlich schwierige Strecken zu befahren. Die Teamleistung wurde auf einer Skala von 1 (das Fahrzeug startete nicht) bis 6 (das Fahrzeug bewältigte beide Strecken) gemessen. Wie erwartet schnitten die Teams, die im Flow waren, besser ab als die anderen. »Die Ergebnisse dieser Studie bestätigen, wie wichtig es ist, Flow-Erlebnisse bei Mitgliedern von Arbeitsgruppen zu fördern«, schlossen die Forscher. »Genauer gesagt zeigt diese Studie, dass Flow nicht nur einen großen Einfluss auf die Leistung Einzelner hat, sondern auch ein entscheidender Faktor für die Teamleistung ist. Deshalb sollten Teamleiter Maßnahmen ergreifen, die Flow in ihren Teams fördern.«

Eine Studie aus dem Jahr 2006 beschäftigte sich mit dem Zusammenhang von Flow und Kreativität beim Komponieren.[225] 45 Musikstudenten wurden in Dreiergruppen aufgeteilt und bekamen die Aufgabe, ein musikalisches Meisterwerk zu schaffen. Als die Komposition jeder Gruppe hinsichtlich der Kreativität bewertet wurde, schnitten die Gruppen mit höherem durchschnittlichen Flow besser ab als andere. »Die Ergebnisse zeigen eindeutig, dass tieferer Flow tatsächlich mit größerer Kreativität zusammenhängt«, schlossen die Forscher.

In einer Studie aus dem Jahr 2012 nutzten Forscher eine Gehirnstimulationstechnik namens transcranial Direct Current Stimulation (tDCS), um künstlich einen Flow-ähnlichen Zustand bei den Teilnehmern zu erzeugen. Dann sollten sie das Neun-Punkte-Problem lösen, einen klassischen Test für kreatives Problemlösen, der nur selten von Studienteilnehmern erfolgreich gelöst wird.[226] Das war auch bei diesem Experiment so – ohne tDCS war niemand dazu in der Lage. Mit der Stimulation gelang es jedoch mehr als 40 Prozent der Probanden. »Keine der Versuchspersonen löste dieses extrem schwierige Problem vor der Stimulation oder mit Scheinstimulation«, erklären die Forscher, »doch mit Kathodenstimulation schafften es 14 der 33 Teilnehmer«.

Laut der Investigativjournalistin Sally Adee hat sich herausgestellt, dass diese Art invasiver Gehirntechnologie »die Geschwindigkeit, mit der Menschen eine große Bandbreite von Fähigkeiten wie Objekterkennung, mathematische Kenntnisse und Schießkunst erlernen«, mehr als verdoppelt.[227]

Adee konnte die tDCS selbst ausprobieren, als sie für eine Story im *New Scientist Magazine* recherchierte[228]. In einem Labor im kalifornischen Carlsbad nahm sie an einem simulierten »beschleunigten Schießtraining« teil. »Es ist die gleiche Simulation, die US-Rekruten anfangs mit einem Gewehr vertraut macht, und alles ist so gestaltet, dass es sich wie ein überwältigender Angriff anfühlt«, erklärt sie. »Ich habe einige Stunden lang gelernt, mit einem modifizierten M4-Nahdistanz-Sturmgewehr zu schießen, erst ohne tDCS und dann mit.«

Ohne tDCS war sie eine Niete; mit war sie Top. »Die 20 Minuten, in denen ich Ziele getroffen habe, während Strom durch mein Gehirn floss, waren alles andere als überirdisch. Ich fühlte mich nur, als hätte ich gerade eine ausgezeichnete Tasse Kaffee getrunken, aber ohne die Nervosität durch das Koffein. Ich war klar im Kopf und eigentlich ich selbst, nur fokussierter. Ruhiger. Furchtlos und ohne Selbstzweifel. Von da an wartete ich einfach auf Probleme, die ich lösen konnte. Erst als sie den Strom abstellten, begriff ich, was gerade passiert war. Befreit von dem

Minenfeld der Selbstzweifel, auf dem meine Persönlichkeit begründet ist, war ich eine verdammt gute Schützin.« Das Gefühl, das sich gleich nach dem Anschalten des Stroms einstellte, war »dem Flow-Zustand ausgesprochen ähnlich«.

Der Forscher Michael Weisend, der Adees Gehirn mit den Elektroden verband, erklärt, dass ihre Erfahrung relativ normal war. »Am häufigsten sagen die Leute nach der tDCS, dass die Zeit übermäßig schnell verging.«[229] Bewegungen geschehen von selbst, die Personen berichten über ruhige, fokussierte Konzentration und die Leistung verbessert sich sofort.

Weisend forscht seit Jahren mit tDCS und weist darauf hin, dass nicht alle Formen davon zum Flow-Zustand führen. Die bei Adee angewandte ist jedoch dazu in der Lage, und sie steigert auch zuverlässig die Leistung. In einer Studie beschleunigte tDCS die Geschwindigkeit, mit der angehende Scharfschützen eine Bedrohung entdecken konnten, um den Faktor 2,3.[230] Das ist eine Verbesserung um 130 Prozent.

Und das ist nicht die einzige Gehirntechnologie, mit der durch einen künstlich erzeugten Flow-Zustand die Leistung erhöht und das Lernen beschleunigt wird.[231] Chris Berka von Advanced Brain Monitoring nutzt eine als *Neurofeedback* bezeichnete Technologie, um Neulingen zu helfen, Gehirnzustände zu erreichen, die denen von Experten ähnlich sind und mehr mit Flow als mit Anstrengung zu tun haben.[232] So ist er in der Lage, die Zeit um mehr als die Hälfte zu verkürzen, die Neulinge beim Bogenschießen brauchen, bis sie wie ein Profi treffen.

Egal wo wir hinsehen, Flow und Leistung treten gemeinsam auf.[233]

Wie erhöht Flow die Leistung?

Es wird behauptet, dass Flow die Leistung auf zwei verschiedene Arten verbessert: (1) »direkt«, weil er ein hochfunktionaler Zustand ist, der während der Aktivität zu wesentlich besseren Leistungen führt; (2) »indirekt«, indem er andere Faktoren verstärkt, was dann die Leistung ankurbelt.

Beginnen wir mit dem direkten Wirkungszusammenhang. Bei ansonsten gleichen Voraussetzungen wird die Leistung einer Person im Flow-Zustand besser sein als die von jemandem, der nicht im Flow ist. Wer etwas gerne tut, hochmotiviert, ganz bei der Sache, frei von Sorgen und Zweifeln, voller Selbstvertrauen ist und alles im Griff hat, wird bessere Leistungen erbringen als jemand, der sich zu viele Gedanken macht, verstört, besorgt, verängstigt oder gelangweilt ist.

Flow und Leistung

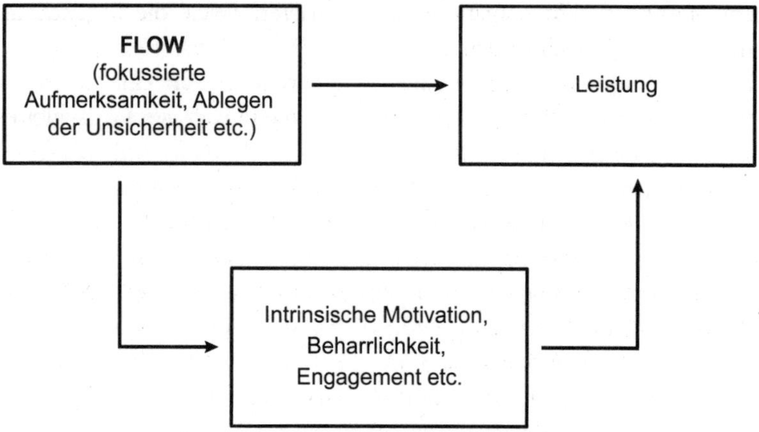

Abbildung 9: Direkte und indirekte Auswirkungen von Flow auf die Leistung. Direkt: Flow ist ein hochfunktionaler Zustand, der schon alleine bessere Leistungen zur Folge hat. Indirekt: Flow erhöht die intrinsische Motivation, die Beharrlichkeit, das Engagement und andere Variablen, was ebenfalls zu besseren Leistungen führt. Nach Barthelmäs und Keller (2021).[234]

Viele Komponenten des Flow sind leistungsfördernd. Wenn sie alle zusammenkommen, ist es wirklich kein Wunder, dass die Leistung steigt.

Betrachten wir die »konzentrierte Aufmerksamkeit«. Die Forschung zu Spitzensportlern zeigt durchgängig, dass sie sich im Durchschnitt besser konzentrieren können als ihre Altersgenossen.[235] Schlechte Leistungen und Scheitern werden oft auf mangelnde Konzentrationsfähigkeit zurückgeführt. Die Forschung zum Leseverständnis beweist das Offensichtliche: Je mehr man sich beim Lesen konzentriert, desto besser versteht man den Textinhalt; je mehr die Gedanken vom Text abschweifen, desto weniger.[236]

»Die Konzentration ist entscheidend für Bestleistungen, ob im Sport, im Studium, in der Chirurgie, in der Musik oder anderen Bereichen«, erklärt eine Gruppe von Sportpsychologen.[237] »Wenn ich fokussiert bin, kann nichts und niemand das verhindern, was ich tue«, sagt Michael Phelps, der mit insgesamt 28 Medaillen höchstdekorierte Olympionike aller Zeiten.[238]

Oder betrachten wir das »Ablegen der Unsicherheit«. Wenn wir einmal frei von verunsichernden Gedanken sind, fällt es viel leichter, sich auf die anstehende Aufgabe zu konzentrieren. Ohne die nagende innere Stimme verschwinden die Selbstzweifel und wir können Höchstleistungen erbringen. Für die gegenteilige Erfahrung – in einer leistungshemmenden, selbstbezogenen Gedankenschleife festzustecken – gibt es viele Bezeichnungen: man hat versagt oder die Nerven verloren oder es vermasselt oder stand sich selbst im Weg. Das Ausschalten des Ich-Bewusstseins ist eindeutig unabdingbar für Höchstleistungen.

Dasselbe könnte man mit den anderen gewöhnlichen Flow-Eigenschaften durchexerzieren. Der Punkt ist: Flow ist ein hochfunktionaler Zustand, der direkt die Leistung steigert, sobald er eintritt.

Der indirekte Wirkungszusammenhang hat mit der freudvollen Natur des Flow-Zustands zu tun. Weil diese Erfahrung schon an sich lohnend ist, wollen wir natürlich jede Aktivität wiederholen, die ihn auslöst; was belohnt wird, wird wieder getan. Wer Mathematik langweilig findet oder bei wem sie Ängste auslöst, ist schlechter darin als jemand, der bei der Beschäftigung mit Mathematik Flow erlebt und dadurch Freude daran hat. Dieser Mensch ist motivierter, mehr zu üben, und wird dadurch mehr lernen.

Flow steigert die Motivation, die uns bei der Stange hält, was wiederum zu einer langfristigen Kompetenzentwicklung führt. »Flow zu erleben, ermutigt eine Person zur Beharrlichkeit bei der damit verbundenen Aktivität, weil diese eine erfahrbare Belohnung verspricht. So fördert Flow mit der Zeit die Kompetenzentwicklung«, erklärt Csíkszentmihályi.[239]

Wenn wir eine Tätigkeit zum zweiten Mal ausführen, können wir es oft schon ein bisschen besser als beim ersten Mal. Um wieder in den Flow zu kommen, müssen wir daher die Herausforderung steigern, damit wir uns nicht langweilen. Und das geht immer so weiter (Abbildung 10). »Die Beziehung zwischen Flow und der Realisierung des Potenzials ist folgende«, erklärt die Flow-Forscherin Jeanne Nakamura. »Flow wird erlebt, wenn eine Aktivität das Individuum so fordert, dass es alle seine Fähigkeiten mobilisieren muss; mit dem Wachstum dieser Fähigkeiten sind immer größere Herausforderungen nötig, um im Flow zu bleiben.«[240] Dank der durch Flow erlebten Bereicherung werden wir mit der Zeit immer besser.

Flow und Kompetenzentwicklung

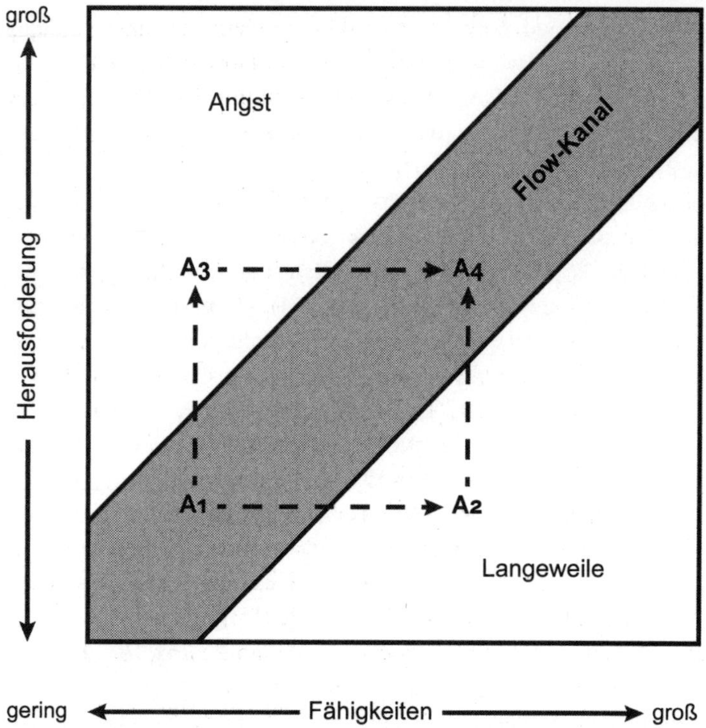

Abbildung 10: Warum Flow zur Verbesserung von Fähigkeiten führt. Nach Csíkszentmihályi (1990).[241]

Abbildung 10 stellt eine Aktivität dar, wie beispielsweise Tennis spielen.[242] Anfangs befinden Sie sich am Punkt A1. Ihre Fähigkeiten sind noch kaum entwickelt und erst einmal geht es nur darum, den Ball über das Netz zu schlagen. Sie sind im Flow, weil der Schwierigkeitsgrad genau Ihren Fähigkeiten entspricht. Beim Training verbessern Sie Ihre Fähigkeiten, und dann langweilt es Sie, nur den Ball über das Netz zu spielen (A2). Falls Sie alternativ gegen einen überlegenen Gegner antreten, werden Sie wahrscheinlich Unbehagen verspüren, weil Sie der Aufgabe nicht gewachsen sind (A3).

Weder Langeweile noch Angst sind auch nur annähernd so angenehm wie Flow. Durch die Erinnerung daran, wie viel Freude Sie zuvor im Flow erlebt haben, sind Sie motiviert, wieder in diesen Zustand zu kommen. Wenn Sie am Punkt A2 sind, ist das nur möglich, indem Sie die Herausforderung vergrößern (die Fähigkeiten kann man ja nicht reduzieren). Wenn Sie am Punkt A3 sind, müssen Sie entweder Ihre Fähigkeiten verbessern oder sich eine geringere Herausforderung zumuten, um wieder Flow zu erleben, was Sie temporär zu A1 zurückbringen würde, dann bei weiterem Üben zu A2, und dann über A2 nach A4. In jedem Fall werden Sie früher oder später bei A4 landen, was eine tiefere Flow-Erfahrung bedeutet als A1. (Größere Herausforderungen und Fähigkeiten bringen gewöhnlich intensivere Flow-Erlebnisse mit sich.)

Am Punkt A4 mach das Tennis spielen Spaß. Doch wenn Sie weiterspielen, werden Sie sich entweder wieder langweilen oder wieder Ängste verspüren. Das motiviert Sie, die Anforderungen zu erhöhen beziehungsweise Ihre Fähigkeiten zu verbessern. Mit der Zeit bewegen Sie sich in Richtung der rechten oberen Ecke von Abbildung 10. Wenn Sie weiterspielen, verbessern Sie auf jeden Fall Ihre Fähigkeiten. Und was bringt Sie dazu? Was sorgt dafür, dass Sie begeistert und motiviert bleiben? Das bereichernde Flow-Erlebnis.

Wenn Sie durch eine bestimmte Tätigkeit noch nie in den Flow gekommen sind, ist es höchst unwahrscheinlich, dass Sie weiter dazu motiviert sind. Das ist ein wichtiger Grund, warum der zu einem früheren Zeitpunkt erlebte Flow später zu besseren Leistungen führt. Deshalb hatten in Csíkszentmihályis Studie über begabte Jugendliche diejenigen, die im Alter von 13 Jahren mehr Flow erfahren hatten, im Alter von 17 Jahren bessere Leistungen als die anderen.[243] Flow entzündet das Feuer der intrinsischen Motivation und hält es am Brennen, was zu anhaltender Leistungsbereitschaft, Beharrlichkeit und schließlich zum Erfolg führt. Wenn man nicht in den Flow kommt, schöpft man sein volles Potenzial nicht aus.

Wir brauchen also Flow für Spitzenleistungen, damit wir bei einem wichtigen Test, Turnier, Rennen oder Spiel brillieren. Wir brauchen ihn auch für langfristige Motivation und Kompetenzentwicklung, und damit für unseren Erfolg. Ohne Flow holen wir nicht alles aus uns heraus und entfalten nicht unser volles Potenzial.

KAPITEL 12

Die dunkle(n) Seite(n) des Flow

Mit großer Macht kommt große Verantwortung.

SPRICHWORT

Im Land des Flow herrscht nicht nur eitel Sonnenschein. Der Flow-Zustand ist zwar immer eine positive (im Sinne von angenehme) Erfahrung, doch er hat nicht immer positive Folgen. Normalerweise führt er zwar zu Wachstum, Entwicklung und größerer Lebenszufriedenheit, aber das ist nicht immer so. Und selbst wenn, hat das manchmal seinen Preis.

Csíkszentmihályi selbst wies darauf hin. In einem bekannten Zitat beschrieb er Flow als den Zustand, »in dem Menschen so in eine Tätigkeit vertieft sind, dass alles andere unwichtig wird; die Erfahrung selbst ist so freudvoll, dass Menschen die Tätigkeit auch zu einem hohen Preis ausüben, einfach nur um ihrer selbst willen«.[244]

Der Preis kann finanzieller Art sein, zum Beispiel bei einem teuren Hobby. Es kann aber auch die Zeit sein, die man zum Beispiel jede Nacht bei Videospielen verbrät oder die Gesundheit, wenn man sich zum Beispiel verletzt. Flow kann alle möglichen weiteren Konsequenzen haben, wenn man auf der Suche danach andere Lebensbereiche vernachlässigt (wie die Arbeit, die Ausbildung oder Freunde und Familie).

Wenn wir die Komponenten des Flow betrachten, liegen die möglichen Gefahren auf der Hand. Großes Engagement und intensive Konzentration auf die Aufgabe gehen einher mit der Blindheit für alles andere, im Guten wie im Schlechten. Der Verlust des Ich-Bewusstseins bedeutet auch, dass man Flow dafür nutzen kann, vor seinen Problemen davonzulaufen, statt sich ihnen zu stellen. Der Verlust des Zeitgefühls kann dazu führen, dass man Termine verpasst oder sich nicht genug Zeit für andere Menschen und Projekte nimmt. Das Gefühl, alles im Griff zu haben, ist subjektiv und nicht objektiv – wie der Tod so vieler Extremsportler gezeigt hat, kann einem der Flow das Gefühl verleihen, die Kontrolle zu haben, bis man sie plötzlich verliert. Die durch Flow ausgelösten, angenehmen Gefühle, vor allem die berauschenden Zustände, wenn man tief eintaucht, können uns leicht dazu verleiten, die damit verbundenen Aktivitäten exzessiv zu betreiben.

Nachdem wir uns eingehend mit den vielen positiven Seiten des Flow beschäftigt haben, ist es jetzt an der Zeit, seine möglichen Gefahren und Schattenseiten zu betrachten: Sucht, Risikoverhalten und Flow in antisozialen Kontexten.

Flow und Sucht

Flow ist so bereichernd, dass wir jede Aktivität wiederholen wollen, die ihn ausgelöst hat. Wenn man gerade beim Laufen in Ekstase geraten ist, verspürt man den Drang, es wieder zu tun. Wenn man sich völlig eins mit sich selbst gefühlt hat, voller Energie, total lebendig, souverän, begeistert und durchflutet von innerem Frieden – dann möchte man das natürlich wieder erleben.

Was belohnt wird, wird wiederholt und Flow-Erlebnisse gehören zu den lohnendsten Erfahrungen, die Menschen haben können. Wie Csíkszentmihályi sagte: »Viele Menschen verwenden die Metapher des Flusses, um das Gefühl müheloser Tätigkeit in den besten Momenten ihres Lebens zu beschreiben.«[245]

Auf der positiven Seite führt dieser Mechanismus dazu, dass wir unsere Fähigkeiten und Leistungen immer weiter steigern, weil wir ständig den Schwierigkeitsgrad an unsere Fähigkeiten anpassen müssen, um im Flow zu bleiben (siehe Abbildung 10 in Kapitel 11).

Auf der negativen Seite kann es sein, dass wir die mit diesem Hochgefühl verbundenen Aktivitäten zwanghaft weiter betreiben, auch wenn wir dafür einen hohen Preis zahlen. Dann verausgaben wir uns bei Tätigkeiten, die uns im Hier und Jetzt in eine gute Stimmung versetzen, aber langfristig fatale Folgen haben. In einem solchen Fall kann man von Sucht oder zumindest von suchtbedingten Problemen sprechen.

Wir können an Entzugserscheinungen leiden, wenn wir die betreffende mit Flow verbundene Aktivität nicht ausüben, und sind dann unruhig, deprimiert, elend, frustriert und gereizt. Dann finden wir alles andere langweilig und verlieren das Interesse an anderen Aktivitäten. Wir können unsere Gesundheit ruinieren, unsere Lieben vernachlässigen und unsere Karriere und unser finanzielles Auskommen aufs Spiel setzen. Sucht, ob in Bezug auf Verhalten oder Substanzen, kann zu allen möglichen Problemen führen.

Bei vielen mit Flow verbundenen Aktivitäten ist es weit verbreitet, sie trotz nachteiliger Folgen weiter zu betreiben – ein Merkmal von Sucht –, vor allem bei Extremsportarten, Internetnutzung und Videospielen.

Flow und Extremsportsucht

Extremsportler bezeichnet man oft als »Adrenalinjunkies«. Ein Junkie wird als »eine Person mit einer zwanghaften Gewohnheit oder einer zwanghaften Abhängigkeit von etwas« definiert.[246] Es ist bei Extremsportarten weit verbreitet, trotz negativer Folgen immer weiterzumachen. Regelmäßig verletzen sich Fallschirmspringer, Base-Jumper, Skifahrer, Kajakfahrer oder Felsenkletterer oder verlieren gar ihr Leben.

Bei diesen Sportarten ist Sucht eine unumstößliche Tatsache, und Flow ist der Kern des Problems. Interviews mit einigen der weltbesten Big-Wave-Surfern haben gezeigt: Der erlebte Flow war einer der Hauptgründe, die Sportart zu betreiben.[247] Nicht alle Interviewten verwendeten Flow als Begriff, aber sie beschrieben eindeutig diese Erfahrung. Hier ist ein Beispiel:

> »… wenn du in Bestform surfst, bist du in der *zone*. Du bist da allein. Nur du, der Wind, die Wellen, das Salz in deinem Mund, die Schaumkronen vor dir und die Beschleunigungsphase. Da gibt es sonst nichts. Du hast nichts anderes im Kopf. Nichts anderes ist wichtig. Für einen Augenblick steht die Zeit still und du kannst das Unkontrollierbare kontrollieren, weil alles in Zeitlupe abläuft. Dann weißt du, dass du am besten surfst.«

Die Interviews beleuchteten verschiedene Eigenschaften der Sucht wie Toleranzbildung (d. h. man braucht immer mehr davon), Entzug, soziale Konflikte und das Weitermachen trotz Verletzungen. Viele Surfer vergleichen ihr Hobby mit Drogen und sprechen direkt von »Sucht«. Die Autoren der Studie kamen zu dem Schluss, dass die Surfer verschiedene Merkmale der Abhängigkeit vom Surfen zeigten.

Flow und Sucht sind in Extremsportarten weit verbreitet. Man hat festgestellt, dass Felsenklettern sowohl tiefe Flow-Zustände als auch Abhängigkeitssymptome hervorruft. Eine Studie kam zu dem Schluss, dass die Entzugserscheinungen von Felsenkletterern mit denen von Drogen- und Verhaltenssüchtigen vergleichbar sind.[248] Die Befragten sagten, das Klettern erhöhe ihre Genussschwelle, wodurch andere Aktivitäten im Vergleich belanglos und langweilig erschienen. Sie erwähnten ein »Bedürfnis«, Klettern zu gehen, und verglichen ihr Verlangen mit dem von Rauchern. Manche gaben an, sich »rastlos«, »elend«, »angespannt« oder »frustriert« zu fühlen, wenn sie nicht klettern konnten. Andere sahen das Klettern als gute Möglichkeit, Stress abzubauen; man könne dadurch der Realität entfliehen. Auch Analogien zu Drogen wurden häufig gebildet. »Das allgemeine Gefühl, wenn man davon (vom Klettern) abgehalten wird, ist genau das gleiche wie bei Drogenkonsumenten: frustriert, was immer es ist, man will es haben, und Euphorie, wenn man es dann bekommt.«[249] »Es ist wie bei einer Drogensucht, da nimmt man Kokain, um high zu werden. Für mich ist das meine Abhängigkeit, ich muss auf Berge klettern, um high zu werden.«[250]

Flow und Sucht beim Big-Wave-Surfen

Hier werden einige Zitate von Big-Wave-Surfern aufgeführt, die verschiedene Aspekte der Sucht beleuchten. Sie stammen aus Partington et al. (2009).[251]

»Wir werden tatsächlich high davon.«

»Es ist wie eine Droge.«

»Du findest Geschmack daran und ich glaube, es ist fast eine Sucht. Du kannst sie nicht löschen, du kannst sie nicht stillen und du jagst ihr nach ... Du hast sie eine Zeit lang, dann streckst du eine Weile deine Waffen, du bist trocken, und dann denkst du: Wann kann ich wieder aufs Brett steigen?«

»Mein Mann will Kinder haben. Ich irgendwie nicht, weil ich weitersurfen will, weißt du? Meine Güte, wenn man mal damit anfängt, dann kann man fast nicht mehr damit aufhören, weißt du? Es ist irgendwie so, man ist im Club und um dabeizubleiben, muss man es die ganze Zeit machen.«

»Man kann dabei sterben oder sich die Knochen brechen, aber das Gefühl dabei (Flow) ist wie kein anderes auf der Welt. Selbst die beste Droge kann dir keine solche Ekstase verschaffen, das Gefühl von wirklich gutem Adrenalin. Wenn man es einmal kennt, ist es eine Sucht.«

Eine Studie mit Fallschirmspringern kam zum gleichen Ergebnis.[252] Sie räumen freimütig ein, dass sie »Adrenalinjunkies« und »süchtig nach dem High« sind, dass ihre »Beziehungen darunter leiden«, sie »ihr ganzes Geld dafür ausgeben«, »nicht genug kriegen können«, »das Interesse an anderen Aktivitäten und Dingen verlieren«, und »an Entzugserscheinungen leiden«, wenn sie eine Weile nicht gesprungen sind. Ein kleiner Teil von ihnen geht dann zum Base-Jumping über, das viel gefährlicher ist, aber noch »aufregender«. Ein Teilnehmer drückte es so aus: »Das normale Springen wurde langweilig, da musste mehr Würze hinein.« Die Forscher bestätigen auch, dass Fallschirmspringen sofort Flow erzeugt und dass er bei der dadurch entstehenden Abhängigkeit eine Schlüsselrolle spielt.

Das folgende Zitat der Forscher beschreibt gut das Suchtpotenzial des Flow: »Als Belohnung oder Endzustand ist Flow kathartisch. Er befriedigt und beflügelt und bestätigt dem Individuum die eigene Existenz. … Wie auch im Zen erreichen Menschen ein Leistungsniveau, das ihre normale Effizienz übersteigt, und können es eine Zeitlang aufrechterhalten; körperliche und geistige Aktivität sind eins. In diesem Sinn ist Flow magisch und hat eine Suchtqualität, die die Betroffenen immer wieder in den Bann zieht.«

Kotlers Buch *The rise of superman* handelt ausschließlich von Flow bei Action- und Abenteuersportarten.[253] Er verbrachte mehrere Jahre mit einigen der weltbesten Athleten und interviewte sie. In seinem Buch bezeichnet Kotler sie als »Flow-Junkies«, die sich durch Extremsport in Rausch versetzen.

Er zitiert die Wingsuit- und Kletterlegende Dean Potter, um die ernsthaften Entzugserscheinungen hervorzuheben, an denen Extremsportler leiden können. »Wenn ich diese totale Leere spüre, weil ich nicht in den Flow kommen kann, ist das ganz schrecklich. Ich fühle mich hilflos, lethargisch, rastlos und verstört. Das Positive ist: Ich hasse dieses Gefühl so sehr, dass es mich umso mehr antreibt. Ich unternehme alle notwendigen Schritte, um da so schnell wie möglich wieder rauszukommen. Aber manchmal gerate ich in ein wirklich tiefes Loch. Eine echte Depression, in der ich dann eine ganze Weile lang gefangen bin.«

Es scheint, dass große Höhen auch in große Tiefen führen können. Der Snowboarder JP Schlick hat es treffend ausgedrückt: »Vielleicht sollten wir uns die Flow-Erfahrung als Pendel vorstellen – wenn es die höchsten Höhen erreicht hat, muss es wieder zurückschwingen.«[254]

Wie schon erwähnt starb Potter 2015 bei einem Wingsuit-Unfall. Seine Geschichte wirf ein Schlaglicht auf die hellen und dunklen Seiten des Flow. Einerseits lebte er sich voll aus und kam in ekstatische und alles übersteigende Zustände, von denen die meisten von uns nicht einmal träumen können. Andererseits erlebte er auch große Verzweiflung und bezahlte am Ende den ultimativen Preis für sein Streben nach Flow.

Auch weniger extreme Sportarten können leichte Abhängigkeit erzeugen. Schätzungsweise 3 Prozent der Bevölkerung treiben *exzessiv Sport.*[255] Die Zahl liegt höher bei Ausdauersportlern (14,2 %), Fußballern, Basketballern, Volleyballern und anderen Ballsportbegeisterten (10,4 %), Besuchern von Fitnesscentern (8,2 %) und Gewichtshebern, Bodybuildern und CrossFittern (6,4 %).[256]

Allgemein gilt für alle Sportarten: Je intensiver der »Kick« ist und je besser sich eine Aktivität anfühlt, desto größer das Suchtpotenzial.

Flow und Internet-Sucht

Bei der Internet-Nutzung ist Flow, manchmal auch *Online-Flow* genannt, weit verbreitet. Das hängt mit verschiedenen Eigenschaften des Internets zusammen (beispielsweise Kontrollierbarkeit, unmittelbares Feedback, einfache Handhabung, Immersivität, Stimulation, Interaktivität, ein stetiger Fluss von neuen Informationen und Zugang zu Unterhaltung), die es einfach machen, in den Flow zu kommen.

Das Internet ist tatsächlich dafür konzipiert, bei den Nutzern Flow zu erzeugen. Eine Gruppe von Wissenschaftlern erklärte es wie folgt: »Mit der wachsenden Popularität des Internets versuchten Forscher, die Nutzung und das Erlebnis des World Wide Web zu verbessern, indem sie sich bemühten, durch Online-Flow ein immersives Vergnügen zu schaffen. Es besteht ein anhaltendes Interesse daran, die Rolle des Online-Flow bei verschiedenen Internetaktivitäten von E-Health über E-Commerce bis zur internetbasierten Unterhaltung besser zu identifizieren, zu verstehen und auch zu optimieren.«[257]

Schon bei einfachen Online-Aktivitäten wie E-Mails lesen und versenden, nach Informationen suchen, Nachrichten schreiben, Videos ansehen oder durch Social-Media-Feeds scrollen wird man leicht völlig absorbiert. Es ist wahrscheinlich sogar noch einfacher, Flow bei Aktivitäten wie Online-Shopping, Spielen, Wetten, Pornos schauen oder Cybersex zu erfahren.

Kurz gesagt bietet das Internet einen einfachen Zugang zu Flow, Tag und Nacht auf Knopfdruck verfügbar, ohne große Anstrengung.

Falls sich das für Sie anhört wie ein Rezept für Sucht, liegen Sie völlig richtig.

Internet-Sucht kann man als einen »Zustand definieren, in dem eine Person die Kontrolle über ihre Internet-Nutzung verloren hat und exzessiv online ist, bis problematische Folgen auftreten, die sich negativ auf ihr Leben auswirken.«[258] Zu den Symptomen gehören, ständig im Internet beschäftigt zu sein, regelmäßig länger online zu bleiben als beabsichtigt, wiederholte erfolglose Versuche, die eigene Internetnutzung zu kontrollieren oder zurückzuschrauben, sich beim Versuch, die Internet-Nutzung zu kontrollieren, rastlos, unausgeglichen, deprimiert oder gereizt zu fühlen und wegen des Internets eine wichtige Beziehung, den Job, Bildungs- oder Karrierechancen aufs Spiel gesetzt zu haben.

Spielt Flow bei diesem Phänomen eine Rolle? Auf jeden Fall. Eine Studie aus dem Jahr 2014 an Schülern der 9. bis 12. Klasse kam zu dem Schluss, dass Flow deren Internet-Sucht verstärken kann.[259] Eine Studie von 2018 zeigte, dass Teilnehmer, die über mehr Flow bei der Internet-Nutzung berichteten, mit höherer Wahrscheinlichkeit auch Symptome von Internet-Sucht bei sich wahrnahmen.[260]

Viele andere Studien deuten in die gleiche Richtung: Je interessanter, unterhaltsamer, aufregender und amüsanter man die Internet-Nutzung findet, je mehr man darin versinkt, sich darauf konzentriert, davon absorbiert wird und die Zeit und ihre Umgebung dabei vergisst, umso höher ist das Risiko für eine Internet-Sucht.

Eine Studie aus dem Jahr 2014 zeigte, dass man eine zwanghafte Smartphone-Nutzung anhand des dabei erfahrenen Flow ziemlich gut vorhersagen kann.[261] Bei Studienteilnehmern, die bei der Smartphone-Nutzung nach eigenen Angaben mehr Flow erlebt hatten, war die Wahrscheinlichkeit höher, dass sie auch über erfolglose Versuche berichteten, ihre Zeit am Smartphone zu verringern. Zudem räumten sie Schwierigkeiten ein, einen kontrollierten Umgang damit zu finden und dem Drang nach dem Smartphone zu widerstehen.

Eine weitere Studie beschäftigte sich mit Flow und Medien-Sucht. Sie ergab, dass Flow-Erlebnisse einen signifikanten Einfluss auf Internet-, Smartphone- und Videospiel-Sucht hatten.[262] Die Forscher schlossen daraus: Individuen, die mehr Flow erleben, neigen eher zu medienbezogenem Suchtverhalten.

Allgemein gilt: Je mehr Flow auftritt, desto mehr kommt es zu zwanghafter, exzessiver und problematischer Nutzung. Wie schon erwähnt ist die Wahrscheinlichkeit, der Sucht zum Opfer zu fallen, umso höher, je mehr Belohnung eine Tätigkeit verspricht.

Das soll nicht heißen, dass jeder abhängig wird, der große Freude an einer Tätigkeit hat. Andere Faktoren wie die Persönlichkeit und die soziale Unterstützung spielen ebenfalls eine große Rolle. Aber es heißt, dass Flow ein Risikofaktor für eine ausgewachsene Sucht oder suchtbezogene Probleme ist.

Flow und Videospiel-Sucht

Während meiner Highschool-Zeit vergnügte ich mich mit einem Onlinespiel namens *Demigod*. Keine andere Tätigkeit hat mich je wieder so zuverlässig in den Flow-Zustand befördert wie dieses Spiel. Innerhalb von ein paar Minuten hatte ich mich von der realen Welt verabschiedet und voll und ganz in das Spiel katapultiert. Ich kam in eine Art Trance, war völlig auf das Spiel fixiert und vergaß meine Umgebung. Es fesselte mich. Hätten Sie mich am Computer sitzen sehen, hätten Sie gedacht, *Oha, dieser Junge ist in einer anderen Welt.* Für mich war es jedoch spannend und aufregend, wie ein anhaltender Adrenalinschub.

Das Spiel hielt mich gefangen. Die Verlockung war so groß, dass ich mich nicht davon fernhalten konnte. Ich spielte und spielte und spielte – und innerhalb von ein paar Wochen oder Monaten zeigte ich klare Anzeichen von Sucht. An vielen Tagen spielte ich mehr als 14 Stunden und nahm mir nur noch Auszeiten zum Essen, Trinken und für meine körperlichen Bedürfnisse. Ich spielte oft bis 3 oder 4 Uhr morgens. Am nächsten Tag war ich dann in der Regel so müde, dass ich die ersten Schulstunden schwänzte. Ich erinnere mich an einen Lehrer, der zu mir sagte: »Nils, du bist schon seit mehreren Wochen Donnerstag morgens nicht mehr zum Unterricht erschienen. Komm mir jetzt nicht mehr mit Entschuldigungen. Sei gefälligst nächstes Mal wieder da.« Es gelang mir zwar, am Morgen aufzustehen, aber in der Schule war ich so müde, dass ich mich kaum wachhalten konnte. Manchmal war es sehr schwer, nicht einzuschlafen, geschweige denn, mich auf den Unterricht zu konzentrieren.

Auf dem Höhepunkt meiner Sucht übernahm das Spiel meine Welt völlig. Der erste Gedanke am Morgen galt Demigod, der letzte am Abend vor dem Einschlafen genauso. Auch tagsüber dachte ich die meiste Zeit nur an Demigod. Wie konnte ich noch besser werden? Was könnte ich bei den letzten Spielen übersehen haben? Welche Taktiken sollte ich nächstes Mal versuchen? Wenn ich von der Schule nach Hause kam, ging ich sofort nach oben, schaltete meinen Laptop an, lud das Spiel, schnappte mir eine Flasche Milch aus dem Kühlschrank und fing an zu spielen. Meistens hielt ich mich nicht einmal damit auf, meine Schuhe auszuziehen oder – sehr zum Missfallen meiner Mutter – meine Schultasche aufzuräumen. Oh, und wenn ich gerade nicht spielte, las ich in Foren zu dem Spiel oder sah Wiederholungen an. Insgesamt spielte ich den Statistiken zufolge weit über 100 000 Minuten (das sind rund 1666 Stunden oder etwa 70 Tage).

Ich war von dem Spiel besessen und vernachlässigte dafür alles andere: Lernen, Sport, Schlafen, Familie und Freunde und das Mithelfen im Haushalt. Es war eine harte Zeit für mich und meine Familie. Warum meine Familie? Ehrlich gesagt war ich nicht gerade freundlich, wenn mich jemand beim Spielen unterbrach oder mir vorhielt, dass ich süchtig war und damit nicht mehr aufhören konnte. Mein Mangel an Disziplin und meine Unfähigkeit, mit dem Spielen aufzuhören, waren mir peinlich. Ich versuchte, das Ausmaß zu verheimlichen und flüchtete mich in Lügen. Ich leugnete, dass ich die Kontrolle verloren hatte. Ich war häufig gereizt, wütend, defensiv und teilnahmslos.

Wie Sie sehen, zeigte ich viele Anzeichen von Sucht. Weitermachen trotz negativer Folgen? Trifft zu. Entzug? Trifft zu. Geheimhaltung und Verleugnung? Trifft zu. Besessenheit und an nichts anderes mehr denken können? Trifft zu. Unfähigkeit aufzuhören? Trifft zu.

Gottseidank schwor ich nach vielen gescheiterten Versuchen doch noch dieser Gewohnheit ab. Ich zog nach der High School für einen viermonatigen Auslandsaufenthalt nach Brighton in England und nutzte diesen Tapetenwechsel als Katalysator, um endgültig damit aufzuhören.

Computerspiel-Sucht ist die vielleicht bekannteste und am meisten verbreitete Verhaltenssucht. Zwischen 1 und 5 Prozent der Bevölkerung sollen davon betroffen sein.[263] Videospiele sind noch mehr als das Internet so gestaltet, dass sie bei den Spielern Flow erzeugen. »In der Gaming-Community ist es Standard, dass man sich Spiele wünscht, die die Spieler in die *zone* oder den Flow versetzen«, erklärt der Gaming-Forscher Brian Schrank.[264]

Mehr Flow heißt mehr Spaß und längere Spielzeit, was für die Gaming-Unternehmen mehr Geld bedeutet. »Spiele-Entwickler verstehen heute, dass Spiele genau in dem Maß erfolgreich sind und Geld einbringen, in dem sie Befriedigung bieten und positive Emotionen hervorrufen«, erklärt die Spiele-Entwicklerin Jane McGonigal.[265] »Das hat dazu geführt, dass man Spiele-Entwicklern eintrichtert, kompromisslos dafür zu sorgen, dass die Spieler am Ende glücklich sind. Dazu gehört auch der Flow ...«

In seinem populären Leitfaden *The Art of Game Design* schreibt Jesse Schell: »Für Spiele-Entwickler zahlt es sich aus, Flow genau zu studieren. ... Wenn man einen Spieler beobachtet, kann man den Flow leicht übersehen – man muss lernen, ihn zu erkennen. ... Wenn Sie bemerken, dass ein Spieler bei Ihrem Spiel in den Flow kommt, müssen Sie ihn genau beobachten – er wird nicht ewig in diesem Zustand bleiben. Sie müssen den entscheidenden Moment mitbekommen – den Punkt, an dem er den Flow-Kanal verlässt. Dann können Sie ergründen, wie sich das in Ihrem nächsten Game-Prototyp verhindern lässt.«[266]

Flow wird eine »fast paradigmatische Stellung in der Spiel-Wissenschaft« zugeschrieben.[267] Manche preisen ihn als den »Heiligen Gral der Spiele-Entwicklung«.[268] Kein anderes Feld, so wird behauptet, sei mehr durch die Suche nach Flow geprägt als das Studium und Design von Videospielen.

Laut McGonigal machte das Aufkommen von Videospielen möglich, »fast augenblicklich in den Flow zu kommen ... Von Null auf Gipfelerlebnis in gerade einmal 30 Sekunden – kein Wunder, dass Videospiele Anklang fanden. Nie zuvor in der Menschheitsgeschichte konnte man eine solche optimale, emotionale Aktivierung so billig, so zuverlässig, so schnell erreichen«.[269] Es ist also kein Wunder, dass die exzessive und zwanghafte Nutzung so verbreitet ist.

Für die Sucht nach Videospielen gibt es viele Bezeichnungen wie problematische Nutzung von Videospielen, problematische Nutzung von Onlinespielen, Videospiel-Sucht, Onlinespiel-Sucht und Internetspiel-Sucht.[270]

Die offizielle Bezeichnung der Computerspielabhängigkeit ist *Internet Gaming Disorder* oder kurz *IGD* (auf Deutsch: *Störung durch Spielen von Internetspielen*). Zu den Kriterien gehören fortgesetztes exzessives Spielen trotz des Wissens über die dadurch verursachten psychosozialen Probleme, erfolglose Versuche, die Spielzeit zu reduzieren, Verlust des Interesses an zuvor gepflegten Hobbys, das Täuschen von Familienmitgliedern, Therapeuten oder anderen über das Ausmaß der Spieltätigkeit sowie Gefährdung oder Verlust einer wichtigen Beziehung, Anstellung oder Bildungs- oder Karrieremöglichkeit wegen des Spielens.[271] IGD hat verschiedene negative Folgen wie zunehmende Depression, Einsamkeit, Verhaltensstörungen, geringere akademische Leistungen, maladaptive Copingstrategien, Drogenmissbrauch, Suizidgedanken und -versuche und Verlust von Beziehungen zu Partnern und Familie.[272]

Der Flow gehört zu den Hauptursachen bei der Entstehung dieses Phänomens. Eine Studie aus dem Jahr 2019 zu Flow und IGD kam zu dem Schluss: »Die Ergebnisse dieser Studie stimmen mit den Erkenntnissen vergangener Studien zur Beziehung zwischen Online-Flow und IGD überein. In zwei Studien zeigte sich, dass Gamer, die über stärkere Flow-Erfahrungen (immersives Vergnügen) berichteten, auch mehr Zeit mit Spielen verbrachten. Das Erleben von Online-Flow zieht eindeutig Spieler an. Ein Verlangen nach dem Flow-Gefühl (immersives Vergnügen) könnte also Einfluss auf die Häufigkeit und Dauer des Spielens haben, und deshalb mit der Entwicklung und Dauerhaftigkeit von IGD-typischen Verhaltensmustern verknüpft sein.«[273] Eine weitere Studie kam zu dem Schluss: Die Onlinespiel-Sucht lässt sich durch das Flow-Erlebnis erklären.[274] Inzwischen stellte eine Studie aus dem Jahr 2022 fest: »Je stärker Online-Gamer Flow erleben, umso höher ist die Wahrscheinlichkeit, dass er auch zu Onlinespiel-Sucht führt«.[275]

Zahlreiche Studien kommen zum gleichen Ergebnis. Videospiele produzieren jede Menge Flow und machen hochgradig süchtig. Es ist schwer zu sagen, wie groß der Beitrag des Flow zur Sucht ist, aber er ist definitiv ein Risikofaktor.

Der Flow ist wahrscheinlich auch bei anderen Verhaltensabhängigkeiten mit im Spiel, zum Beispiel bei Sexsucht, Pornosucht, Shoppingsucht, Arbeitssucht (Workaholism) oder Spielsucht. Vielleicht spielt er sogar bei der Drogensucht eine Rolle.

Flow und Drogensucht

»Abgesehen von substanzbedingten Variationen rufen die meisten Drogen extrem positive Erfahrungen hervor«, erklären die italienischen Flow-Forscher Antonella Delle Fave, Fausto Massimini und Marta Bassi.[276] »Konsumenten beschreiben gewöhnlich, völlig absorbiert zu sein, ganz im Hier und Jetzt, getrennt von der umgebenden Welt, und sich körperlich und seelisch äußerst wohlzufühlen.« Viele Drogen rufen Flow-ähnliche Erfahrungen hervor.

Eine Studie über Flow bei Cannabiskonsumenten kam zu dem Schluss: »Cannabis trägt bei Konsumenten zu Wohlbefinden oder einer optimalen Bewusstseinserfahrung bei. Übereinstimmend mit Beschreibungen von Flow-Erfahrungen aus anderen Lebensbereichen (z. B. bei Sportlern, Künstlern, Musikern oder anderweitig kreativen Individuen) verbessert Cannabis die Fähigkeit der Konsumenten, Schwierigkeiten durch chronische körperliche oder psychische Erkrankungen zu bewältigen ... Konsumenten erleben einen Bewusstseinszustand oder eine spirituelle Verbindung, die durch ein Gefühl von Harmonie, Autonomie, Ermächtigung, Ordnung und Kontrolle über ihre Handlungen und ihre Umgebung geprägt ist.«[277]

Methamphetamin kann zu Euphorie, Erregung, reduzierter Müdigkeit, Verlust von Hemmungen, erhöhter Kontaktfreude und größerem Selbstvertrauen führen.[278] Fentanyl, Heroin und andere Opioide können eine intensive und euphorische Hochstimmung auslösen.[279] Auch Kokain kann eine durch Aufmerksamkeit, Kraft, Energie, Selbstvertrauen und Begeisterung gekennzeichnete Hochstimmung erzeugen.[280]

Die durch LSD, MDMA, psychedelische Pilze und andere Substanzen herbeigeführten, psychedelischen Zustände zeichnen sich durch dieselbe Abwesenheit des Ich, der Zeit und jeglicher Anstrengung aus wie Flow und sind ebenso reichhaltig. Wie in Kapitel 3 erwähnt, gehen Flow und psychedelische Zustände teilweise auf die gleichen neurobiologischen Ursachen zurück. Man kann beide als ungewöhnliche Bewusstseinszustände definieren.

Zu ihren Flow-Erfahrungen befragte Drogenkonsumenten nannten alle den Drogenkonsum als eine ihrer am häufigsten mit Flow verbundenen Aktivitäten.[281] Das heißt, sie alle brachten ihre Drogenerfahrungen mit Flow in Verbindung, was darauf hindeutet, dass Drogen Flow-ähnliche Zustände hervorrufen.

Eine Studie aus dem Jahr 2003 untersuchte Flow bei Süchtigen, die sich einer Behandlung unterzogen, und ehemaligen Süchtigen, die in Entgiftungseinrichtungen lebten.[282] Das Ziel war, Ähnlichkeiten und Unterschiede zwischen Flow unter Drogeneinfluss und während anderer Aktivitäten festzustellen. Beiden Erfahrungen war ein hohes Maß an Beteiligung, Konzentration, Genuss und Aufregung gemeinsam. Die Befragten, bei denen durch Drogen Flow herbeigeführt wurde, berichteten jedoch über weniger Entspannung und weniger Kontrolle der Situation als die Befragten, die produktiven Tätigkeiten und Freizeitaktivitäten nachgingen.

Die Forscher fanden noch einen weiteren Unterschied: Der chemisch herbeigeführte Flow kann nach dem Trip zu Ängsten, Depression und

Erschöpfungszuständen führen. Langfristig kann er weitere negative Folgen mit sich bringen, vor allem wenn die Konsumenten abhängig werden. Süchtige können »sich immer mehr aus den alltäglichen Verrichtungen zurückziehen, körperlich schwach werden und aus ihren sozialen Zusammenhängen fallen«. Das steht im starken Gegensatz zu »echten« Flow-Erfahrungen, nach denen sich Menschen eher stark, zufrieden, stolz, erfolgreich und fähig fühlen sowie persönliches Wachstum und größere Lebenszufriedenheit erfahren (mit einigen Ausnahmen, wie dieses Kapitel uns bewusst macht).

Wegen dieser Unterschiede sprechen Forscher davon, dass Drogen *mimetischen* (also keinen echten) *Flow* oder *pseudo-optimale Erfahrungen* herbeiführen. Nach dieser Sichtweise ist durch Drogen ausgelöster Flow eine Art Schein-Flow: Drogen »täuschen das Bewusstsein mit einem vorübergehenden guten Gefühl, haben gleichzeitig jedoch äußerst nachteilige Folgen«.

Das mag in vielen Fällen stimmen, doch es gibt wichtige Ausnahmen und Vorbehalte. Nicht alle Drogen sind gleich, und ebenso wenig alle Konsumenten. Manche Drogen machen eindeutig süchtiger und sind damit potenziell gefährlicher als andere. Manche Konsumenten missbrauchen zweifellos bestimmte Substanzen oder nehmen zu viel davon, womit sie sich selbst schaden. Andere sind in der Lage, Drogen konstruktiv zu konsumieren und einen großen Nutzen daraus zu ziehen.

Spielt Flow also bei der Drogensucht eine Rolle? Auf jeden Fall. »Unserer Ansicht nach ist das wirkliche Problem beim Drogenkonsum, das letztlich zur Sucht führt, die damit verbundene subjektive Erfahrung«, erklärt das italienische Forscherteam.[283] Es sind die Flow-ähnlichen Erfahrungen, die Drogen so attraktiv machen: einerseits der Genuss (die ekstatischen Höhen) und andererseits die Abwesenheit von Schmerz (schwermütige Gedanken, Erinnerungen, Emotionen). Man kann Drogen zum Vergnügen oder zur Schmerzlinderung nehmen. Für beides bietet Flow eine Lösung.

Wie steht es mit Substanzen, die keine Flow-ähnlichen Zustände hervorrufen, aber dennoch suchterzeugend sind? In solchen Fällen könnte Flow eine andere Rolle spielen. Vielleicht erzeugt ein solcher Stoff eine Abhängigkeit wegen seiner Flow-fördernden Effekte.

Koffein allein führt nicht zu intensiven, ekstatischen, Flow-ähnlichen Erfahrungen. Aber es macht aufmerksamer, wacher und energiegeladener, was den Eintritt in den Flow wahrscheinlicher macht. Andere Substanzen haben ähnliche Wirkungen. Nikotin ist gut für die Konzentration und baut Ängste ab. Stimulantien fördern die Energie und Aufmerksamkeit. Alkohol, Marihuana und Benzodiazepine verringern Ängste, Grübeleien und Befangenheit. Schmerzmittel erhöhen durch die Schmerzlinderung die Aufmerksamkeit und verringern innere Störungen.

Substanzen können also ein gewisses suchterzeugendes Potenzial haben, weil sie es erleichtern, in den Flow zu kommen. Was mich betrifft, glaube ich nicht, dass ich Kaffee und gelegentlich andere Stimulantien, Nikotin (in Tablettenform), nootropische Substanzen und Alkohol zu mir nehmen würde, wenn ich keinen Nutzen darin sehen würde. Sie alle machen mein Erleben Flow-artiger. Ich würde mich zwar nicht als süchtig nach diesen Substanzen bezeichnen, aber ich bemerke auf jeden Fall ihr süchtig machendes Potenzial. Ich erkenne auch, dass diese Stoffe mehr Schaden als Nutzen bringen, wenn man sie exzessiv konsumiert.

Zusammenfassend lässt sich sagen, dass Drogen teilweise durch ihre Verbindung zum Flow abhängig machen können, indem sie entweder von selbst intensive Flow-ähnliche Erfahrungen erzeugen oder es erleichtern, in diesen Zustand zu gelangen. Drogen können unserem Leben mehr Flow verleihen. Das kann gut sein, aber auch gefährlich.

Abschließend möchte ich klarstellen, dass ich nicht für oder gegen die Nutzung von Drogen plädiere. Meiner Ansicht nach sind Drogen weder gut noch schlecht. Sie sind Hilfsmittel, und zwar mächtige. Drogen töten Menschen und können großen Schaden anrichten. Aber sie retten auch Menschenleben und können sehr nützlich sein.

Schriftsteller, Dichter, Musiker, Maler und andere Künstler setzen schon ewig auf Nikotin, Alkohol, Marihuana und andere Substanzen – viele große Kunstwerke wären ohne sie nie erschaffen worden.[284] Unsere Zivilisation wäre ohne den Kaffee nicht so »hochentwickelt«.[285] Vorläufige Belege deuten darauf hin, dass Microdosing mit psychedelischen Substanzen die Stimmung aufhellen, mehr Energie verleihen, die Arbeitseffektivität verbessern und eine Reihe von anderen positiven Wirkungen haben kann.[286]

Psychedelische Trips durch eine volle Dosis sind vielversprechend bei Opioid-Abhängigkeit, Raucherentwöhnung, Depression, Angstzuständen, Alzheimer, posttraumatischer Belastungsstörung (PTSD), Magersucht und Alkoholabhängigkeit.[287]

Drogen können heilen, aber auch zerstören. Sie können unser Leben mit Flow bereichern, zum Guten wie zum Schlechten.

Flow und Risikobereitschaft

Unsere Schilderungen von Big-Wave-Surfern, Felskletterern und Fallschirmspringern haben gezeigt, dass das Streben nach Flow zu Risikoverhalten führen kann. Extremsportler sind bereit, ihre Gesundheit aufs Spiel zu setzen und ihr Leben zu riskieren, um Flow zu erleben. »Die Freude, die mir das Skifahren bereitet, ist es wert, dafür zu sterben«, sagte der Freeskiing-Pionier C. R. Johnson, der 2010 im Alter von 26 Jahren bei der Ausübung seines Sports ums Leben kam.

Risiko ist einer von Kotlers 22 Flow-Triggern (siehe Kapitel 4). Wenn Ihr Leben auf dem Spiel steht, wird Ihr gesamtes Wesen sofort ins Hier und Jetzt befördert. Die ganze Bandbreite Ihrer Ressourcen wird verfügbar. Adrenalin und andere Stresshormone fluten Ihr System. Ihre Sinne werden schärfer. Sie werden hyperwachsam, hypersensibel und hyperfokussiert. Die nagende innere Stimme schweigt – Ihre Unzulänglichkeiten sind jetzt nicht wichtig. Sie sind voll und ganz damit beschäftigt, die gegenwärtige Herausforderung zu meistern.

Durch Risiko kann man leicht in den Flow kommen. Wie Dean Potter sagte: »Ich kann zwei Stunden lang auf meinem Hintern sitzen und meditieren, um 15 Sekunden lang einen Blick auf diesen Zustand zu erhaschen. Oder ich kann mein Leben riskieren und ihn sofort erreichen – und dann hält er stundenlang an.«[288]

Menschen entscheiden sich für riskante Aktivitäten, um Flow zu erleben. Das ist ein Aspekt der Beziehung zwischen Flow und Risiko, doch es gibt noch einen weiteren: Während des Flow-Erlebnisses kann es durch die veränderte Risikowahrnehmung zur Inkaufnahme weiterer Risiken kommen. Der Verlust der Fähigkeit zur Selbstreflexion, des Zeitgefühls und der Angst sowie der totale Fokus auf ein begrenztes Stimulusfeld, kombiniert mit der Vorstellung, alles unter Kontrolle zu haben – all diese Eigenschaften des Flow können die Risikoeinschätzung beeinträchtigen.

Und tatsächlich deuten erste Studien auf eine Beziehung zwischen Flow und verzerrter Risikowahrnehmung hin. Eine Studie über die Risikosportart Wildwasserkajak, bei der man sich ernsthaft verletzen und auch ertrinken kann, ergab, dass eine Verbindung zwischen Flow und der Unterschätzung von Risiken bestand.[289] Die Studie bestätigte auch, dass man durch Kajakfahren sehr leicht in den Flow kommt.

Eine spätere Studie mit Kajakfahrern und Felskletterern stellte denselben negativen Effekt von Flow auf die Risikowahrnehmung fest, aber nur bei unerfahrenen Teilnehmern.[290] Die Forscher kamen zu dem Schluss: »Erfahrene Sportler können am meisten vom Flow profitieren. Sie fühlen sich fähig, aber dank ihrer Erfahrung lassen sie sich beim Sport nicht dazu verleiten, Risiken zu unterschätzen oder sich riskant zu verhalten. Kurz gesagt schützt ihre Erfahrung sie vor Risiken. Unerfahrenen Sportlern fehlt ein solcher Schutz. Auch sie können bei ihrem Sport in den Flow kommen … Aber sie verfügen über weniger Informationen, die ihnen helfen könnten, die Situation einzuschätzen (vor allem das Wissen darüber, welche Situationen möglicherweise gefährlich sind). Deshalb lassen sie sich meistens von ihren Gefühlen leiten, die sie dazu verführen können, die Gefahren zu unterschätzen und Risiken einzugehen.«

Es mangelt noch an ausreichenden Kenntnissen, um endgültig etwas über die Beziehung zwischen Flow und Risikobewertung sagen zu können. Wir wissen aber mit Sicherheit, dass Flow zu riskantem Verhalten führen kann, weil Risiken äußerst Flow-fördernd sind. Die Tatsache, dass Menschen beim Streben nach Flow verletzt werden oder sterben, zeigt auf jeden Fall, dass dieses Phänomen auch eine dunkle Seite hat.

Flow in antisozialen Kontexten

Flow »hat nicht notwendigerweise positive ethische oder soziale Folgen«, erklären Csíkszentmihályi und ein Forscherkollege.[291] Eine der dem Flow innewohnenden Gefahren ist, »dass er in antisozialen Zusammenhängen erlebt werden kann. Wenn die Menschen keine anderen Handlungsmöglichkeiten haben oder ihnen ausreichende Fähigkeiten fehlen, werden sie in destruktiven Aktivitäten wie Gewalt, Glücksspiel, exzessiven Risiken oder Drogen Flow suchen. Viele Menschen beziehen intrinsische Belohnungen aus Verbrechen oder Krieg; dass ihnen das gefällt, rechtfertigt nicht ihre Handlungen«.

Flow wird als angenehme, vergängliche Erfahrung definiert. Was während dieser Erfahrung mit anderen Menschen oder mit der Umwelt passiert oder was danach geschieht, ist eine andere Frage. Flow ist ein optimaler Zustand, der jedoch nicht zwangsweise optimale Ergebnisse für Individuen und die Welt als Ganzes hat. Zwar ist er immer angenehm, aber seine Folgen können alles andere als das sein.

Menschen erleben Flow bei verschiedenen Aktivitäten (wie Diebstahl, Einbruch, Vandalismus, Computer hacken, Graffiti sprühen, sich prügeln oder mit dem Auto rasen), die oft tragische und sozial unerwünschte Folgen haben.

Insbesondere erleben Menschen in Kampfsituationen Flow. »Kriegsveteranen beschreiben oft voller Nostalgie Fronterfahrungen aus dem Krieg als die Zeit, in der sie sich am lebendigsten gefühlt haben«, erklärt Csíkszentmihályi.[292] »Krieg ist eine hervorragende Flow-Aktivität, weil er klare Ziele, eindeutiges Feedback und totales Engagement bietet und Herausforderungen und Fähigkeiten potenziell übereinstimmen.«

Laut dem Historiker Yuval Noah Harari stand der sogenannte *Combat Flow* – der Flow während eines Gefechts – »vielleicht schon in der gesamten Menschheitsgeschichte im Zentrum der militärischen Ausbildung und des Kriegsgeschehens«.[293]

Kriegsveteranen beschreiben immer wieder, dass sie sich während der Kampfhandlungen »total lebendig«, »ekstatisch«, »ganz im Hier und Jetzt«, »seltsam ruhig« und »frei von Furcht« fühlten. Sie erzählen von »totalem geistigem und körperlichem Gewahrsein«, »Vitalität« und »reiner Freude« und erwähnen, wie diese Zustände ihre Effizienz erhöhten und sie in die Lage versetzten, ihre Fähigkeiten zu maximieren.[294]

Philip Caputo war im Vietnamkrieg Marine Lieutenant gewesen. In seinen Memoiren *A Rumor of War* beschreibt er, wie er einen Platoon (Zug) führte und auf eine Einheit der Vietcong traf.[295] Zuerst fühlte er sich wie gelähmt und von dem Gefecht erstickt. Dann wurde er plötzlich vom Hier und Jetzt völlig absorbiert. Irrelevante Gedanken verschwanden, er hörte auf, sich Sorgen zu machen und kam in den Flow-Zustand.

> »Mich überkam eine unheimliche Ruhe. Mein Geist arbeitete mit einer Geschwindigkeit und Klarheit, die ich bemerkenswert gefunden hätte, wenn ich Zeit gehabt hätte, darüber nachzudenken. Ich wusste, was ich tun würde. … Der ganze Angriffsplan zog in Sekundenschnelle durch meinen Kopf.«

Seinen Zug zum Sieg zu führen war eine der schönsten Erfahrungen seines Lebens.

> »Ich spürte ein trunkenes Hochgefühl. … Ich hatte vorher noch nie so etwas erlebt … ein so tiefgreifender Schmerz wie der Schmerz des Orgasmus durchfuhr mich.«

Als Caputo wieder zuhause war, fiel er in ein Loch. Das normale Leben verblasste im Vergleich zu dem Hochgefühl auf dem Schlachtfeld. Es muss ähnlich gewesen sein wie bei Extremsportlern, wenn sie ihren Sport gerade nicht ausüben können.

> »Innerhalb eines Jahres sehnte ich mich nach dem Krieg zurück. … Ich konnte so laut [gegen den Krieg] protestieren wie der überzeugteste Aktivist, aber ich konnte nicht verleugnen, dass mich der Krieg immer noch im Griff hatte, genauso wenig wie die Tatsache, dass es eine so faszinierende wie abstoßende, so beglückende wie traurige Erfahrung gewesen war. … Jeder, der in Vietnam gekämpft hat und sich selbst gegenüber ehrlich ist, wird zugeben müssen, dass er die unwiderstehliche Anziehungskraft der Schlacht genossen hat.«

> »Unter Feuer flammten die Lebenskräfte eines Mannes proportional zur Nähe des Todes auf. Seine Sinne arbeiteten schneller, er bekam eine so angenehme wie unerträgliche Schärfe des Bewusstseins. Es war wie ein durch Drogen erzeugter, erweiterter Bewusstseinszustand. Und es konnte genauso süchtig machen, denn es ließ alles andere, was das Leben an Freuden und Schrecken zu bieten hatte, banal erscheinen.«

Caputos Erfahrung ist weit verbreitet. »Ich glaube, es gab keine Zeit in meinem Leben, die ich mehr genoss als damals die Belagerung von Sewastopol«, sagte William Martin, ein britischer Veteran, der daran beteiligt war (1854–1855).[296] »Das Wetter war gut, und obwohl von denen, die in die Schützengräben krochen, niemals alle wiederkehrten, brachte das keinen Schatten von Düsternis in unser Leben; sondern im Gegenteil, die Gefahr, der wir täglich und stündlich ins Auge sahen, gab dem Leben eine Würze wie nichts anderes es kann.«

In *Krieg und Frieden* beschreibt Leo Tolstoi, der selbst im Krimkrieg gekämpft hatte, die Erfahrung des Kommandanten einer Artilleriebatterie: Er »verspürte … nicht das geringste unangenehme Gefühl von Furcht, und der Gedanke, daß er getötet oder schwer verwundet werden könne, kam ihm gar nicht in den Sinn. Im Gegenteil, es wurde ihm immer fröhlicher zumute. … Obgleich er an alles Nötige dachte, alles richtig erwog und alles tat, was nur der beste Offizier in seiner Lage tun konnte, befand er sich doch in einem Zustand, der mit dem eines Fieberkranken oder Berauschten Ähnlichkeit hatte«.[297]

In dem Essay *Der Kampf als inneres Erlebnis* beschreibt Ernst Jünger, der im Ersten Weltkrieg gekämpft hat, die Erfahrung der Schlacht als ekstatisch.[298] »Dieser Zustand des Heiligen, des großen Dichters und der großen Liebe«, schreibt er, »ist auch dem großen Mute vergönnt. Da reißt Begeisterung die Männlichkeit so über sich hinaus, dass das Blut kochend gegen die Adern springt und glühend das Herz durchschäumt ... Es ist eine Raserei ohne Rücksicht und Grenzen.«

Flow könnte bei zahllosen Kriegsverbrechen und anderen gewalttätigen und antisozialen Taten eine Rolle gespielt haben. Er schaltet das reflexive und damit das moralische Denken zeitweilig aus. Dadurch können sich Menschen »berechtigt« fühlen, Verbrechen zu begehen, die ihnen bei klarem Verstand nie in den Sinn kommen würden. Soldaten können sich bei tranceähnlichen Erlebnissen dazu hinreißen lassen, Zivilisten zu misshandeln und Unschuldige zu töten. Erst wenn die Täter aus ihrem Delirium erwachen, wird ihnen vielleicht so richtig bewusst, was sie getan haben. Ich erspare Ihnen Beispiele, die sich tatsächlich zugetragen haben, aber seien Sie versichert, es gibt sie.[299]

Noch beunruhigender ist die Vorstellung, dass Flow kriminelle Taten vergnüglich machen kann. Menschen können das Hochgefühl bei Hackerangriffen, Diebstahl, Geschwindigkeitsübertretung oder Kämpfen so anziehend finden, dass sie dazu bereit sind, solche Aktivitäten auf Kosten anderer zu betreiben. Ein Soldat könnte in einer weiteren Schlacht kämpfen wollen, nicht um den Krieg zu gewinnen, sondern um das Gefecht zu erleben – aus purer Lust daran.

Das ist eine verstörende Vorstellung, aber die Forschung legt nahe, dass etwas Wahres daran ist. »Ein großer Teil der Verbrechen in Friedenszeiten sind nicht durch Habgier motiviert, sondern durch das Hochgefühl, das der Kriminelle aus der Tat bezieht«, erklärt Csíkszentmihályi.[300] Er zitiert einen jungen Einbrecher: »Wenn Sie mir etwas zeigen können, das genauso aufregend ist, wie nachts in ein Haus einzusteigen und alles auszuräumen, während die Bewohner weiterschlafen, dann wäre ich gerne bereit, meinen Beruf zu wechseln.«[301]

Csíkszentmihályi sah bei antisozialem Flow sowohl das Problem als auch die Lösung im Schulsystem.[302] Das Problem sei, dass die Schule es nicht schaffe, Flow-Erlebnisse zu erzeugen. Deshalb sei »die einzige Flow-Quelle, die sich Schülern biete, die negative Möglichkeit: zu verletzen oder zu zerstören. … Die Unfähigkeit der Schulen, sinnvolle Handlungsmöglichkeiten anzubieten, bringt gelangweilte, frustrierte, unzufriedene Menschen hervor. Da es in der Schule an innerlich befriedigenden Beteiligungsmöglichkeiten mangelt, suchen Schüler alternative Herausforderungen, um Flow zu erleben«.

Die Lösung bestünde darin, den Schülern innerhalb des Schulsystems mehr Zugang zu prosozialen und konstruktiven Flow-Erlebnissen zu verschaffen. Es geht darum, »Kindern beizubringen, Flow in Situationen zu erleben, die für sie selbst und andere nicht schädlich sind«. Man sollte »Jugendliche lehren, an Tätigkeiten Vergnügen zu finden, die das Band der menschlichen Solidarität stärken, statt es zu schwächen«.

Fazit

Wie das meiste im Leben ist der Flow an sich weder gut noch schlecht. Die Erfahrung fühlt sich immer »gut« an – freudvoll, unterhaltsam und sogar ekstatisch. Doch die Folgen dieses optimalen inneren Zustands können gut oder schlecht, aufbauend oder zerstörerisch sein.

Flow kann beim Extremsport zu Abhängigkeit, Rückzug, Verletzungen und Tod führen. Aber er kann auch Sinn stiften, Begeisterung, Freude und Glückseligkeit bringen und zu einem lebenswerten Dasein beitragen. C. R. Johnson hat gesagt, die Freude am Skifahren sei es wert, dafür zu sterben. Er starb bei seiner liebsten Tätigkeit, nachdem er einen großen Teil seines Lebens ebenfalls das getan hatte, was er am meisten liebte. Von Extremsportlern sagt man oft, sie seien zu früh gestorben. Aber man sagt ihnen auch nach, dass sie »das Leben voll auskosten« und in einer kurzen Zeitspanne von ein paar Jahren oder auch Jahrzehnten »Tausende Leben leben«.[303]

Flow kann auch bei anderen Sportarten zur Sucht führen. Aber wir haben dadurch auch Freude daran und können so gesünder und glücklicher werden. Der Harvard-Wissenschaftler John Ratey erklärt in seinem Buch *Spark,* dass körperliches Training positive Auswirkungen auf Lernfähigkeit, Aufmerksamkeit, Stress, Ängste, Depression, Altern und weitere Dinge hat.[304] Seiner Ansicht nach ist »Training die effektivste Möglichkeit, um Ihre Gehirnfunktionen zu optimieren. … [Es] hat tiefgreifende Auswirkungen auf die kognitiven Fähigkeiten und die seelische Gesundheit«.

Videospiele, die für die Erzeugung von tiefem Flow entwickelt werden, haben ein erhebliches Suchtpotenzial. Dadurch kann das Spielen

Gesundheit, Karriere und Beziehungen gefährden. Flow macht die Spiele jedoch auch vergnüglich und unterhaltsam. Spielen kann das Lernen, die Gesundheit und die Beziehungen verbessern.[305] Beim E-Learning kann das Lernen durch spielerische Elemente (»Gamification«) nicht nur mehr Spaß machen, sondern auch effektiver werden. Als Forscher einen Universitätskurs mit spielerischen Elementen aufwerteten, verbesserten sich bei den Studenten das Verständnis, die Beteiligung und die Noten.[306]

Flow erweitert die Kompetenzen und macht Menschen besser bei der Durchführung von Operationen, beim Fahren von Rettungsfahrzeugen, bei der Erstellung medizinischer Diagnosen, beim Schreiben, Singen, Tanzen und bei Comedy-Auftritten. Aber er hilft auch bei der Entwicklung neuer Waffensysteme, dem Abschuss feindlicher Flugzeuge, bei der Vermarktung und dem Verkauf von zweifelhaften Produkten, beim Diebstahl oder beim Kämpfen.

Flow bietet einen Ausweg aus negativen Gedanken und Gefühlen. Das kann förderlich sein, wenn er gelegentlich zur Ablenkung genutzt wird. Er kann auch schädliche Auswirkungen haben, wenn er exzessiv genutzt wird, um die Auseinandersetzung mit schwierigen Themen und Problemen zu vermeiden.

Flow lässt sich gut mit einem Werkzeug wie beispielsweise einem Hammer vergleichen. Ob er zum Bauen oder zum Zerstören dient, hängt von der Person ab, die ihn einsetzt: von ihren Motiven, Werten, ethischen Maßstäben und moralischen Überzeugungen.

Csíkszentmihályi verglich Flow mit einer Form von Energie, die »zum Helfen oder zum Zerstören genutzt werden kann. Feuer wärmt oder verbrennt; Atomenergie kann Strom erzeugen oder die Welt vernichten. Energie ist Macht, aber Macht ist nur ein Mittel zum Zweck. Die Ziele, für die man sie einsetzt, können entweder das Leben bereichern oder Schmerzen verursachen«.[307] Es ist deshalb entscheidend, »zwischen den nützlichen und den schädlichen Formen von Flow [zu] unterscheiden, und dann aus den Ersteren das Beste zu machen und die Letzteren zu begrenzen«.

Ob sich Flow in Ihrem Leben insgesamt positiv oder negativ auswirkt, liegt ganz an Ihnen – der Person, die ihn nutzt. Wenn Sie ihn gut anwenden, wird er Sie glücklicher, gesünder und erfolgreicher machen. Wenn Sie ihn missbrauchen, kann er Sie in einen Abgrund der Sucht, des Verbrechens, des moralischen Dilemmas, der Verletzungen oder sogar in den Tod führen.

Flow ist mächtig. Es liegt an Ihnen, mit dieser Macht verantwortungsvoll umzugehen.

TEIL 3

In den Flow kommen

KAPITEL 13

Im Flow bei der Arbeit

Vergiss das Geld. Wenn du der Meinung bist, Geld sei das Wichtigste in deinem Leben, dann wirst du deine Zeit verschwenden. Du wirst Dinge tun, die du nicht magst, um weiterleben zu können – nur damit du also weiterhin Dinge tun kannst, die du nicht magst. Und das ist einfach dumm.[308]

Alan Watts

Im Sommer 2020 hatte ich drei verschiedene Jobs. Ich arbeitete zuerst als Bauarbeiter, dann in einer Holzbearbeitungsfabrik und schließlich in einem Rehabilitationszentrum.

Bei meinem ersten Job erlebte ich wenig bis gar keinen Flow. Meine Kollegen hatten eine schreckliche Einstellung und stöhnten und beklagten sich die ganze Zeit. Sie waren lustlos, kalt und distanziert. Ich hatte fast keine Eigenverantwortung und fühlte mich die meiste Zeit unsicher, angespannt und fehl am Platz. Manche Aufgaben hätten eigentlich ganz interessant sein können, doch weil die ganze Atmosphäre so erdrückend war, fiel es mir schwer loszulassen und meiner Arbeit die nötige Aufmerksamkeit zu widmen. Ich war zu verkopft, und meine Tage waren davon geprägt, auf die Uhr zu sehen und den Feierabend herbeizusehnen.

Beim zweiten Job hatte ich viel nettere Kollegen. Sie waren positiv eingestellt, motiviert und engagiert. Ich hatte mehr Autonomie und Selbstvertrauen und war empfänglicher dafür, Flow zu erleben. Trotz dieser vorteilhafteren Bedingungen war das jedoch wieder kaum der Fall. Warum? Die mir zugeteilten Aufgaben waren so monoton und einfach, dass sie meine Aufmerksamkeit nicht fesselten. Ich war mit dem Gedanken nicht bei der Sache, unterfordert und gelangweilt. Und so sah ich wieder ständig auf die Uhr und sehnte das Ende des Arbeitstags herbei.

Bei meinem dritten Job nahm alles eine Wendung zum Besseren. Meine Kollegen waren freundlich und unterstützten mich und die Stimmung war locker und heiter. Ich fühlte mich geschätzt, entspannt und wie zuhause. Meine Aufgaben waren abwechslungsreich und entsprachen meinen Fähigkeiten. Ich konnte viele meiner Stärken nutzen und war direkt daran beteiligt, den Patienten zu helfen. Der Unterschied zu den beiden vorherigen Jobs war gravierend. Die Zeit ging viel schneller vorbei, die Arbeit war bereichernd und sinnvoll und ich war viel mehr im Flow.

Wie diese Beispiele zeigen, fördern manche Arbeitsstellen viel eher Flow als andere. Wenn Sie in Ihrem derzeitigen Job häufig Flow erleben, ist das großartig. Wenn nicht, könnte ein Jobwechsel eine der wirkungsvollsten Möglichkeiten für Sie sein, mehr Flow in Ihrem Leben zu erfahren.

Aber worauf sollten Sie bei der Arbeitssuche achten? Welche Faktoren sind ausschlaggebend dafür, ob eine Arbeit Flow-fördernd ist oder nicht? Die Antwort finden wir in diesem Kapitel heraus. Wir betrachten die vielen verschiedenen Faktoren, die der Entstehung von Flow zu- oder abträglich sind. Dieses Wissen wird Ihnen helfen, ihren derzeitigen Job einzuschätzen und zu entscheiden, ob es die Mühe wert wäre, eine neue Stelle zu suchen. Es erleichtert Ihnen auch, bei Ihrer nächsten Jobsuche den Arbeitsplatz auszusuchen, der am meisten Flow erzeugt. Wenn Sie in einer Führungsrolle sind, hilft es Ihnen, eine Arbeitsumgebung für Sie selbst und Ihre Mitarbeiter zu schaffen, die Flow stärker fördert.

Flow-fördernde Arbeitsaktivitäten

Welche Tätigkeiten Sie bei ihrer Arbeit ausüben, hat eindeutig den größten Einfluss darauf, wie viel Flow Sie erfahren. Wenn Sie immer das Gleiche tun müssen, Ihre Arbeit eintönig oder übertrieben stressig ist, wird Ihnen das kaum gelingen – auch wenn Sie gut verdienen, sich mit den Unternehmenszielen identifizieren und wunderbare Kollegen haben.

Also welche Tätigkeiten sollten Sie idealerweise bei der Arbeit verrichten? Welche Aufgaben helfen Ihnen, Flow zu erleben?

Wenn Sie etwas tun können, worin Sie gut sind und Ihre Stärken nutzen können, ist das ein großer Vorteil. Wie wir in Kapitel 14 sehen, ist das aufregend, sinnstiftend und äußerst Flow-fördernd.

Hilfreich ist es auch, Tätigkeiten auszuüben, die Sie interessant finden.[309] Dann richtet sich Ihre Aufmerksamkeit ganz von alleine und ohne Anstrengung darauf. Dann müssen Sie keine Energie dafür aufwenden, sich zu konzentrieren – es passiert ganz von selbst. Interesse erleichtert es, sich aufmerksam zu konzentrieren, was eine Voraussetzung für Flow ist. Deshalb begünstigen komplexe Aufgaben allgemein eher Flow als banale.[310]

Ihre Aufgaben sollten vielfältig sein und Ihnen vielerlei Fähigkeiten und Begabungen abverlangen.[311] Immer wieder die gleichen Tätigkeiten zu verrichten wird auf Dauer monoton, stumpfsinnig und langweilig. An einem vollständigen Prozess beteiligt zu sein, und nicht nur an kleinen und isolierten Teilen davon, ist ebenfalls von Vorteil.[312] Es stärkt das Verantwortungsgefühl, das Engagement und die Motivation.

Es ist auch förderlich, wenn Sie jemand anderem direkt helfen oder Ihren Beitrag zum großen Ganzen erkennen können. Wie wir später erfahren, trägt die Wahrnehmung der eigenen Leistung im Gesamtkontext in erheblichem Maß zum Entstehen von Motivation und Flow bei.

Zu guter Letzt sollten die Aufgaben Ihren Kompetenzen angemessen sein. Die Wahrscheinlichkeit für das Entstehen von Flow ist dann am größten, wenn die Schwierigkeit der Tätigkeit den eigenen Fähigkeiten entspricht. Wenn Aufgaben zu einfach sind, langweilt man sich. Wenn sie zu schwierig sind, reagiert man verunsichert. Sie sollten einen Job oder eine Position suchen, die für Sie gerade die richtige Herausforderung darstellen.

Ein Job, der alle diese Elemente zu einem gewissen Maß vereint, kann Flow beträchtlich fördern.

Flow-fördernde Arbeitsbeziehungen

Als Nächstes betrachten wir einige der sozialen Faktoren, die Flow bei der Arbeit begünstigen oder erschweren.

Allgemein fördern Arbeitsplätze mit höherem *sozialem Kapital* Flow-Zustände stärker.[313] Sie zeichnen sich aus durch positive soziale Beziehungen, Kooperation und gegenseitige Unterstützung, Vertrauen und wechselseitiges Geben und Nehmen sowie den offenen Austausch von Informationen und Ressourcen zwischen Kollegen und Vorgesetzten.

Arbeitsplätze mit einem hohen Maß an *sozialer Unterstützung* fördern ebenfalls Flow. Wenn Sie sich von Ihren Kollegen wertgeschätzt fühlen, um Hilfe bitten, sie erhalten und sich bei Schwierigkeiten auf andere verlassen können, macht das Flow-Erlebnisse wahrscheinlicher. Eine wissenschaftliche Untersuchung von 2021 zum Thema Flow bei der Arbeit kam zu folgendem Ergebnis: »Zu wissen, dass die Kollegen auf unserer Seite stehen, wenn es hart auf hart kommt, hat einen positiven Einfluss auf die Häufigkeit von Flow am Arbeitsplatz.«[314]

Spaß unter Kollegen ist ein weiterer Flow-fördernder Faktor.[315] Wie? Indem er Pausen zum Ausruhen und positive Gefühle erzeugt, was in der Folge das Auftreten von Flow erleichtert.

Vorgesetzte und Manager spielen ebenfalls eine entscheidende Rolle. Beschäftigte, die Rückmeldungen über ihre Leistungen bekommen (etwa ausreichende Informationen darüber, wie erfolgreich und zufriedenstellend ihre Arbeit war) erleben tendenziell mehr Flow.[316] Für Mitarbeiter, die sich wertgeschätzt und angemessen betreut fühlen und die das Gefühl haben, dass ihr Vorgesetzter seinen Einfluss nutzt, um ihnen bei Problemen mit der Arbeit zu helfen, gilt das Gleiche.[317]

Auch die Unternehmensleitung ist wichtig. Gute Führungspersonen schaffen ein Flow-förderndes Arbeitsklima, indem sie Unterstützung, Feedback, Eigenverantwortung, Ermutigung und Möglichkeiten zur Weiterentwicklung bieten, das Vertrauen zwischen den Beschäftigten fördern und für eine sichere Arbeitsatmosphäre sorgen. Für zwei bestimmte Führungsstile stellte sich heraus, dass sie positiv mit Flow verbunden sind: die *authentische Führung* und die *transformationale Führung*.[318]

Bei der Ersteren ist sich der Manager seiner eigenen Werte bewusst. Er ist glaubwürdig und offen in seinem Denken, fördert die Stärken seiner Mitarbeiter und versucht, eine durchweg positive und angenehme Arbeitsumgebung zu schaffen. Zum positiven Arbeitsumfeld gehört es, eine klare Vision zu kommunizieren (und sich auch selbst übereinstimmend damit zu verhalten), ehrliches Interesse an den Mitarbeitern zu zeigen, sie zu ermutigen, Risiken einzugehen und Probleme kreativ zu lösen, und ihr Selbstvertrauen und ihre Motivation zu fördern.

Ein letzter Faktor ist, wie viel Flow Ihre Kollegen erleben. Wenn an Ihrem Arbeitsplatz generell viele Menschen im Flow-Zustand sind, wirkt das ansteckend und erhöht Ihre Chance, selbst in diesen Zustand zu kommen. Vorgesetzte und Kollegen werden ihren Flow – oder auch Ihren Mangel daran – an Sie weitergeben.

Flow steckt an

Haben Sie je an der Seite von Menschen gearbeitet, die ihre Arbeit wahrhaft gerne verrichteten und die engagiert, energiegeladen und begeistert von ihrer Tätigkeit waren? Menschen mit einer solchen Einstellung sind ansteckend, genauso wie Menschen, die Angst, Desinteresse und Lustlosigkeit signalisieren.

Die Übertragung von Emotionen und Einstellungen von einer Person auf eine andere nennt man *emotionale Ansteckung*. Sie wird formal definiert als die »Tendenz, automatisch die Mimik, Betonung, Körperhaltung und Bewegungsweise einer anderen Person nachzuahmen und die eigene damit zu synchronisieren. Dadurch findet eine emotionale Annäherung statt«.[319]

Mehrere Studien legen jetzt nahe, dass die Erfahrung von Flow ansteckend ist. Eine von ihnen zeigte, dass Schüler, deren Musiklehrer angaben, ein erhöhtes Flow-Level zu haben, ebenfalls davon berichteten.[320] Die Forscher stellten die Hypothese auf, dass sich der Flow von Lehrern auf Schüler überträgt, indem sie unbewusst deren Enthusiasmus und ihre positive Stimmung imitieren und bewusst deren Hingabe zu ihrer Arbeit übernehmen. Eine weitere Studie zeigte: Sowohl der Flow von Lehrern als auch der Flow von Mitschülern hatte Einfluss darauf, wie viel Flow ein Schüler während des Unterrichts erlebte.[321]

Menschen übertragen ihren Flow oder auch den Mangel daran auf Sie. Arbeitsplätze, Schulklassen und Teams mit hohem Flow erhöhen Ihre Chancen, ihn auch selbst zu erleben.

Eine Flow-fördernde Organisation

Auch die Organisation als ganze, mit ihrer Kultur, ihrer Mission, ihren Werten und Regeln, spielt eine entscheidende Rolle. Mitarbeiter erleben beispielsweise eher Flow in einer Organisation, in der ein Innovationsklima herrscht und die Sicherheit und Möglichkeiten zur Weiterentwicklung bietet.[322] Wenn die Unternehmensmission inspirierend ist und die Unternehmenswerte mit den persönlichen Werten übereinstimmen, empfindet man logischerweise die Arbeit eher als sinnvoll und erlebt Flow.

Unternehmen können viel tun, um Flow zu fördern oder auch zu behindern.

In Kapitel 18 geht es darum, wie wichtig es ist, nach der Arbeit abzuschalten und sich genügend zu erholen. Manche Organisationen teilen explizit mit, dass in der Freizeit keine E-Mails gelesen oder beantwortet werden sollten und man keine Arbeit mit nach Hause nehmen soll. Der Volkswagen-Konzern geht noch einen Schritt weiter und schaltet die Mailserver für Smartphones über Nacht ab.[323] Andere Unternehmen bieten kostenlose Mitgliedschaften im Fitnessstudio, Yogakurse oder Ruheräume, um Rast und Erholung zu begünstigen.

Manche Organisationen fördern bewusst Freude an ihren Arbeitsplätzen, indem sie Erfrischungspausen festschreiben und damit die Flow-Wahrscheinlichkeit bei den darauffolgenden Tätigkeiten erhöhen. Unternehmen könnten einen ›Spaß-Direktor‹ einstellen, Tischtennisplatten aufstellen oder Spiele-Tage organisieren.

Sie können auch auf verschiedene Weise Vertrauen und positive Beziehungen fördern, wie etwa durch Teamtrainings, gemeinsame Unternehmungen nach der Arbeit oder durch Gemeinschaftsküchen und andere Plätze, an denen Mitarbeiter gemeinsam Pausen verbringen können. Manche Unternehmen bieten Fortbildungen in authentischer und transformationaler Führung oder in Managementmethoden an, die für die Beschäftigten Flow-fördernd sind.

Wie diese Beispiele zeigen, kann das Unternehmen als Ganzes einen großen Unterschied bewirken, wie viel Flow die Mitarbeiter erleben.

Das Traumjob-Elixier

Eine der wichtigsten Flow-fördernden Unternehmensmaßnahmen ist es, Ihnen die Kontrolle darüber zu geben, wie, wann, wo und mit wem Sie Ihre Arbeit verrichten. Anders ausgedrückt können Sie mit weitreichender *Autonomie* ausgestattet werden. Dieses Berufsmerkmal verdient besondere Aufmerksamkeit.

Autonomie bedeutet Freiheit und Selbstbestimmung sowie authentische und eigene Entscheidungen. Statt von äußeren Kräften kontrolliert oder unter Druck gesetzt zu werden, behält man selbst die Kontrolle.

Wir alle streben (bewusst oder unbewusst) nach Autonomie, und das aus gutem Grund. Sie ist keine ›nette Zutat‹, sondern fundamental für unser menschliches Wohlbefinden und unsere Entwicklung. Manche Psychologen beschreiben sie als grundlegendes seelisches Bedürfnis, das für die menschliche Gesundheit unerlässlich ist.[324] Wenn Sie einer Pflanze kein Wasser geben, vertrocknet sie und geht ein. Wenn Sie einem Menschen die Autonomie rauben, wird auch er verkümmern und vorzeitig sterben.

Diese Auffassung wird von zahlreichen Forschungsergebnissen gestützt. Zum Beispiel strengen sich Kinder, deren Eltern sie in ihrem Autonomiebestreben unterstützen, in der Schule mehr an, zeigen eine positivere Einstellung zur Schule, bekommen bessere Noten und sind seelisch und körperlich gesünder.[325] (Zu einer Autonomie-fördernden Erziehung gehört, Wahlmöglichkeiten anzubieten, wie etwas getan werden kann, die Initiative des Kinds zu unterstützen, sinnvolle Erklärungen für Forderungen zu geben, negative Gefühle anzuerkennen und kontrollierende Sprache zu vermeiden.)

Kleinkinder, deren Eltern sie in ihrem Autonomiebestreben unterstützen, erkunden ihre Umgebung mehr, sind neugieriger und können länger alleine spielen.[326] Wenn Eltern die Autonomie ihres Kinds in den ersten drei Lebensjahren fördern, kann es besser auf eine Belohnung warten, sich konzentrieren und Impulsen widerstehen.[327] Wie durch die *Marshmallow-Experimente* bekannt ist, lässt sich aus dieser Art von Selbstregulation der künftige Bildungserfolg, das Einkommen, der Body-Mass-Index, die Lebenszufriedenheit und vieles mehr vorhersagen.[328]

Jugendliche, die in ihrer Unabhängigkeit unterstützt werden, wenden sich eher an ihre Eltern, wenn sie Hilfe oder Rat suchen. Sie übernehmen eher die Werte ihrer Eltern, passen sich besser in der Schule an und erzielen bessere schulische Leistungen. Es ist unwahrscheinlicher, dass sie abweichendes Verhalten zeigen, und ihre Beziehungen sind allgemein weniger problematisch.[329]

In Schulen erzielt ein Autonomie-fördernder Unterrichtsstil bessere Ergebnisse als ein eher kontrollierender. Ein wissenschaftliches Review aus dem Jahr 2015 zu diesem Thema kam zu dem Schluss: »Wenn Lehrer die Autonomie fördern, verbessern sich die Leistungen der Schüler, sie sind kreativer und passen sich besser an, beteiligen sich mehr am Schulleben und sind weniger gestresst.«[330] Mit einem solchen Unterrichtsstil können sich Schüler auch besser konzentrieren und fühlen sich wohler.

Sich bei der Arbeit selbstbestimmt zu fühlen, gibt der Produktivität der Beschäftigten einen Schub, und sie erleben ihre Tätigkeit mit größerer Wahrscheinlichkeit als sinnvoll und befriedigend.[331] Wenn Manager die Selbstbestimmung ihrer Mitarbeiter unterstützen, sind sie geistig und körperlich gesünder und weniger gestresst, fehlen seltener bei der Arbeit, schneiden bei Leistungsbewertungen besser ab, verweilen länger am selben Arbeitsplatz, fühlen sich der Organisation mehr verpflichtet, vertrauen ihr mehr und sind zufriedener mit ihrem Job, mit ihrer Bezahlung und mit den Zusatzleistungen, die sie erhalten.[332]

Die Autonomie ist »so mächtig und so wichtig« für die Arbeitszufriedenheit, dass Cal Newport, ein Experte für Karriereentwicklung, sie als das *Traumjob-Elixier* bezeichnet.[333]

Auch für den Flow ist die Autonomie wichtig. Wer entscheiden kann, wie er seine Arbeit macht, seine Vorstellungen und Ansichten frei äußern kann, und merkt, dass seine Gefühle berücksichtigt werden, erlebt mehr Flow als Menschen, die bei der Arbeit unter Druck stehen und das Gefühl haben, schlichtweg das tun zu müssen, was man ihnen sagt.[334] Autonomie fördert die intrinsische Motivation, löst positive Gefühle aus und erlaubt es, so zu arbeiten, wie es einem am besten passt. Alle diese Faktoren erhöhen die Wahrscheinlichkeit eines Flow-Erlebnisses.

Wenn Sie einen Job suchen, sollte die Selbstbestimmung weit oben auf Ihrer Wunschliste stehen. Sie sollten die Kontrolle darüber behalten können, wie, wo, wann und mit wem Sie Ihre Aufgaben erledigen. In ihrer Arbeitsumgebung sollte Ihre Perspektive anerkannt und Ihre Eigeninitiative ermutigt, informativ und nicht kontrollierend kommuniziert werden, bei der Mitarbeitermotivation auf Belohnungen oder Strafen verzichtet werden, Wahl- und Einflussmöglichkeiten geboten werden. Wenn Sie eine solche Arbeitsumgebung finden, blühen Sie dort zweifellos auf und erleben häufig Flow.

Welche Rolle spielen Geld und Prestige?

Wenn es Ihr Ziel ist, Flow zu erleben, gibt es viel wichtigere Kriterien, als viel Geld zu verdienen oder eine prestigeträchtige Position zu haben. Kein Geld oder Prestige der Welt wird Sie je in den Flow-Zustand versetzen, wenn Sie Ihrem Beruf keinen Sinn abgewinnen können, nicht genügend gefordert werden oder keine interessanten Tätigkeiten ausüben.

Geld und Prestige spielen eigentlich nur eine Rolle, wenn es an beidem derart mangelt, dass es Ihren Flow stört. Wenn Sie mit Ihrer Bezahlung oder ihrer beruflichen Position extrem unzufrieden sind, kann Ihre daraus resultierende negative Einstellung Ihre Aufmerksamkeit einnehmen, was Flow verhindert. Abgesehen davon wird zusätzliches Gehalt oder Prestige nicht zu mehr Flow führen, wenn Sie bereits mit dem gegenwärtigen Niveau zufrieden sind.

Zusammenfassung

Was also ist ein Flow-fördernder Job? Ein Job, der Ihnen erlaubt, Ihre Stärken zu nutzen, Ihre Werte zu benennen, anderen zu helfen, etwas Positives zu bewirken und Spaß zu haben; ein Job, der Sie in die Lage versetzt, etwas zu tun, das Sie interessiert und Ihnen Freude macht und ein Job, bei dem Ihnen das Unternehmen großzügige Autonomie einräumt, Ihre Erholung unterstützt, gute Mitarbeiter einstellt und eine Kultur der Sicherheit, der Offenheit, der Innovation und des Wachstums fördert.

Wenn Sie einen Job finden, der auch nur einen Teil dieser Voraussetzungen erfüllt, erleben Sie viel Flow.

Und wenn ein Jobwechsel nicht möglich ist?

Natürlich kann nicht jeder so einfach seinen Job wechseln. Es macht aber nichts, wenn Sie glauben, in einem Job gefangen zu sein, in dem Sie zu selten im Flow sind. Sie können viel tun, um bei *jeder* Arbeit mehr Flow zu erleben.

Zum Beispiel können Sie Ihrer Arbeit mehr Sinn verleihen, wenn Sie anders darüber denken oder nach Möglichkeiten suchen, wie Ihre Stärken zum Einsatz kommen können (siehe Kapitel 14). Sie können auch bestimmte Aspekte Ihrer Arbeit spielerisch angehen (siehe Kapitel 15) oder Ihren Arbeitsplatz anders gestalten (siehe Kapitel 20).

Die folgenden Kapitel zeigen Ihnen Möglichkeiten auf, sowohl bei der Arbeit als auch in der Freizeit mehr Flow zu erleben.

KAPITEL 14

Die Macht des Sinns

Bei der Arbeit geht es um die Suche nach dem täglichen Sinn wie auch nach dem täglichen Brot, nach Anerkennung wie auch nach Geld, nach Staunen statt nach Erstarrung; kurz, irgendwie zu leben, statt von Montag bis Freitag zu sterben.

STUDS TERKEL[335]

Es war einmal eine Person, die an einer Baustelle vorbeiging. Sie war neugierig und fragte drei Bauarbeiter, was sie machten. Der Erste bellte – offensichtlich genervt –, er schichte Ziegel auf. Der Zweite gab gleichgültig zurück, dass er eine Mauer errichte. Der Dritte hatte ein strahlendes Lächeln im Gesicht und erklärte, dass er eine Kathedrale zum Ruhm Gottes errichte.

Wie ist es bei Ihnen? Fühlen Sie sich so, als würden Sie Ziegelsteine aufschichten oder als ob Sie eine Kathedrale erbauen?

Wie Sie sich bei Ihrer Arbeit fühlen, hat einen großen Einfluss darauf, wie oft Sie zur Arbeit erscheinen und wie oft Sie in den Flow kommen. Wenn Sie Ihre Arbeit sinnlos finden, dann sind Sie wahrscheinlich unmotiviert, frustriert, gleichgültig und unbeteiligt. Daher werden Sie wahrscheinlich die für Flow erforderliche Energie und Konzentration nicht aufbringen. Sehen Sie dagegen Ihre Arbeit als wertvoll und wichtig an, dann werden Sie so motiviert bei der Sache sein, dass sie schnell in den Flow kommen.

Forschungsergebnisse zeigen, dass es gut für Sie und für Ihren Arbeitgeber ist, wenn Sie Ihrer Arbeit Sinn abgewinnen können. Eine Studie aus dem Jahr 2019 kam zu dem Schluss: »Menschen mit einer sinnvollen Arbeit *fühlen sich* besser und *arbeiten* besser.«[336] Andere Studien zeigen, dass die Zufriedenheit und der Einsatz bei der Arbeit steigen, wenn die eigene Arbeit als bedeutsam angesehen wird. Man fühlt sich dann auch der Organisation stärker verbunden, ist weniger geneigt, die Stelle zu wechseln, hat weniger Fehltage und erbringt bessere Leistungen. Daneben gibt es noch viele weitere positive Auswirkungen.[337]

Aber was entscheidet darüber, ob wir unsere Arbeit als sinnvoll erleben oder nicht?

Natürlich machte es einen Unterschied, welche Arbeit man ausübt. Ein Arzt, der Leben rettet und dafür große Anerkennung von Patienten und den ihnen nahestehenden Menschen erhält, sieht darin natürlich leicht einen Sinn. Das ist wahrscheinlich für einen Hausmeister viel schwieriger, der die Kaugummis unter den Tischen entfernt. Manchen Tätigkeiten kann man einfach leichter einen Sinn abgewinnen als anderen.

Aber die Tätigkeit selbst ist nur ein Faktor. Die Frage ist auch, wie Sie an die Arbeit herangehen und wie Sie sie wahrnehmen. Wie die Parabel zu Beginn veranschaulicht, kann der gleiche Job für die eine Person sinnstiftend sein und für die andere sinnlos.

Eine Studie mit Krankenhaus-Reinigungskräften, die alle die gleiche Arbeitsplatzbeschreibung hatten, zeigt das sehr schön.[338] Einige von ihnen sahen ihren Job als untergeordnet und langweilig an. Sie meinten, dass dafür nur geringe Fähigkeiten nötig seien, putzten ungerne und erledigten nur das geforderte Minimum. Für andere dagegen diente ihre Tätigkeit dem Wohl der Patienten, Pflegekräfte und Besucher. Ihre Arbeit machte ihnen Freude und in ihren Augen musste man dafür hochqualifiziert sein. Sie waren bemüht, ihre Arbeit möglichst effizient zu erledigen und machten es zu ihrer Mission, einen Beitrag zur Heilung der Patienten zu leisten. Ihre Aufgabe sahen sie nicht nur darin, Böden zu wischen und Mülleimer zu leeren, sondern sie hatten dabei auch die Vorstellung, das Leben anderer zu verbessern.

Objektiv betrachtet taten die Krankenhaus-Reinigungskräfte alle das Gleiche, aber ihre Herangehensweise und Sichtweise unterschieden sich. Und dadurch waren auch ihre Erfahrungen verschieden.

Wenn Sie also mehr Sinn in Ihrer Arbeit sehen wollen, gibt es zwei Hauptmöglichkeiten. Erstens können Sie nach einer Arbeit suchen, die objektiv sinnvoll ist und bei der Sie sich automatisch wichtig, wertgeschätzt und motiviert fühlen. Alternativ können Sie mehr Sinn finden, indem Sie nach Wegen suchen, Ihre Arbeit so anzugehen und zu interpretieren, dass sie sich sinnvoller anfühlt.

Dieses Kapitel handelt von der zweiten Option. Wir besprechen drei bewährte Methoden, um *jeden* Job als sinnvoller zu erleben: (1) Ihre

Stärken nutzen, (2) die Arbeit mit Ihren Werten verknüpfen und (3) sich darauf konzentrieren, anderen zu helfen. Wir behandeln sie der Reihe nach.

1. Finden Sie Wege, Ihre Stärken zu nutzen

Persönliche Stärken kann man definieren als »spezifische individuelle Merkmale, Eigenschaften und Fähigkeiten, die bei ihrem Einsatz Energie liefern und einer Person ermöglichen, Höchstleistungen zu erbringen«.[339] Ihre Stärken sind ein wesentlicher Teil Ihrer menschlichen Identität. Durch sie können Sie zum Wohl Ihrer selbst und anderer das Beste aus sich herausholen.

Jobs, Karrieren und Berufungen

Manche Forscher gehen davon aus, dass Menschen ihre Arbeit entweder als Job, als Karriere oder als Berufung ansehen.[340] Wer seine Arbeit als reinen *Job* betrachtet, für den ist sie ein notwendiges Übel, ein Mittel zum Zweck. Die Arbeit ist nicht angenehm oder irgendwie lohnend; man erledigt sie nur, um Geld zu verdienen. Bei einer *Karriere* geht es nicht nur ums Geld, sondern auch darum voranzukommen. Die Arbeit wird als Gelegenheit wahrgenommen, um Ziele wie einen höheren sozialen Status, Prestige, Selbstwertgefühl und Macht zu erreichen. Menschen, die ihre Beschäftigung als *Berufung* ansehen, arbeiten nicht in erster Linie für Geld oder andere externe Belohnungen, sondern weil sie es gerne tun und ihre Tätigkeit erfüllend und sinnvoll finden. Sie sehen ihre Arbeit als Beitrag zum Allgemeinwohl, das größer ist als sie selbst, und spüren, dass sie etwas bewirken. Selbst ohne Bezahlung würden Sie weitermachen.

Eine Berufung ist nicht auf prestigeträchtige oder »noble« Unterfangen beschränkt. »Jeder ehrliche und rechtmäßige Arbeitsbereich kann potenziell eine Berufung sein, selbst Tätigkeiten, die auf den ersten Blick nicht dem Allgemeinwohl dienen, und auch Jobs, die Menschen annehmen mussten, weil sie keine andere Wahl hatten«, erklären die Organisationspsychologen Bryan J. Djk und Ryan D. Duffy.[341] »Eine Berufung hat wenig mit der tatsächlichen Tätigkeit eines Menschen zu tun, sondern in erster Linie mit der Herangehensweise an seine Arbeit. Forschungsergebnisse stützen diese Behauptung. Verwaltungsangestellte, Hausmeister in Krankenhäusern, Friseure und Küchenpersonal in Restaurants sind wenig angesehene Berufe, doch diese Beschäftigten geben nichtsdestotrotz an, dass sie ihre Arbeit als sinnvoll erleben und als eine Möglichkeit, dem Wohlbefinden anderer zu dienen. Auch Beschäftigte mit monotonen oder ›schmutzigen‹ (das heißt extrem wenig begehrten oder stigmatisierten) Jobs können ihre Arbeit sinnvoll finden, was auf eine Berufung schließen lässt.«

Den Menschen, die ihre Arbeit als Berufung ansehen, geht es besser als denen, für die sie nur ein Job oder ein Schritt auf der Karriereleiter ist. Sie sind motivierter, engagierter und zufriedener bei der Arbeit, und sie identifizieren sich mehr mit ihrer Organisation. Sie sind auch glücklicher, können Stress und Herausforderungen besser bewältigen, leiden seltener an Depressionen und sehen mehr Sinn in ihrem Leben.[342]

Die Strategien in diesem Kapitel können Ihnen dabei helfen, Ihre Arbeit mehr als Berufung zu sehen und nicht nur als Job oder als Etappe Ihrer Karriere.

Ihre Stärken bei der Arbeit zu nutzen ist einer der Schlüssel dafür, ihr mehr Sinn abzugewinnen. Studien zeigen, dass der Gebrauch unserer Stärken zu größerem Einsatz bei der Arbeit, Selbstwirksamkeit, Eigeninitiative, besseren Leistungen, einer besseren Bewältigung der Arbeitsanforderungen und weniger Krankheitstagen führt.[343] Eine Studie mit Arbeitnehmern beschäftigte sich mit der Wahrscheinlichkeit, bei der Arbeit erfolgreich zu sein. Bei denjenigen, die von einer hohen Nutzung ihrer Stärken berichteten, lag sie sage und schreibe 18-mal höher als bei denen, die ihre Stärken nur in einem geringen Maß genutzt sahen.[344]

Eine Studie aus dem Jahr 2021 zeigte: Mitarbeiter berichteten umso eher von Flow-Zuständen in einem bestimmten Zeitraum, je mehr sie – nach eigener Aussage – ihre Stärken nutzten.[345] Kurz gesagt, je mehr Sie Ihre Stärken nutzen können, desto höher ist die Chance für Flow.

Die Frage ist, wie können Sie das erreichen?

Es ist tatsächlich einfacher, als man denkt. Die Forschung geht davon aus, dass es reicht, mehr über die eigenen Stärken zu lernen und dann aktiv zu überlegen, wie man sie öfter einsetzen kann. Diese Herangehensweise funktioniert, weil sich viele Menschen ihrer Stärken nicht wirklich bewusst sind und sich wahrscheinlich noch nie darüber Gedanken gemacht haben, wie sie sie voll ausschöpfen könnten.

Im folgenden Abschnitt lade ich Sie ein, mehr über ein besonders wichtiges Potenzial zu lernen und es in der Folge einzusetzen: Ihre Charakterstärken, die man als »die positiven Seiten Ihrer Persönlichkeit, die Ihr Denken, Fühlen und Verhalten prägen«, definieren kann.[346]

Erkennen und nutzen Sie Ihre Charakterstärken

Ein Forschungszweig benennt 24 Charakterstärken, die seit Jahrtausenden in Kulturen rund um die Welt geschätzt und gelobt werden: Wesenszüge wie Kreativität, Tapferkeit, Ehrlichkeit, Güte, Führungsvermögen, Versöhnlichkeit und Humor.

Diese Eigenschaften werden als die inneren bestimmenden Faktoren eines glücklichen und erfolgreichen Lebens angesehen, zusammen mit externen Faktoren wie guter Bildung, finanzieller Sicherheit oder einem stabilen sozialen Umfeld. Man glaubt, dass jeder Mensch alle 24 Stärken in verschiedenem Maß besitzt. Manche sind ausgeprägter als andere, aber gleichwohl sind sie alle schon Teil von uns.

Unsere ausgeprägtesten Stärken, die uns am wichtigsten sind, die wir ganz von allein und mühelos ausüben können, die uns am meisten aufbauen und uns Energie verleihen, durch die wir uns glücklich und ausgeglichen fühlen und bereit für neue Taten sind – sind unsere sogenannten *Schlüsselstärken*. Sie zu nutzen hilft uns, zufriedener zu sein, uns besser zu fühlen, Sinn zu finden, unsere Beziehungen zu vertiefen, mit Stress zurechtzukommen, gesund zu bleiben und wichtige Ziele zu erreichen.[347]

Sie können Ihre Schlüsselstärken identifizieren, indem Sie sich einem kostenlosen 15-minütigen *VIA- (Virtues-in-Action) Charakterstärkentest* unterziehen.[348] Er liefert Ihnen eine Liste, auf der Ihre 24 Charakterstärken von der stärksten bis zur schwächsten geordnet sind. Betrachten Sie Ihre Liste von oben nach unten und überlegen Sie, welche drei bis sieben Stärken Ihre Schlüsselstärken sein könnten – diejenigen, die für Sie am wichtigsten sind, die Ihnen am wenigsten Mühe bereiten, die Sie am meisten anspornen und die sich für Sie besonders authentisch anfühlen.

Falls Sie neugierig sein sollten, habe ich hier meine eigenen aufgeführt:

- **Urteilsvermögen** – »Dinge durchdenken und von allen Seiten untersuchen, keine voreiligen Schlüsse ziehen, seine Meinung im Licht der Tatsachen ändern können, alle Argumente sachlich abwägen.«
- **Bescheidenheit** – »Das Erreichte für sich sprechen lassen, nicht glauben, man sei besonderer als andere.«
- **Liebe zum Lernen** – »Sich neue Fähigkeiten, Themen und Wissensbereiche aneignen, ob selbständig oder in förmlicher Weise. Sie ist verwandt mit der Stärke der Neugier, aber geht darüber hinaus und beschreibt die Tendenz, das eigene Wissen systematisch zu erweitern.«
- **Reflektierte Weltansicht** – »Anderen nützliche Ratschläge geben können und eine Weltsicht haben, die für einen selbst und für andere Sinn macht.«
- **Soziale Intelligenz** – »Sich der eigenen Motive und Gefühle sowie der anderer bewusst sein, sich an verschiedene soziale Situationen anpassen können und wissen, was andere Menschen antreibt.«
- **Besonnenheit** – »Entscheidungen sorgfältig treffen, keine übertriebenen Risiken eingehen, nichts sagen oder tun, das man später bereuen könnte.«

Wenn Sie Ihre Schlüsselstärken identifiziert haben, versuchen Sie, diese vielleicht eine Woche lang jeden Tag bei der Arbeit bewusst mehr und auf neue Weise zu nutzen.

Wenn beispielsweise Neugier eine Ihrer Schlüsselstärken ist, können Sie versuchen, einige Ihrer Gewohnheiten zu ändern. Probieren Sie in Ihren Pausen andere Tätigkeiten aus, fragen Sie Kollegen, wie ihr Wochenende war oder schalten Sie einen Vormittag lang Ihr Smartphone aus und beobachten Sie, was passiert.

Wenn die Liebe eine Ihrer Schlüsselstärken ist, könnten Sie einen Kollegen mit einem kleinen Geschenk überraschen, wie einem Buch, Blumen oder einer Tasse Kaffee. Oder Sie könnten sich darauf verlegen, anderen am Arbeitsplatz aufmerksamer zuzuhören.

Wenn Führungsvermögen eine Ihrer Schlüsselstärken ist, könnten Sie einen Ausflug für Sie und Ihr Team planen, sich überlegen, wie Sie empathischer und aufmerksamer für die Bedürfnisse anderer sein könnten und wie Sie sie besser unterstützen könnten oder Sie machen sich Gedanken, wie Sie Ihrer Führungsrolle besser gerecht werden, Ihre Mitarbeiter aufbauen und ein Vorbild für andere sein könnten.

Es hat sich gezeigt, dass diese einfache Maßnahme – den Test abzulegen und sich bewusst zu bemühen, seine Schlüsselstärken mehr zu nutzen – Menschen hilft, mehr Sinn in ihrer Arbeit zu sehen und ihre Beschäftigung mehr als Berufung aufzufassen, nicht nur als Mittel, um Geld zu verdienen oder andere äußere Belohnungen zu erhalten.[349] Mehrere Studien haben auch gezeigt, dass Menschen eine Woche sowie einen, drei und sechs Monate nach dieser Maßnahme glücklicher sind und weniger Anzeichen von Depression haben.[350] Ich bin überzeugt, dass diese Maßnahme auch zu mehr Flow führen kann.

2. Finden Sie zu Ihren Werten zurück und bekunden Sie sie bei der Arbeit

Ihre Grundwerte – das, was Ihnen in Ihrem Leben am bedeutsamsten ist – sind ein weiterer wichtiger Teil Ihrer menschlichen Identität. Forschungsergebnisse deuten darauf hin, dass man mehr Sinn findet, sich authentischer fühlt und mit seinem Leben zufriedener ist, wenn die Lebensführung den eigenen Werten gerecht wird.[351]

Wenn unsere Werte im Zentrum unserer Aufmerksamkeit stehen, erfüllen sie unser Leben mit Gelassenheit und Sinn. Im Licht dessen, was uns wahrhaft wichtig ist, verliert vieles seine Macht über uns. Wir regen uns nicht mehr über Belanglosigkeiten auf. Tätigkeiten, die wir sonst langweilig oder schrecklich finden, nehmen eine völlig neue Qualität an, wenn wir sie zur Einhaltung unserer tiefsten Werte ausführen.

Leider verlieren viele Menschen im Alltag den Kontakt zu ihren Werten. Wir sind so damit beschäftigt, unser Leben geregelt zu kriegen und Ziele in der Zukunft zu erreichen, dass wir die Verbindung zu dem verlieren, was uns heute im Hier und Jetzt wichtig ist. Wenn das passiert, ist das ein Schlag gegen die Sinnhaftigkeit unseres Daseins und unser Wohlbefinden.

Glücklicherweise kann es ein schneller und erfreulicher Prozess sein, sich wieder mit seinen Werten zu verbinden. Falls Sie es versuchen wollen, machen Sie die folgende Übung, die nicht länger als fünf bis zehn Minuten dauert.

- **Schritt 1:** Machen Sie eine Liste mit fünf bis zehn Werten, die für Sie eine tiefere Bedeutung haben. Sie können aus einer Liste allgemeiner Werte (z. B. Freundschaft, Familie, Einfühlsamkeit, zwischenmenschliche Beziehungen, Mut, Vergebung, Freude, Ehrlichkeit, Bescheidenheit, Fleiß, Geduld, Beharrlichkeit, Verantwortlichkeit, Selbstkontrolle und Vertrauen) auswählen, oder Sie können eigene Werte identifizieren, indem Sie die folgenden Fragen beantworten: Was sind Ihre besten Seiten? Für was möchten Sie im Leben stehen? Nach welchen Grundsätzen wollen Sie leben? Welche persönlichen Qualitäten würden Sie gerne pflegen? Wie möchten Sie sich als Mensch verhalten?

- **Schritt 2:** Wählen Sie einen oder mehrere Ihrer Werte aus und erklären Sie, warum sie Ihnen wichtig sind und wie Sie ihnen bei der Arbeit oder allgemein im Leben mehr Geltung verschaffen können.

Um Ihnen ein Beispiel zu geben, führe ich hier einige meiner eigenen Werte näher aus. (Wie Sie gleich sehen, überschneidet sich diese Übung sehr mit der zur Ermittlung der eigenen Stärken.)

Für mich ist *Freundlichkeit* ein wichtiger Wert, weil sie für meine Wohltäter, mich selbst und die Welt als Ganzes gut ist. Sie ist nährend und tief erfüllend. Für mich ist Freundlichkeit ein Zeichen des Respekts und der Wertschätzung des Lebens. Sie ist weich, zärtlich und irgendwie einfach schön. Ich kann sie zeigen, indem ich andere so nehme, wie sie sind, und ihnen gegenüber offen, liebevoll, tolerant, mitfühlend und verständnisvoll bin. Ich kann anderen zeigen, dass ich sie schätze, ihnen meine Zeit und meine Aufmerksamkeit schenken und ihnen alle möglichen freundlichen Gesten zukommen lassen (jemandem ein Kompliment machen, meine Hilfe anbieten, eine »Dankeschön«-Nachricht schreiben oder ein Geschenk überreichen).

Exzellenz ist ein weiterer von mir hochgehaltener Wert. Ich glaube, es ist lohnend und großartig, etwas von hoher Qualität zu produzieren. Es ist inspirierend und spiegelt Sorgfalt und Aufmerksamkeit wider. Ich kann diesem Wert dadurch Ausdruck verleihen, dass ich meine Arbeit ausführe, so gut ich es kann, mit äußerster Sorgfalt, Aufmerksamkeit für die Details und außerordentlicher Konzentration.

Drittens ist für mich *Selbstdisziplin* wichtig, weil sie mir hilft, mich zu verbessern, Fähigkeiten aufzubauen und eine bessere Version meiner selbst zu werden. Sie hilft mir, meinen Zielen näherzukommen und verleiht mir dafür Motivation, Selbstachtung und ein Erfolgsgefühl. Ich kann mich in Selbstdisziplin üben, indem ich bei den Tätigkeiten durchhalte, die gut und wichtig für mich sind. Zum Beispiel kann ich weiter an diesem Buch arbeiten, auch wenn ich gerade keine Lust dazu habe. Oder ich kann kalt duschen, auch wenn mir davor graut.

Diese einfache Übung wurde in zahlreichen Studien eingesetzt und hat zu überraschend eindrücklichen Ergebnissen geführt.[352] Kurzfristig führt sie zu mehr Verbundenheit, Zuneigung und Mitgefühl mit anderen Menschen. Man fühlt sich stärker und kraftvoller, erträgt Schmerzen besser, kann sich besser kontrollieren und grübelt weniger. Langfristig verbessert sie Schulnoten und die seelische Gesundheit, und man geht seltener zum Arzt. Die Übung ist auch hilfreich, wenn man aufhören will zu rauchen, zu hohen Alkoholkonsum oder zu hohes Körpergewicht reduzieren möchte, und bei vielen anderen Problemen.

Diese Übung sollten Sie regelmäßig wiederholen, damit Ihre Werte wieder in den Vordergrund Ihrer Aufmerksamkeit rücken und Sie den Sinn Ihres Tuns wieder besser erkennen. Wenn Sie Tagebuch schreiben, könnten Sie das zu einem Teil Ihrer Routine machen.

Alternativ können Sie Ihre wichtigsten Werte auf ein Stück Papier schreiben und es mit sich herumtragen. Sie können auch ein Armband oder einen Schlüsselanhänger basteln, die Sie immer an Ihre innersten Werte erinnern. Ich selbst trage ein Armband, auf dem das Wort »Ergebung« eingraviert ist. Es erinnert mich daran, mich dem, was geschieht, zu ergeben – es zu akzeptieren statt Widerstand zu leisten und dem Leben nachzugeben, statt mit ihm zu ringen.

3. Fokussieren Sie sich darauf, anderen zu helfen

Die dritte Möglichkeit, mehr Sinn in der Arbeit zu sehen, hat mit den *wahrgenommenen sozialen Auswirkungen* zu tun: der Vorstellung, einen positiven Beitrag zum Leben anderer zu leisten. Je höher wir unsere positive Wirkung einschätzen, desto mehr Sinn, Motivation und Befriedigung erleben wir.[353]

Ein Feldexperiment mit Fundraisern in einem Call-Center, die Spenden für einen Stipendienfonds an einer Universität sammelten, zeigt das schön.[354] Die Arbeit bestand darin, Leute anzurufen, sie über den Stipendienfonds zu informieren und um eine Spende zu bitten. Als Teil des Experiments sollte sich eine Gruppe fünf Minuten lang mit einem echten Stipendienempfänger unterhalten, der seine Dankbarkeit zum Ausdruck brachte und erzählte, wie sehr das Stipendium dabei geholfen hatte, einen Universitätsabschluss zu machen und die eigenen Lebensziele zu verfolgen. Die Kontrollgruppe verbrachte keine Zeit mit einem Stipendiaten, sondern diskutierte fünf Minuten lang mit anderen Fundraisern.

Als die Forscher später die Arbeitsleistung der Beschäftigten in beiden Gruppen verglichen, fanden sie heraus, dass die Fundraiser in der ersten Gruppe mehr als doppelt so viel Zeit für Anrufe aufgebracht und fast dreimal so viel Geld gesammelt hatten. Der direkte Kontakt mit jemandem, dem ihre Arbeit geholfen hatte, hatte die von ihnen wahrgenommene soziale Wirkung und damit ihre Motivation und Leistung erhöht.

Wenn Rettungsschwimmer Geschichten von Kollegen lesen, die Badegäste retten – eine Tätigkeit, die ihnen das Gefühl gibt, dass sie einen Unterschied im Leben anderer Menschen machen und dass andere ihren Beitrag schätzen und würdigen –, arbeiten sie länger. Ihre Vorgesetzten nehmen wahr, dass sie sich Gästen gegenüber zuvorkommender verhalten, mehr bemühen, ihre Sicherheit zu garantieren, und eher bereit sind, neuen Gästen Fragen zu beantworten, selbst wenn das nicht zu ihren Aufgaben gehört.[355]

Wenn Studenten darüber nachdenken, wie das Lernen in der Schule sie dazu befähigen wird, anderen Menschen weiterzuhelfen, steigt ihre Motivation erheblich. Dann bringen sie mehr Zeit und Energie dafür auf und bekommen am Ende des Semesters bessere Noten.[356] Macht man Studenten bewusst, welche gesellschaftliche Wirkung sie mit einer Karriere in der biomedizinischen Forschung haben könnten, sind sie eher geneigt und motiviert, eine solche zu verfolgen.[357] Wenn Arbeiter an eine konkrete Aufgabe denken, die sie im Rahmen ihres Jobs zum Nutzen anderer erledigt haben, beurteilen sie ihre Arbeit als sinnvoller, als wenn sie an eine Aufgabe denken, die sie nur zum eigenen Nutzen erledigt haben.[358]

In einer Studie aus dem Jahr 2018 wurden die Teilnehmer gebeten, eine Aufgabe auszuführen, mit der sie Geld verdienen konnten. Sie sollten auf einer Computertastatur innerhalb von fünf Minuten so oft wie möglich abwechselnd die Buchstaben X und Z tippen. In einer Gruppe würde das Geld ihnen selbst zugutekommen, in einer zweiten einer wohltätigen Einrichtung und in einer dritten jemandem, von dem sie wussten, dass er direkt von ihrer Arbeit profitieren würde.[359] Diejenigen, die zum Nutzen anderer arbeiteten und nicht für sich selbst, sahen mehr Sinn in ihrer Aufgabe. »Unsere Forschungsergebnisse deuten darauf hin, dass selbst eine völlig sinnlose Aufgabe mit Sinn erfüllt werden kann, wenn sie mit einem wichtigen, sozialen Zweck verbunden wird«, schließen die Autoren der Studie. »Künftige Untersuchungen und Maßnahmen könnten den Beschäftigten helfen, ihre Tätigkeit mit einem größeren, sozialen Zweck zu verbinden. Dadurch könnten sie mehr Sinn darin sehen, wodurch wiederum das allgemeine Wohlbefinden bei der Arbeit und allgemein gesteigert werden könnte.«

Vielleicht können Sie nichts an Ihren Arbeitsaufgaben ändern, aber Sie können die Sinnhaftigkeit Ihrer Tätigkeit in ein neues Licht rücken, indem Sie sich auf die positiven Auswirkungen konzentrieren, die Sie auf andere Menschen haben. Betrachten wir einige Möglichkeiten dafür.

Erkennen Sie die Wirkung, die Sie bereits haben, und richten Sie ihre Aufmerksamkeit darauf

Auch wenn es bei Ihrer Tätigkeit nicht direkt darum geht, anderen Menschen zu helfen, nutzen Sie ihnen doch auf irgendeine Weise. Sie müssen es nur erkennen.

Fragen Sie sich: Welchen positiven Beitrag leisten Sie indirekt zum Leben anderer? Denken Sie über Aufgaben nach, die Sie bei der Arbeit zum Wohl anderer erledigt haben. Oder fragen Sie sich, wie Sie einen – noch so kleinen – positiven Unterschied im Leben Ihrer Kollegen machen.

Zählen Sie Ihre guten Taten

Eine gute Methode, sich bewusster zu werden, wie Sie jetzt schon einen Unterschied im Leben anderer machen, ist es, Ihre guten Taten einfach zu zählen.

In einer Studie baten Forscher die Teilnehmer, sich eine Woche lang jeden Tag bewusst zu machen, wann sie sich anderen Leuten gegenüber liebenswürdig verhalten hatten.[360] Sie sollten jeden einzelnen dieser Akte der Freundlichkeit festhalten und die tägliche Anzahl angeben. Nachdem die Probanden das eine Woche lang gemacht hatten, fühlten sie sich alle signifikant glücklicher als am Anfang der Studie.

Die Forscher gehen davon aus, dass das Zählen guter Taten Menschen aus drei Gründen glücklicher macht: Indem sie sich ihrer freundlichen Seiten bewusster werden, entwickeln sie ein stärkeres Bedürfnis, liebenswürdig zu anderen zu sein. Sie nehmen sich selbst stärker als freundliche Menschen wahr, und verhalten sich dann auch öfter anderen gegenüber liebenswürdig.

Wenn Sie das ausprobieren wollen, schlage ich Folgendes vor: Schreiben Sie einfach am Ende des Tages alle Ihre guten Taten auf, ob groß oder klein (z. B. dass Sie an einen Geburtstag gedacht haben, einem Kollegen zugehört haben, der Ihnen sein Herz ausschütten wollte, einem Freund bei etwas geholfen haben oder für Ihre Familie gekocht haben). Machen Sie eine Liste Ihrer guten Taten.

Wenn ich das mehrere Tage nacheinander tue, bemerke ich die von den Forschern beschriebenen positiven Veränderungen: Ich fühle den verstärkten Wunsch, liebenswürdig zu sein, nehme mich selbst als freundlicher wahr und stelle fest, dass ich ganz von allein mehr gute Taten vollbringe. Es ist eine schnelle, einfache und überraschend effektive Art, das eigene Wohlbefinden zu steigern.

Betrachten Sie Ihre Tätigkeit aus einer prosozialen Perspektive

Um Ihre Arbeit sofort als sinnvoller anzusehen, können Sie sie auch durch eine prosoziale Linse betrachten: Bei Ihrer Arbeit geht es nicht nur um Ihre Aufgaben, sondern auch darum, auf irgendeine Weise einen positiven Unterschied im Leben anderer Menschen zu machen – im Leben Ihrer Vorgesetzten, Kollegen und Kunden. Ihre Aufgabe ist es nicht, Ställe auszumisten, Müll zu sammeln, Patienten zu pflegen oder Computerprogramme zu schreiben. Es geht darum, die Pferde gesund zu halten, für Passanten die Umgebung zu verschönern, Patienten in ihrem Heilungsprozess zu unterstützen, bei der Verwirklichung der Vision Ihres Chefs zu helfen oder Ihre Familie zu ernähren.

Als Busfahrer könnte es Ihre Aufgabe sein, dafür zu sorgen, dass die Passagiere sich willkommen fühlen, sich wohlfühlen und sicher an ihr Ziel gelangen. Das könnten Sie erreichen, indem Sie die Fahrgäste begrüßen, Blickkontakt aufnehmen und ihnen allgemein das Gefühl vermitteln, gesehen und gehört zu werden.

Als Friseur könnte es Ihre Aufgabe sein, Ihren Kunden eine kräftigende, freudvolle und entspannende Pause von ihrem Alltag zu verschaffen. Dazu könnte gehören, ihnen aktiv und empathisch zuzuhören, aufmerksam, verständnisvoll, tolerant, wohlwollend und präsent zu sein und ihnen Zuneigung und Verbundenheit zu schenken. Natürlich könnte es auch darum gehen, dass Ihre Kunden blendend aussehen und sich auch so fühlen.

Erfinden Sie Ihre Arbeit neu mit dem Ziel, etwas Positives zu bewirken. In welcher Weise tragen Sie zum Wohlergehen anderer bei? Ändern

Sie Ihre Sichtweise – sie machen nicht nur einen Job, Sie machen einen positiven Unterschied im Leben anderer.

***

Wenn Sie keinen Sinn in Ihrer gegenwärtigen Arbeit sehen, können Sie entweder Ihren Job wechseln oder Ihre Herangehensweise an und Sichtweise auf Ihre Arbeit ändern.

Viktor Frankl, ein jüdisch-österreichischer Psychiater und Holocaust-Überlebender, hat einmal geschrieben, dass »einem Menschen alles genommen werden kann, bis auf eines: die letzte der menschlichen Freiheiten – die Wahl der eigenen Haltung in einer gegebenen Situation – die Wahl des eigenen Weges«.[361]

Wenn Sie das Gefühl haben, in einem suboptimalen Job festzustecken, üben Sie Ihre menschliche Freiheit aus, eine eigene Haltung zu wählen. Nutzen Sie die in diesem Kapitel skizzierten Strategien, um mehr Sinn zu finden. Dann fühlen Sie sich besser, leisten mehr und erleben zweifellos mehr Flow.

KAPITEL 15

Humor, Spaß und Spiel

Gute Laune ist ein Heilmittel für Körper und Geist. Sie ist das beste Gegengift für Angst und Depression. Sie ist ein geschäftlicher Aktivposten. Sie schafft und erhält Freundschaften. Sie erleichtert die menschliche Bürde. Sie ist der direkte Weg zu Gelassenheit und Zufriedenheit.

GRENVILLE KLEISER

Als ich in der Highschool war, hatte ich einen besonders lustigen Geschichtslehrer. Er brachte ständig die gesamte Klasse zum Kichern oder Lachen. Ich weiß noch, dass seine Unterrichtsstunden immer wie im Flug vorbeigingen. Das häufige Gelächter und die fröhliche Stimmung wirkten so erfrischend und beflügelnd, dass es ganz einfach war, konzentriert und interessiert zu bleiben. Wenn ich jetzt darüber nachdenke, begreife ich, warum sein Unterricht so reibungslos und angenehm ablief: Sein Humor half uns, im Flow zu bleiben.

Sie haben das bestimmt selbst schon erlebt. Wenn Sie sich wohlfühlen und amüsieren, kommt Ihnen alles einfach leichter, flüssiger, müheloser und wie im Flow vor.

Wie wir gleich sehen, ist das auch wissenschaftlich erwiesen. Humor und Spaß sind mächtige Verbündete in unserem Bemühen um mehr Flow. Im folgenden Kapitel schauen wir uns die Belege für diese These an und lernen mehrere Arten kennen, Humor, Spaß und Spiel für mehr Flow einzusetzen.

Die Vorteile von Humor

Humor ist gesund. Er ist eine ebenso wertvolle Charakterstärke wie manch »edlere«, etwa Tapferkeit, Bescheidenheit oder Ehrlichkeit.

Menschen mit Sinn für Humor geben an, weniger depressiv, gestresst und ängstlich zu sein, haben größere soziale Netzwerke und eine höhere Schmerztoleranz und leben länger als ihre weniger humorvollen Gleichaltrigen.[362] Sie erzielen außerdem höhere Werte für soziale Kompetenz, positive Emotionen, Optimismus, Selbstvertrauen und Hoffnung.[363]

Warum tut uns Humor so gut? Ein Grund ist, dass er uns hilft, mit Stress und Widrigkeiten fertigzuwerden. Die Forschung stimmt darin überein, dass Menschen mit einem ausgeprägten Sinn für Humor weniger stark unter belastenden Ereignissen und Situationen leiden als solche mit einem weniger ausgeprägten Sinn für Humor.[364] Lachen und positive Emotionen bauen das Stresshormon Cortisol ab und verringern die Muskelspannung.[365] Dank der Leichtherzigkeit und Heiterkeit, die sich mit dem Humor einstellen, lässt man sich von negativen Erlebnissen weniger herunterziehen und sieht das Leben optimistischer.

Der Geistliche Henry Ward Beecher (1813–1887) hat das einmal sehr schön so ausgedrückt: »Ein Mensch ohne Sinn für Humor ist wie ein Leiterwagen ohne Federung. Jeder Kieselstein auf dem Weg schleudert ihn hoch.« Der Humor liefert sozusagen die Federung, um mit den vielen Kieselsteinen auf dem Lebensweg fertigzuwerden.

Humor ist auch deswegen gesund, weil er dabei hilft, positive soziale Bindungen aufzubauen und zu pflegen. Zu Beginn einer Beziehung wirkt Humor als Eisbrecher und hilft, eine offene und ehrliche Kommunikation zu etablieren. Gemeinsame humorvolle Erlebnisse schaffen erwiesenermaßen ein Gefühl der Nähe und des Vertrauens zwischen Fremden.[366] Humor und das begleitende Lachen sind Quellen der Freude, und wir mögen Menschen, die uns Freude bereiten. Die Forschungsergebnisse legen sogar nahe, dass wir Menschen, die uns zum Lachen bringen, stärker mögen und ihnen Vertrauen schenken.[367]

Eine Studie von 2017 kommt zu dem Ergebnis, dass gemeinsames Lachen tiefgreifende Folgen für soziale Beziehungen hat.[368] Wenn man mit jemandem gemeinsam lacht, signalisiert das, dass man die Weltsicht mit ihm teilt. Gemeinsames Lachen verstärkt sofort das Verbundenheitsgefühl, die Zuneigung zum anderen und den Wunsch, eine engere Beziehung mit ihm einzugehen. Der dänisch-amerikanische Komiker Victor Borge brachte es einmal so auf den Punkt: »Ein Lachen ist die kürzestmögliche Entfernung zwischen zwei Menschen.«

Humor fördert auch die körperliche Gesundheit. Humor und Lachen kräftigen erwiesenermaßen das Immunsystem, bauen körperliche Anspannung ab, verstärken den Kreislauf und regulieren Hormone, die Glücksgefühl und Motivation verstärken (Dopamin), Vertrauen auslösen (Oxytocin), Stress verringern (Cortisol) und sogar Euphorie auslösen (Endorphine).[369]

Selbst am Arbeitsplatz wird Humor inzwischen als wirksames Mittel und gewünschte Fähigkeit anerkannt. Eine Untersuchung über Humor im Arbeitsleben ergab 2012: »Die Ergebnisse führen zu dem Schluss, dass Humor bei den Mitarbeitern mit gesteigerter Arbeitsleistung, Zufriedenheit, Zusammenhalt in der Arbeitsgruppe, Gesundheit und Stressbewältigung verbunden ist sowie Burnout, Stress und Verweigerungshaltung verringert. Humor bei Vorgesetzten ist mit gesteigerter Arbeitsleistung, Zufriedenheit, Wertschätzung der Arbeit des Vorgesetzten, Zufriedenheit mit dem Vorgesetzten und Zusammenhalt in der Arbeitsgruppe verbunden und verringert die Gefahr einer Verweigerungshaltung.«[370]

Humor und Flow

Kann Humor einem dabei helfen, mehr Flow zu erleben? Ja, das kann er.

Eine Studie von 2021 hat ergeben, dass eine dreistündige Interventionsmaßnahme bereits genügte, um bei Krankenschwestern den Sinn für Humor zu verstärken, was wiederum zu häufigeren Flow-Erlebnissen bei ihnen führte.[371] Eine andere Studie konnte zeigen, dass bei Krankenschwestern während der Covid-19-Pandemie die Zahl der Flow-Erlebnisse zwar abnahm, dass diese negative Auswirkung aber bei Krankenschwestern mit ausgeprägtem Sinn für Humor weniger stark auftrat.[372] Eine dritte Studie befasste sich mit der Beziehung zwischen Humor, Stress und Flow und kam zu dem Schluss, dass »Humor die Wahrscheinlichkeit von Flow-Erlebnissen steigert«.[373]

Spaß am Arbeitsplatz trägt hauptsächlich auf zwei Arten zum Entstehen von Flow bei:[374] Erstens erleben Mitarbeiter häufiger Flow, wenn sie ihre Arbeitsaufgaben mit Spaß erledigen. Zweitens verspüren Mitarbeiter, wenn sie in ihren Pausen Spaß haben, dadurch eine Verringerung des Arbeitsdrucks und eine Stimmungsverbesserung, nach der sie erfrischt und mit mehr Energie an ihre Arbeit zurückkehren, was die Wahrscheinlichkeit von Flow-Erlebnissen fördert.

Fazit: Bei der Arbeit Spaß zu haben, verhilft einem zu mehr Flow-Erlebnissen. Im weiteren Verlauf dieses Kapitels befassen wir uns mit drei Methoden für mehr Humor, mehr Spaß und mehr Flow-Erlebnisse:

(1) Humortraining, (2) falsche Annahmen über Humor aufgeben, (3) sich selbst eine spielerische Haltung erlauben.

1. Üben Sie sich in Humor

Humor ist eine Fähigkeit, die man üben kann. Wenn man Tontaubenschießen übt, wird man besser darin, wenn man Klavier übt, wird man besser darin, und wenn man sich in Humor übt, wird man ebenfalls besser darin.

Ein Beispiel dafür ist eine Studie von 2021, bei der eine Gruppe Krankenschwestern ein dreistündiges Humortraining erhielt, während die Kontrollgruppe ohne solches Training blieb.[375] Sechs Monate später erlebten die Krankenschwestern in der Kontrollgruppe einen Rückgang ihres Sinns für Humor, während die Krankenschwestern, die am Humortraining teilgenommen hatten, keinen solchen Rückgang erlebten. Die Studie zeigte darüber hinaus, dass Personen mit einem ausgeprägteren Sinn für Humor ihre Arbeit häufiger als erfreulich und bedeutungsvoll empfinden und dabei mehr Flow-Erlebnisse haben.

Die Forscher schlossen daraus: »Die Ergebnisse dieser Studie bestätigen die Wirksamkeit von Humor-Interventionen bei der Förderung des Sinns für Humor und damit des Erlebens der eigenen Arbeit als erfreulich und bedeutungsvoll und bei der Zunahme von Flow-Erlebnissen.«

Bei einer weiteren Studie durchliefen die Teilnehmer einen achtwöchigen Kurs, der ihnen spezifische Fähigkeiten vermitteln sollte, um Humor im Alltag einzusetzen und zu genießen.[376] Jede Woche vermittelte ein Ausbilder in einer einstündigen Unterrichtssitzung einer Kleingruppe eine neue Fähigkeit. Am Ende der acht Wochen berichteten die Teilnehmer von gesteigerter Selbsteffizienz und positiver Stimmung, gesteigertem Optimismus und verringertem Stress, verringerter Depression und verringerten Angstgefühlen.

Eine Studie zu einem siebenwöchigen Humortraining von 2018 kam zu demselben Schluss: »Humortraining erwies sich als wirksam bei der Reduktion von wahrgenommenem Stress, Depressivität und Angstgefühlen und steigerte die Bereitschaft, Schwierigkeiten mit Galgenhumor zu nehmen, die Fröhlichkeit und das Wohlbefinden.«[377]

Humortraining wirkt. Es steigert nicht nur Ihren Sinn für Humor, sondern auch Ihr emotionales Wohlbefinden und verhilft Ihnen zu mehr Flow-Erlebnissen. Üben Sie sich also in Humor. Nehmen Sie an einem

Seminar teil, lesen Sie ein Selbsthilfebuch oder werden Sie Stand-up-Comedian.

Wenn Sie ein erprobtes und erschwingliches Programm suchen, empfehle ich Ihnen einen Blick in Paul McGhees Buch *Humor as Survival Training for a Stressed-Out World: The 7 Humor Habits Program* von 2010.[378] Viele der oben aufgezählten Humorseminare haben genau dieses Programms (oder leicht veränderte Fassungen) verwendet. Wie Sie vermutlich schon ahnen, habe ich das Buch noch nicht gelesen. Hätte ich das, stünden wahrscheinlich mehr und bessere Witze in diesem Buch.

2. Überwinden Sie die vier falschen Annahmen über Humor

Jennifer Aaker und Naomi Bagdonas zählen in ihrem Buch *Humor, Seriously: Why Humor Is a Secret Weapon in Business and Life* vier falsche Annahmen auf, die einen davon abhalten, Humor bei der Arbeit zuzulassen.[379]

Wenn Sie diese falschen Annahmen aufgeben, wird es Ihnen leichter fallen, Humor bei der Arbeit zuzulassen, was Ihnen wiederum zu mehr Spaß und mehr Flow-Erlebnissen verhelfen wird. Nehmen wir uns diese Falschannahmen eine nach der anderen vor.

Die Falschannahme über den Ernst des Geschäfts

Die erste dieser irrigen Behauptungen lautet, Humor habe bei ernsthafter Arbeit keinen Platz. Man befürchtet vielleicht, sich unglaubwürdig zu machen und nicht mehr ernstgenommen zu werden. Aber, wie wir bereits gesehen haben, sollte man Humor bei der Arbeit begrüßen und nicht fürchten: Er ist eine Stärke, keine Schwäche.

Aaker und Bagdonas erklären: »Humor ist eine der wirksamsten Methoden, um ernsthafte Ziele zu erreichen. Studien zeigen, dass Humor einen kompetenter und selbstsicherer wirken lässt, Beziehungen stärkt, Kreativität fördert und die Widerstandskraft gegen Schwierigkeiten erhöht.«

Umfragen unter Managern zeigen, dass 98 Prozent von ihnen Mitarbeiter mit Sinn für Humor bevorzugen und 84 Prozent glauben, dass Mitarbeiter mit Sinn für Humor bessere Arbeit leisten.[380] Mitarbeiter, die Sinn für Humor zeigen, werden von ihren Kollegen eher als höhergestellt und intelligent gesehen und haben bessere Chancen, in Leitungsfunktionen gewählt zu werden.

Bei einer Studie sollten die Teilnehmer Kundenrezensionen für den fiktiven Reiseanbieter VisitSwitzerland bewerten.[381] Die eine Hälfte der Rezensionen war ernsthaft formuliert (wie »Die Berge sind toll zum Skifahren und Wandern. Großartig!«, die andere Hälfte lustig (z. B. »Die Berge sind toll zum Skifahren und Wandern, und die Landesflagge ist ein großes Plus!«). Die humorvollen Rezensionen wurden als 5 Prozent kompetenter, 11 Prozent selbstsicherer und 37 Prozent höhergestellt bewertet. Wenn die Teilnehmer danach einen Gruppenleiter für eine weitere Aufgabe wählen sollten, entschieden sie sich mit signifikant höherer Wahrscheinlichkeit für die Verfasser humorvoller Rezensionen.

Auch wenn Sie in einer Führungsposition sind, können Sie Ihren Humor anbringen. Mit Humor zeigen Sie den Mitarbeitern Ihre menschliche Seite, überwinden Barrieren und vereinen Autorität und Ansprechbarkeit. Eine Studie hat gezeigt, dass Managern, die auch auf ihre eigenen Kosten lachen können, von den Mitarbeitern sowohl höhere Vertrauenswürdigkeit wie auch größere Führungskompetenz zugeschrieben wird.[382]

Die Falschannahme vom Scheitern

Wir kennen wahrscheinlich alle die Angst, dass ein Witz, den wir erzählen, nicht gut ankommen oder unabsichtlich jemanden beleidigen könnte. Wir haben Angst, mit unserem Humor zu scheitern.

Laut Aaker und Bagdonas heißt das aber nur, dass wir falsch verstehen, was es heißt, mit Humor zu scheitern. Es geht nicht darum, ob ein Witz die Kollegen zum Lachen bringt, sondern ob der Witz als angebracht wahrgenommen wird. Humor scheitert nur, wenn er als unangebracht wahrgenommen wird; nur dann richtet er mehr Schaden als Nutzen an (etwa indem er Ihrer Reputation abträglich ist).

Solange Ihre Bemühungen um Humor im jeweiligen Zusammenhang angebracht sind, können Sie sie als Erfolg verbuchen. Selbst wenn Ihr Witz keine Lacher erntet, haben Sie dennoch den Vorteil, dass die Kollegen Sie als selbstbewusster wahrnehmen – Sie haben den Mumm, einen Witz zu machen.

Wie Sie inzwischen sicher bemerkt haben, bin ich meistens davor zurückgeschreckt, in diesem Buch Witze oder humorvolle Bemerkungen anzubringen. Warum? Weil auch ich Angst hatte, mit meinem Humor zu scheitern. Nachdem ich aber erfahren habe, dass diese Befürchtung irrig ist, wird mir jetzt klar, dass ich ruhig mehr Humor hätte einstreuen sollen. Wenn ich es schaffe, dass Sie leise vor sich hin lachen, ist das ein großes Plus. Und selbst wenn Sie meinen Humor nicht lustig finden, ist das in Ordnung, solange er angebracht und rücksichtsvoll ist.

Die Falschannahme vom Lustigsein

Nun glauben wir vielleicht, dass man, um am Arbeitsplatz Humor zu beweisen, »lustig sein« und die anderen zum Lachen bringen müsse. Aaker und Bagdonas bestreiten das: »Auch wenn man selbst nicht so gerne Witze macht, kann man von Humor am Arbeitsplatz profitieren, solange man seinen Wert zu würdigen weiß. Schon zu signalisieren, dass Ihr Sinn für Humor einen Herzschlag hat, reicht aus, um einen großen Unterschied zu machen – besonders wenn Sie eine Führungsrolle innehaben.«

Um zu zeigen, dass man Sinn für Humor hat, genügt es auch, über die Witze anderer zu lachen, Gelegenheiten zu nutzen, um die Stimmung zu entspannen und einfach gute Laune zu verbreiten.

Die Falschannahme vom angeborenen Humor

Manche Menschen glauben, Sinn für Humor sei eine angeborene Fähigkeit, und man sei entweder ein lustiger Mensch oder nicht, das könne man nicht ändern. Wie wir schon gesehen haben, ist auch das eine Falschannahme. Humor ist eine Fähigkeit, die man durchaus verstärken kann, indem man sie einübt und einsetzt, so wie man auch die Beinmuskeln kräftigen kann, indem man sie im Fitness-Studio oder beim Treppensteigen übt. Aaker und Bagdonas meinen dazu: »Der Sinn für Humor ist wie ein Muskel – ohne regelmäßigen Einsatz atrophiert er.«

3. Erlauben Sie sich zu spielen

Früher hieß es, Arbeit und Spiel schlössen einander aus. Seit einiger Zeit allerdings gibt es einen Trend, beides zu integrieren, nämlich Spiele an den Arbeitsplatz zu bringen und die Arbeit wie ein Spiel zu gestalten.[383]

Wenn Mitarbeiter ihre Aufgaben als Gelegenheit zum Spielen verstehen und ausführen, sprechen Forscher von *spielerischer Arbeitsgestaltung (playful work design)*. Wie der Begriff nahelegt, soll dabei die Arbeit spielerischer gestaltet und »gamified« werden. Das kann man auf zweierlei Art erreichen: (1) *Spaß zu gestalten (designing fun)* heißt, mit

Humor, Fantasie, Vorstellungskraft und Kreativität leichtherzige Freude, Amüsement und Spaß zu erzeugen, (2) *Wettbewerb zu gestalten (designing competition)* heißt, Freude aus der Erprobung und Erweiterung der eigenen Fähigkeiten zu gewinnen und sich selbst auf verschiedene Art herauszufordern, zum Beispiel dazu, eine Aufgabe so schnell und fehlerlos wie möglich auszuführen.

Mit diesen Spielstrategien machen die Mitarbeiter ihre Arbeit interessanter, bedeutungsvoller, spannender und lustiger. An den Tagen, an denen sie das tun, fühlen sie sich nach eigenen Angaben energiegeladener, begeisterter, inspirierter, geforderter, widerstandsfähiger und gehen mehr in ihrer Arbeit auf.[384] Sie haben außerdem mehr kreative Ideen, gehen wirksamer mit Stress und Schwierigkeiten um, grübeln weniger und leisten mehr.[385] Eine Studie konnte ausdrücklich zeigen, dass sie verstärkt Flow-Erlebnisse haben.[386]

Wenn man seine Arbeit spielerischer gestaltet, fühlt man sich besser dabei. Hier sind drei Ideen zur Durchführung.

Lassen Sie sich von anderen »Spielern« inspirieren

Bei einer Studie von 2020 sollten Mitarbeiter angeben, was sie tun, um sich ihre Arbeit spielerischer zu gestalten.[387] Hier sind einige ihrer Antworten.

- Ein Buchhalter: »Ich versuche, jeden Tag eine E-Mail weniger als am Vortag zu schreiben – und zwar jeden Tag.«
- Ein Pilot: »Ich versuche oft, Treibstoff zu sparen, indem ich so fliege, dass sich Wind, Turbulenzen und andere Wetterbedingungen möglichst gering auf den Treibstoffverbrauch auswirken. Und ich versuche, mich mit der jeweils besten Methode für Start und Landung auf allen Flughäfen vertraut zu machen.«
- Ein Personalmanager: »Wenn ich eine langweilige, bürokratische Aufgabe vor mir habe, mache ich ein Spiel daraus, indem ich in diese langweilige Aufgabe weitere Aufgaben einbaue, zum Beispiel, das Formular mit so wenig Wörtern wie möglich, aber vollständig auszufüllen. So wird es zur Herausforderung und damit interessanter.«
- Ein Forscher: »Ich stelle oft eine Liste sehr spezifischer Aufgaben auf, die ich erledigen muss, zum Beispiel E-Mails beantworten, einen Artikel lesen, eine Umfrage konzipieren. Dann schätze ich ab, wie viel Zeit ich jeweils dafür brauchen werde, stelle meinen Wecker auf den

entsprechenden Zeitpunkt und versuche fertigzuwerden, bevor er klingelt. Das macht Spaß und ist effizient, weil ich mich nicht ablenken lasse – ich muss ja das Rennen gegen die Uhr gewinnen.«

In einer weiteren Studie wird ein Busfahrer beschrieben, der jede Fahrt als Spiel gestaltet, indem er sich die Aufgabe stellt, so gleichmäßig wie möglich zu fahren und möglichst selten stark zu bremsen.[388] Weitere Beispiele aus dieser Studie sind eine Kellnerin, die sich bei der Arbeit ausmalt, sie sei eine Balletttänzerin auf der Bühne, und eine Kassiererin, die sich das Eintippen der Warenpreise in die Kasse als Klavierspiel vorstellt. Ein Flugbegleiter wurde 2009 gefilmt, als er die Sicherheitsanweisungen vor dem Start nicht einfach aufsagte, sondern rappte, und das Video wurde zu einem Hit im Internet.[389]

Fassen Sie Ihre Arbeit spielerisch auf

Die Forschung hat ergeben, dass schon das Auffassen von Arbeitsaufgaben als Spiel dazu führt, dass man sie völlig anders erlebt: »Dadurch wird die reine Zweck- und Effizienzorientierung einer Aufgabe aufgehoben und durch eine intrinsische, prozessorientierte Denkweise und positive Gefühlserlebnisse ersetzt.«[390]

Man kann sich dafür entscheiden, die Arbeit als Pflicht und Zwang anzusehen. Oder man kann sie als einen Spielplatz betrachten, als eine Gelegenheit, Spaß zu haben, Witze zu machen, zu lachen und sich zu freuen. Sie sind nämlich kein Roboter, der zur Arbeit verdammt ist, sondern ein freier Mensch.

Sagen Sie sich einfach, wenn Sie zur Arbeit gehen: *Heute möchte ich ein bisschen Spaß haben und spielen. Mögen die Spiele beginnen …*

Fordern Sie sich selbst zur Verspieltheit auf

Für eine Studie wurden die Teilnehmer gebeten, dieselbe Aufgabe jeweils auf spielerische oder ernsthafte Weise auszuführen.[391] Eine der beiden Anweisungen lautete, »Überlegen Sie sich bitte eine Methode, die sich völlig spielerisch anfühlt«, die andere »Überlegen Sie sich bitte eine Methode, die sich überhaupt nicht spielerisch anfühlt«. Die Ergebnisse zeigten, dass es den Versuchspersonen mehrheitlich gelang, wenn sie die Aufgabe spielerisch ausführen sollten, was darauf hindeutet, dass die meisten von uns nach Aufforderung eine spielerische Haltung einnehmen können.

Die Ergebnisse zeigten außerdem, dass sich die Teilnehmer in spielerischer Haltung begeistert, kreativ, frei, autonom, frei von Zwang und ermutigt fühlten, Neues auszuprobieren und sich an ihrer Arbeit zu freuen. Sie gingen in der Arbeit auf und erlebten die Art müheloser Konzentration, die an Flow erinnert.

Sollten die Teilnehmer dagegen eine nicht-spielerische Haltung einnehmen, berichteten sie von mehr Stress und fühlten sich unter Zeit- und Leistungsdruck. Sie sorgten sich um ihre Bewertung und glaubten, Erwartungen erfüllen und die Aufgabe auf die richtige Weise erledigen zu müssen. Sie berichteten außerdem, dass sie bewusst versuchten, sich auf die Aufgabe zu konzentrieren, was auf eine eher erzwungene statt mühelose Konzentration hindeutet.

Fragen Sie sich also einfach: *Wie kann ich die Arbeit so angehen, dass sie sich völlig spielerisch anfühlt?*

Wie auch immer Sie das gestalten – wenn Sie Ihre Arbeit spielerischer erleben, macht sie Ihnen mehr Spaß und beschert Ihnen mehr Flow.

Spaß ist nicht gleich Spaß

Man muss es wohl kaum erwähnen, aber ich sage es lieber trotzdem: Nicht jede Art von Humor und jeder Spaß sind eine gute Sache. Humor, der andere beleidigt, herabsetzt, lächerlich macht, verächtlich behandelt oder auf andere Weise verletzt oder unangemessen ist, bringt niemandem etwas. Spaß, der als laut, grell, ablenkend und konzentrationsstörend empfunden wird, verbessert den Flow bestimmt nicht.

Natürlich sind Humor und Spaß immer subjektiv. Was mir lustig vorkommt, finden Sie vielleicht beleidigend. Es kommt darauf an, immer auf die anderen Rücksicht zu nehmen und gegebenenfalls um Entschuldigung zu bitten, wenn man etwas Unangebrachtes gesagt oder getan hat. Wenn man dazu bereit ist, wird Humor für alle Beteiligten ein Gewinn.

KAPITEL 16

Geist wie Wasser

Geist wie Wasser: Ein geistiger und emotionaler Zustand, in dem man den Kopf frei hat und fähig ist, frei und unbehindert von Ablenkungen und Konzentrationsstörungen zu schaffen und zu reagieren.

David Allen

Flow erreicht man, wenn man einer Tätigkeit seine volle und ungeteilte Aufmerksamkeit widmet. Es handelt sich um einen Zustand völligen Aufgehens in der Arbeit und intensiver, aber müheloser Konzentration. Alles, was die auf die Tätigkeit konzentrierte Aufmerksamkeit stört – alles, was einen ablenkt und die Konzentration von der Tätigkeit weg richten will – verhindert die Entstehung von Flow.

Die häufigste Art Ablenkung ist dabei wohl das eigene Denken: Wir konzentrieren uns auf die anstehende Aufgabe, aber plötzlich drängt sich der Gedanke an etwas völlig anderes auf und nimmt unsere Aufmerksamkeit in Beschlag. Statt an die Tätigkeit zu denken, die wir gerade ausführen, haben wir jetzt ein anderes Thema im Kopf. Unser Geist schweift ab, Handeln und Denken sind nicht mehr eins. Zumindest für den Moment haben wir den Flow verloren.

Im folgenden Kapitel befassen wir uns mit einer spezifischen Ursache solcher sich aufdrängender Gedanken: noch nicht abgeschlossene Aufgaben und Projekte und unerreichte Ziele. Der Mensch hat einen angeborenen Drang, zu Ende zu bringen, was er anfängt. Ist etwas erledigt, schließt man damit ab, und es gehört der Vergangenheit an. Man kann aufhören, darüber nachzudenken, und zu etwas anderem übergehen. Man fühlt sich entspannt und locker. Bleiben Aufgaben aber unerledigt, verlangen sie nach einem Abschluss. Sie belegen weiterhin Hirnkapazität, drängen sich auf und versetzen einen in einen Zustand ständiger leichter Anspannung, in dem man sich nie ganz wohlfühlt.

An unterbrochene oder nicht abgeschlossene Aufgaben erinnert man sich leichter als an abgeschlossene; das ist der sogenannte Zeigarnik-Effekt. Wir neigen stark dazu, unterbrochene und unabgeschlossene Aufgaben wieder aufzunehmen; das ist der Ovsiankina-Effekt. Und wir neigen natürlich sehr stark dazu, Fernsehserien weiterzuschauen, deren letzte Folge mit einem Cliffhanger endete.

Nicht abgeschlossene Angelegenheiten drängen sich viel leichter störend in unsere Gedanken als abgeschlossene. Was noch nicht fertig ist, lenkt einen viel eher von der laufenden Tätigkeit ab, verringert die Leistung und ist ein Hindernis für das Flow-Erlebnis, wie die Sozialpsychologen E. J. Masicampo und Roy F. Baumeister kürzlich in einer Studienreihe gezeigt haben.[392]

Bei einem dieser Experimente sollten die Teilnehmer an zwei wichtige Aufgaben oder Aufträge denken, die sie in den nächsten Tagen zu erledigen hatten (z. B. Hausaufgaben, Büffeln für ein Examen, Lebensmitteleinkäufe, Wäschewaschen oder Arzttermine). Die Teilnehmer in einer Kontrollgruppe sollten zum Vergleich zwei wichtige Aufgaben beschreiben, die sie in den letzten Tagen erledigt hatten.

Anschließend absolvierten alle Teilnehmer einen Leseverständnistest, für den sie die ersten 3200 Wörter eines Unterhaltungsromans lesen sollten. Sie bekamen gesagt, dass sie später Fragen zur Handlung beantworten sollten, und dass sie ihre ganze Aufmerksamkeit auf den Text richten sollten, dass es aber normal sei, wenn ihre Gedanken hin und wieder abschweifen. Während des Lesens wurden die Teilnehmer viermal unterbrochen und gefragt, »War Ihre Aufmerksamkeit unmittelbar vor Erscheinen dieses Fensters auf die Aufgabe gerichtet oder nicht?«. Die beiden Antwortmöglichkeiten lauteten, »Ich habe gelesen und mich sehr auf die Geschichte konzentriert« und »Ich habe gelesen, aber meine Aufmerksamkeit war abgelenkt«. Ziel war es, das Ausmaß der Gedankenverlorenheit und Ablenkung bei den Teilnehmern festzustellen.

Nach der Textlektüre gaben die Versuchspersonen auf einer Skala von 1 (*überhaupt nicht*) bis 7 (*sehr stark*) an, wie gut sie sich auf die Handlung konzentrieren konnten und inwieweit sie durch Gedanken an die Aufgaben abgelenkt waren, die sie zuvor beschrieben hatten. Außerdem beantworteten sie acht Fragen zum Leseverständnis.

Das Ergebnis? Die Teilnehmer in der Gruppe mit den unerledigten Aufgaben gaben eine sehr viel stärkere Ablenkung durch sich aufdrängende Gedanken an als die Teilnehmer in der Kontrollgruppe. Ihre Aufmerksamkeit schweifte sehr viel öfter von der Handlung der Geschichte ab, die sie lesen sollten, und auch bei der Leseverständnisaufgabe am Schluss schnitten sie schlechter ab und beantworteten signifikant weniger Fragen richtig als die Teilnehmer der Kontrollgruppe. Einer der Forscher fasste zusammen: »Teilnehmer, die an zwei wichtige, aber noch unerledigte Aufgaben gedacht hatten, erwiesen sich bei einem anschließenden Versuch, einen Roman zu lesen, als abgelenkt. Sie waren in stärkerem Maß durch sich aufdrängende Gedanken an ihre unerledigten Aufgaben abgelenkt als die Teilnehmer in der Kontrollgruppe, und dadurch wiederum litt ihr Leseverständnis.«

Bei einer weiteren Studie erhielten die Teilnehmer ein Paket mit der Angabe, es enthalte mehrere Aufgaben, die sie in einer begrenzten Zeit erledigen sollten. Bevor sie mit dem Paket anfingen, bekamen sie bereits Anweisungen für die letzte Aufgabe, ein Brainstorming.

Den Teilnehmern der Kontrollgruppe wurde gesagt, für diese letzte Aufgabe sollten sie so viele Beispiele wie möglich für eine gegebene Kategorie aufzählen, und die beste Methode, um bei diesem Brainstorming eine gute Leistung zu erzielen, sei, das Alphabet Buchstabe für Buchstabe durchzugehen und so viele Beispiele wie möglich für jeden Anfangsbuchstaben von A bis Z anzuführen. Die Teilnehmer der Gruppe mit dem noch unerreichten Ziel bekamen dieselben Anweisungen, aber bereits gesagt, für welche Kategorie von Bezeichnungen sie so viele Beispiele wie möglich finden sollten, nämlich für Meerestiere.

Dann durften die Teilnehmer das Paket öffnen und mit den Aufgaben beginnen. Es enthielt 25 Anagramm-Aufgaben und die Brainstorming-Aufgabe. In den ersten fünf Minuten sollten sie so viele Anagramme wie möglich lösen und in den folgenden fünf Minuten so viele Meerestiere aufzählen, wie ihnen einfielen.

Die Forscher erwarteten, dass die unerledigte Aufgabe, Meerestiere aufzuzählen, die Leistung beim Lösen der Anagramme beeinträchtigen würde. Und genau so war es auch. Die Teilnehmer, denen das Thema der Brainstorming-Aufgabe bereits mitgeteilt worden war, lösten signifikant weniger Anagramme als die in der Kontrollgruppe – es ist schwieriger, sich auf Anagramme zu konzentrieren, wenn ein Teil des Bewusstseins bereits an Meerestiere denkt. Die Brainstorming-Aufgabe lösten die Teilnehmer beider Gruppen gleich gut.

Dieses Ergebnis ist unmittelbar relevant dafür, wie Sie Ihre Arbeit und Ihren Feierabend erleben. Sich auf eine Aufgabe zu konzentrieren, ist schwieriger, wenn Ihr E-Mail-Eingang von dringenden Nachrichten überquillt. Bei der abendlichen Joggingrunde in den Flow zu finden, ist schwieriger, wenn Ihr Geist noch mit einem Bericht beschäftigt ist, den Sie noch nicht fertig haben. Voll am Familienleben teilzunehmen ist schwieriger, wenn Sie die ganze Zeit an unvollendete Projekte der Arbeit denken müssen. Unerledigte Aufgaben sind eine Quelle der Ablenkung, Überforderung, Angst, Stressbelastung und des Unbehagens und damit ein großes Hindernis für Flow-Erlebnisse.

Eine Studie von 2020 wollte die Annahme überprüfen, dass unerledigte Aufgaben den Flow stören.[393] Die Forscher führten dazu ein kurzfristiges Tagebuchexperiment durch, um festzustellen, ob unerledigte Aufgaben bei der Arbeit den Flow während einer Freizeitaktivität nach Feierabend beeinträchtigten und wie sich das auf das Wohlbefinden am folgenden Morgen auswirkte.

Die Teilnehmer sollten zu drei Zeitpunkten jeweils einen Fragebogen beantworten: (1) am Ende des Arbeitstags, (2) am Abend vor dem Zubettgehen und (3) am folgenden Morgen vor Arbeitsbeginn. Der erste Fragebogen bewertete unerledigte Aufgaben und Flow-Erlebnisse am jeweiligen Arbeitstag, der zweite fragte Flow-Erlebnisse während der Aktivitäten nach Feierabend ab, der dritte bewertete das Wohlbefinden am folgenden Morgen.

Die Ergebnisse entsprachen den Erwartungen. Wenn die Teilnehmer eine große Anzahl unerledigter Aufgaben anführten, berichteten sie auch von relativ wenig Flow während des Arbeitstags wie auch bei der Freizeitaktivität nach Feierabend. Eine große Anzahl unerledigter Arbeitsaufgaben und wenig Flow führten am folgenden Morgen jeweils zu relativ geringerem Wohlbefinden. Unerledigte Aufgaben, so die Forscher, »binden kognitive Ressourcen, lösen störende Gedanken über das unerreichte Ziel aus und fördern das Abschweifen der Gedanken, während Flow-Erlebnisse völlige Konzentration auf die jeweils aktuelle Aufgabe voraussetzen. Wir postulieren, dass unerledigte Aufgaben zu sich aufdrängenden Gedanken führen, die dem Flow in folgenden Aufgaben entgegenwirken«.

Die Forscher schließen: »Unsere Forschungen belegen, dass es den Flow während der Arbeit wie auch bei Aktivitäten in der Freizeit fördert und das Wohlbefinden erhöht, wenn man Arbeitsaufgaben während des Tages und vor allem vor Feierabend des jeweiligen Tages abschließt.«

Flow zu erzielen, wird schwieriger, wenn ein Teil des Bewusstseins einen ständig mit ablenkenden Gedanken bombardiert. Und nicht nur der Flow wird dadurch negativ beeinflusst. Andere Studien derselben Forscher zeigen, dass unerledigte Aufgaben die Erholung nach Feierabend und die Qualität des Schlafs am Wochenende beeinträchtigen.[394]

Was können Sie also dagegen unternehmen? Im weiteren Verlauf dieses Kapitels besprechen wir acht Strategien, um dieses verbreitete Problem zu bewältigen.

1. Laden Sie sich nicht zu viel auf

Je mehr Aufgaben man übernimmt, desto mehr bleiben unerledigt und häufen sich an, und desto anfälliger sind Sie für Ablenkung, Stress und Überforderung. Wenn Sie mehr Flow und größeren Seelenfrieden erleben wollen, hören Sie auf, sich mit einer endlosen Folge an Aufgaben und Projekten zu belasten. Arbeiten Sie weniger, aber besser. Lernen Sie, nein zu sagen. Engagieren Sie sich für die wenigen Projekte, an denen Sie wirklich interessiert sind, und eliminieren Sie alle anderen gnadenlos. Lassen Sie sich Zeit und überlegen Sie genau, bevor Sie sich auf etwas Neues einlassen.

Der Naturkundler und Philosoph Henry David Thoreau schrieb, »Einfachheit, Einfachheit, Einfachheit! Ich sage, lass deine Geschäfte zwei oder drei sein, und nicht hundert oder tausend; statt einer Million zähle nur ein halbes Dutzend, und führe deine Konten auf dem Daumennagel«.[395]

Das ist natürlich leichter gesagt als getan. Ich muss mir immer bewusst Mühe geben und Selbstdisziplin aufbringen, wenn ich diese Idee umsetzen will. Ich muss mich selbst immer daran erinnern, welche Folgen es hat, wenn ich mir zu viel vornehme, und dass ich dazu neige, es trotzdem zu tun. Ich muss erkennen, »Oh, da ist ein Teil von mir, der schon wieder ein Buch zu lesen anfangen will (obwohl ich die letzten beiden noch nicht zu Ende habe« oder »Moment mal, will ich gerade die nächste Einladung zum Abendessen annehmen?« oder »Möchte ich mich wirklich in noch ein Arbeitsprojekt stürzen?«. Wenn ich einmal erkannt habe, dass ich dabei bin, mir wieder eine zusätzliche Verpflichtung aufzuhalsen, muss ich diesen Impuls verhindern. Ich muss genug Selbstdisziplin haben, um mich nicht selbst zu überlasten.

2. Beenden. Beenden. Beenden.

Wechseln Sie oft zu einer anderen Aufgabe über, wenn Sie das Gefühl haben festzusitzen? Springen Sie in ein neues Projekt, statt erst das alte fertigzustellen, weil Ihnen das neue leichter und interessanter vorkommt? Wenn Sie mir auch nur ein bisschen ähneln, würden Sie vermutlich zustimmen: Das ist eine Falle. Es ist ein klassisches Beispiel für eine Wahl, die im Moment Erleichterungen, auf Dauer aber Probleme bringt.

Wenn Sie die mit unvollendeten Aufgaben verbundenen Schwierigkeiten vermeiden wollen, müssen Sie die Selbstdisziplin entwickeln, jede Aufgabe zu beenden. Sie dürfen nicht mehr beim ersten Anzeichen von Problemen von Bord springen – führen Sie Ihre Aufgaben und Projekte fort, auch wenn es mühsam wird. Bringen Sie sie zu Ende, damit Sie sie guten Gewissens vergessen können. Etwas zu Ende zu bringen, bringt Freude!

Ich möchte nochmals betonen, dass es dabei hauptsächlich auf bewusstes Handeln und Selbstdisziplin ankommt. Ich bin mir meiner Neigung, Aufgaben und Projekte vorzeitig aufzugeben, sehr bewusst geworden und habe mir die Selbstdisziplin angewöhnt, dieser Neigung nicht nachzugeben.

Lassen Sie mich Ihnen ein Beispiel geben. Früher fing ich oft an, ein neues Buch zu lesen, bevor ich das vorherige zu Ende gelesen hatte. (Ein »altes« Buch weiterzulesen, kommt mir mühsamer und langweiliger vor, als ein neues anzufangen.) Das Problem bei dieser Einstellung war, dass es einen Teil meines Bewusstseins gab, der es nicht mochte, wenn mehrere Bücher gleichzeitig angefangen waren, und dieser Teil erinnerte mich immer wieder an die angefangenen Bücher und quengelte, ich solle sie endlich fertiglesen. Das mag seltsam klingen, aber angefangene Bücher waren für mich eine starke Quelle der Überforderung und sich aufdrängenden Gedanken geworden.

Inzwischen kommt es kaum noch vor, dass ich zwei Bücher zur gleichen Zeit lese. Ich zögere sogar, überhaupt ein neues Buch anzufangen. Wenn ich die Möglichkeit sehe, das Buch zügig zu Ende zu bringen, dann fange ich auch an zu lesen, klar. Aber wenn ich weiß, dass mein Terminplan mir in den folgenden Tagen und Wochen nicht viel Zeit zum Lesen lässt, entscheide ich mich gewöhnlich dagegen, das Buch anzufangen. Warum? Weil ich weiß, wie mein Geist arbeitet: Er wird die ganze Zeit an das nicht fertiggelesene Buch denken und mich drängen, es zu beenden. (Vielleicht ist Ihr Geist ja in dieser Hinsicht weniger hartnäckig.)

Ein Buch zu »beenden« bedeutet für mich, das sei nebenbei angemerkt, übrigens nicht unbedingt, es von vorne bis hinten vollständig durchzulesen. Ich muss es nur irgendwie abschließen. Ich muss meinem Geist sagen können, dass er mich nicht mehr an dieses Buch zu erinnern braucht. Das kann heißen, dass ich es fertiglese, oder dass ich im Buch eine Notiz anbringe, die mir sagt, welche Abschnitte ich gelesen habe, welche ich überflogen und welche ich übersprungen habe, und dazuschreibe, warum ich das Buch jetzt fürs Erste beiseitelege.

3. Beenden Sie mit Voraussicht

Fangen Sie kurz vor Feierabend nichts Neues mehr an, außer wenn Sie sicher sind, dass Sie es auch zu Ende bringen können. Nutzen Sie die letzten 30 bis 60 Minuten lieber, um der Arbeit Herr zu werden. Erledigen Sie alle Kleinigkeiten, die sich über den Tag angesammelt haben. Gehen Sie die bevorstehenden Termine und die To-do-Liste durch. Verschaffen Sie sich einen Überblick des Erreichten und des Bevorstehenden. Säubern Sie Ihren Arbeitsplatz und räumen Sie ihn auf. Planen Sie den nächsten Tag.

Die Idee dahinter ist, den Kopf freizubekommen, bevor Sie Feierabend machen, sodass Sie die Arbeit hinter sich lassen und mit einem freien und relativ unbelasteten Geist in die Freizeit starten können.

4. Schirmen Sie sich gegen Unterbrechungen ab

Unterbrechungen, ob persönlich, durch E-Mails oder als Telefonanruf, ob von Kollegen, Vorgesetzten, Untergebenen oder Kunden, sind an vielen Arbeitsplätzen heutzutage allgegenwärtig. Feldstudien zeigen, dass zum Beispiel Krankenschwestern alle fünf bis zehn Minuten und Büroarbeiter alle drei bis elf Minuten in ihrer Arbeit unterbrochen werden.[396]

Diese Unterbrechungen haben unter anderem oft zur Folge, dass man eine Aufgabe unbeendet liegenlassen muss. Je häufiger man unterbrochen wird, desto mehr unbeendete Aufgaben häufen sich an und desto stärker zeigen sich ihre nachteiligen Auswirkungen.

Daher ist es ratsam, sich gegen Unterbrechungen bei der Arbeit so gut wie möglich abzuschirmen. Dazu können Sie zum Beispiel die Benachrichtigungsfunktion für neue E-Mails deaktivieren, Ihr Smartphone abschalten, Ihren Kollegen Bescheid sagen, dass Sie nicht gestört werden möchten, oder eine bestimmte Zeit für E-Mails reservieren. Diese und andere nützliche Ideen betrachten wir in Kapitel 18 detaillierter.

5. Stellen Sie einen Plan auf

Masicampo und Baumeister untersuchten nicht nur die nachteiligen Auswirkungen nicht beendeter Aufgaben, sondern auch, ob diese nachteiligen Auswirkungen sich abfangen ließen, indem man vorausplant, wann und wie man eine noch nicht beendete Aufgabe angehen wird. In den beiden gerade besprochenen Studien gab es auch jeweils noch eine dritte Gruppe, deren Teilnehmer ebenfalls unbeendete Aufgaben hatten, aber zusätzlich gesagt bekamen, sie sollten für jede davon planen, wann sie sie abschließen wollten.

Bei der ersten Studie sollte diese dritte Gruppe an zwei Aufgaben oder Aufträge denken, die sie in den nächsten Tagen beenden sollte, und dazu konkret angeben, wie, wann und wo sie diese Aufgaben abschließen würden. Die Teilnehmer dieser Gruppe schnitten bei der Leseverständnisaufgabe genauso gut ab wie die Kontrollgruppe, deren Teilnehmer an zwei Aufgaben denken sollten, die sie in der zurückliegenden Woche abgeschlossen hatten. Die Forscher erklären dazu: »Unerfüllte Aufgaben lassen die Gedanken abschweifen und vermindern die Fähigkeit, der Romanhandlung zu folgen. Aber Teilnehmer, die sich einen Plan machten, wann sie ihre jeweiligen Aufgaben erledigen wollten, lasen mit weniger abschweifenden Gedanken. Obwohl sie noch ein unerreichtes Ziel vor sich hatten, konnten sie sich relativ gut auf Material konzentrieren, das mit diesem Ziel nichts zu tun hatte.«

Bei der zweiten Studie waren die Bedingungen der dritten Gruppe ebenfalls mit denen der Gruppe identisch, die noch unerreichte Ziele vor sich hatte, außer dass die Teilnehmer sich einen konkreten Plan für ihre Durchführung der abschließenden Brainstorming-Aufgabe machen sollten. Die Teilnehmer in dieser dritten Gruppe bekannten sich spezifisch zu folgender Aussage: »Ich werde in der letzten Aufgabe mein Bestes tun. Wenn ich an die letzte Aufgabe gehe, werde ich zunächst die Buchstaben des Alphabets aufschreiben und dann Meerestiere für jeden einzelnen Buchstaben aufzählen.« Die Teilnehmer legten sich also auf einen Plan fest, der genau angab, wie sie die Aufgabe ausführen würden. Und auch hier schnitten die Teilnehmer, die diesen Plan hatten, besser ab als diejenigen, die ihn nicht hatten.

Wenn man sich einen Plan gemacht hat, mischt sich der Gedanke an die noch bevorstehende Aufgabe also nicht so stark in die gerade aktuelle ein. Der Geist kann sich entspannen, weil er weiß, dass für das Erreichen des Ziels gesorgt ist, und muss einen nicht mehr ständig daran erinnern.

Es gibt allerdings einen Vorbehalt: Damit der Plan den Geist effektiv beruhigen kann, muss er spezifisch sein. Er sollte zumindest die nächste Handlung angeben – was genau werden Sie tun und wie werden Sie es tun? Noch besser ist es, wenn Sie spezifizieren können, wann Sie Ihren Handlungsplan ausführen werden, und Sie sollten ihn unbedingt aufschreiben und nicht bloß im Kopf formulieren. Der menschliche Geist kann gut Pläne schmieden, aber sie sich nur schlecht merken. Es ist fast immer sinnvoll, solche Pläne aus dem Kopf und zu Papier zu bringen. To-do-Listen, Terminkalender und Tagesplaner eignen sich ausgezeichnet dafür.

Und hier sind zwei zusätzliche Schritte, die nicht viel Zeit kosten, mit denen Sie das gerade Besprochene konkret umsetzen können:

- Stellen Sie am Ende jedes Arbeitstags eine Liste aller noch nicht beendeten Aufgaben des jeweiligen Tags auf und legen Sie fest, wann und wie Sie sie beenden werden (oder wann und wie Sie daran weiterarbeiten werden). Die Teilnehmer einer Studie von 2015, die das taten, fühlten sich entspannter und konnten nach der Arbeit besser abschalten und ihre Freizeit genießen.[397]
- Wenn Sie gezwungen sind, eine Aufgabe abzubrechen, bevor sie beendet ist, nehmen Sie sich kurz Zeit für einen sogenannten *Wiederaufnahmeplan:* Schreiben Sie stichpunktartig auf, wo Sie die Aufgabe abgebrochen haben und wie Sie sie wiederaufnehmen werden. Dieses einfache Verfahren hilft erwiesenermaßen dabei, sich von dieser Aufgabe innerlich zu lösen und sich auf die neu anstehenden zu konzentrieren.[398] Es dauert wirklich nur eine Minute. Mit einer konkreten Liste von Fragen, die man sich dabei jeweils stellt, kann man diesen Prozess rationalisieren und zur Gewohnheit machen (z. B. »Was habe ich zuletzt getan? Was muss noch erledigt werden? Was kommt als Nächstes?«).

6. Führen Sie ein GYLIO-Verfahren durch

Ihr Geist ist nicht nur durch sämtliche, noch nicht abgeschlossene Aufgaben und Projekte am Arbeitsplatz belastet, sondern auch durch die unbezahlten Rechnungen, die schmutzige Wäsche, den kaputten Geschirrspüler und den schon lange aufgeschobenen Arztbesuch, für den man endlich einen Termin machen sollte. Solche Alltagsprobleme häufen sich oft an und tragen dazu bei, dass man abgelenkt wird und sich überfordert fühlt.

Es gibt eine Methode, um diese sich aufdrängenden Gedanken loszuwerden – die sogenannte GYLIO-Praxis (Abkürzung für *Getting Your Life In Order*). Reservieren Sie eine Stunde, einen Vormittag, einen ganzen Tag oder sogar eine ganze Woche, um »Ihr Leben in Ordnung zu bringen«,[399] indem Sie sich systematisch alle noch unerledigten Aufgaben in Ihrem Alltag vornehmen und erledigen, um den Geist zu klären und sich geistigen Freiraum zu schaffen. (Lassen Sie sich durch die Bezeichnung aber nicht abschrecken. Sie müssen nicht gleich Ihr ganzes Leben in Ordnung bringen, um die Vorteile auszuschöpfen. Schon ein paar überfällige Sachen zu erledigen, baut Stress und Überforderungsgefühle ab.)

Ich persönlich spüre immer eine deutliche Verbesserung meiner Stimmungslage, Konzentrationsfähigkeit und Gelassenheit, wenn ich GYLIO durchgeführt habe. Außerdem habe ich das Gefühl, alles besser im Griff zu haben und bin entspannter. Bei mir erhöht sich die Wirkung unmittelbar im Verhältnis zur Dosis: Je mehr Aufgaben ich erledige und abhaken kann, desto besser geht es mir.

Wenn Sie also das Gefühl haben, dass sich kleine Aufgaben, die Sie noch erledigen müssen, immer mehr anhäufen, legen Sie doch einfach eine GYLIO-Sitzung ein und erledigen sie alle auf einmal, damit Sie nicht mehr dauernd daran denken müssen. Wenn Sie sich auf diese Weise den Kopf freigemacht haben, können Sie mit mehr Energie und besserer Konzentration an Ihre laufenden Aufgaben herangehen.

7. Übernehmen Sie das GTD-System

Ich glaube, die beste Methode, um die in diesem Kapitel behandelten Probleme anzugehen, ist das GTD-Produktivitätssystem (Abkürzung für *Getting Things Done*), das David Allen entwickelt hat und in seinem gleichnamigen Buch erklärt.[400]

GTD ist ein ausgeklügeltes Bündel von Methoden und Grundsätzen, das einen in einen Zustand versetzen soll, in dem der *Geist wie Wasser* ist. Allen definiert das als »einen geistigen und gefühlsmäßigen Zustand, in dem der Kopf klar und fähig ist, frei und unbelastet von Ablenkungen und konkurrierenden Ansprüchen an die Konzentration, zu schaffen und zu reagieren«.

Ziel ist es, den Geist von allem zu befreien, das ihn verstopft und unnötig Speicherplatz belegt. Sie bekommen alles, das Sie nervt, aus dem Kopf und verstauen es in einem zuverlässigen externen System. Sie wissen, dass alles aufgezeichnet und unter Kontrolle ist, und der Geist hat keinen Grund mehr, Sie mit sich aufdrängenden Gedanken zu belasten. Sie können ungehindert Ihre volle Aufmerksamkeit dem zuwenden, womit Sie sich gerade befassen wollen. Ihre Fähigkeit, sich zu konzentrieren und in den Flow zu finden, wird sich stark verbessern.

So hat es David Allen auch in der Praxis bei seinen Patienten beobachtet. »Nach Anwendung von GTD finden die Betroffenen bei der Arbeit und im Privatleben leichter in den Flow«, schreibt er in der 2015 erschienenen Fassung seines Buchs. »Indem sie manche Aufgaben aus dem Geist in ein externes System auslagern, können Sie den Fortschritt leichter sehen und nachvollziehen und erhalten so eine Rückmeldung. Mit einem vollständigen Bild der Verpflichtungen, die man in Arbeit und Leben eingegangen ist, kann man besser entscheiden, welcher Angelegenheit man in einem gegebenen Moment jeweils seine Aufmerksamkeit widmet, was wiederum ein größeres Engagement für die jeweils laufende Tätigkeit ermöglicht und die Wahrscheinlichkeit eines Flow-Erlebnisses erhöht.«

Das System vollständig zu erklären, würde den Rahmen dieses Buchs sprengen. Wenn Ihr Interesse geweckt ist und Sie gerne mehr erfahren möchten, ist David Allens Buch *Wie ich die Dinge geregelt kriege: Selbstmanagement für den Alltag* der richtige Startpunkt. Darin wird das System im Detail erklärt und Schritt für Schritt vorgeführt, wie man es anwendet.

8. Die Zwei-Minuten-Regel

Derselbe David Allen hat auch die Zwei-Minuten-Regel aufgestellt. Sie besagt, dass man jede Aufgabe, die nur zwei Minuten in Anspruch nimmt, sofort erledigen sollte. Gewöhnen Sie sich an, Kleinigkeiten sofort vom

Tisch zu bekommen, statt sich den Geist oder die To-do-Liste mit endlosem Nachschub vollzustopfen.

Das ist ein einfacher und eleganter Weg, die Zahl der unerledigten Aufgaben klein zu halten und zu verhindern, dass sie die Maschinerie Ihres Geistes blockieren. Mehr geistige Klarheit, Seelenfrieden und Konzentration sind die Folge.

***

Das Anwachsen der unerledigten Aufgaben in Schach zu halten, ist nicht einfach. Es erfordert Bewusstheit, Selbstdisziplin und eine Reihe Methoden und Routinen. Der Aufwand kann beträchtlich sein. Aber diesen Aufwand ist es wert, wenn es um Seelenfrieden und Flow geht. Ein Flow-Erlebnis zu erzielen ist ganz einfach viel leichter, wenn der Geist klar ist, als wenn eine Unzahl aufdringlicher und ablenkender Gedanken ihn belastet.

Wenn Flow das Ziel ist, tut man gut daran, Thoreaus Rat zu befolgen: Lass unsere Geschäfte zwei oder drei sein statt hundert oder tausend; statt einer Million zähle nur ein halbes Dutzend.

KAPITEL 17

Sprinten. Ausruhen. Wiederholen.

Um Meister zu werden, kommt es vor allem darauf an, die Höhe der Wellen zu steigern, die man im Leben schlägt. Geben Sie alles, wenn Sie arbeiten, aber immer nur für kurze Zeit. Wenn Sie sich erholen, lassen Sie alles hinter sich und laden Ihre Batterien vollständig neu auf. Im Durchschnitt ergibt das eine gerade Linie ohne Höhen und Tiefen.

TONY SCHWARTZ

Alles Leben auf unserem Planeten wird von Rhythmen bestimmt. Denken Sie an den Herzrhythmus, die Schwingungen der Gehirnwellen, den Zyklus von Wachen und Schlafen, den täglichen Auf- und Untergang der Sonne oder das Steigen und Fallen der Gezeiten. Rhythmische, wellenförmige Bewegungen stehen für Stärke, Vitalität und Lebendigkeit, gerade Linien für Schwäche, Krankheit, Alter und Tod. Wenn man stirbt, erlischt alle Rhythmik, und es bleibt nur die *Flatline*, die gerade Linie auf dem Herzmonitor, wenn das Herz nicht mehr schlägt.

Hohe Leistung und gute Gesundheit hängen mit großen Wellenausschlägen zusammen, mittelmäßige Leistungen und schlechter Gesundheitszustand dagegen mit Linearität oder kleinen Ausschlägen.

Dieses Prinzip lernte ich zuerst im Werk der Leistungsforscher Tony Schwartz und Jim Loehr kennen, die es wiederum bei Studien an Tennisspielern der Weltspitze erkannten.[401] Sie stellten fest, dass bei den besten Turnierteilnehmern die Wellenausschläge zwischen Energieverbrauch und Energieerneuerung höher waren als bei weniger erfolgreichen. Die Herzfrequenz der besten Spieler zum Beispiel ging zwischen den Sätzen um mehr als 20 Schläge pro Minute zurück, um dann im Spiel wieder nach oben zu schießen, während die Herzfrequenz weniger erfolgreicher Spieler weniger stark zurückging und durchgehend erhöht war – ein Zeichen schlechterer Erholung.

Schwartz und Loehr fanden außerdem heraus, dass die Leistung eines Spielers umso geringer und die Gefahr, das Spiel zu verlieren, umso höher war, je linearer die Herzfrequenz im Verlauf der Partie wurde. Eine chronisch erhöhte Herzfrequenz erkannten sie als Symptom von Erschöpfung, während eine chronisch niedrige Frequenz ein Anzeichen dafür war, dass der Spieler innerlich aufgegeben hatte oder sich nicht genug einsetzte. Für ein erfolgreiches Spiel musste die Herzfrequenz wellenartig ansteigen und zurückgehen, und je größer diese Ausschläge, desto höher war die Leistung.

Das ist kein isoliertes Ergebnis, sondern ein verbreitetes Phänomen. Überall stellen wir fest, dass Leistung, Gesundheit und Vitalität großen Wellenausschlägen entsprechen.

Nehmen wir zum Beispiel eine Studie an herausragenden Violinschülern der angesehenen Landesmusikakademie im früheren West-Berlin.[402] Untersucht werden sollte, was die besten Schüler von denjenigen unterschied, die lediglich gute Leistungen brachten. Die Forscher fanden heraus, dass die besten Schüler nicht unbedingt mehr übten als ihre weniger guten Mitschüler, aber intensiver, konzentrierter und zielbewusster. Gerade weil sie so intensiv übten, waren ihre Übungssitzungen nicht länger als 80 bis 90 Minuten – länger hielten sie bei dieser hohen Intensität nicht durch. Nachdem sie alles gegeben und sich verausgabt hatten, legten sie eine Erholungspause ein, die sie ebenfalls ernster nahmen und bewusster angingen als ihre weniger guten Mitschüler. Sie machten oft ein Nickerchen – eine große Erholungswelle mitten am Tag –, um ihre Batterien für die Übungssitzung am Nachmittag wieder voll aufzuladen. Dieser Mittagsschlaf verschaffte ihnen außerdem bis zu fünf Stunden mehr Schlaf pro Woche, als die anderen Schüler hatten.

Kurz, die besten Schüler gingen intensiver an ihre Arbeit heran. Ihr Rhythmus hatte stärkere Ausschläge, und sie übten und erholten sich intensiver als ihre Mitschüler. Sie setzten sich voll ein oder schalteten völlig ab und nicht irgendwo dazwischen. Heiß oder kalt, nicht lauwarm.

Und auch das ist kein vereinzeltes Ergebnis. Jahrzehntelange Forschungen mit Menschen, die Spitzenleistungen erbringen, zeigen, dass es weniger darauf ankommt, wie *lange* man übt, wenn man zu den Besten gehören will, sondern wie *intensiv* man übt und sich erholt. Das gilt für sehr viele Bereiche in Kunst und Sport, zum Beispiel Klassisches Ballett, Schach, Schwimmen, Tennis und Langstreckenlauf.[403] Die Elite auf diesen Gebieten übt intensiv und erholt sich genauso intensiv. Sie arbeitet kompromisslos und ruht sich genauso kompromisslos aus. Die Betroffenen bewegen sich in einem Rhythmus von Energieverbrauch und Energietanken und pflegen ihn beständiger und entschlossener als wir anderen.

Das zeigt sich vielleicht am deutlichsten im Spitzensport. Athleten der Weltklasse trainieren und kämpfen mit unvergleichlicher Intensität, Konzentration und Entschlossenheit. Sie sind in keiner Weise träge, halbherzig oder gleichgültig. Sie verschwenden keine Zeit. Man sieht sie im Training oder beim Wettkampf nie ihr Smartphone hervorholen. Man sieht sie nie geistesabwesend und lustlos ihr Pensum abreißen. Sie sind immer voll dabei. Und wenn sie fertig sind, schalten sie völlig ab und geben sich große Mühe, sich so gut wie möglich zu erholen. Manche Athleten geben an, bis zu zwölf Stunden täglich zu schlafen, um Kraft für ihr intensives Trainingsprogramm zu sammeln.[404] Viele von ihnen nutzen Eisbäder, Kältetherapie, Massagen, Infrarotbestrahlung, Sauerstoff unter Überdruck, pulsierende elektromagnetische Felder, Selbstbehandlungen mit einer Faszienrolle, neuromuskuläre Elektrostimulation und andere medizinische Behandlungsmethoden und Therapien, um aus ihren Erholungsphasen möglichst viel herauszuholen. Sie trainieren hart, kämpfen hart und ruhen auch hart. Voll dabei. Voll abschalten. Wiederholen.

Dasselbe Muster sehen wir im Bereich der Wissenschaften und der Künste. Eine Studie, die 38 Naturwissenschaftler über 30 Jahre hinweg beobachtete, zeigt das sehr schön.[405] Zu Beginn ihrer Laufbahn schienen sie alle eine hochproduktive Zukunft als Akademiker vor sich zu haben. Mit den Jahren allerdings trennten sich ihre Wege. Manche von ihnen erlebten tatsächlich eine wissenschaftlich und persönlich sehr erfolgreiche Karriere (fünf von ihnen erhielten einen Nobelpreis), während andere sich mit weniger Ruhm und Erfolg zufriedengeben mussten. Warum?

Fragebögen und mündliche Befragungen enthüllten, dass die besten Naturwissenschaftler sich am meisten darüber im Klaren waren, unter welchen Umständen sie am besten arbeiten konnten, und ihr Leben entsprechend gestalteten. Viele von ihnen betrieben aktive Hobbys und betätigten sich regelmäßig sportlich, weil ihnen das half, produktiver zu werden, indem sie sich von der Arbeit lösten und Ruheperioden schufen, in denen Erkenntnisse heranreifen konnten. Am wichtigsten für unser Thema war dabei, dass ihnen diese Erholungsphasen die körperliche und geistige Kraft geben, sich während ihrer wissenschaftlichen Arbeit besonders intensiv einzusetzen. Viele von ihnen bezeichneten sich selbst allerdings als faul, weil sie nicht jeden Tag von morgens bis abends arbeiteten, sondern sich selbst viel Ruhe gönnten oder auch aufzwangen. Bei ihnen wechselten sich Phasen intensiver und konzentrierter Arbeit mit Erholungsphasen ab.

Die weniger erfolgreichen Naturwissenschaftler sahen und behandelten ihre Arbeit anders. Sie betrachteten Freizeit und Arbeit nicht als zwei Seiten eines Ganzen, die miteinander verbunden sind und einander stützen. Für sie waren Sport und Hobbys nur verschwendete Zeit, die sie auch für Forschungsarbeit hätten nutzen können. Viele von ihnen waren überzeugt, sie wären erfolgreicher, wenn sie nur mehr Stunden in ihre Forschung investieren könnten. Sie fühlten sich unter Zeitdruck, hatten weniger aktive Hobbys, trieben weniger Sport und hielten Ruhepausen allgemein für weniger wichtig als die Spitzenforscher. Bei der Arbeit fehlte es ihnen an der geistigen Klarheit, Energie und Konzentration, wie sie Voraussetzung für bahnbrechende Erkenntnisse sind.

Kurz, die Spitzenforscher folgten einem ausgeprägteren Rhythmus. Sie wechselten regelmäßig zwischen Heiß und Kalt, während ihre weniger erfolgreichen Kollegen immer lauwarm blieben.

Dasselbe zeigt sich auch im Leben berühmter Forscher, Ingenieure und Autoren der Vergangenheit und Gegenwart.[406] Charles Darwin hörte gewöhnlich mittags mit der Arbeit auf und erklärte, »Ich habe ein gutes Tagespensum erledigt«.[407] Seine Nachmittage und Abende füllte er mit langen Spaziergängen, Nickerchen, Abendessen mit der Familie und anderen Erholungsaktivitäten. Stephen King empfiehlt, nicht länger als vier bis sechs Stunden pro Tag zu lesen und zu schreiben – das sei bereits ein »anstrengendes« Pensum.[408] Ernest Hemingway antwortete auf die Frage, wie lange er jeden Tag schreibe, er beginne morgens um sechs und schließe noch vor Mittag.[409] »Anstrengend ist das Warten auf den nächsten Tag«, sagte er einmal. Der berühmte Dichter und Literaturnobelpreisträger Thomas Mann arbeitete an seinen wichtigsten Werken nur drei Stunden täglich, von neun Uhr morgens bis Mittag, und zwar sehr konzentriert. Er duldete während dieser Zeit keine Unterbrechung, schloss die Tür seines Arbeitszimmers und war für Besucher und Familie nicht ansprechbar. »Die Nachmittage sind dem Lesen, meiner viel zu umfangreichen Korrespondenz und dem Spazierengehen vorbehalten«, sagte er.[410] Er legte sich gerne tagsüber eine Stunde aufs Ohr, um sich von seiner anstrengenden Arbeit am Vormittag zu erholen.

Das sind nur einige wenige Beispiele für hochproduktive Menschen, die Großes geschaffen haben, aber ihren wichtigsten Werken jeweils nur wenige Stunden des Tages widmeten. Sie begrenzten ihre Arbeitszeit bewusst und füllten den Rest ihres Tages mit Freizeit, nicht aus Faulheit, sondern um produktiver sein zu können. Man kann nicht immer nur ununterbrochen arbeiten; worauf es ankommt, ist ein rhythmischer Wechsel zwischen Arbeit und Erholungspausen.

Tony Schwartz, einer der Männer, die diesen Grundsatz bei den Spitzenspielern im Tennis feststellte, hat sich einen ähnlichen Arbeitsrhythmus zurechtgelegt, bestimmt von kurzen, aber intensiven Schreibphasen mit vielen Pausen und Erholungsphasen.[411] Er schreibt gerne in 90-Minuten-Sitzungen mit Verschnaufpausen dazwischen. Nach der ersten Sitzung frühstückt er vielleicht, geht nach der zweiten joggen und isst nach der dritten zu Mittag. Nach drei Sitzungen hat er die wichtigste Arbeit des Tages hinter sich gebracht. Die Nachmittage widmet er weniger anspruchsvoller Arbeit und der Erholung.

Als ich das Buch schrieb, das Sie gerade in den Händen halten, folgte ich einem ähnlichen Tagesplan. Gewöhnlich arbeitete ich frühmorgens zunächst 60 bis 90 Minuten lang, ging dann spazieren, arbeitete wieder 60 bis 120 Minuten und legte danach eine weitere Pause ein – manchmal ging ich noch einmal spazieren oder machte eine andere Entspannungsübung (zum Beispiel Yoga Nidra), manchmal unterhielt ich mich einfach bloß mit meiner Freundin. Danach erledigte ich Büroarbeit oder schrieb noch eine Runde. Nach dem Mittagessen folgte gewöhnlich ein weiterer Spaziergang und eine bewusste Entspannungsübung oder ein Nickerchen. Dann kam zum Beispiel eine kalte Dusche und danach wieder eine Schreibsitzung oder Büroarbeit. Um fünf Uhr nachmittags war ich gewöhnlich mit der Tagesarbeit fertig. Der Abend war den Hobbys, dem Familienleben oder der Vorbereitung auf einen guten Nachtschlaf vorbehalten.

Die Einzelheiten – Pausenaktivitäten, Länge der Schreibsitzungen et cetera – ändern sich je nach Wochentag, Jahreszeit, Interesse und Motivation. Was sich nicht ändert, ist das zugrundeliegende Prinzip: Arbeit in verhältnismäßig kurzen, aber intensiven Sitzungen mit häufigen Pausen. Statt Stunde um Stunde am Schreibtisch zu sitzen, versuche ich, zwischen harter Arbeit und gründlicher Erholung abzuwechseln. Diese Arbeits- und Lebensweise finde ich sowohl angenehm wie effizient.

Der Grundsatz gilt für jede Form der Arbeit. Unabhängig von Branche, Beruf oder Aufgabe lassen sich Höchstleistungen und gute Gesundheit am ehesten erzielen, wenn man zwischen Phasen harter Arbeit und tiefer Erholung abwechselt.

Eine informelle Studie der Zeitkontroll-App *DeskTime* ergab, dass die produktivsten Mitarbeiter des Betreibers eines sozialen Netzwerks jeweils 52 Minuten lang arbeiteten und dann eine Pause von 17 Minuten einlegten.[412] Der entscheidende Faktor der Produktivität, so die Studie, sei es, in kurzen Schüben mit zahlreichen Pausen dazwischen zu arbeiten: »Der Grund, warum die produktivsten 10 Prozent unserer Nutzer in ihren vergleichsweise kurzen Arbeitsperioden mehr leisten als andere Nutzer, besteht darin, dass sie ihre Arbeitsperioden wie Sprints behandeln. Sie nutzen diese 52 Minuten voll aus, indem sie sehr konzentriert arbeiten, dann aber jeweils eine Ruhepause einlegen, um sich für den nächsten Sprint zu erholen.«

Eine Studie an Fließbandarbeitern in einer fleischverarbeitenden Fabrik ergab, dass sich mit häufigeren Pausen die Leistung der Mitarbeiter steigern ließ, obwohl die Gesamtarbeitszeit verkürzt wurde.[413] Getestet wurden in diesem Versuch die Auswirkungen zweier Pausenpläne, die jeweils 36 Minuten zusätzlicher Ruhepausen je Arbeitstag vorsahen: Die Arbeiter konnten, gleichmäßig über ihre Schicht verteilt, entweder zwölfmal eine dreiminütige Pause einlegen oder viermal eine neunminütige. Das Ergebnis? Die Zusatzpausen verbesserten die Gesamtproduktivität, obwohl die Mitarbeiter 36 Minuten weniger pro Tag arbeiteten.

Eine Studie an Arbeitern in der Datenverarbeitung ergab ähnliche Resultate.[414] Für dieses Experiment »verschenkte« der Arbeitgeber vier zusätzliche fünfminütige Pausen pro Tag, die sich über die Arbeitszeit verteilten. In diesem Fall führte das zwar nicht zu einer höheren Arbeitsleistung, brachte den Arbeitern aber große Vorteile, weil tätigkeitsbedingte Augenschmerzen und sonstige körperliche Belastungen durch die Zusatzpausen signifikant zurückgingen.

Eine Studie zu Arbeitszeiten und Pausen beim Betrieb eines landwirtschaftlichen Rotationsgrubbers zeigte, dass sich die höchste Produktivität erzielen ließ, wenn jeweils nach 75 Minuten Arbeitszeit eine 15-minütige Pause eingelegt wurde. Die Forscher schlossen daraus, dass ein Wechsel intensiver Arbeitsphasen und häufiger Pausen »die Gesamtmenge körperlicher Arbeit des einzelnen Arbeiters während des Arbeitstags im Vergleich zu kontinuierlicher, aber weniger intensiver Arbeit maximiert«.[415]

Diese Ergebnisse werden durch eine wachsende Anzahl Studien zum Nutzen sogenannter *Mikropausen* untermauert. Darunter versteht man »kurze Erholungsaktivitäten, die freiwillig bei Bedarf zwischen Phasen der Erfüllung von Arbeitsaufgaben ausgeübt werden«.[416] Mikropausen sind anders als die Mittagspause und andere offizielle Arbeitspausen informell, ungeplant und dauern nur wenige Sekunden bis einige Minuten. Die Mitarbeiter können sie nach eigenem Ermessen einlegen, wenn sie sie brauchen.

Wir legen diese Pausen instinktiv ein, um unsere Kräfte zu bewahren und unsere körperlichen und geistigen Ressourcen den ganzen Arbeitstag hindurch aufrechtzuerhalten. Anscheinend haben wir eine natürliche Neigung, uns während der Arbeitszeit immer wieder kurzfristig zu erholen und häufig zwischen Energieverbrauch und Energieauftanken zu wechseln.

Und unser Instinkt zahlt sich aus. Mikropausen korrelieren mit allgemeinem Wohlbefinden der Mitarbeiter, verringerter Ermüdung und Erschöpfung, weniger negativen und mehr positiven Empfindungen sowohl während der Arbeitszeit als auch nach Feierabend, stärkerem Engagement für die Arbeit und besseren Arbeitsergebnissen (z. B. mehr Verkaufsabschlüsse).[417] Mikropausen sind eine ausgezeichnete Strategie, um sich besser zu fühlen und besser zu arbeiten.

Diese Belege führen sämtlich zu dem Schluss, dass Wellen zu schlagen – also Phasen intensiver Tätigkeit mit reichlich Erholungspausen abzuwechseln – entscheidend wichtig für gute Gesundheit wie für gute Arbeitsleistung ist.

Wellen schlagen: stündlich, täglich, wöchentlich et cetera

Das Prinzip des Wellenschlagens funktioniert sowohl auf der Mikro- wie auf der Makroebene, das heißt, man zieht sowohl bei kurz- wie langfristiger Anwendung Nutzen daraus. Im Maßstab einiger Stunden führen die Mikropausen zu erhöhter Arbeitsleistung. Tennisspieler, deren Herzfrequenz rhythmisch ansteigt und wieder abfällt, sind Konkurrenten mit eher gleichmäßiger Herzfrequenz überlegen. Im Maßstab des Arbeitstags gesehen leisten Mitarbeiter, die ihre Mittagspause und andere festgelegte Arbeitspausen voll ausnutzen, mehr als diejenigen, die durcharbeiten.[418] Im Maßstab eines ganzen Tags sieht man, dass Menschen mit gutem, tiefem Schlaf bessere Leistungen erbringen als schlechte Schläfer. Im Verlauf einer Woche zeigt sich, dass Mitarbeiter, die nach Feierabend und am Wochenende die Arbeit hinter sich lassen und neue Energie tanken, mehr leisten als diejenigen, die nicht abschalten.[419] Über Monate und Jahre hinweg sieht man, dass Mitarbeiter, die mehr Urlaub nehmen, bessere Arbeit leisten als diejenigen, die weniger Urlaub nehmen.[420]

Fazit: Am besten geht es einem, wenn man rhythmisch zwischen Phasen des Energieverbrauchs und des Nachtankens wechselt – stündlich, täglich, wöchentlich und jährlich. Dieser Grundsatz gilt sowohl für kurze wie für längere Zeitabschnitte. Wenn Sie sich möglichst gut fühlen und möglichst viel leisten wollen, schlagen Sie Wellen.

Wenn es um Flow geht, ist dieser Grundsatz genauso wichtig. Schlagen Sie höhere Wellen und Ihre Chance, in den Flow zu finden, steigt. Warum? Weil es dem Flow viel förderlicher ist, sich für relativ kurze Zeit mit großer Intensität einer Aktivität zu widmen, als halbherzig über einen längeren Zeitraum. Eine Tätigkeit mit großer Energie anzugehen, wenn man sich frisch und bereit fühlt, ist ebenfalls dem Flow viel förderlicher, als sie zu beginnen, wenn man müde und träge ist.

Der praktische Ratschlag, der aus dem eben Besprochenen folgt, ist also ein doppelter. Erstens sollte man das Leben eher wie ein Sprinter als wie ein Marathonläufer angehen – man sollte versuchen, in kurzen »Sprints« zu arbeiten und dazwischen immer wieder Pausen einzulegen, statt sich in einem kontinuierlichen, monotonen Trott dahinzuschleppen. Zweitens sollte man seine Erholungspausen ernstnehmen und so gut wie möglich nutzen, um mit so viel Kraft wie möglich in den Flow zu finden.

Im weiteren Verlauf dieses Kapitels schauen wir uns genauer an, wie man in kurzen schnellen Sprints arbeitet und lebt. Im nächsten Kapitel geht es dann um die optimale Erholung.

Sechs Tipps, wie man mit Sprinten-Ausruhen-Wiederholen in den Flow findet

Ob bei der Arbeit oder in der Freizeit – Flow erleben Sie eher, wenn Sie sich für kurze Zeit voll einsetzen, als wenn sie halbherzig längere Zeit ununterbrochen arbeiten. Erst sprinten, dann ausruhen, dann wieder sprinten und wieder ausruhen.

Wie das Verhältnis von Aktivitäts- und Ruhephase zueinander genau aussieht, ist nicht so wichtig. Es wird sich individuell und auch von Tag zu Tag unterscheiden, je nachdem, wie energiegeladen man sich fühlt, wie viel Zeit man hat, welche Tätigkeit man ausführt et cetera. Worauf es ankommt, ist das zugrundeliegende Prinzip, ständig zwischen Energieverbrauch und Nachtanken zu wechseln. Wir schauen uns jetzt sechs praktische Strategien an, um Sprints einzulegen und das meiste aus ihnen zu machen.

1. Vermeiden Sie die Grauzone

Die Grauzone ist alles zwischen vollem Einsatz und Nichtstun, zwischen echtem Engagement und echtem Ausruhen. Wir kennen das ja alle, wenn man schon so vor sich hinarbeitet oder herumhängt, um sich auszuruhen, aber nicht richtig. Es ist ein halbherziger Ansatz, bei dem man weder richtig dabei ist noch richtig abschaltet. Nach dem gerade Besprochenen sollten wir genau diesen teilweisen Einsatz vermeiden.

Entscheiden sie sich für heiß oder kalt, statt für lauwarm. Wenn Sie arbeiten, geben Sie alles. Wenn Sie Pausen machen, schalten Sie völlig und ab laden sich ganz neu auf. In der Grauzone gibt es keinen Flow.

2. Bereiten Sie sich mit einer Einstimmungsroutine auf den Sprint vor

In Kapitel 9 habe ich kurz erwähnt, dass das Default Mode Network (DMN) bei der Meditation zur Ruhe kommt. Sie erinnern sich vielleicht, dass DMN-Aktivität für abschweifende Gedanken, ich-fokussiertes Denken und nachlassende Aufmerksamkeit beim Ausführen einer Aufgabe steht. DMN-Aktivität und Flow sitzen sozusagen auf den entgegengesetzten Enden einer Wippe. Damit Sie Flow erleben, muss Ihr DMN abschalten – die abschweifenden Gedanken müssen aufhören, die ich-fokussierte Aufmerksamkeit muss der aufgaben-fokussierten Platz machen.

Mit Meditation können Sie vor einem Sprint die Aktivität Ihres DMN verringern und sich in einen ruhigeren und konzentrierteren Zustand versetzen, um leichter in den Flow zu finden. Was für eine Art Meditation Sie betreiben, spielt keine Rolle, solange die Übung die Aufmerksamkeit auf etwas Bestimmtes (wie den eigenen Atem) lenken soll, wenn der Geist zu wandern anfängt.

Wie lange sollte man jeweils meditieren? Längere Sitzungen wirken tendenziell stärker, aber meiner Erfahrung nach kann schon eine einzige

Minute helfen. Eine Studie hat gezeigt, dass eine kurze, achtminütige Übung in achtsamer Atmung das Abschweifen des Geistes verringerte und die Leistung in einer anschließenden Langzeit-Konzentrationsaufgabe erhöhte.[421]

Wenn Meditation nicht ganz das Richtige für Sie ist, probieren Sie einfach andere Vor-Sprint-Routinen aus. Eine, die mir auch gut gefällt, heißt *Release Tension, Set Intention* (»Spannung lösen, Ziel setzen«). Ich glaube, sie wurde von dem Autor und Leistungscoach Brendon Burchard erfunden.[422] Sie funktioniert so:

- **Schritt 1: Lösen Sie die Spannung!** Schließen Sie die Augen und wiederholen Sie im Geist immer wieder das Wort »Lösen«. Dabei fordern Sie Ihren Körper auf, alle Anspannung aufzugeben, die er angesammelt hat. Gehen Sie dabei von oben nach unten vor und lösen zunächst die Spannung in Ihrem Gesicht und den Kiefermuskeln, dann im Hals und den Schultern, im Brustkorb und im Rücken, im Unterleib und Beckenboden, in den Beinen und Füßen und bis zu den Zehen. Sagen Sie sich dabei die ganze Zeit im Geist »Lösen« vor. Führen Sie diese Übung ein bis zwei Minuten lang durch.
- **Schritt 2: Setzen Sie sich das Ziel!** Nachdem Sie die Spannung gelöst haben, stellen Sie sich vor, wie Sie sich fühlen und wie Sie arbeiten wollen, was Sie bei Ihrem bevorstehenden Sprint erreichen wollen. Fragen Sie sich, »Welche Energie möchte ich zu dieser Tätigkeit mitbringen? Wie möchte ich mich fühlen? Wie kann ich möglichst hervorragend arbeiten? Wie freue ich mich am besten an der Arbeit?«. Sie müssen sich nicht genau diese Fragen stellen, aber mit solchen Formulierungen können Sie sich am ehesten zum vollen Engagement für die bevorstehende Tätigkeit bringen.

Das ist schon alles. Diese einfache Routine können Sie in fünf Minuten durchführen und damit Ihre Leistung beim nächsten Sprint grundlegend verbessern.

3. Setzen Sie eine Zeitdauer für Ihren Sprint fest

Hilfreich für die Konzentration kann es sein, wenn Sie sich zu Beginn eines Sprints einen Wecker stellen und sich vornehmen, so hart wie möglich zu arbeiten, bis er klingelt. Sie versprechen sich selbst, so konzentriert und intensiv bei der Sache zu bleiben, wie Sie können – kein

Herumtrödeln oder Herumklicken in sozialen Medien –, bis die Zeit abgelaufen ist.

Psychologisch gesehen ist es viel einfacher, sich auf kurze, zeitlich begrenzte Schübe festzulegen als auf Sitzungen ohne absehbares Ende. Man kann mit sich selbst einen Handel abschließen, alles zu geben und allen Ablenkungen zu widerstehen, wenn es um eine kurze, festgelegte Zeitspanne geht; für eine lange mit offenem Ende wird man das kaum schaffen.

Wie lange sollten Sie den Wecker am besten laufen lassen, bis er klingelt? Ich habe von Leuten gehört, die ihn auf nur zwei Minuten stellen, und von anderen, bei denen er erst nach 90 bis 120 Minuten klingelt. Bei mir liegt die ideale Frist irgendwo zwischen 20 und 30 Minuten. Wenn der Wecker zu schnell klingelt, empfinde ich die Sitzung als sinnlos – was kann man in ein paar Minuten schon schaffen? Dauert es zu lange, bis er klingelt, fällt es mir zu schwer, den Sprint durchzuhalten. Falls ich gerade im Flow bin, wenn der Wecker klingelt, kann ich ja einfach weitermachen. Manchmal setze ich dann eine neue Frist, manchmal nicht. Hier muss jeder selbst die für ihn günstigste Einstellung finden.

4. Probieren Sie die Pomodoro-Methode aus

Wenn Sie Ihre persönliche Produktivität steigern möchten, haben Sie wahrscheinlich schon von der *Pomodoro-Methode* gehört. Das ist eine beliebte Zeitmanagement-Methode, die Francesco Cirillo Ende der 1980er-Jahre erfunden hat.[423] Die Arbeit wird dabei mit Hilfe eines Kurzzeitmessers in Intervalle von jeweils 25 Minuten eingeteilt, zwischen denen kurze Pausen liegen. Die einzelnen Intervalle heißen *Pomodoro*, italienisch für »Tomate«. Der Name rührt daher, dass Cirillo, als er die Methode entwickelte, einen roten Kurzzeitmesser für die Küche verwendete, der wie eine Tomate geformt war.

Die Methode funktioniert wie folgt:

1. Wählen Sie Ihre Aufgabe.
2. Stellen Sie einen Kurzzeitmesser auf 25 Minuten.
3. Arbeiten Sie an der Aufgabe, bis er klingelt.
4. Machen Sie eine kurze Pause (z. B. fünf Minuten).
5. Nach jeweils vier Pomodoros legen Sie eine längere Pause ein (z. B. 15 bis 30 Minuten).

Warum ist diese Methode so beliebt? Erstens wegen der »Gamifizierung« – man kann versuchen, so viele Pomodoros wie möglich pro Tag, pro Woche oder pro Monat zu schaffen. Sie verbindet außerdem das Prinzip, in Sprints zu arbeiten, mit zeitlich begrenzten Arbeitsphasen von absehbarer Dauer. Diese Kombination ergibt eine Methode, die Spaß macht, Anreize schafft und Ergebnisse bringt.

5. Überwinden Sie anfängliche Enttäuschungen

Die ersten paar Minuten eines Sprints sind oft sehr mühsam, zäh und frustrierend. Man fängt kaum jemals sofort völlig konzentriert mit einer Aufgabe an und braucht gewöhnlich ein bisschen Zeit, um völlig in ihr aufzugehen. Man muss sich erst orientieren, aufwärmen und einen Rhythmus finden.

Stellen Sie sich das so vor: Wenn man sich eine Aufgabe neu vornimmt, ist das DMN vermutlich noch sehr aktiv. Man denkt an alles Mögliche und muss seine Aufmerksamkeit immer wieder neu auf die anstehende Tätigkeit zurückzwingen. Den abschweifenden Geist auf etwas zu konzentrieren, erfordert Zeit und Mühe. Aber keine Sorge: Es wird mit der Zeit immer einfacher, sich zu konzentrieren, wenn das DMN allmählich einschläft. Die Aufgabe nimmt die Aufmerksamkeit immer mehr in Beschlag, irrelevante Gedanken versiegen, die negative Stimme in Ihrem Kopf wird auf den Rücksitz verbannt, Sie finden die Arbeit immer angenehmer und können sich immer besser konzentrieren – nicht mehr nur mühsam, sondern schließlich mühelos. Wenn Sie einmal im Flow sind, ist es nicht mehr schwierig, sondern einfach.

Was ich damit sagen möchte: Es dauert oft ein bisschen, in den Flow zu finden. Und um dorthin zu gelangen, muss man sich erst durch eine mühsame Anfangsphase hindurcharbeiten. Ja, es gibt Methoden und Tricks, um sich das zu erleichtern (z. B. mit einer Routine zur Sprintvorbereitung oder einer Zeitbegrenzung), aber man kann die Anfangsschwierigkeiten wohl nie ganz ausschalten. Sie gehören einfach dazu. Wenn man die Vorteile des Flow ernten möchte, sollte man sich darauf einstellen, zu Anfang einen Preis zu zahlen.

6. Vermeiden Sie Ablenkung

Ihre Chancen auf ein Flow-Erlebnis hängen davon ab, wie oft Sie unterbrochen werden – entweder durch sich selbst oder von außen. Je mehr Unterbrechungen, desto unwahrscheinlicher wird es, in den Flow zu finden und darin zu bleiben. Im Idealfall können Sie Ihre Aufmerksamkeit während der gesamten Dauer des Sprints vollständig und ungeteilt der anstehenden Aufgabe widmen, ohne unterbrochen zu werden. Wie man Unterbrechungen möglichst vermeidet, besprechen wir in Kapitel 19.

***

Man erlebt mehr Flow, wenn man wie ein Sprinter statt wie ein Marathonläufer arbeitet. Man leistet am meisten, wenn man in kurzen, aber intensiven Schüben arbeitet, die mit Erholungspausen abwechseln. Sprinten, ausruhen, wieder sprinten, wieder ausruhen. In diesem Kapitel haben wir Methoden und Strategien vorgestellt, mit denen Sie möglichst viel aus Ihren Arbeitssprints herausholen können. Im folgenden Kapitel geht es um Methoden und Strategien, um die Erholungspausen möglichst gut auszunutzen. Optimieren Sie sowohl Ihre Sprints wie Ihre Pausen, und Sie kommen auf dem Weg zu mehr Flow ein gutes Stück voran.

KAPITEL 18

Die Kunst der Erholung

Planmäßiges Ausruhen ist kein negativer Raum, der durch die Abwesenheit von Arbeit oder von etwas definiert ist, das wir zu erreichen suchen. Es ist etwas Positives, etwas, das es wert ist, seiner selbst wegen gepflegt zu werden.

ALEX SOOJUNG-KIM PANG

Im vorherigen Kapitel habe ich gesagt, dass man eher in den Flow findet, wenn man sich frisch und voller Energie fühlt, als wenn man träge und erschöpft ist. Ein Forscherteam wollte 2014 überprüfen, ob sich das mit einer wissenschaftlichen Studie belegen lässt. Dazu verglichen die Forscher den Grad der Erholung von Arbeitern am Morgen und seine Auswirkungen auf den Flow im Verlauf des Tages.[424]

Die Forscher schickten den Teilnehmern (es handelte sich um Programmierer, Software-Ingenieure und Webdesigner) eine ganze Arbeitswoche lang von Montag bis einschließlich Freitag vier Fragebögen täglich. Auf dem ersten Fragebogen, auszufüllen am Beginn jedes Arbeitstags, sollten die Teilnehmer auf einer Skala von 1 (*völlig unzutreffend*) bis 5 (*absolut zutreffend*) angeben, inwieweit sie den folgenden Aussagen zustimmten: »Heute morgen fühle ich mich gut ausgeruht«, »Heute morgen fühle ich mich körperlich frisch«, »Heute früh fühle ich mich geistig frisch« und »Heute morgen bin ich voller neuer Energie«. Dadurch wurde der Erholungsgrad der Versuchspersonen festgestellt.

Die folgenden drei Fragebögen wurden über den Arbeitstag verteilt geschickt: einer am Vormittag, einer gegen Mittag und der letzte am Nachmittag. Es handelte sich dabei um Erlebnisabfragen (siehe Kapitel 7), in denen die Teilnehmer gefragt wurden, was sie gerade taten und inwieweit sie dabei Flow erlebten.

Die Forscher stellten fest, dass die Teilnehmer beim Programmieren (beim Schreiben von neuen oder Debuggen fehlerhaften Codes) intensivere Flow-Erlebnisse hatten als bei Büroarbeiten (wie Buchführung oder Rechnungstellung) und bei persönlichen Aktivitäten (etwa wenn sie eine Pause einlegten oder mit einem Kollegen plauderten). Das bestätigt, was wir schon wissen: Bestimmte Arten von Aktivitäten führen eher zu Flow-Erlebnissen als andere.

Aber wie wirkte sich das auf die Erholung am folgenden Morgen aus? Wie erwartet erlebten die Teilnehmer umso mehr Flow während des Arbeitstags, je ausgeruhter sie sich am Morgen fühlten. Bessere Erholung führte zu mehr Flow.

Das klingt natürlich instinktiv sinnvoll. Wenn man sich frisch, geistig fit und voller Energie fühlt, findet man leichter in den Flow, als wenn man müde ist. Gut erholt zu sein, fördert den Flow, ob morgens oder zu anderen Tageszeiten.

Wenn man also möglichst viel von seinen Flow-Aktivitäten haben will, muss man sich in den Pausen dazwischen gut erholen. Wenn man zum Beispiel mehr Flow-Erlebnisse bei der Arbeit haben möchte, muss man sich außerhalb der Arbeitszeit möglichst gut erholen – in den Pausen, nach Feierabend, am Wochenende und im Urlaub.

Schön, und wie macht man das? Worauf kommt es an, wenn man sich möglichst gut erholen möchte? Wie kann man gründlich und effizient Energie nachtanken? Genau das wollen wir im folgenden Kapitel herausfinden. Wir schauen uns an, welche Aktivitäten, Erlebnisse und Umgebungen einem die beste Erholung bringen, damit man erfrischt und bereit für den Flow zu seinen Flow-Tätigkeiten zurückkehren kann.

Aufbauende Aktivitäten

Manche Aktivitäten bauen einen besonders gut wieder auf. Im folgenden Abschnitt besprechen wir eine Liste von Tätigkeiten, die erwiesenermaßen besonders erholsam wirken. Arbeitsfreie Zeit mit einem großen Anteil dieser Aktivitäten hat eine besonders große Aufbauwirkung. Viele dieser Aktivitäten verändern, wenn man sie regelmäßig betreibt, sogar Ihr Gehirn und Ihren Körper auf eine Weise, die sie für Flow empfänglicher macht.

Bauen Sie diese Aktivitäten am besten großzügig in Ihre Arbeitszeit, die Mittagspause, den Feierabend, das Wochenende und den Urlaub ein.

Dadurch werden Sie sich besser erholen und in der Folge mehr Flow erleben und sich gesünder und wohler fühlen.

Körperliche Aktivität

Sabine Sonnentag ist eine weltweit führende Arbeitsforscherin. Körperliche Betätigung bezeichnet sie als Aktivität mit einem »hohen Erholungspotenzial«.[425] Ihre Forschungen zeigen, dass Berufstätige, die nach Feierabend Sport treiben, sich danach energiegeladener und weniger erschöpft fühlen und größeres Wohlbefinden und mehr positive Emotionen melden.[426] Diese positiven Wirkungen reichen bis in den folgenden Tag: Am Morgen nach einem Abend mit sportlicher Betätigung berichten die Befragten, sich energiegeladener und besser erholt zu fühlen.

Andere Forschungen haben gezeigt, dass Mitarbeiter sich an Tagen, an denen sie in der Mittagspause Sport treiben, sich am Nachmittag besser fühlen und mehr leisten, sich besser konzentrieren und besser mit Belastungen umgehen können.[427] Bei einer Studie berichteten Teilnehmer, die während der Mittagspause 15 Minuten in einem Park spazieren gingen, dass sie sich am Nachmittag besser konzentrierten und weniger Stress und Anspannung erlebten.[428]

Das wirklich Gute an Sport ist, dass er sowohl sofort, kurzfristig und langfristig Vorteile bringt. Eine Studie ergab, dass Sport zu treiben eine sofortige Stimmungsaufhellung bewirkte, die bis zu zwölf Stunden anhielt.[429] Bei einer anderen Studie konnte ein 15-minütiger strammer Spaziergang den Heißhunger auf Süßigkeiten beenden.[430] Bei einer ähnlichen Studie verringerten 15 Minuten mäßig intensiven Standradfahrens das Verlangen nach Zigaretten bei gewohnheitsmäßigen Rauchern.[431]

Auch die Lernfähigkeit profitiert von sportlichen Übungen, und man muss nicht einmal viel Zeit dafür investieren. Bei einer Studie konnten die Teilnehmer nach nur sechs Minuten intensiver körperlicher Betätigung Vokabeln um 20 Prozent schneller lernen.[432] Eine Meta-Analyse der Wirkungen unmittelbar zuvor durchgeführter, sportlicher Übungen auf die kognitive Leistungsfähigkeit zeigt, dass bereits eine einzige sportliche Übungssitzung zu sofortiger Verbesserung bei Aufmerksamkeit, Informationsverarbeitung und Entscheidungsfähigkeit führt.[433]

John Ratey, eine der weltweit führenden Kapazitäten auf dem Gebiet des Nutzens sportlicher Betätigung und Autor von *Spark: The Revolutionary New Science of Exercise and the Brain*, postuliert, dass Sport in einen Zustand erhöhter Konzentrationsfähigkeit und Aufmerksamkeit, verstärkter Selbstbeherrschung, besserer Stimmung, verringerter Anspannung und größerer Ruhe, Motivation und Wachsamkeit versetze – in einen idealen Zustand also, um zu lernen, zu arbeiten und Flow zu erleben.[434] Ratey meint, Sport zu treiben wirke ähnlich wie ein bisschen Prozac (Fluoxetin) und ein bisschen Ritalin zu nehmen; er verbessere wie diese Medikamente die Stimmung und Konzentrationsfähigkeit. (Die sofortigen und kurzfristigen Wirkungen hängen natürlich auch davon ab, wie intensiv die sportliche Übung ist. Wenn man sich vollständig verausgabt, ist das wohl keine gute Voraussetzung, um Flow zu erreichen.)

Die langfristigen Wirkungen sind noch beeindruckender. Sport wirkt sich positiv auf die Leistungsfähigkeit des Herz-Kreislauf-Systems aus, hilft gegen Fettleibigkeit, Zuckerkrankheit, Krebs, Angststörungen, Depression, Schizophrenie und andere körperliche und geistige Gesundheitsprobleme. Er bewirkt große Veränderungen sowohl im Körper wie im Gehirn. Unter anderem senkt er Blutdruck und Ruhepuls, verbessert die Insulinausschüttung, kräftigt Knochen und Muskeln, beschleunigt den Stoffwechsel, erhöht Volumen und Durchblutung des Gehirns und fördert sogar das Wachstum neuer Gehirnzellen. Er wirkt erwiesenermaßen besser gegen Depressionen als Psychopharmaka wie Zoloft und Prozac. »Sport zu treiben ist absolut das Beste, was man für die Optimierung seiner Gehirnfunktionen tun kann«, erklärt Ratey. »Je fitter man ist, desto besser arbeitet auch das Gehirn.«

Körperliche Aktivität versetzt einen also sowohl kurz- wie langfristig in einen für Flow-Erlebnisse günstigen Zustand.

Deswegen sollte man in die arbeitsfreie Zeit immer auch ein paar Bewegungsübungen einbauen. Sie müssen ja nicht gleich ins Schwitzen kommen oder bis zur Erschöpfung trainieren, wenn Ihnen das nicht so liegt. Leichte Übungen wie Spazierengehen sind auch eine tolle Sache. Man muss es auch nicht übertreiben – schon fünf Minuten Bewegung bringen nachweislich positive Effekte.[435] Eine Studie hat gezeigt, dass ein zwölfminütiger Spaziergang Stimmung, Aufmerksamkeit und Selbstvertrauen verbesserte.[436]

Machen Sie sich auch keine allzu großen Gedanken um die »richtige« Art, sich Bewegung zu verschaffen. Sie müssen keine Gewichte stemmen oder Langstreckenlauf anfangen; die Forschung zeigt, dass Sie sich am besten eine Aktivität aussuchen, die Ihnen Spaß macht.[437] Ob Spazierengehen, Laufen, Radfahren, Wandern, Dehnübungen, Seilspringen,

Basketball, Gärtnern, Tanzen, Yoga, Schwimmen oder Herumtollen mit dem Hund oder den Kindern – Hauptsache, Sie kommen in Bewegung.

Ich selbst streue gerne mehrere kurze Spaziergänge in meinen Tagesablauf ein, um das viele Sitzen am Schreibtisch auszugleichen. Im Sommer wandere ich gerne, spiele einigermaßen regelmäßig Tennis und Fußball, trainiere etwa einmal wöchentlich mit Gewichten und gehe gelegentlich mit meiner Freundin joggen. Wenn ich eine dieser Aktivitäten in meine Mittagspause einbaue, fällt mir danach oft auch auf, dass ich mich am Nachmittag viel besser fühle und mich besser konzentrieren kann.

Meditation

Fast alles, was wir jetzt über den Nutzen körperlicher Bewegung gesagt haben, gilt auch für die Meditation. Genau wie Sport führt auch Meditation zu tiefgreifenden sofortigen, kurz- und langfristigen positiven Wirkungen, und genau wie Sport versetzt Meditation sowohl kurz- als auch langfristig in einen dem Flow-Erlebnis förderlichen Zustand. Außerdem hilft sie bei der körperlichen, geistigen und emotionalen Erholung.

Was die unmittelbaren Vorteile angeht, so zeigte eine Studie, dass eine achtminütige Meditationssitzung abschweifende Gedanken reduzierte und die Leistung bei einer nachfolgend ausgeführten Konzentrationsaufgabe erhöhte.[438] Eine weitere Studie ergab, dass eine ähnlich kurze Meditationssitzung das aggressive Verhalten nach einer erfolgten sozialen Zurückweisung verringerte.[439] Schon nach wenigen Minuten Meditation sinken Herzfrequenz, Blutdruck und allgemeine physiologische Erregung. Die Aktivität des Default Mode Network (DMN), abschweifende Gedanken und ich-fokussiertes Denken gehen ebenfalls zurück, die Konzentration auf den gegenwärtigen Moment steigt. Meditieren versetzt in einen Zustand gesteigerter Konzentration, Ruhe, Gelassenheit und Sammlung. Wie im vorigen Kapitel erwähnt, kann Meditation auf den Flow-Zustand vorbereiten.

Auf lange Sicht kann regelmäßige Meditationspraxis Stress, Angstgefühle, Depression und Schmerz verringern, den Blutdruck senken, das Immunsystem stärken und den Schlaf, das Gedächtnis, die Aufmerksamkeit und das allgemeine Wohlbefinden verbessern.[440] Es gibt kaum eine körperliche, geistige oder emotionale Erkrankung, die nicht erwiesenermaßen durch Meditation gelindert würde. Meditation ist eine Art Wunderdroge, ein Universalheilmittel für alle Leiden.

In ihrem Verhältnis zum Flow hat Meditation erwiesenermaßen positive Auswirkungen auf viele relevante Fähigkeiten, Einstellungen und Persönlichkeitseigenschaften.[441] Meditation macht, so konnte erwiesen werden, gewissenhafter, optimistischer, hartnäckiger, emotional intelligenter, selbstbeherrschter, achtsamer und zäher und führt zu mehr Selbstachtsamkeit. Gleichzeitig kann sie Angst, selbstkritischen Perfektionismus, abschweifende Gedanken, Sorgen, Grübeln und das Grundrauschen des DMN verringern.

Viele Studien kamen auch zu dem Schluss, dass Meditation die Fähigkeit verbessert, in den Flow zu finden.[442] Es steht fest, dass regelmäßiges Meditieren einem verstärkt zu der Fähigkeit verhilft, Flow zu erleben. (Es gibt Belege dafür, dass Langzeit-Meditierende – Menschen, die im Verlauf ihres Lebens Zehntausende Stunden Meditationspraxis absolviert haben – in einer Art Dauer-Flow leben.[443])

Meiner Meinung ist regelmäßige Meditationspraxis das Beste, um die eigene Flow-Erlebnisfähigkeit zu verbessern. Weil der Nutzen der Meditation unmittelbar proportional zum Aufwand ist, wird man also umso offener für den Flow, je mehr man meditiert.

Kurz, wenn Sie Meditation in Ihre arbeitsfreie Zeit einbauen, verhilft Ihnen das auf zweierlei Weise zu mehr Flow: (1) Es versetzt Sie in einen für Flow empfänglicheren Zustand und erhöht damit Ihre Chancen, bei Ihrer nächsten Tätigkeit in den Flow zu finden. (2) Es hilft Ihnen, Fähigkeiten zu entwickeln und Einstellungen anzunehmen, die Sie empfänglicher für Flow machen.

Ich habe vor ungefähr zehn Jahren angefangen zu meditieren. Ich habe sehr viele Bücher zum Thema gelesen, an zwei zehntägigen Retreats teilgenommen und jahrelang täglich praktiziert. Inzwischen sind meine Sitzungen etwas sporadischer geworden, aber ich habe fest vor, wieder mehr Retreats zu besuchen und meine tägliche Praxis bald wieder aufzunehmen. Meditieren hat mich in vielerlei Hinsicht zu einem besseren Menschen gemacht. Meine Erfahrung lehrt mich: Wenn ich mich glücklicher fühlen will und Seelenfrieden, innere Ruhe und Freude erleben möchte, sollte ich meditieren, weil die Meditation mir all das gibt. Ich weiß, wie viel sie für mich bewirkt. Ich muss sie nur wichtig genug nehmen.

Hier einige praktische Überlegungen:

- Die meisten Meditationsexperten stimmen darin überein, dass häufige, kurze Meditationssitzungen besser sind als lange Sitzungen in großen Abständen. Deshalb wird oft eine tägliche Praxis empfohlen. Forschungen zeigen, dass Sie schon rasch beträchtliche Verbesserungen erleben, wenn Sie zehn bis 20 Minuten pro Tag meditieren. Bei einer Studie verbesserten schon fünf Tage täglicher Meditation (20 Minuten täglich) Stimmung und Konzentration und bewirkten »eine signifikante Verringerung des Stresshormons Cortisol und eine gesteigerte Reaktion der Immunabwehr«.[444] Bei einer anderen Studie führten schon vier Tage täglicher Meditation (ebenfalls 20 Minuten pro Tag) zu Verbesserungen bei verschiedenen kognitiven Fähigkeiten und Verringerungen von Erschöpfungs- und Angstzuständen.[445]

- Wenn Sie Anfänger sind, empfiehlt sich für Sie der Einstieg mit Hilfe einer Meditations-App. Solche Apps zeigen Ihnen, wie man meditiert, und helfen Ihnen, sich eine tägliche Praxis anzugewöhnen. Sie sind leicht zu nutzen, machen Spaß und lassen einen das Erlebnis genießen. Meine eigenen Erfahrungen mit der Meditationspraxis habe ich mit der Headspace-App begonnen, mit der ich sehr zufrieden war. Es gibt aber noch viele weitere Apps, kostenlose und zahlungspflichtige, und natürlich können Sie auch ein Buch lesen, ein Seminar belegen oder an einem Retreat teilnehmen. Wenn Sie sich für ein Buch entscheiden, empfehle ich Ihnen *The Mind Illuminated* von Culadasa, Matthew Immegut und Jeremy Graves, mein Lieblings-Meditationshandbuch.
- Die Art der Meditation ist nicht so wichtig, finde ich – ob Mantra-Meditation, Achtsamkeitsmeditation, Loving-Kindness-Meditation – sie wirken alle erwiesenermaßen und zeigen ungefähr dieselben positiven Auswirkungen. Wählen Sie die Art der Meditation, bei der Sie sich am wohlsten fühlen – damit können Sie sich leichter eine regelmäßige Routine angewöhnen und sie beibehalten.

Soziale Interaktionen

»Wir sind darauf geeicht, mit anderen Menschen in Kontakt zu bleiben«, sagt der Psychologe Matthew Liebermann in seinem Buch *Social: Why Our Brains Are Wired to Connect*.[446] »Es gibt eine tiefe Motivation, die uns dazu treibt, mit Freunden und Familien Verbindung zu halten.« Soziale Einbindungen sind seiner Meinung nach ebenso ein Grundbedürfnis des Menschen wie Nahrung und Obdach.

Forschungen bestätigen Liebermans Behauptungen. Nichts scheint unser Wohlbefinden stärker zu prägen als unser Sozialleben. Der Psychologe Daniel Gilbert sagt, »Wir sind glücklich, wenn wir eine Familie haben, wir sind glücklich, wenn wir Freunde haben, und fast alles andere, wovon wir glauben, dass es uns glücklich macht, dient im Grunde nur dazu, mehr Familie und Freunde zu bekommen«.[447] Eine Studie, die das illustriert, zeigte, dass die glücklichsten 10 Prozent der Teilnehmer von sich selbst und ihren Freunden die höchste Bewertung für gute Beziehungen bekamen.[448]

Einsamkeit und soziale Isolation dagegen sind mit allem Möglichen von Depression, Angstgefühlen und Selbstmord bis zu Alkoholsucht, Rauchen, ungesunder Ernährung, körperlicher Inaktivität, gesundheitsschädlichem Verhalten, Gedächtnis- und Lernschwäche, schlechtem Urteilsvermögen und allgemeiner Sterblichkeit verbunden.[449] Das Gefühl akuter Einsamkeit verursacht eine Art Panik und Abwehrreaktion im Nervensystem; unter anderem wird dadurch eine große Menge Cortisol freigesetzt.[450]

Wenn man Versuchsteilnehmern sagt, sie sollen sich an eine Zeitspanne erinnern, in der sie sich einsam und isoliert gefühlt haben, empfinden sie verringerten Optimismus, verringertes Selbstvertrauen, verringerte Positivität und verstärkte Wut, Angst, Negativität und Furcht vor negativer Bewertung.[451] Sagt man ihnen, sie sollen sich an eine Zeitspanne erinnern, in der sie sich zugehörig fühlten, geschieht das Gegenteil.

Sich einsam und isoliert zu fühlen, behindert die Erholung; sich sozial eingebunden und unterstützt zu fühlen, erleichtert die Erholung. Ersteres versetzt in einen Stresszustand, Letzteres entspannt.

Soziale Aktivitäten (z. B. Treffen mit Freunden und Angehörigen, gemeinsame Mahlzeiten mit anderen Menschen, Telefongespräche oder gemeinsamer Sport) sind daher besonders erholsam. Positive soziale Interaktionen erhöhen Selbstvertrauen und Optimismus und sorgen für Wohlbefinden, Anerkennung, guten Rat und Verständnis. Biologisch gesehen führen sie zur Ausschüttung von Oxytocin und körpereigenen Opioiden und aktivieren den beruhigenden Teil des Nervensystems.[452]

Sich nach Feierabend an sozialen Aktivitäten zu beteiligen, korreliert mit einer Zunahme des Wohlbefindens im Verlauf des Abends sowie mit einem hohen Maß an Energie und geringer Erschöpfung am folgenden Morgen.[453] Gemeinsam verbrachte Mittagspausen, in denen die Beteiligten ein Gefühl der Gemeinsamkeit und Zugehörigkeit empfinden, führen bei Mitarbeitern zu mehr Erholung, weniger Erschöpfung und höherem Engagement am Nachmittag.[454]

Soziale Interaktion wirkt am besten bei persönlichem Kontakt. Telefongespräche sind weniger erholungsfördernd, aber immer noch gut. Textnachrichten, E-Mails und Kontakte über soziale Medien zählen dagegen eigentlich nicht; für die Erfüllung unserer sozialen Bedürfnisse bringen sie einfach nichts.[455]

Bevor wir zum nächsten Thema übergehen, möchte ich noch darauf hinweisen, dass es einen Unterschied zwischen Einsamkeit und Alleinsein gibt. Ersteres bezieht sich auf ein subjektives Empfinden (z. B. das Gefühl, niemand sei bei einem, man könne sich an niemanden wenden, wenn man Hilfe braucht, oder man habe nicht viel mit den Menschen um einen herum gemeinsam). Einsamkeit wird oft als das unangenehme Gefühl definiert, das bei einer Diskrepanz zwischen der Quantität und/oder Qualität der erwünschten und der tatsächlichen sozialen Verbindungen entsteht.[456] Alleinsein heißt dagegen einfach, dass keine anderen Menschen um einen herum sind. Man kann durchaus alleine sein, ohne sich einsam zu fühlen, und man kann sich auch in Gesellschaft anderer einsam fühlen.

Die geschilderten negativen Folgen hat nur die Einsamkeit. Alleinsein kann, je nachdem, was man dabei tut und wie man sich fühlt, sogar erholsam sein.

Entspannung

Entspannungsübungen fördern die Erholung in vielfacher Hinsicht. Sie aktivieren den Ausruhen-und-Verdauen-Zweig des Nervensystems, verlangsamen Atmung und Herzschlag, verringern den Grad der körperlichen und geistigen Aktivierung, lösen Spannungen und erzeugen einen Gesamtzustand der Entspanntheit und Gelassenheit.

Eine der bestuntersuchten Methoden ist die *Progressive Muscle Relaxation* (PMR), bei der man verschiedene Muskeln des Körpers anspannt und wieder entspannt. PMR erzeugt nachweislich »zahlreiche gut dokumentierte Erholungswirkungen«.[457] Sie senkt den Blutdruck, verbessert den Schlaf, hebt die Stimmung und das körperliche Wohlbefinden, erhöht die Schmerzschwelle, verringert Anspannung und Stress, senkt den Spiegel des Stresshormons Cortisol, wirkt Angstgefühlen und Depression entgegen, reduziert körperliche und geistige Erschöpfung und versetzt in einen energiegeladeneren Zustand.[458]

Bei einer Studie sollten Callcenter-Mitarbeiter sechs Monate lang täglich während der Mittagspause eine 20-minütige PMR-Übung absolvieren.[459] Im Vergleich mit einer Kontrollgruppe fühlten sich die Teilnehmer der PMR-Gruppe an den Nachmittagen entspannter, konzentrierter, energiegeladener und motivierter. Eine PMR-gestützte Mittagspause »kann Schläfrigkeit mehrere Stunden lang reduzieren«, so die Forscher. Die Teilnehmer der PMR-Gruppe wiesen außerdem nach dem Mittagessen und vor dem Schlafengehen und mit der Zeit sogar beim Aufwachen am Morgen einen verringerten Cortisol-Spiegel auf – ein Anzeichen für verringerten Stress und verringerte Belastung.

Eine andere Studie zeigte, dass eine 15-minütige Entspannungsübung (eine Kombination aus PMR, tiefer Atmung und Annahme von Gedanken und Erlebnissen) während der Mittagspause zu verbesserter Konzentration, verringerter Belastung und weniger Erschöpfung am Nachmittag führte.[460]

Entspannungsübungen eignen sich zwar besonders gut für die Mittagspause, aber natürlich kann man sie zu jeder Tageszeit durchführen. Erprobte Methoden sind außer PMR zum Beispiel auch Zwerchfellatmung, autogenes Training, Guided Imagery und Yoga Nidra. Auf YouTube und anderen Plattformen finden Sie Videos mit Anleitungen zu Sitzungen. Wenn Sie dabei einschlafen, ist das auch in Ordnung, denn wie wir im Folgenden sehen, sind Nickerchen eine ebenso wirkungsvolle Art, sich zu erholen.

Nickerchen

»In einer vollkommenen Welt würde jeder, einschließlich Ihrer, ein Nickerchen machen.«[461] Zumindest sagt das die führende Mittagsschlafforscherin Sara Mednick. »Ein Nickerchen vertreibt nicht nur die Schläfrigkeit und ist gut für Geist und Körper, sondern unser Gehirn ist sogar darauf programmiert.«

Mittagsschlaf ist ein naheliegendes und sehr wirksames Mittel zur Erholung während des Arbeitstags. Eine Metastudie von 2021 zu den Wirkungen von Nickerchen während des Tags auf die kognitiven Fähigkeiten kam zu dem Schluss, dass ein kurzer Schlaf die kognitive Leistung in jeder Hinsicht fördert: »Nickerchen verbessern besonders die Leistungen bei Aufgaben wie Addition, logischen Schlüssen, rascher Reaktion und Symbolerkennung. Nickerchen stärken sämtliche Formen des Gedächtnisses – das prozedurale, das deklarative und das Kurzzeitgedächtnis. Ein Kurzzeitschlaf während des Tages bietet noch mehrere weitere Vorteile. Er entspannt, verringert Erschöpfung und verbessert die Stimmung, außerdem fördert er Kreativität und Produktivität, erhöht die körperliche Leistungsfähigkeit und wirkt gegen Erschöpfung nach Schichtarbeit. Tagesschlaf nutzt auch dem Herz-Kreislauf-System, das sich nach psychischem Stress besser erholen kann.«[462]

Mittagsschlaf zu halten, fördert auch die Emotionsregulierung und Selbstbeherrschung. Eine Studie ergab, dass die Teilnehmer, die ein Nickerchen gemacht hatten, bei einer »Frustrationstoleranz-Aufgabe« weniger schnell aufgegeben haben als die Teilnehmer, die keins gemacht hatten. Sie waren weniger impulsiv und konnten mit Frustration besser umgehen.[463]

Wenn Sie jetzt glauben, dass all diese Vorteile auch leichter in den Flow-Zustand finden lassen, haben Sie Recht. Eine Studie von 2012 ergab, dass Versuchspersonen nach einem 20-minütigen Nickerchen mehr Flow erlebten und bei einer folgenden Kognitionsaufgabe besser abschnitten als Probanden, die stattdessen Bücher oder Zeitschriften gelesen hatten.[464]

Idealerweise dauert ein Mittagsschlaf zwischen 20 und 30 Minuten, aber schon ein sechsminütiges Nickerchen zeigt erwiesenermaßen positive Wirkungen.[465] Längere Nickerchen (40 bis 90 Minuten) bringen die meisten Vorteile, können aber zu Trägheit führen (man fühlt sich nach dem Aufwachen zerschlagen). Wenn Sie nicht einschlafen können, ist das auch in Ordnung. Ruhiges Stillliegen mit geschlossenen Augen lädt ebenfalls wieder mit Energie auf.[466]

Ich selbst lege mich während der Mittagspause oft zu einer zehn- bis 30-minütigen, angeleiteten Sitzung autogenes Training oder Yoga Nidra hin. An manchen Tagen schlafe ich dabei ein, an anderen nicht. Mir ist beides recht, weil sowohl Nickerchen als auch Entspannungsübungen mich erfrischen, entspannen und für den Rest des Tages fit machen.

Flow

Flow-Erlebnisse fördern ebenfalls die Erholung. Zwar kann ein Flow auch viel Energie kosten (je nach der Tätigkeit), aber wie die Forschung zeigt, lässt er Mitarbeiter in positiverer Stimmung, motivierter, erfrischter und bereit zum Weitermachen an die Arbeit zurückkehren.[467]

Das Aufgehen in einer Aktivität hilft Ihnen, sich aus der Arbeitsumgebung zu lösen und Ihre Probleme zu vergessen. Wer Flow erlebt, fühlt sich stark, selbstsicher, effizient und optimistisch. Flow kann Ihre Stimmung und Ihr Wohlbefinden für mehrere Stunden oder Tage verbessern.

Sabine Sonnentag wurde einmal gefragt, welche Erholungsaktivität sie als die beste empfehlen würde. Sie sprach sich für Flow und körperliche Bewegung aus: »Natürlich hat jeder seine persönlichen Vorlieben, eigenen Hobbys et cetera. Es kommt darauf an, dass einen die Tätigkeit völlig gefangen nimmt, sodass man alles andere für eine Weile vergisst. Und: Die Forschung sagt uns, dass körperliche Bewegung eine Aktivität ist, die gewöhnlich ein hohes Erholungspotenzial hat.«[468]

Wenn Sie nach Feierabend, am Wochenende und im Urlaub in den Flow finden, erleben Sie auch bei der Arbeit mehr Flow. Flow-Erlebnisse in der Freizeit verhelfen zu Flow-Erlebnissen am Arbeitsplatz.

Spiel

»Mangel an spielerischen Aktivitäten sollte wie Unterernährung behandelt werden – als Gesundheitsrisiko für Körper und Geist.« [469] Das Zitat stammt von Stuart Browns, einem der weltweit führenden Spielforscher. Brown glaubt, dass Spielen ein angeborener Trieb ist, der für die Gesundheit ebenso unentbehrlich ist wie Schlaf und Nahrung.

Wir haben in Kapitel 15 gesehen, dass es den Flow-Zustand fördert, wenn man seine Aufgaben am Arbeitsplatz spielerisch angeht. Aber Spielen macht nicht nur die Arbeitszeit für Flow affiner, sondern trägt auch zur Erholung in der Freizeit bei. Spielen führt zu positiven Emotionen, verringert Stress, lässt die eigenen Probleme vergessen und versetzt gewöhnlich zumindest in einen leichten Flow. Eine Studie zeigte, dass schon fünf Minuten eines einfachen Smartphone-Spiels namens Sushi Cat 2 die Stimmung hoben, Sorgen verminderten und das Engagement für eine nachfolgende Aufgabe verstärkten.[470]

Versuchen Sie also, in Ihrer arbeitsfreien Zeit zu spielen: Spielen Sie Brett- und Kartenspiele, lösen Sie Kreuzworträtsel oder Sudoku, albern Sie mit Kollegen herum, spielen Sie eine Runde Darts oder Tischtennis, tollen Sie mit den Kindern herum, üben Sie auf einem Musikinstrument, basteln Sie Modellflugzeuge – die Möglichkeiten sind endlos.

Lachen

Eine Studie von 2014 ergab, dass ältere Erwachsene, die sich ein lustiges Video angeschaut hatten, bei anschließenden Gedächtnistests besser abschnitten und einen niedrigeren Cortisol-Spiegel hatten als die Teilnehmer der Kontrollgruppe.[471] Wie wir in Kapitel 15 gesehen haben, sind die Nutzeffekte des Lachens kein Witz. Lachen senkt erwiesenermaßen die Anspannung, stärkt das Immunsystem, fördert die Durchblutung, verringert Schmerzen und Stress, hilft der Konzentration und vieles mehr.[472]

Stellen Sie eine Liste dessen auf, was Sie zum Lachen bringt – ob Comedy-Sendungen im Fernsehen, witzige Bücher oder Comics oder Lach-Yoga –, und fügen Sie sie Ihrer Liste von Erholungsaktivitäten hinzu.

Erholung mit Netflix und Co.?

Nach einem harten Arbeitstag hat man nicht immer genug Energie und Motivation für eine der genannten Aktivitäten. Manchmal will man dann einfach nur noch vor dem Fernseher abhängen. Können Netflix und ähnliche TV-Angebote ebenfalls erholsam wirken?

Das kommt darauf an. Fernsehen führt zwar gewöhnlich zu gesteigerter Entspannung und besserer Stimmung *während* des Fernsehens, aber die positiven Wirkungen vergehen *nach* dem Erlebnis schnell wieder. Fernsehzuschauer berichten vielmehr oft, dass sie sich nach dem Fernsehen leer, müde und weniger aufmerksam fühlen und sich schlechter konzentrieren können.[473]

In extremen Fällen kann Fernsehen sogar zu tiefer Verzweiflung, Angstgefühlen und Stress führen. Eine Studie ergab, dass Menschen, die sich sechs oder mehr Stunden Fernsehberichterstattung über den Bombenanschlag auf den Boston Marathon 2013 angeschaut hatten, anfälliger für eine posttraumatische Stressbelastungserkrankung waren als Augenzeugen des Verbrechens, die vor Ort dabei waren.[474] Bei einer weiteren Studie erwies sich als zuverlässigster Indikator für den Grad der Angst und Furcht bei den Teilnehmern, wie viel Zeit sie mit dem Schauen von Talkshows verbrachten.[475] Der Psychologe Shawn Achor meint, Menschen seien »umso glücklicher, je weniger negative Fernsehsendungen, insbesondere Gewaltdarstellungen, sie sich anschauen«.[476] (Gewaltdarstellungen bezeichnet dabei Spielfilme, Fernsehsendungen und Videospiele, die physische Gewalt darstellen, die andere Lebewesen verletzt oder attackiert.)

Die potenziellen Langzeitwirkungen übermäßigen Fernsehkonsums sind auch nicht gerade erhebend. In den 1950er-Jahren führte die Psychologin Tannis MacBeth Williams Studien in einem Bergdorf in Kanada durch, in dem es bis zur Einführung des Kabelfernsehens keinen Fernsehempfang gab.[477] Dadurch konnte Williams das Leben der Menschen vor und nach der Einführung des Fernsehens vergleichen. Wie sich herausstellte, verloren die Kinder und Erwachsenen der Ansiedlung mit der Zeit an Durchhaltevermögen bei Aufgaben, an Ideen für ihre Freizeit und an Kreativität bei Problemlösungen. Williams kam zu dem Schluss: »Fernsehkonsum hat zur Folge: Zunahme der körperlichen und sprachlichen Aggressivität bei Kindern, Verschlechterung der Lesefähigkeit mit Unterschieden nach Geschlecht und Lernalter, Verschlechterung bestimmter kognitiver Fähigkeiten, Herausbildung traditionellerer Geschlechterrollen sowie verringerte Teilnahme an Gemeinschaftsaktivitäten.«

Aric Sigman, Psychologe und Autor von *Remotely Controlled: How Television is Damaging Our Lives*, geht noch einen Schritt weiter und bezeichnet Fernsehen als »den größten Gesundheitsskandal unserer Zeit«.[478] Seine umfangreichen Forschungen haben ihn überzeugt, dass Fernsehkonsum zu einer großen Zahl gesundheitlicher Schäden beirägt, etwa Fettleibigkeit, Alzheimer-Erkrankungen, Autismus, Herzbeschwerden, Hormonstörungen, Appetitsteigerung, verlangsamte Wundheilung, Schlafstörungen, verringerte Aufmerksamkeitsspanne, verlangsamter Stoffwechsel, Krebs, gestörtes Hirnwachstum, Sehschwäche, verfrühte Pubertät und Zuckerkrankheit.

Andererseits hängen die Auswirkungen natürlich davon ab, wie oft und lange man fernsieht und welche Sendungen man sich anschaut. Es gibt auch Belege dafür, dass der Konsum von Unterhaltungssendungen die Erholung unterstützen *kann*[479] und Naturdokumentationen negative Gefühle wie Ermüdung, Wut und Stress reduzieren und dafür positive Gefühle wie Staunen, Zufriedenheit, Freude, Amüsiertheit und Neugier verstärken.[480]

Es kommt am meisten darauf an, wie Sie den Fernsehkonsum erleben. Sich gemeinsam mit Freunden das Super-Bowl-Endspiel anzuschauen, ist etwas ganz anderes als alleine eine ganze Netflix-Serie am Stück zu schauen. Eine Dokumentation, die zum Staunen bringt, hat eine andere Wirkung als negative Nachrichten und eine halbe Stunde Fernsehen wirkt sich anders aus als mehrere Stunden Dauerglotzen.

Als ich mit meinem jüngeren Bruder Yanis eine Wohnung teilte, schauten wir uns oft gemeinsam philosophische Fernsehserien an, die zum Nachdenken anregten, und diskutierten anschließend darüber. Fernsehen mit meinem Bruder war immer eine gemeinsame und angenehme Erfahrung, auf die ich mich freuen konnte, und insofern eine sehr wertvolle Erholungsaktivität für mich.

Fazit: Fernsehen sollte man nicht übertreiben und andere, erholsamere und gesündere Aktivitäten nicht vernachlässigen, um fernzusehen. Andererseits hat es einen gewissen Erholungswert, wenn es ein angenehmes Erlebnis bleibt und man sich nachher gut fühlt.

Spaß ist wichtig

Wenn man seine arbeitsfreie Zeit möglichst gut nutzen will, kommt es nicht bloß darauf an, was man tut, sondern auch, wie man sich dabei fühlt. Ungeachtet der Aktivität ist es erholsamer, Spaß zu haben, als sich zu quälen. Erholung funktioniert am besten, wenn man etwas tut, das man wirklich möchte, und daran Freude hat.

Wenn man sich dagegen zu etwas verpflichtet fühlt oder sich dazu zwingen muss, erfordert das mehr Selbstbeherrschung, verursacht mehr Anspannung, macht weniger Spaß und ist weniger erholsam. Ein und dieselbe Tätigkeit kann, je nachdem, ob sie aus extrinsischer Motivation (weil man sich dazu verpflichtet glaubt) oder intrinsischer Motivation (weil man sie sich selbst wünscht), einen ganz verschiedenen Erholungswert haben.

Bei einer Studie führten Haushalts- und Pflegearbeiten zu Erschöpfung, wenn sie extrinsisch motiviert waren, aber nicht, wenn sie intrinsisch motiviert waren.[481] Entsprechend korrelierte die Erholung an solchen Tagen negativ mit Haushaltsarbeit, an denen die Betreffenden diese Arbeit nicht gerne ausführten.[482] An Tagen, an denen sie diese Arbeit hingegen gerne ausführten, zeigte sie keine negativen Auswirkungen auf den Grad der Erholung. Eine Studie an Lehrern zeigte, dass sie sich besser erholen, wenn sie ihre Pausen mit Tätigkeiten verbringen, die für sie persönlich wichtig und bedeutungsvoll sind.[483] Wenn man sich zwingt, nach der Arbeit joggen zu gehen und jede Sekunde des Erlebnisses hasst, ist das weniger erholsam, als ein ausgelassenes Fußballspiel mit Freunden.

Wenn Sie sich überlegen, wie Sie Ihre arbeitsfreie Zeit verbringen sollen, dann wählen Sie unbedingt Aktivitäten mit hohem Erholungspotenzial, aber denken Sie daran, dass sie Ihnen auch Spaß machen und etwas bedeuten.

Der Erholungswert der Natur

Es kommt nicht bloß darauf an, *was* Sie unternehmen, sondern auch, *wo* Sie es tun. Manche Umgebungen haben einen höheren Erholungswert als andere.

Wo sollten Sie sich Ihren Erholungsaktivitäten am besten widmen? Kurz gesagt: Die Umgebung sollte so naturnah wie möglich sein. Je mehr

Natur eine Umgebung bietet, desto größer ist Ihr Erholungspotenzial. Viele Studien haben zum Beispiel gezeigt, dass Spaziergänge in natürlicher Umgebung bessere Ergebnisse bringen als Spaziergänge in städtischer Umgebung.

Bei einer Studie von 2008 absolvierten zwei Gruppen Studenten zunächst eine Reihe schwieriger Kognitionsaufgaben.[484] Danach sollten beide Gruppen einen Spaziergang derselben Länge (5 km) machen. Eine Gruppe ging für den 50- bis 55-minütigen Spaziergang in das Ann Arbor Arboretum (einen nahen Botanischen Garten), die andere in die Innenstadt von Ann Arbor. Der Weg durch den Botanischen Garten war von Bäumen gesäumt und abgeschieden, während der Weg durch die Innenstadt größtenteils an einer vielbefahrenen Straße mit Universitäts- und Bürogebäuden entlangführte. Nach dem Spaziergang kehrten die Teilnehmer ins Labor zurück und führten die Kognitionsaufgaben erneut durch. Das Ergebnis? Die Naturspaziergänger verbesserten ihre Leistung, die Stadtspaziergänger dagegen nicht. Die naturnahe Umgebung hatte einen höheren Erholungswert für ihre Kognition. Als das Forscherteam das Experiment vier Jahre danach wiederholte, zeigte bei den Naturspaziergängern außerdem eine stärkere Stimmungsverbesserung als bei den Stadtspaziergängern.[485]

Eine kleine, aber interessante Studie von 2013 sah sich ebenfalls Veränderungen in der Hirnaktivität durch Naturerlebnisse an.[486] Die Forscher schickten dabei Freiwillige auf einen Rundgang von 25 Minuten durch die schottische Hauptstadt Edinburgh. Der Weg führte durch eine städtische Einkaufsstraße, einen Stadtpark und eine Straße in einem belebten Geschäftsviertel. Die Spaziergänger trugen jeweils ein mobiles EEG-Gerät, das seine Daten laufend auf einen Laptop übermittelte. Die Signale wurden mit einem Algorithmus verarbeitet, der die Hirnwellenmuster verschiedenen emotionalen Verfassungen zuordnete, zum Beispiel »Aufregung«, »Erregung«, »Frustration«, »Engagement« und »Meditation«. Wenn die Teilnehmer den Park betraten, verringerte sich der Anteil der »Erregungs«- und »Frustrations«-Wellen, während derjenige der »Meditations«-Wellen zunahm. Sagen wir es ruhig noch einmal: Sobald die Teilnehmer in eine naturnahe Umgebung kamen, reagierte ihr Gehirn, indem es ruhiger, entspannter und gelassener wurde.

Andere Studien zeigen, dass ein Spaziergang in der Natur (im Gegensatz zu einem Spaziergang in der Stadt) Blutdruck und Herzfrequenz senkt und bewirkt, dass man sich energiegeladener, begeisterter, konzentrierter, aufmerksamer, lebendiger, vitaler und sogar kreativer fühlt.[487] Die Vorteile scheinen einer einfachen 1 : 1-Reaktion von Dosis und Reaktion zu folgen: Je naturnäher die Umgebung und je länger man dort verweilt, desto größer werden sie. Selbst wenn die Betreffenden skeptisch sind und keine positiven Wirkungen vom Aufenthalt in der Natur erwarten, stellen sie sich dennoch ein.[488]

Eine der Naturumgebungen auf unserem Planeten, die bei Spaziergängen oder sonstigem Aufenthalt dort einen sehr hohen Erholungswert hat, ist der Wald. Die japanische Praxis des Waldbadens oder *shinrin-yoku* ist in den vergangenen Jahren zunehmend populär geworden. *Shinrin* heißt auf Japanisch »Wald« und *yoku* »baden«. *Shinrin-yoku* bedeutet, in die Atmosphäre des Walds einzutauchen und den Wald mit den Sinnen aufzunehmen. Es geht nicht darum, Sport zu treiben, zu wandern oder zu joggen, sondern nur um den Aufenthalt in der Natur und die Verbindung mit ihr über die fünf Sinne. Die Vorteile sind tiefgreifend. Waldbaden fördert erwiesenermaßen die Entspannung, verringert Stress, senkt den Cortisolspiegel und den Blutdruck, verbessert die Stimmung und das emotionale Wohlbefinden und die Schlafqualität, stärkt das Immunsystem und die Aufmerksamkeit, verbessert die allgemeine Kognition und vieles mehr.[489] Bei manchen Studien ergab sich schon nach 15 Minuten eine positive Wirkung.[490]

Um es deutlich zu sagen: Man muss aber nicht in den Wald gehen, um die Vorteile der Natur zu ernten. Stadtparks, Flussufer, begrünte Terrassen, Gärten, Balkons und sogar von Bäumen gesäumte Straßen sind eine fantastische Alternative.

Und wenn man keine naturnahe Umgebung in erreichbarer Nähe hat, kann man sich auch durch Bilder, Videos, Topfpflanzen oder auch Aquarien mit der Natur verbinden. Bei einer Studie brachten Teilnehmer, die sich zuvor sechs Minuten lang Bilder naturnaher Umgebungen angesehen hatten, bei anschließenden Kognitionsaufgaben bessere Leistungen als Teilnehmer der Kontrollgruppe, die sich Bilder städtischer Umgebungen angesehen hatten.[491] Bei einer anderen Studie konnten Teilnehmer, die sich vor einer anstrengenden Aufgabe zehn Minuten lang Dias mit Naturszenen angesehen hatten, besser mit dem Stress umgehen und sich davon erholen, als Teilnehmer, die sich Dias mit städtischen Szenen angesehen hatten.[492]

Eine Studie von 2015 ergab, dass nach fünf- bis zehnminütigem Blick in ein Aquarium ein signifikanter Rückgang von Herzfrequenz und Blutdruck, Verbesserung der Stimmung und Abnahme der Erregung eintreten.[493] Eine ähnliche Studie von 2019 zeigte ebenfalls einen Rückgang von Herzfrequenz, Blutdruck und Angstgefühlen sowie Verbesserungen bei Wachheit, Konzentration und Kreativität nach zehnminütigem Blick in ein Aquarium.[494] Als der Wohnumgebung von sieben nicht in einem Heim lebenden Senioren ein Aquarium hinzugefügt wurde, erlebten sie eine signifikante Abnahme des Blutdrucks und gaben an, entspannter zu sein und in der Freizeit mehr Befriedigung zu erfahren.[495] Als den Aktivitäts- und Speiseräumen von Alzheimer-Patienten ein Aquarium hinzugefügt wurde, berichteten sie von ähnlichen Vorteilen.[496]

Naturvideos funktionieren ebenfalls gut. Bei einer Studie sollten die Teilnehmer sich zehn Minuten lange Videos anschauen.[497] Drei Gruppen schauten sich Videoclips mit Tieren an (Fische, Vögel und Primaten), eine Gruppe schaute sich Ausschnitte aus einer Seifenoper an und eine weitere Gruppe saß vor einem leeren Bildschirm. Nach dem Video sollten die Teilnehmer zehn Minuten lang laut aus einem relativ anspruchsvollen Text vorlesen – eine Aufgabe, die Stress auslösen sollte. Nach dem Vorlesen wurden Herzfrequenz und Blutdruck als Stressindikatoren gemessen. Das Ergebnis? Teilnehmer, die sich Videos mit Vögeln, Fischen und Primaten angeschaut hatten, zeigten nach der Leseaufgabe signifikant niedrigere Herzfrequenz und Blutdruck als die Teilnehmer in den beiden anderen Gruppen. Die Forscher schlossen daraus, dass die Tiervideos die Teilnehmer vor dem Stressauslöser abgeschirmt hatten.

In Kapitel 20 erfahren wir, dass Topfpflanzen, eine Aussicht in die Natur und Geräusche und Gerüche der Natur ebenfalls Vorteile bringen. Die Natur hilft in jeder Form bei der Beruhigung, Entspannung und Erholung. Wie ich bereits gesagt habe, ist der Erholungswert einer Umgebung umso höher, je naturnäher sie ist.

Die Arbeit nicht mit nach Hause nehmen

Es gibt noch einen letzten Faktor, der stark beeinflusst, wie erholsam Ihre arbeitsfreie Zeit ist. Forscher nennen ihn *geistige Loslösung* und definieren ihn als das subjektive Empfinden, die Arbeit hinter sich zu lassen – in der arbeitsfreien Zeit nicht an die Arbeit zu denken und abzuschalten.[498] Der Begriff bezeichnet das Gefühl, nicht mehr am Arbeitsplatz und geistig von der Arbeit losgelöst zu sein.

Wer sich auch während der arbeitsfreien Zeit immer weiter mit der Arbeit beschäftigt (z. B. durch E-Mails) oder weiter an sie denkt, erholt sich weniger gut als andere, die arbeitsbezogene Aktivitäten und Gedanken völlig loslassen. Körperliche Bewegung, Spiele, soziale Interaktionen und Flow fördern erwiesenermaßen diese Loslösung, was einer der Gründe ist, warum sie so gut funktionieren.

Die geistige Loslösung von der Arbeit ist so wichtig, dass manche Forscher sie als »wirksamsten Erholungsfaktor« betrachten.[499] Wenn sich Mitarbeiter nach Feierabend gut von der Arbeit lösen, erleben sie weniger negative Emotionen, mehr positive Emotionen, ein höheres Maß an Gelassenheit und Kraft und ein niedrigeres Maß an Konflikten zwischen Arbeit und Familie.[500] Sie schlafen auch besser und wachen am nächsten Tag erholter, in positiverer Stimmung, motivierter, energiegeladener und weniger erschöpft auf. Dasselbe gilt für Wochenenden und Urlaube.

Auf lange Sicht berichten Mitarbeiter, die sich regelmäßig gut von der Arbeit lösen können, von verringerter geistiger Anspannung und Erschöpfung, weniger körperlichen Beschwerden, geringerem Erholungsbedürfnis, mehr Motivation und Kraft bei der Arbeit und größerer allgemeiner Lebenszufriedenheit.[501]

Wenn Sie sich wirklich gut von der Arbeit erholen, lassen Sie sie wirklich hinter sich. Nehmen Sie keine Arbeit mit nach Hause. Lesen Sie nach Feierabend, am Wochenende und im Urlaub keine Arbeits-E-Mails mehr. Ziehen Sie klare Grenzen zwischen Beruf und Privatleben. Sie können sich zum Beispiel eine private E-Mail-Adresse zulegen und zuhause andere Rechner und Smartphones nutzen als bei der Arbeit. Lösen Sie sich heute von Ihrer Arbeit und schon morgen wird der Flow wahrscheinlicher.

KAPITEL 19

Eins nach dem anderen

Konzentrieren Sie alle Ihre Gedanken auf die Arbeit, die Sie gerade tun. Sonnenstrahlen können erst dann etwas anzünden, wenn sie sich in einem Brennpunkt sammeln.

ALEXANDER GRAHAM BELL

Der legendäre Management- und Produktivitätsphilosoph Peter Drucker sagte einmal, »echte Erfolgstypen erledigen eins nach dem anderen«. Der Hindumönch Svami Vivekananda mahnte seine Schüler ebenfalls, immer eins nach dem anderen anzugehen und »dabei die ganze Seele hineinzulegen und alles andere auszuschließen«.

Die Selbsthilfepioniere Og Mandino und Samuel Smiles dachten genauso. Mandino sagte: »Wer sich immer nur auf jeweils eine Sache konzentriert, kommt in der Welt voran.« Smiles mahnte, »der schnellste Weg, um vieles zu erledigen, ist, immer nur eines zu erledigen«.

Viele andere Ratgeber sagen dasselbe. Aber haben sie Recht? Ist Singletasking dem Multitasking wirklich überlegen? Ist es effektiver und besser für den Flow, eine Aufgabe nach der anderen anzugehen, als mehrere gleichzeitig? Das verrät uns das folgende Kapitel.

Der Wahnsinn des Multitaskings

Der Begriff Multitasking bezeichnet das gleichzeitige Ausführen mehrerer Aufgaben.[502] Es gibt zwei Arten: (1) *paralleles* und (2) *sequenzielles* Multitasking.

Ersteres bedeutet, man tut buchstäblich zweierlei zur selben Zeit wie Autofahren und dabei ein Gespräch führen, Gehen und eine Textnachricht schreiben oder Wäsche zusammenlegen, dabei Kaugummi kauen und sich eine Folge einer Fernsehserie anzuschauen. Letzteres bedeutet, dass man zwischen zwei oder mehr Aufgaben in (rascher) Folge hin- und herspringt, aktuell jeweils immer nur eine ausführt, aber immer wieder unterbricht, zum Beispiel wenn man dauernd zwischen E-Mail, Telefon, sozialen Netzwerken, persönlichen Gesprächen und anderen Aufgaben wechselt. Mit diesem Verhalten dürfte jeder Büroangestellte vertraut sein.

Beide Formen sind heutzutage weit verbreitet. Eine Studie, für die die Teilnehmer ihre Medienaktivitäten am Abend aufzeichnen sollten, zeigte: Sie wechselten durchschnittlich 21-mal zwischen Mobiltelefon, Tablet und Laptop und 95 Prozent von ihnen hatte dabei die ganze Zeit den Fernseher laufen.[503] Eine andere Studie ergab, dass 81 Prozent aller Amerikaner beim Fernsehen fast oder fast immer noch eine weitere Tätigkeit ausführen.[504]

Eine Studie von 2013 demonstrierte, dass Schüler und Studenten an Mittelschulen, in der Highschool und auf dem College ihre Lernsitzungen durchschnittlich alle sechs Minuten unterbrechen.[505] »Selbst während einer kurzen, 15-minütigen Beobachtungsperiode und im Wissen, dass sie beobachtet wurden, konnten sich die Teilnehmer nur eine kurze Zeit auf ihre Aufgabe konzentrieren, durchschnittlich weniger als sechs Minuten, bevor sie zu einer anderen wechselten«, schreiben die Forscher. Die Schüler und Studenten wechselten dabei meistens zu digitalen Medien wie Textnachrichten, sozialen Netzwerken oder Fernsehen als Ablenkung.

Eine Studie von 2004 zeigte, dass Büroangestellte durchschnittlich alle drei Minuten zu einer anderen Tätigkeit wechseln, also 20-mal pro Stunde.[506] Eine Studie von 2016 ergab, dass die durchschnittliche Konzentration von Büroangestellten auf eine Internetseite nur 40 Sekunden betrug.[507] Eine ähnliche Studie mit Collegestudenten stellte fest, dass sie am Computer durchschnittlich alle 48 Sekunden zu einer anderen Aufgabe wechselten – also 1,2-mal pro Minute oder mehr als 70-mal pro Stunde.[508]

Wenn Drucker seine Kollegen heute noch leben würden, hielten sie uns sicherlich alle für verrückt.

Das Multitasking-Gehirn

Für Ihr Gehirn sind beide Formen des Multitaskings übrigens ein und dasselbe. Das Gehirn kann nämlich in Wirklichkeit gar nicht »multitasken«. Weder beim parallelen noch beim sequenziellen Multitasking führt es jemals zwei Aufgaben gleichzeitig aus, sondern wechselt immer in rascher Folge zwischen beiden hin und her. Multitasking beschreibt lediglich ein Verhaltensmuster, nicht eine Form der Hirnaktivität.

Natürlich führt das Gehirn schon mehrere Prozesse gleichzeitig aus, und zwar die ganze Zeit über. Aber das gilt nur für *unbewusste*, reflexhafte und vollautomatisierte Funktionen wie Atmung, Durchblutung, Herzschlag oder Verdauung. Zwei oder mehr *bewusste* Prozesse kann es dagegen nicht gleichzeitig durchführen, sondern muss ständig zwischen ihnen hin- und herschalten. Anthony D. Wagner, Multitasking-Fachmann und Forscher, erklärt: »Der menschliche Geist beziehungsweise das Gehirn ist nicht dafür gebaut, dass zwei oder mehr Aufgaben gleichzeitig durchgeführt werden.«[509]

Das wissen wir aus neurologischen Studien mit bildgebenden Verfahren, die untersucht haben, was im Gehirn vor sich geht, wenn man versucht, Multitasking zu betreiben. Die Versuchspersonen lagen dabei in einem Gehirnscanner und sollten zwei oder mehr Aufgaben gleichzeitig ausführen. Zu sehen war, wie ihr Gehirn zwischen den neuronalen Netzwerken, die für die verschiedenen Aufgaben zuständig sind, hin- und herschalteten.[510] Erhielten sie zwei Aufgaben zur Ausführung, schaltete das Gehirn zwischen dem neuronalen Netzwerk für die eine und dem für die andere hin und her. Die neuronalen Netzwerke sind nie gleichzeitig aktiv. Es wird ständig zwischen ihnen hin- und hergeschaltet, ein ständiges An und Aus, An und Aus, An und Aus.

Wenn Sie jetzt sagen, dass das doch sicher viel Energie koste, dann haben Sie Recht. Auf neuronaler Ebene ist Multitasking aufwendiger als Singletasking: Das ständige Hin- und Herschalten zwischen mehreren neuronalen Netzwerken verbraucht Energie. Wagner schreibt, »Multitasking belastet unseren Geist. Versucht man es, muss man zwischen den einzelnen Aufgaben wechseln und belastet damit verstärkt die neurokognitiven Systeme, von denen die Aufmerksamkeit unterstützt, kontrolliert und aufrechterhalten wird … Multitasking hat seinen Preis – er besteht in erhöhter Beanspruchung dieser Systeme, und die erbrachte Leistung verschlechtert sich gewöhnlich dabei«.[511]

Umschaltkosten

Das von Wagner erwähnte Leistungsdefizit wird als *Umschaltkosten* (*switching costs*) bezeichnet.[512] Die offensichtlichsten Umschaltkosten sind höhere Fehlerquoten, geringere Qualität und längere Ausführungsdauer. Letztere kann beim ständigen Wechsel zwischen verschiedenen Aufgaben um 25 bis 100 Prozent gegenüber der Zeit zunehmen, die man braucht, wenn man eine Aufgabe nach der anderen ausführt.

Das Ausmaß der Kosten hängt zum Beispiel davon ab, wie oft man wechselt, wie anspruchsvoll die Aufgabe, wie alt die ausführende Person ist und wie groß ihre kognitiven Fähigkeiten sind.[513] Allgemein gilt, dass die Kosten umso höher sind, je öfter man wechselt, je anspruchsvoller die Aufgabe ist und je älter die ausführende Person ist. Bezahlen muss diese Kosten allerdings jeder beim Multitasking. »Die Verhaltenskosten beim Multitasking sind gewöhnlich unvermeidlich«, so Wagner. »Die Betreffenden brauchen fast immer länger, um eine Aufgabe auszuführen, und machen mehr Fehler, wenn sie zwischen mehreren Aufgaben hin- und herschalten, als wenn sie bei einer einzigen bleiben«.[514]

Das bestätigt ein Experiment von 2012, bei dem die Teilnehmer ein Sudoku- und ein Wörtersuch-Rätsel lösen sollten.[515] Alle Teilnehmer spielten zuerst eine Singletasking-Runde, bei der sie die Aufgaben nacheinander jeweils zwölf Minuten lang bearbeiteten. Dadurch sollten sie mit den Aufgaben vertraut gemacht werden, damit sie nicht aus Neugier von einer zur anderen wechselten. Das echte Experiment fand erst in der zweiten Runde statt, für die die Teilnehmer in drei Gruppen aufgeteilt wurden.

Die Singletasking-Gruppe bearbeitete die Aufgaben wieder jeweils zwölf Minuten lang. Die Multitasking-Gruppe wurde gezwungen, etwa alle vier Minuten zwischen beiden Aufgaben zu wechseln. Die Teilnehmer der »Wunsch«-Gruppe durften nach eigenem Wunsch zwischen den Aufgaben wechseln – entweder Singletasking oder Multitasking mit der einzigen Bedingung, dass sie jeder Aufgabe insgesamt zwölf Minuten widmeten. Die Teilnehmer aller Gruppen verbrachten also insgesamt gleich viel Zeit mit jeder der Aufgabe. Leistungsunterschiede mussten daher darauf zurückzuführen sein, wie häufig zwischen den einzelnen Aufgaben gewechselt wurde.

Das Ergebnis? Die Teilnehmer der Singletasking-Gruppe schnitten beträchtlich besser ab als die der Gruppe mit erzwungenem Multitasking: Sie füllten weit mehr Sudoku-Blöcke aus und fanden mehr Wörter. Und die dritte Gruppe? Ihre Teilnehmer wechselten durchschnitten 2,16-mal zwischen beiden Aufgaben. Die meisten wechselten mindestens einmal (71 %), aber manche (29 %) auch gar nicht. Insgesamt schnitten sie etwas besser ab als diejenigen, die zum Multitasking gezwungen wurden, aber immer noch weit schlechter als diejenigen, die Singletasking betreiben durften. Innerhalb der Gruppe schnitten diejenigen, die öfter wechselten, schlechter ab als diejenigen, die seltener oder gar nicht zwischen den Aufgaben hin- und herschalteten.

Insgesamt zeigte die Studie, dass häufigeres Wechseln zwischen einzelnen Aufgaben zu höheren Umschaltkosten führte; Multitasking verschlechterte gegenüber dem Singletasking die Leistung.

Die Studie zeitigte noch ein weiteres bemerkenswertes Ergebnis. Im Fragebogen, der nach dem Experiment auszufüllen war, sollten die Teilnehmer der »Wunsch«-Gruppe angeben, warum sie zwischen den Aufgaben gewechselt hatten. Sie gaben an, dass sie – fälschlicherweise – geglaubt hatten, damit ihre Leistung verbessern zu können. Viele Teilnehmer schrieben, sie hätten die Aufgabe gewechselt, um sich das Problem mit frischem Blick anzuschauen und so, wie sie glaubten, ihre Leistung zu verbessern. Das könnte ein Grund dafür sein, warum Multitasking heute so verbreitet ist: Man glaubt, damit effizienter zu sein. In Wirklichkeit ist das nicht der Fall.

Betrachten wir ein weiteres Experiment. Drei Gruppen Studenten sollten dafür ein Kapitel aus einem Buch lesen und einen Leseverständnistest absolvieren.[516] Die Teilnehmer der ersten Gruppe lasen einfach das Kapitel und füllten den Test aus. Die Teilnehmer der zweiten Gruppe tauschten zuerst einige Textnachrichten mit dem Versuchsleiter aus, lasen danach das Kapitel und füllten den Test aus. Die Teilnehmer der letzten Gruppe wurden durch denselben Textnachrichten-Dialog mehrfach beim Lesen unterbrochen und füllten danach den Test aus, was das typische Verhalten von Collegestudenten simuliert. Die Teilnehmer aller drei Gruppen schnitten im Test gleich gut ab, aber die der beim Lesen unterbrochenen Gruppe brauchten beträchtlich länger, um das Buchkapitel zu lesen. Auch nach Abzug der für die Textnachrichten verbrauchten Zeit waren sie um 22 bis 59 Prozent langsamer als diejenigen, die kein Multitasking betrieben hatten.

Fazit: Multitasking ist weniger effizient als Singletasking.

Multitasking und (kein) Flow

Ist Singletasking dem Flow förderlicher als Multitasking? Falls ja, wäre das eine weitere Erklärung dafür, warum es effizienter ist. Schließlich wissen wir, dass man im Flow-Zustand gewöhnlich produktiver ist als im Nicht-Flow.

Ein Forscherteam führte 2019 eine Erfahrungsstudie durch, um herauszufinden, ob Singletasking dem Flow wirklich förderlicher als Multitasking ist.[517] Büroangestellte aus verschiedenen Abteilungen wurden eine Arbeitswoche lang von Montag bis Freitag zweimal täglich angepiepst. Das war jeweils das Signal, einen Erfahrungsbericht über die letzten 30 Minuten unmittelbar davor abzugeben. In einem Fragebogen sollten sie Auskunft geben, ob sie Flow erlebt hatten (z. B. »Mir ist nicht aufgefallen, wie die Zeit verging«) und Multitasking betrieben hatten (z. B. »Ich arbeitete parallel an mehreren Aufgaben«).

Und siehe da, die Forscher fanden heraus, dass Multitasking negativ mit Flow korreliert. Wenn die Teilnehmer für die letzten 30 Minuten vor dem Abfragen eine hohe Multitasking-Quote angaben, dann auch relativ wenig Flow, und umgekehrt mehr Flow, wenn sie von weniger Multitasking berichteten.

Multitasking stört den Flow; Singletasking fördert den Flow. Eine Aufgabe nach der anderen zu erledigen, ist für den Flow förderlicher als mehrere Aufgaben gleichzeitig. Je öfter man zwischen einzelnen Tätigkeiten wechselt, desto geringer ist die Wahrscheinlichkeit für Flow-Erlebnisse. Und je weniger Flow man erlebt, desto weniger produktiv ist man tendenziell. Es besteht kein Zweifel, dass der Flow-Zustand beziehungsweise sein Ausbleiben zumindest teilweise erklärt, warum Singletasking dem Multitasking überlegen ist.

Die potenziellen langfristigen Kosten des Multitasking

Eine Aufgabe nach der anderen auszuführen ist effizienter und dem Flow förderlicher als ständiges Hin- und Herschalten zwischen Aufgaben; die unmittelbaren und kurzfristigen Folgen des Multitaskings sind verringerte Produktivität und weniger Flow.

Aber wie steht es mit den langfristigen Folgen? Kann Multitasking heute Ihr Flow-Potenzial morgen oder in den kommenden Wochen, Monaten und Jahren beeinflussen?

Es gibt tatsächlich einige anfängliche Hinweise, dass dies der Fall sein könnte. Die meisten Forschungen in dieser Richtung befassen sich mit *Medien-Multitasking,* das den gleichzeitigen Konsum mehrerer

Medien (z. B. Printmedien, Fernsehen, Bild- oder Tonaufzeichnungen, Textnachrichten, E-Mails oder Internet-Webseiten) oder den Konsum eines Mediums gleichzeitig mit dem Ausführen einer anderen Tätigkeit bezeichnet (z. B. Texten während eines persönlichen Gesprächs, Scrollen durch soziale Netzwerke, während der Fernseher läuft, oder Musikhören beim E-Mail-Schreiben).

Eine inzwischen berühmte Studie von 2009 teilte die Versuchspersonen in eine Gruppe ein, die intensives Medien-Multitasking betrieb, und in eine andere mit weniger Medien-Multitasking und verglich ihre Leistungen bei verschiedenen Kognitionstests miteinander.[518] Es stellte sich heraus, dass intensive Medien-Multitasking-Betreiber weniger Kontrolle über ihr Kurzzeitgedächtnis hatten, leichter durch irrelevante Umweltreize abzulenken waren und sich weniger gut auf eine gegebene Aufgabe konzentrieren konnten.

Die Erkenntnisse der Forscher waren alarmierend. Einer von ihnen sagte über Menschen, die intensiv Multitasking betreiben: »Wenn sie in einer Lage sind, in der sie mehreren Informationsquellen von außerhalb oder aus ihren Erinnerungen ausgesetzt sind, können sie nicht aussortieren, was für ihre laufende Tätigkeit relevant ist. Dieses Versagen des Filters bedeutet, dass sie von den irrelevanten Informationen behindert werden.« Ein weiterer Forscher fügte hinzu: »Sie konnten nicht anders, als über die Aufgabe nachzudenken, an der sie nicht arbeiteten. Wer intensiv Multitasking betreibt, berücksichtigt immer alle Informationen, die er gerade vor sich hat. Er kann sie im Geist nicht auseinanderhalten.«

Clifford Nass, der dritte und letzte Autor der Studie, zeichnete ein noch düstereres Bild und nannte Menschen, die intensives Multitasking betreiben, »leichte Opfer für Irrelevantes«, die »sich von allem Möglichen ablenken lassen«. In einem Interview zu seinen Forschungen sagte er, »Wer chronisch Multitasking betreibt, zeigt ein breites Spektrum von Defiziten. Diese Menschen schneiden bei allen Kognitionsaufgaben furchtbar schlecht ab, auch beim Multitasking selbst ... Wer die ganze Zeit Multitasking übt, kann nicht mehr aussortieren, was irrelevant ist, und hat sein Kurzzeitgedächtnis nicht unter Kontrolle. Diese Menschen sind chronisch abgelenkt und nehmen ständig größere Teile ihres Gehirns in Betrieb, die sie für die laufende Aufgabe gar nicht brauchen. Und dabei ... sind sie noch nicht einmal gut im Multitasking. Wenn man sie mehrere Aufgaben gleichzeitig ausführen lässt, können sie das sogar schlechter. Im Grunde sind sie geistige Wracks.«[519]

Wer intensiv Multitasking betreibt, so Nass weiter, »entwickelt geistige Gewohnheiten, die ihn daran hindern, sich wirklich zu konzentrieren. Er ist ein leichtes Opfer des Irrelevanten. Er kann nicht bei der Sache bleiben«. Auf die Frage, ob das Multitasking daran schuld sei, dass die Betroffenen ihre Fähigkeit verloren hatten, sich auf eine einzige Sache zu konzentrieren, stimmte er entschieden zu: »Das ist absolut richtig. Das Gehirn muss umlernen, um Multitasking betreiben zu können, und wenn man das die ganze Zeit macht ... Das Gehirn ist bemerkenswert plastisch, bemerkenswert anpassungsfähig. Wir bringen unserem Gehirn eine neue Art zu denken bei. Und wenn man dann wieder zurückschalten möchte auf die alte – das Gehirn ist plastisch, aber nicht elastisch. Es hat dann die alte Art zu denken verlernt.«

Noch erschreckender sei, erklärte Nass, dass diejenigen, die Multitasking betreiben, sich für unglaublich produktiv halten. Er sagte, es sei wohl möglich, ihnen die Konzentrationsfähigkeit wiederzugeben, indem man sie zwinge, ein paar Wochen lang auf Multitasking zu verzichten – aber die intensiven Multitasking-Arbeiter weigerten sich kategorisch, das zu tun.

Dieser anfänglichen Studie sind inzwischen viele weitere gefolgt. Eine Studie von 2017 fasst die Gesamtergebnisse ausgezeichnet zusammen: Wer intensiv Medien-Multitasking betreibt, gibt an, häufiger in Gedanken abzuschweifen, unaufmerksamer, impulsiver, leichter abzulenken, weniger selbstbeherrscht und weniger konzentrationsfähig zu sein und weniger Durchhaltevermögen aufzubringen.[520] (Diese Fähigkeiten sind hochgradig relevant für Flow-Erlebnisse.)

Diese Forschungen legen nahe, dass Multitasking langfristig die Fähigkeit, in den Flow zu finden, beeinträchtigt. Allerdings sollte man bedenken, dass alle diese Studien nur eine Korrelation aufzeigen, keine Kausalität. Es kann sein, dass häufiges Medien-Multitasking tatsächlich die erwähnten Veränderungen (Neigung zu abschweifenden Gedanken, geringeres Konzentrationsvermögen) verursacht. Es kann aber auch sein, dass von Haus aus impulsivere, leichter ablenkbare und weniger selbstbeherrschte Menschen auch eher zum Medien-Multitasking neigen. Auch beides zusammen kann der Fall sein. Das wissen wir nicht.

Was wir wissen, ist, dass unser Gehirn plastisch, also formbar ist und sich als Reaktion auf unser Alltagsverhalten ständig verändert.[521]

Häufiges Multitasking verändert das Gehirn auf jeden Fall. Bestehen diese Veränderungen in leichterer Ablenkbarkeit, vermehrt abschweifenden Gedanken, verringerter Konzentrationsfähigkeit und Selbstbeherrschung, erhöhter Impulsivität und geringerem Durchhaltevermögen? Kann sein. Ich jedenfalls finde diese Forschungsergebnisse beunruhigend genug, um mein Multitasking, ob mit oder ohne Medien, so weit wie möglich zu vermindern.

Zwölf Strategien gegen Multitasking

Wenn Sie mehr Flow erleben möchten, lassen Sie das Multitasking sein und üben Sie sich in Singletasking. Wechseln Sie so wenig wie möglich zwischen verschiedenen Aufgaben hin und her. Auch scheinbar harmlose Wechsel (z. B. ein schneller Blick in den E-Mail-Eingang, die sozialen Netzwerke oder Ihre Lieblings-Nachrichtenseite) kann das Flow-Erlebnis verhindern oder unterbrechen. Bleiben Sie möglichst lange bei ein und derselben Aufgabe. Arbeiten Sie konzentriert statt fragmentiert. Hier sind zwölf Strategien, die Ihnen dabei helfen.

1. Deaktivieren Sie Ihre Benachrichtigungsfunktionen

Die Benachrichtigungsfunktion Ihrer digitalen Geräte ist potenziell eine Hauptursache für den Wechsel zwischen verschiedenen Aufgaben. Oft unterbricht man seine laufende Tätigkeit, um nachzuschauen, was für eine Nachricht man bekommen hat und befasst sich dann auch gleich damit. Erste Studien zeigen jetzt, wie störend diese Notifikationen sind.

Eine Studie von 2016 legte nahe, dass Smartphone-Notfikationen Arbeitsleistung und Wohlbefinden der Allgemeinheit reduzieren könnten, indem sie zu ADHD-Symptomen führten,[522] nämlich Unaufmerksamkeit (Schwierigkeiten, sich auf eine einzige Aufgabe zu konzentrieren, leichte Ablenkbarkeit, rasches Auftreten von Langeweile beim Versuch, sich zu konzentrieren) und Hyperaktivität (körperliche Unruhe, innere Rastlosigkeit, Schwierigkeiten beim Stillsitzen und bei der Erledigung ruhiger Aufgaben und Aktivitäten). Wenn Ihnen eins dieser Symptome bekannt vorkommt, dann können solche Notifikationen zumindest teilweise dafür verantwortlich sein.

Man muss dabei bedenken, dass Notifikationen auch dann stören, wenn man sie ignoriert. Bei einer Studie genügte schon der bloße

Summton eines Nachrichteneingangs, um die Leistung bei einer anspruchsvollen Kognitionsaufgabe zu reduzieren.[523] Selbst, wenn die Teilnehmer sich den Inhalt der Benachrichtigung nicht anschauten, lenkte sie das bloße Wissen, dass sie eine Nachricht bekommen haben, schon ab. Wenn man eine Benachrichtigung erhält, möchte man unwillkürlich immer wissen, worum es geht. Dieser Drang lenkt von der Arbeit ab – *schau lieber nach, es könnte ja etwas Wichtiges sein!*

Die Notifikationsfunktion zu deaktivieren macht viel aus. Bei einer Studie berichteten Teilnehmer, die alle Benachrichtigungsfunktionen Ihrer internetfähigen Geräte für Stunden abschalteten, dass sie sich weniger oft mit den Geräten befassten und sich signifikant produktiver und weniger abgelenkt fühlten.[524]

Wenn Sie ernsthaft nach Flow streben, schalten Sie die Benachrichtigungen ab. Befassen Sie sich längere Zeit ungestört mit Ihrer Arbeit und schauen Sie erst nach dem Ende einer konzentrierten Arbeitssitzung wieder nach Ihren Benachrichtigungen. Dieser Ansatz verträgt sich gut mit der Empfehlung zum Sprinten-Ausruhen-Wiederholen aus Kapitel 17. Sprinten Sie so konzentriert wie möglich, schauen Sie Ihre Nachrichten am Anfang der Ruhephase an. So halte ich es, wann immer möglich.

2. Legen Sie Ihre VIP-Kontakte fest

Für manche Kontakte, zum Beispiel Ihren Boss, Abteilungsleiter oder Teamchef, manche Kollegen, Ihren Ehepartner und Ihre Kinder müssen oder wollen Sie vielleicht immer erreichbar sein. Wenn das der Fall ist, können Sie sie auf Ihren internetfähigen Geräten als VIPs einstellen, deren Nachrichten immer angezeigt werden. Das ist zwar ein bisschen lästig und zeitraubend, aber wenn Sie es einmal erledigt haben, profitieren Sie Wochen, Monate oder gar Jahre davon.

3. Erkennen Sie sich selbst

Studien, deren Teilnehmer Ihre Notifikationsfunktionen abschalten sollten, können zweierlei Ergebnisse bringen.[525] Manche Versuchspersonen fühlen sich nach dem Abschalten *weniger* gestresst und abgelenkt und dafür produktiver und konzentrierter; andere dagegen erleben *mehr* Stress, weil sie Angst haben, wichtige Meldungen zu verpassen oder die in sie gesetzten Erwartungen zu enttäuschen.

Eine solche Studie ließ Büroangestellte eine Woche lang ihre E-Mail-Benachrichtigungen abschalten. Manche Teilnehmer schauten danach tatsächlich weniger oft als sonst nach ihren E-Mails, andere aber umso öfter, damit ihnen keine wichtige Nachricht entging.[526]

Wenn Sie zu den Menschen gehören, die sich ohne Notifikationen unsicher fühlen, lassen Sie diese Strategie entweder aus oder geben sich Zeit, um sich an sie zu gewöhnen. Sie werden sehen, dass diese Ängste mit der Zeit leichter zu beherrschen sind. Oder schalten Sie die Notifikationen zwar ab, versprechen sich aber selbst, in einer halben oder einer Stunde nach den Mails zu schauen.

4. Wecken Sie Erwartungen

Erzählen Sie Ihrer Umgebung, dass Sie ab jetzt konzentrierter arbeiten wollen. Erklären Sie, warum Ihnen das wichtig ist und wie Sie es anstellen wollen, und warnen Sie sie vor, dass Sie ab jetzt nicht mehr so rasch auf Textnachrichten und E-Mails antworten. Sagen Sie Ihnen, der frühe Morgen (oder eine andere Tageszeit) sei ab jetzt Ihre Flow-Periode, in der Sie so wenig wie möglich kontaktiert werden wollen.

5. Nutzen Sie »Nicht-stören«-Signale

Überlegen Sie sich Signale, die klarmachen, dass Sie nicht gestört werden wollen. Stellen Sie ein Schild »Bitte nicht stören« auf Ihren Schreibtisch oder hängen Sie es an die Bürotür. Setzen Sie demonstrativ Kopfhörer auf, damit Sie nicht so oft angesprochen werden. Sie müssen dabei nicht einmal Musik hören.

Auch hilft es, wenn Sie Ihre Absichten ankündigen. Sie wollen sich nicht von aller Kommunikation abschotten, sondern nur so wenig möglich von der Arbeit abgelenkt werden.

6. Sperren Sie ablenkende Internetseiten

Unterbrechen Sie häufig Ihre laufende Tätigkeit, um in Ihrem E-Mail-Eingang nachzuschauen, durch die Feeds sozialer Netzwerke zu scrollen oder auf Ihrer Lieblings-Nachrichtenseite zu lesen, was es Neues gibt? Eine Möglichkeit, dieses Problem zu lösen, besteht darin, die ablenkenden Webseiten in Ihrem Browser zu sperren.

Eine Feldstudie von 2018 zeigt den Nutzen und auch die möglichen Fallen dieser Methode.[527] Für diese Studie installierten Büroangestellte die Blocking-Software *Freedom* und sperrten alle ablenkenden, nicht zur Arbeit gehörenden Internetseiten, und zwar eine Arbeitswoche lang jeweils während der Arbeitszeit.

Das Ergebnis? Die Teilnehmer gaben an, in diesem Zeitraum konzentrierter und produktiver gearbeitet und mehr Flow erlebt zu haben. Sie berichteten, »die Arbeit sei weniger zersplittert gewesen«, sie hätten »weniger Multitasking praktiziert«, »weniger zwischen verschiedenen Aufgaben gewechselt«, »länger an einer einzigen Aufgabe gearbeitet«, »sich länger konzentrieren können« und »längere Zeitabschnitte durchgearbeitet, ohne sich ablenken zu lassen«.

Ein Teilnehmer sagte, »Ja, ich war in dieser Woche produktiver. Ich denke über etwas nach, dann werde ich abgelenkt, dann muss ich neu anfangen, aber jetzt muss ich nicht mehr einen Schritt zurückgehen und von vorne anfangen ... Ich glaube, ich war in dieser Woche konzentrierter als vorher; es fiel mir leichter, mich besser zu konzentrieren, ich hatte auf jeden Fall mehr Konzentration.«

Kurz, die Teilnehmer beschrieben genau das Erlebnis unterbrechungsfreien Arbeitens, das dem Flow förderlich ist.

Die Teilnehmer berichteten auch, dass die Software das sogenannte *Rabbit-holing* verhindere, wodurch sie Zeit sparten und konzentrierter blieben. Unter *Rabbit-holing* versteht man das Abgleiten in »Kaninchenlöcher« (eine Metapher aus Lewis Carrolls *Alice im Wunderland*) des Internets, in die man immer tiefer hineingerät, ohne zu merken, wie die Zeit vergeht. Ein Teilnehmer schilderte es zutreffend so: »Wenn ich mich ein bisschen müde im Kopf fühle, dann mache ich Facebook auf, dann lese ich ein oder zwei Nachrichten, die mich oft zu einem Artikel führten, und dann schrieb ich einen bösen Kommentar dazu – und dann waren schon wieder fünf oder sieben oder zehn Minuten vorbei«. Ablenkende Webseiten zu blockieren reduzierte die Häufigkeit dieses Verhaltensmusters.

Zwei weitere Ergebnisse verdienen unsere Aufmerksamkeit. Erstens gaben mehrere Teilnehmer an, während der ablenkungsfreien Woche müder gewesen zu sein als sonst. Das liegt wahrscheinlich daran, dass Internetseiten, die nichts mit der Arbeit zu tun haben, einen leicht erreichbaren Pausenersatz für Büroangestellte bieten. Teilnehmer, die solche Pausen im Internet mit Pausen in der Realität ersetzten (z. B. durch einen Spaziergang, Yoga- oder Stretching-Übungen oder Schreibtischbesuche bei Kollegen) berichteten nicht von verstärkter Ermüdung. Nur diejenigen, die ohne Pause weiterarbeiteten, fühlten sich bei Feierabend müder als sonst.

Zweitens half das Blockieren ablenkender Webseiten nicht allen Teilnehmern. Selbstbeherrschte Teilnehmer, die Unterbrechungen bereits aus eigenem Antrieb möglichst vermieden, fanden die Software überflüssig und bevormundend. Sie sagten, sie könnten sich Besuche auf solchen Webseiten selbst verbieten und wollten lieber ihre Selbstbestimmung behalten. Die Sperr-Software eignete sich daher am besten für solche Teilnehmer, die besonders anfällig für Ablenkungen waren.

Das passt gut zu meinen eigenen Erfahrungen. Mir nutzten solche Internetsperren viel, als ich noch jünger und weniger selbstbeherrscht war. Inzwischen bin ich disziplinierter und brauche solche Fremdkontrolle nicht mehr. Ich kann mir selbst mehr Flexibilität und Freiheit einräumen und mich trotzdem noch ausreichend auf die Arbeit konzentrieren.

Wenn Sie glauben, es könnte Ihnen helfen, bestimmte Internetseiten während der Arbeit zu sperren, haben Sie eine große Auswahl entsprechender Programme, zum Beispiel *Freedom, RescueTime, FocusMe* oder *Cold Turkey*. Ich selbst habe früher mit FocusMe und Cold Turkey gearbeitet und war sehr zufrieden mit beiden. Zudem werden die Programme ständig verbessert. Sie finden leicht eins, das Ihren Bedürfnissen entspricht.

7. Legen Sie ein E-Mail-Zeitfenster fest

E-Mails sind eine weitere wichtige Ursache für den ständigen Wechsel zwischen einzelnen Aufgaben. Eine Studie von 2015 ergab, dass Büroangestellte durchschnittlich 74-mal am Arbeitstag, also etwa elfmal pro Stunde, in ihren E-Mail-Eingang schauten.[528] Eine weitere Studie legte nahe, dass 70 Prozent aller eingehenden Mails innerhalb von nur sechs Sekunden nach Eintreffen aufgerufen werden.[529]

Legen Sie daher bestimmte Zeitfenster fest, in denen Sie sich mit Ihren E-Mails befassen, statt sie sofort nach dem Eingang zu lesen und zu beantworten, zum Beispiel eine Stunde jeweils um 11 und um 16 Uhr. Legen Sie diese Zeitfenster im Voraus fest und halten Sie sich daran. Bei einer Studie sollten Büroangestellte ihre E-Mails nur dreimal am Tag nachschauen. Sie gaben an, weniger gestresst zu sein, was zu größerem allgemeinen Wohlbefinden, nach eigenen Angaben höherer Produktivität und sogar besserem Schlaf führte.[530]

Auch hier sollten Sie Erwartungen wecken und Ihre Umgebung im Voraus wissen lassen, dass Sie ab jetzt nicht mehr sofort antworten. Sie können zum Beispiel eine automatisierte Antwort einrichten: »Hallo, ich habe Ihre E-Mail empfangen. Um weniger abgelenkt zu werden und meine Zeit besser zu nutzen, überprüfe ich meine E-Mails nur noch um 11 und um 16 Uhr. Wenn es dringend ist, rufen Sie mich bitte im Büro an.«

8. Entfernen Sie sichtbare Anreize

Forschungen zu *Verhaltensauslösern* zeigen, dass Sinnesreize in der Umgebung unbewusst Verlangen und Verhalten auslösen. Der Anblick eines Apfels kann das Verlangen nach Gesundheit und Schlankheit auslösen. Wenn man an einem Fitness-Studio vorbeikommt, kann das den Wunsch auslösen zu trainieren, oder auch ein schlechtes Gewissen, weil man es nicht tut. Bekommt man einen Akt der Freundlichkeit mit, fühlt man sich vielleicht gedrängt, selbst freundlicher zu Mitmenschen zu werden.

Bei einer Studie wurden Süßigkeiten auf dem Schreibtisch einer Sekretärin in eine durchsichtige statt in eine undurchsichtige Schüssel gefüllt, wodurch sie sichtbarer, aber nicht zugänglicher wurden. Der Süßigkeitenkonsum erhöhte sich daraufhin um 46 Prozent.[531] Bei einer anderen Studie aßen diejenigen Teilnehmer, die Sandwichs in durchsichtiger Verpackung erhielten, mehr davon als diejenigen, die Sandwichs in undurchsichtiger Verpackung erhielten.[532]

Eine besonders aufschlussreiche Studie legte nahe, dass die Anzahl ablenkender Geräte in einer Arbeitsumgebung mit der Häufigkeit des Wechsels zwischen Aufgaben und mit der Arbeitsleistung korrelierte.[533]

Sichtbare Anreize aus Ihrer realen und digitalen Umgebung zu entfernen, ist also eine leichte und mühelose Methode, um zu erreichen, dass man sich selbst seltener unterbricht. Lassen Sie Ihr Smartphone in einem anderen Zimmer oder in der Schublade. Schließen Sie die Browsertabs ablenkender Webseiten. Entfernen Sie die Lesezeichenleiste in Ihrem Browser und lassen Sie beim Öffnen eines neuen Browsertabs eine leere Seite statt einer Schnellwahlseite anzeigen. Löschen Sie aus der Taskbar Ihres Bildschirms alle oder die meisten Schnellstart-Icons und verbannen Sie sie in einen Ordner, den Sie erst anklicken müssen, um sie zu sehen. »Aus den Augen, aus dem Sinn«, wie es so schön heißt. Es funktioniert!

9. Protokollieren Sie Ihr Verhalten

Forschungen zu Verhaltensänderungen zeigen durchgängig, dass gesteigertes Bewusstsein besseres Verhalten fördert. Wenn jemand, der Diät hält, seine Nahrungsaufnahme protokolliert, isst er gesünder und nimmt mehr ab.[534] Wer Sport treibt und protokolliert, wie viel er trainiert, trainiert mehr.[535] Wer einen Schrittzähler nutzt, wird alleine dadurch erwiesenermaßen körperlich aktiver und senkt seinen Körpermasseindex und den Blutdruck.[536]

Nutzen Sie diese Erkenntnisse für sich. Protokollieren Sie einfach, wie oft Sie zwischen verschiedenen Aufgaben hin- und herwechseln, oder wie lange Sie es schaffen, bei einer Aufgabe zu bleiben, bevor Sie unterbrochen werden, oder an wie vielen Aufgaben Sie während einer bestimmten Zeitspanne jeweils arbeiten (z. B. am Vormittag).

Ich habe manchmal eine Liste mit der Überschrift »Zuletzt nachgeschaut« auf meinem Schreibtisch, in der ich jeweils notiere, wann ich zuletzt auf mein Smartphone oder in die sozialen Netzwerke, den E-Mail-Eingang oder andere ähnliche Ablenkungen geschaut habe. Wenn mich der Drang überkommt, wieder nachzuschauen, sehe ich auf dem Blatt, »Moment, ich habe erst vor 22 Minuten nachgeschaut. In der kurzen Zeit kann sich nicht viel getan haben«. Das besänftigt meine Befürchtung, etwas zu verpassen, und ich kann beruhigt an die Arbeit zurückgehen. Ein solches Mitprotokollieren verringert meinen Drang zum Nachschauen und Aufgabenwechseln beträchtlich. Ich muss es nicht einmal dauernd tun, um die Vorteile zu ernten. Wenn ich hin und wieder einen oder zwei Tage lang mitprotokolliere, wie oft ich solchen Ablenkungen nachgebe, genügt das, um mich an meine Neigung zu erinnern, zu oft ablenkende Hilfsmittel und digitale Geräte zu konsultieren. Dieses Bewusstsein wiederum verbessert mein Verhalten jeweils tage- und wochenlang.

Wenn Sie am Computer arbeiten, können Sie auch ein Protokollierungsprogramm wie *RescueTime, Harvest* oder *Toggl* verwenden. Solche Programme bieten Ihnen Rückmeldungen zu Ihrem Nutzerverhalten im Internet und detaillierte Aufzeichnungen, wie viel Zeit Sie jeweils auf bestimmten Webseiten und mit einzelnen Programmen verbracht haben. Solche Apps gibt es auch für Smartphones und andere internetfähige Geräte.

Erste Studien dazu belegen die Wirksamkeit dieser Programme. Eine von 2016 zeigte zum Beispiel, dass ein Programm, das Internetnutzern zeigte, womit sie die letzten 30 Minuten verbracht hatten, die mit sozialen Netzwerken, E-Mails, Surfen und die gesamte im Internet verbrachte Zeit verringerten.[537] Eine Studie von 2020 überprüfte, ob die Produktivität der Teilnehmer sich steigerte, weil sie sich seltener und kürzer von einer Aufgabe ablenken ließen, wenn man ihnen zeigte, wie lange sie sich von einer Aufgabe hatten ablenken lassen. Und siehe da, die Teilnehmer, die dieses Programm nutzten, wechselten weniger oft von ihrer Aufgabe ins Internet, beendeten die Aufgabe schneller und machten weniger Fehler.[538]

10. Nutzen Sie Sammelbehälter

Unterbrechen Sie manchmal die Arbeit an einer Aufgabe, weil Ihnen einfällt, dass Sie noch etwas erledigen müssen (z. B. einen Freund anzurufen oder einen Termin auszumachen)? Oder weil Ihnen einfällt, dass Sie noch etwas überprüfen wollten (z. B. ob ein bestimmter Film noch im Kino läuft)? Oder weil Sie plötzlich den Drang haben, sich im Internet über ein interessantes Thema zu informieren (z. B. Strategien gegen Multitasking)?

Ein einfaches Hilfsmittel gegen solche Unterbrechungen sind *Sammelbehälter* – festgelegte Orte, an denen Sie alle Gedanken, Ideen und zu erledigenden Aufgaben notieren, die Ihnen einfallen, während Sie mit einer Arbeit beschäftigt sind. Statt dafür sofort zu unterbrechen, speichern Sie die ablenkenden Einfälle einfach für später, wenn Sie Zeit haben. So können Sie weiter an Ihrer eigentlichen Aufgabe arbeiten, ohne sich unterbrechen zu lassen.

Wenn ich zu einem bestimmten Thema im Internet recherchiere, lese ich die Artikel, die ich finde, nicht sofort, sondern füge sie meiner Liste bei Instapaper (einer Später-lesen-App) hinzu, und setze relevante Videos, statt sie gleich anzuschauen, auf eine Später-anschauen-Playlist. So muss ich nicht ständig zwischen Recherche, Lesen und Anschauen hin- und herschalten, sondern bleibe bei einer einzigen Tätigkeit.

Als Sammelbehälter eignet sich zum Beispiel die Notizfunktion Ihres Smartphones oder Computers, ein Notebook im Evernote-Programm, Bleistift und Papier, Später-lesen-Apps wie *Pocket* oder *Instapaper* und Später-anschauen-Playlists auf YouTube oder anderen Videoplattformen.

Ich muss dazusagen, dass ein Sammelbehälter nur dann funktioniert, wenn man den Inhalt regelmäßig abarbeitet. Wenn man ständig nur Ideen für später speichert, ohne sich dann darum zu kümmern, bekommen Sie die für unerledigte Aufgaben typischen Probleme (Kapitel 16). Ihr Geist ist sich unterschwellig bewusst, dass Sie den Sammelbehälter vernachlässigen, und will Sie ständig daran erinnern, den Inhalt abzuarbeiten. Wenn Sie sich angewöhnen, das regelmäßig zu erledigen, kommt Ihr Bewusstsein zur Ruhe und stört Sie nicht mehr mit ablenkenden Gedanken.

11. Gewöhnen Sie sich an Schwierigkeiten

Ein weiterer häufiger Grund dafür, sich von einer Aufgabe ablenken zu lassen, sind Schwierigkeiten mit dieser Aufgabe. Man neigt dazu, eine Arbeit zu unterbrechen, wenn man damit nicht weiterkommt und wenn sie einen frustriert, langweilt, ärgert oder auf andere Art abstößt. Um diesem unangenehmen Gefühl zu entkommen und sich besser zu fühlen, wechselt man zu einer angenehmeren Beschäftigung und lässt sich ablenken. Unterbrechung einer Aufgabe ist oft ein Versuch, negativen Gefühlen zu entkommen.

Wenn man mehr Flow-Erlebnisse möchte, muss man sich daher eine andere Einstellung angewöhnen und lernen, nicht beim ersten Anzeichen von Schwierigkeiten davonzulaufen. Wenn man eine Arbeit jedes Mal unterbricht, sobald man sich unbehaglich fühlt, schränkt man die Gelegenheiten, in den Flow zu finden, beträchtlich ein.

Was können Sie tun, wenn Sie sich unbehaglich fühlen? Erstens, laufen Sie nicht weg. Bleiben Sie vielmehr dran und lassen die unbehaglichen Gefühle zu. Betrachten Sie sie offen, neugierig und annehmend. Beurteilen Sie sie nicht, und versuchen Sie nicht, sie zu beherrschen oder zu verändern. Wenn Sie Ihre Gefühle beobachten und willkommen heißen, werden sie nachlassen und von selbst vorübergehen. Nach einer Minute oder so sind Sie wahrscheinlich in der Lage, mit der Aufgabe weiterzumachen. Wenn Sie einen stärker gegliederten Ansatz bevorzugen, versuchen Sie es mit der RAIN-R-Technik, die am Ende von Kapitel 21 beschrieben wird. (In Kapitel 21 geht es um schwierige innere Erlebnisse.)

12. Legen Sie ausreichende Pausen ein

Ein weiterer häufiger Grund für Wechsel zwischen verschiedenen Aufgaben ist Ermüdung. Es ist vergleichsweise einfach, sich zu konzentrieren, wenn man frisch und voller Energie ist. Wenn einem die Luft ausgeht, wird es viel schwieriger. Wenn unsere Batterien sich leeren, ist das Risiko am größten, Aufgaben unbeendet zu lassen, zu häufig hin und her zu wechseln und Ablenkungen nachzugeben.

Wenn Sie merken, dass Sie müde werden, machen Sie das Beste daraus und legen Sie eine echte Pause ein. Legen Sie die Aufgabe völlig zur Seite und schalten Sie vollständig ab. Begeben Sie sich nicht in die Grauzone des halbherzigen Weiterarbeitens ohne echtes Bemühen und ohne Konzentration. Denken Sie an die Lehren aus Kapitel 17: Die beste

Leistung bringt man, wenn man dem Schema Sprinten-Ausruhen-Wiederholen folgt – wenn man zwischen Energieverbrauch und Nachtanken wechselt. Ganz da sein oder ganz abschalten. In der Grauzone gibt es keinen Flow.

***

Wir haben dieses Kapitel mit Drucker, Vivekananda, Mandino und Smiles begonnen, die alle sagen, dass es effektiver ist, eins nach dem anderen zu erledigen, als mehrere Aufgaben auf einmal. Für mich besteht kein Zweifel daran, dass sie Recht haben. Singletasking ist dem Multitasking weit überlegen.

Wenn Sie mehr Flow erleben möchten, beenden Sie den Wahnsinn des Multitaskings. Wechseln Sie so selten wie möglich von einer Aufgabe zur anderen. Erledigen Sie eine nach der anderen, und bleiben Sie dabei so konzentriert wie möglich.

KAPITEL 20

Sinnesreize, die den Flow unterstützen

Sie sind das Produkt Ihrer Umgebung. Wählen Sie also eine Umgebung, die Sie Ihrem Ziel am ehesten näherbringt. Schauen Sie sich Ihr Leben im Hinblick auf die Umgebung an, in der Sie leben. Tragen die Elemente Ihrer Umgebung zu Ihrem Erfolg bei – oder hindern Sie sie daran?

W. Clement Stone

Ihre Umgebung beeinflusst Ihre Gedanken, Ihre Gefühle und Ihr Verhalten in hohem Maß. Das ist nichts Neues. Sie werden Tag für Tag daran erinnert.

Wenn ein Bulldozer in der Nähe Ihres Büros lärmt, fühlen Sie sich gestört und frustriert. Wenn es in Ihrem Schlafzimmer 30 Grad heiß ist, fällt Ihnen unweigerlich auf, dass die Hitze Sie am Einschlafen hindert. Wenn die Menschen Ihrer Umgebung beschissen drauf sind, merken Sie zwangsläufig, wie sich Ihre Stimmung ebenfalls verschlechtert.

Viele Umwelteinflüsse sind so beherrschend, dass Ihnen die Wirkung, die sie auf Sie ausüben, unmittelbar auffällt. Aber es gibt auch andere, unauffälligere – so unauffällig sogar, dass Sie gar nicht bemerken, welchen Einfluss sie auf Sie haben. Ich gebe Ihnen ein paar Beispiele.

Wenn Weinkäufer an einem Stand mit Weinen aus verschiedenen Ländern vorbeikommen, kaufen Sie eher französischen Wein, wenn dazu französische Musik gespielt wird, und eher deutschen Wein, wenn dazu deutsche Musik gespielt wird.[539]

In der Nähe eines Fast-Food-Restaurants zu wohnen, erhöht Ihr Risiko, fettleibig zu werden.[540] In einem wohlhabenden Viertel zu wohnen, führt zu einer materialistischeren Einstellung.[541] An einem Juweliergeschäft vorbeizugehen, macht Sie selbstsüchtiger und unfreundlicher.[542] Eine Tasse mit einem warmen Getränk statt einem kalten in der Hand zu halten, lässt Sie Fremde als »wärmer« und vertrauenswürdiger wahrnehmen.[543] Ein rotes statt eines blauen Trikots im Kampfsport verbessert Ihre Chancen zu gewinnen.[544] Aus größeren Behältern zu essen, führt dazu, dass man mehr isst, als wenn man aus kleineren Behältern isst – je größer der Teller, die Schale oder die Verpackung, desto mehr isst man.[545] Das ist ein gut abgesichertes Forschungsergebnis.

In der Luft verteilter Zitronenduft lässt Sie Ihre Umgebung für sauberer halten. Bei einer Studie führten Teilnehmer, die diesem »sauberen« Geruch ausgesetzt waren, dreimal so viele Handbewegungen aus, um, nachdem sie einen Keks gegessen hatten, Krümel vom Tisch zu fegen, als Teilnehmer, die dem Zitronenduft nicht ausgesetzt waren.[546] Bei einer anderen Studie ergab sich, dass Medizinstudenten sich eher an die Hygienevorschriften zum Händewaschen hielten, wenn Zitrusduft in der Luft lag.[547]

Der gemeinsame Tenor dieser Beispiele ist, dass Menschen von Umweltfaktoren beeinflusst werden, ohne diese Beeinflussung zu erkennen. Wenn die Versuchsteilnehmer gefragt wurden, ob ein bestimmter Umweltsinnesreiz einen Einfluss auf sie habe, verneinten die meisten dies. *Nein, die Musik hatte keinen Einfluss auf meine Weinauswahl. Nein, die Tellergröße hatte nichts damit zu tun, wie viel ich gegessen habe.*

Im folgenden Kapitel geht es darum, sich einiger dieser subtilen Umweltfaktoren bewusster zu werden, die Sie beeinflussen. Wenn Sie einmal über diese Faktoren Bescheid wissen, können Sie sie verändern und Ihre Umgebung so gestalten, dass sie Flow-Erlebnisse möglichst fördert.

Lassen Sie Licht herein

Die Beleuchtung übt einen starken Einfluss auf Ihre Gesundheit und Ihr Wohlbefinden aus; mit Junk-Licht fühlen Sie sich genauso elend und krank wie mit Junk-Food. Eine Untersuchung zu Beleuchtung in geschlossenen Räumen und ihre Folgen für Produktivität und Wohlbefinden ergab, dass unter den vielen Faktoren, die Menschen in Gebäuden beeinflussen, die Beleuchtung am stärksten wirkt.[548]

Die beste Wahl für Beleuchtung in geschlossenen Räumen ist immer *Tageslicht* – das natürliche Licht der Sonne, das durch Fenster oder andere transparente Flächen und reflektierende Oberflächen in den Raum fällt. Tageslicht ist künstlichem Licht weit überlegen. Es versorgt uns mit dem vollen Spektrum des sichtbaren Lichts, gibt uns wichtige Hinweise auf die Tageszeit und regelt unsere innere Uhr auf ideale Art und Weise. Das natürliche Licht der Sonne ist schließlich die Beleuchtung, unter der unsere Art entstanden ist und sich entwickelt hat. Es ist das Licht, das wir kennen, an das wir angepasst sind, und unter dem wir gedeihen.

Tageslicht hebt verglichen mit künstlichem Licht eher die Stimmung, erhöht Arbeitsleistung, Schlafqualität und Lernfähigkeit, senkt den Blutdruck, beschleunigt Wundheilung und verbessert unsere Gesundheit und unser Wohlbefinden.[549]

Bei Schülern verbesserte Tageslicht die Leistung bei Prüfungen und den Schlaf. Eine Studie ergab, dass die Schüler in den Klassenzimmern mit der größten Fensterfläche und dem meisten Tageslicht um 7 bis 18 Prozent bessere Ergebnisse bei standardisierten Tests erzielten als die Schüler in den Klassenzimmern mit der kleinsten Fensterfläche und dem wenigsten Tageslicht.[550] Eine andere Studie zeigte, dass Kinder, die durch große Fenster viel Tageslicht erhielten, durchschnittlich 36 Minuten länger schliefen als Kinder, die in ihrem Klassenzimmer wenig Tageslicht erhielten.[551] Tageslicht verbessert mutmaßlich auch den Schlaf, indem es die innere Uhr des Körpers positiv beeinflusst. Wie das genau funktioniert, würde im Rahmen dieses Buchs zu weit führen, aber mehr Tageslicht führt zu besserem Schlaf; das ist eine belastbare Erkenntnis.

Am Arbeitsplatz hat Tageslicht ebenfalls große Vorteile. Eine Studie von 2017 ergab, dass eine Optimierung des natürlichen Lichteinfalls in einem Büro Gesundheit, Wohlbefinden und Produktivität der Angestellten signifikant verbesserte.[552] Die Forscher schlagen vor, die Platzierung von Mitarbeitern in Büroräumen mit bestmöglicher Tageslichtversorgung zu einem der Hauptanliegen von Arbeitgebern zu machen. Eine weitere Studie kam zu dem Schluss, dass Unternehmen, die Beleuchtung mit Tageslicht wichtig nehmen, an ihren Arbeitsplätzen eine höhere Produktivität erzielen.[553] Die Studie nennt Firmen, die eine um 47 Prozent höhere Anwesenheitsquote in Gebäuden melden, die den Mitarbeitern darin möglichst viel Tageslicht bieten.

Bei einer weiteren aufschlussreichen Studie verglichen Forscher das Wohlbefinden und die Schlafqualität zweier Gruppen Büroangestellter. Die Angehörigen der einen Gruppe erhielten an ihrem Arbeitsplatz kaum Tageslicht, während die der anderen Fenster und viel Tageslicht an ihrem Arbeitsplatz hatten.[554] Das Ergebnis? Die Teilnehmer der Gruppe mit Fenstern am Arbeitsplatz schliefen durchschnittlich 46 Minuten länger pro Nacht als die der Gruppe mit Arbeitsplätzen ohne Fenster. Sie gaben auch an, sich vitaler zu fühlen, weniger körperliche Beschwerden zu haben und aktiver zu sein. Die Forscher fassten ihre Ergebnisse so zusammen: »Büroangestellte an besser beleuchteten Arbeitsplätzen zeigten tendenziell längeren Schlaf, höhere Schlafqualität und höhere Lebensqualität als Büroangestellte an schlechter beleuchteten Arbeitsplätzen.«

Die bis heute beeindruckendste Studie wurde 2020 veröffentlicht.[555] Dreißig Büroangestellte verbrachten dafür jeweils eine Woche in einer von zwei Büroumgebungen. Sie führten eine Woche lang ihre normale Arbeit von 9 bis 17 Uhr in Büro A und danach eine Woche lang in Büro B durch. Beide Büros waren so identisch wie möglich gestaltet, mit demselben Grundriss, derselben Möblierung und fast gleicher Temperatur, Luftfeuchtigkeit, Luftqualität und Umgebungslautstärke. Sie befanden sich im selben Teil des Gebäudes, direkt nebeneinander. Ihr einziger Unterschied bestand darin, dass eines der Büros signifikant mehr Tageslicht bot. Die Versuchsteilnehmer trugen Sensoren am Handgelenk, die ihren Schlaf protokollierten, und absolvierten jeweils am Freitag nach den Testwochen eine Prüfung ihrer kognitiven Fähigkeiten.

Das Ergebnis? Unter den besseren Beleuchtungsbedingungen schliefen die Teilnehmer durchschnittlich 37 Minuten länger pro Nacht und erzielten um 79 Prozent bessere Ergebnisse bei den kognitiven Tests. Das sind große Unterschiede. Ich vermute stark, dass die Arbeit im besser ausgeleuchteten Büro auch dem Flow-Erlebnis viel förderlicher war.

Es gibt außerdem interessante Forschungen zur Beeinflussung der Aufenthaltsdauer in Krankenhäusern durch Tageslicht. Eine Studie ergab, dass Patienten, deren Betten nahe am Fenster stehen, früher aus dem Krankenhaus entlassen werden als Patienten in Betten an der Tür.[556] Bei einer anderen Studie erlebten Patienten, die auf der »hellen« Seite eines Krankenhauses lagen (und deshalb mehr Tageslicht bekamen), weniger Stress und Schmerzen, nahmen 22 Prozent weniger Schmerzmittel pro Stunde und hatten um 21 Prozent geringere Schmerzmittelkosten im Vergleich zu Patienten auf der »dunklen« Seite desselben Krankenhauses.[557] Eine Studie mit Krankenschwestern zeigte, dass diejenigen, die Zugang zu Tageslicht hatten, niedrigeren Blutdruck hatten, öfter mit ihren Kollegen kommunizierten, öfter lachten und ihre Patienten in besserer Stimmung versorgten als Krankenschwestern, die viel in künstlichem Licht arbeiten mussten.[558]

Wie Sie sehen, hat Tageslicht tiefgreifende Wirkungen. Wenn Sie die Wahl haben, halten Sie sich in Umgebungen mit möglichst viel Tageslicht auf. Es kommt nicht darauf an, ob es durch Fenster, Glastüren, durchsichtige Dächer oder auf andere Weise einfällt. Wenn sie sich unter freiem Himmel aufhalten können, ist das natürlich umso besser.

Wenn Sie in einem fensterlosen oder anderweitig düsteren Raum aufhalten müssen, können Sie zum Beispiel:

- in gute künstliche Lichtquellen investieren, die das volle Tageslichtspektrum der Sonne abstrahlen. Die beste Wahl sind Glühlampen, Halogenbirnen oder LED-Tageslichtlampen. Sie sind Leuchtstoffröhren und normalen LEDs weit überlegen,[559]
- einen kleinen Lichtkasten, wie er für die Behandlung von Winterdepressionen verwendet wird, auf Ihren Schreibtisch stellen und ihn einschalten, wenn Sie einen Energie- und Wachheitsschub brauchen (aber nicht kurz vor dem Schlafengehen, das helle Licht hindert Sie dann am Einschlafen),
- in der Mittagspause und während anderer Arbeitspausen ins Freie gehen. Das natürliche Licht mindert die Wirkungen schlechter Raumbeleuchtung.

Die Beleuchtung beeinflusst Stimmung, Wachheit, Schlafqualität und andere Faktoren, die wiederum die Wahrscheinlichkeit Ihrer Flow-Erlebnisse beeinflussen. Eine gut ausgeleuchtete Umgebung unterstützt Sie dabei, in den Flow zu finden.

Schalten Sie den Lärm ab

Lärm ist ein vorherrschendes Problem in vielen Arbeits- und Wohnumgebungen. In Büros handelt es sich oft um hereindringenden Straßen- und Flugzeuglärm, die Unterhaltungen von Kollegen, Arbeitsgeräusche von Büromaschinen, Heizung und Lüftung sowie Klimaanlagen.

Eine Gallup-Umfrage von 2017 ergab, dass 75 Prozent aller Büroangestellten sich über Lärm am Arbeitsplatz beklagen, und 38 Prozent ihren Job wechseln würden, nur um ein Büro mit einer Tür zu bekommen.[560] Bei einer Umfrage gaben 99 Prozent der Befragten an, dass ihre Konzentration durch verschiedene Bürogeräusche beeinträchtigt werde, besonders durch Gespräche im Hintergrund und durch klingelnde Telefone auf unbesetzten Schreibtischen.[561]

Zu laute Geräusche sind ein Stressfaktor und können Leistung und Flow ernsthaft mindern. Angestellte in lärmintensiven Umgebungen zeigen verminderte Gedächtnis- und Rechenleistung, verstärkte Müdigkeit, verringerte Motivation, mehr Gesundheitsprobleme und höhere Stressbelastung.[562] Kinder in städtischer Umgebung, die in lärmbelasteten Wohnungen leben, schneiden bei Lesetests schlechter ab als Kinder aus leiseren Wohnungen im selben Gebäude.[563] Leseverständnistests in ruhigen Klassenzimmern fallen besser aus als solche in lauten Klassenzimmern.[564]

Wenn Sie Probleme mit Lärm haben, kaufen Sie sich einen aktiven Lärmschutzkopfhörer. Solche Geräte verbessern nachweislich die Arbeitsleistung in lärmbelasteten Arbeitsumgebungen.[565] Eine Studie ergab: Aktiver Lärmschutz wirkt am besten, wenn man zusätzlich Naturgeräusche einspielt. Mit diesen Einstellungen war die Arbeitsleistung genauso gut wie in stillen Umgebungen.[566]

Stellen Sie Ihre Wunschtemperatur ein

Wir haben wahrscheinlich schon alle an Orten arbeiten müssen, an denen uns entweder zu warm oder zu kalt war. Die Umgebungstemperatur wirkt nachweisbar auf Behaglichkeit, Konzentration und allgemeines Wohlbefinden. Interessanterweise ergeben Forschungen, dass die Leistung stärker leidet, wenn einem zu warm ist, als wenn einem zu kalt ist.[567] Weniger überraschend ist vielleicht, dass die Umgebungstemperatur sich bei anspruchsvollen Aufgaben stärker auswirkt als bei einfachen.[568]

Wenn Sie die Temperatur Ihrer Arbeitsumgebung selbst einstellen können, wählen Sie am besten 20 bis 22 Grad. Laut einer Metastudie von 24 Studien ist das die Temperatur, die geistige Leistung und Produktivität am meisten fördert.[569] Auch für den Flow ist sie am besten.

Wichtiger als die Temperatur an sich ist allerdings, dass Sie sich wohlfühlen. Das sogenannte *Temperaturwohlbefinden* wird nicht nur von der Temperatur, sondern auch von der Geschwindigkeit und Feuchtigkeit der Luft, der Kleidung und dem Stoffwechsel beeinflusst. Dabei bestehen große persönliche Unterschiede. Ich bevorzuge zum Beispiel eine deutlich niedrigere Umgebungstemperatur als meine Freundin. Bei einer Temperatur, bei der sie sich ziemlich wohlfühlt, fühle ich mich erhitzt und schwitze, fühle mich daraufhin unwohl und kann mich nicht mehr konzentrieren. Temperaturwohlbefinden ist ein sehr individueller Faktor. Stellen Sie also fest, bei welcher Temperatur Sie sich persönlich am wohlsten fühlen.

Achten Sie auf die Luftqualität

In der heutigen Gesellschaft verbringen viele Menschen 80 bis 90 Prozent ihrer Zeit in geschlossenen Räumen.[570] Die Luftqualität in Innenräumen wird oft vernachlässigt, hat aber entscheidenden Einfluss auf Gesundheit, Wohlbefinden und Produktivität.

Leider ist die Luftqualität in Innenräumen oft schlecht. Forschungen legen nahe, dass die Luftverschmutzung in Innenräumen zwei- bis fünfmal – und mitunter bis zu 100-mal – höher als draußen ist.[571] Das liegt daran, dass Innenraumluft alle Verschmutzungen der Außenluft und zusätzlich die im Innenraum selbst erzeugte enthält.

Innenraumluftverschmutzung ist ein ernstes Problem und führt zu einem hohen Aufkommen von Allergien, Atemwegsinfektionen, Asthma und sogenanntem *Sick Building Syndrome* (SBS) – trockenen, juckenden, entzündeten und brennenden Augen, Nasenreizung, Nebenhöhlenentzündungen, Atemwegsreizungen, Kopfschmerzen, Trägheit und geistiger Ermüdung.[572] Innenraumluftverschmutzung wirkt sich nachweislich negativ auf den Verlauf von Zuckerkrankheit, Entwicklungsstörungen des Nervensystems, Demenz, Schwangerschaften und vieles andere aus.[573] Laut dem *Lancet*-Ausschuss für Verschmutzung und Gesundheit sterben jährlich 800 000 Menschen an schlechter Luftqualität am Arbeitsplatz.[574]

Dieses Problem ist in Entwicklungsländern am schlimmsten, besteht aber auch in Industrieländern, wo Chemikalien aus Reinigungsmitteln und Konsumgütern, Möbeln und Baumaterialien sowie elektronischen Geräten und unzureichende Durchlüftung und Klimaanlagen die Luftqualität verschlechtern.[575]

Am wichtigsten für bessere Innenraumluft ist die *Durchlüftung*, also der Ersatz der Luft im Raum durch Außenluft, um Luftverschmutzung zu verdünnen und aus dem Gebäude zu entfernen. Intensive Durchlüftung führt zu guter Innenraumluftqualität.

Viele Studien zeigen, dass zu geringe Durchlüftung in Schulgebäuden mit höheren Fehlquoten, mehr Atemwegserkrankungen, schlechteren Prüfungsergebnissen und schlechter Gesundheit korrelieren.[576] Wird die Durchlüftung verstärkt, verringern sich alle diese Symptome signifikant.[577]

Für den Arbeitsplatz gilt dasselbe. In einer Studie von 2019 heißt es, »die Literatur zu den Auswirkungen der Durchlüftung im Büro auf Produktivität und Gesundheit ist sehr umfangreich«, und dass »die Entfernung häufiger Quellen der Luftverschmutzung und die Steigerung der Durchlüftung mit erhöhter Produktivität und einer Verringerung von kurzfristigen Krankmeldungen, SBS-Symptomen, Entzündungen, Atemwegsinfektionen, Asthma und Allergien korreliert«.[578] Eine Studie zeigte, dass eine Verdoppelung der Durchlüftung kurzfristige Krankmeldungen um 35 Prozent verringerte.[579] Bei einer weiteren Studie erhöhte eine Verdoppelung der Durchlüftungsrate die Produktivität der Mitarbeiter um 8 Prozent.[580]

Eine Metastudie von 2016 zum Zusammenhang von Produktivität und Büroumgebungsqualität ergab, dass die Qualität der Innenraumluft die Büroproduktivität stark beeinflusst; Arbeitsplätze mit hoher Luftqualität weisen eine höhere Arbeitsleistung bei typischen Büroarbeiten wie Textschreiben, Korrekturlesen und Rechnen auf.[581]

Wie können Sie die Luftqualität in Ihrer Innenraumumgebung verbessern? Hier sind einige Vorschläge:

- Säubern Sie den Bereich regelmäßig, und zwar mit natürlichen statt mit chemischen Reinigungsmitteln und einem guten Staubsauger mit Schwebstoff-Filter nach HEPA-Standard.
- Kaufen Sie sich einen Luftreiniger.
- Steigern Sie die Durchlüftungsrate manuell, indem Sie Fenster auf gegenüberliegenden Seiten des Raums öffnen, sodass Durchzug entsteht.
- Erhöhen Sie den Durchfluss des bereits installierten Lüftungssystems.
- Kaufen Sie ein besseres Lüftungssystem.

Persönlich beherzige ich vor allem die Ratschläge Nummer 1 und 3. Ich halte meine Wohn- und Arbeitsumgebung möglichst sauber, indem ich regelmäßig staubsauge und die anderen Oberflächen mit natürlichen Mitteln reinige. Ich lüfte jeden Morgen und jeden Abend vor dem Zubettgehen fünf bis zehn Minuten lang, und tagsüber alle paar Stunden. Wenn ich im Büro bin, lüfte ich gewöhnlich während der Pausen.

Wenn Sie die Luftqualität in Ihrer Arbeitsumgebung prüfen möchten, können Sie ein Luftqualitätsprüfgerät kaufen. Damit sehen Sie, wie gravierend das Problem ist und wie viel Sie ändern müssen, um es zu beheben. Mit einem solchen Prüfgerät können Sie auch nachverfolgen, welche Wirkung die verschiedenen Versuche der Luftverbesserung haben.

Räumen Sie auf … oder lassen Sie es

Eine Rolle spielt auch der Faktor, wie aufgeräumt und ordentlich Ihre Umgebung ist. Eine Studie von 2014 ergab, dass Menschen, die an unordentlichen Schreibtischen sitzen, weniger selbstdiszipliniert und hartnäckig, impulsiver und leichter frustriert und ermüdet waren als solche, die an ordentlichen Schreibtischen saßen.[582]

Die Forscher setzten die Teilnehmer für ihr Experiment entweder einem ordentlichen Arbeitsplatz oder einem unordentlichen Arbeitsplatz aus, an dem Papiere, Ordner und Becher über Schreibtisch, Regale und Fußboden verteilt waren. Jeder Teilnehmer bekam dann eine Liste mit Konsumgütern (z. B. ein teurer HDTV-Fernseher, ein Minikühlschrank, eine Klimaanlage, eine Schreibtischlampe oder einen Ski-Pauschalurlaub) vorgelegt und sollte angeben, wie viel er für die einzelnen Posten zu zahlen bereit sei. Die Teilnehmer im unordentlichen Raum nannten höhere Preise als die im ordentlichen Raum – ein Zeichen größerer Impulsivität und geringerer Selbstbeherrschung.

In einer anderen Fassung dieses Experiments sollten die Teilnehmer eine als schwierig bezeichnete Aufgabe lösen, die in Wirklichkeit unlösbar war. Diejenigen in der ordentlichen Umgebung blieben durchschnittlich fast 19 Minuten dabei, bevor sie aufgaben, mehr als 1,5-mal so lang wie diejenigen in der unordentlichen Umgebung (elf Minuten). Durchhaltevermögen angesichts einer frustrierenden Aufgabe ist ein klassisches Maß für Selbstbeherrschung, die auch hier in der ordentlichen Umgebung besser war.

Nach diesen Experimenten wurden die Teilnehmer jeweils gefragt, wie sie sich fühlten. Diejenigen im unordentlichen Raum gaben im Vergleich mit den Teilnehmern im ordentlichen Raum größere Erschöpfung, Ausgebranntheit, Überforderung und Müdigkeit an. Eine unordentliche Arbeitsumgebung, so die Forscher, begünstigt eine Erschöpfung der geistigen Ressourcen, die zu verringerter Selbstbeherrschung führt.

Eine Studie von 2013 kommt zu einem ähnlichen Schluss.[583] Die Teilnehmer, die in einem ordentlichen Raum saßen, spendeten beträchtlich mehr Geld und wählten gesündere Snacks als diejenigen in einem unordentlichen Raum. Die Forscher schlossen daraus, dass »eine ordentliche Umgebung (gegenüber einer unordentlichen) zu erwünschteren, normativ besseren Verhaltensweisen führt«.

Allerdings fand diese Studie auch einen Vorteil der unordentlichen Umgebung. In einer Fassung ihres Experiments hatten die Teilnehmer im unordentlichen Raum mehr kreative Ideen für neue Einsatzmöglichkeiten von Tischtennisbällen als diejenigen im ordentlichen Raum. Unordnung, so vermuten die Forscher, hilft einem, die Konventionen zu überwinden und schöpferischer zu denken.

Vielleicht ist Ihnen ein aufgeräumter Arbeitsplatz ja einen Versuch wert. Ich persönlich ziehe ihn einem unaufgeräumten jedenfalls vor. Gerümpel und Unordnung belasten meine Sinneswahrnehmung und stören meine Konzentration.

Legen Sie Ihr Smartphone weg

Wahrscheinlich haben Sie mehr Flow-Erlebnisse, wenn Sie Ihr Smartphone nicht mit an den Arbeitsplatz bringen. Warum? Weil das Mobiltelefon eine Hauptursache für das Wechseln zwischen verschiedenen Aufgaben ist und weil die Signale und Summtöne der Notifikationen einen auch dann ablenken, wenn man sie ignoriert. (Das haben wir ja in Kapitel 19 schon besprochen.) Es gibt aber noch einen weiteren Grund. Neuere Forschungen legen nahe, dass schon das Vorhandensein eines Mobiltelefons störend wirkt, selbst wenn es keine Signale von sich gibt und nicht verwendet wird.

Bei einer Studie von 2017 saßen die Teilnehmer an einem Rechner und sollte Aufgaben absolvieren, die ihre Aufmerksamkeit und kognitive Kapazität (die Fähigkeit des Gehirns, Daten aufzunehmen und zu verarbeiten) prüften.[584] Vor dem Test sollten alle Teilnehmer ihre Mobiltelefone stummschalten. Dann wurde ihnen nach dem Zufallsprinzip gesagt, sie sollten sie entweder auf den Schreibtisch legen, in die Tasche oder Handtasche stecken oder in einen anderen Raum bringen.

Das Ergebnis? Teilnehmer, die ihre Smartphones in einem anderen Zimmer deponierten, schnitten signifikant besser ab als diejenigen der beiden anderen Gruppen. (Die Teilnehmer, die ihr Telefon in der Tasche oder in der Handtasche hatten, hatten etwas bessere Ergebnisse als diejenigen, die es auf dem Schreibtisch liegen hatten. Ob das Smartphone jeweils ein- oder ausgeschaltet war oder mit dem Display nach oben oder unten abgelegt war, machte dabei keinen Unterschied.)

Diese Ergebnisse lassen vermuten, dass schon das bloße Vorhandensein Ihres Smartphones Ihre kognitiven Ressourcen verringert. Versuchsleiter Adrian Ward erklärt: »Wir sehen eine lineare Tendenz, die nahelegt, dass die kognitive Kapazität der Teilnehmer umso mehr zurückgeht, je besser wahrnehmbar das Smartphone ist.« Ward bezeichnet die bloße Präsenz des Mobiltelefons als »Gehirnbremse«.

Ward und seine Kollegen machten noch zwei weitere interessante Beobachtungen. Erstens waren sich die meisten Teilnehmer der negativen Auswirkungen nicht bewusst, die das bloße Vorhandensein ihres Smartphones auf ihre kognitiven Fähigkeiten hatte. Die Teilnehmer wurden nach dem Versuch gefragt, ob sie glaubten, der Aufbewahrungsort ihres Smartphones habe ihre Leistungen beeinflusst. In der überwältigenden Mehrzahl gaben sie an, der Ort, an dem sich ihr Mobiltelefon befand, habe ihre Leistung weder verbessert noch verschlechtert.

Zweitens beeinflusste das Vorhandensein des Mobiltelefons nicht alle Teilnehmer gleichermaßen. Die Studie maß die *Smartphone-Abhängigkeit* der Teilnehmer – in welchem Maß man sich auf das Mobiltelefon angewiesen glaubt, um den Alltag zu bestehen. Alle Teilnehmer schnitten ungeachtet des Ausmaßes ihrer Smartphone-Abhängigkeit gleichermaßen gut bei den Kognitionsaufgaben ab, wenn das Smartphone sich in einem anderen Raum befand. Lag es allerdings auf dem Schreibtisch oder steckte in der Tasche oder Handtasche, erzielten die stark vom Smartphone abhängigen Teilnehmer schlechtere Ergebnisse als die weniger abhängigen. Wenn Sie sich selbst als stark vom Smartphone abhängig betrachten, könnte es also besonders hilfreich für Sie sein, das Gerät aus Ihrer unmittelbaren Umgebung zu entfernen.

Andere Versuche haben ähnliche Ergebnisse erbracht. Eine Studie ergab, dass die bloße Präsenz eines Mobiltelefons bereits Lern- und Gedächtnisfähigkeit beeinträchtigte.[585] Eine andere stellte fest, dass die Präsenz eines Smartphones ablenkend auf Autofahrer wirkte, besonders auf solche, die stark von ihm abhängig waren, und sie möglicherweise einem höheren Unfallrisiko aussetzte.[586] Bei einer dritten Studie erwies sich das Vorhandensein eines Mobiltelefons als ablenkend und behinderte die Kognitionsleistung, selbst wenn es nicht das eigene Mobiltelefon des Teilnehmers, sondern das des Versuchsleiters war.[587]

Das Vorhandensein eines Mobiltelefons verringert außerdem die Qualität persönlicher Kontakte. Eine Studie von 2012 zeigte, dass das bloße Vorhandensein eines Mobiltelefons – es gehörte keinem der beiden Teilnehmer und lag sichtbar, aber nicht direkt im Blick der beiden auf einem Tisch in der Nähe – die Bildung persönlichen Vertrauens zwischen Fremden behinderte und das Ausmaß des Mitgefühls und Verständnisses der Beteiligten untereinander verringerte.[588] Eine ähnliche Studie ergab, dass Gespräche bei Nichtvorhandensein eines Smartphones als signifikant besser eingestuft wurden als solche bei Vorhandensein eines Smartphones.[589]

Fazit: Mobiltelefone lenken ab. Entfernen Sie Ihr Smartphone am besten aus Ihrer Umgebung, wann immer möglich. Lassen Sie es in einem anderen Zimmer, einem weit entfernten Schließfach, einer Tasche oder vielleicht sogar im Auto. Denken Sie daran, dass sein bloßes Vorhandensein Sie schon beeinflusst, auch wenn Sie das gar nicht merken.

Holen Sie die Natur ins Haus

Ein Aufenthalt in der Natur ist gesund. Wir haben in Kapitel 18 gesehen, dass eine natürliche Umgebung erholsamer als eine künstliche wirkt, und dieses Kapitel zeigt: Natürliches Licht ist gesünder als künstliches.

Wäre es da nicht sinnvoll, sich mehr Natur ins Büro, in die Schule und in die Wohnung zu holen und diese Orte damit naturnäher und folglich gesünder und erholsamer für uns zu gestalten?

Genau das ist die Grundannahme des *biophilen Designs*, eines Gestaltungsprinzips, das Züge und Merkmale der Natur in Gebäude integriert, um den Menschen, die sich darin aufhalten, in Kontakt mit der Natur zu bringen.[590] Biophiles Design holt mit Topfpflanzen, Aquarien, Zimmerspringbrunnen, Gärten, Futterstellen und begrünten Dächern, mit natürlichen Materialien, Formen und Farben und dem Einsatz von Tageslicht statt künstlicher Beleuchtung die Natur in unsere Innenräume.

Zugrunde liegt diesem Gestaltunsgprinzip die *Biophilie-Hypothese*. Sie besagt, dass der Mensch eine angeborene Verbindung zur Natur habe und der Kontakt mit der natürlichen Umgebung daher wichtig für sein Wohlbefinden sei.

Es gibt zwar noch relativ wenige Forschungen zum biophilen Design, aber erste Ergebnisse deuten auf ein großes Potenzial hin. Ein Aufsatz von 2015 legt nahe, dass biophiles Design ein breites Spektrum an Vorteilen bringt, zum Beispiel bessere körperliche Verfassung, niedrigeren Blutdruck, erhöhtes Wohlbefinden und größere Befriedigung, weniger Krankheitssymptome, bessere Gesundheit, mehr Zufriedenheit und Motivation, weniger Stress und Angstgefühle, verbesserte Problemlösungsfähigkeit und Kreativität, Aufmerksamkeit, Konzentration und soziale Kontakte und weniger Feindseligkeit und Aggression.[591]

In der Arbeitswelt werden biophil gestaltete Büros wahrscheinlich künftig immer beliebter. Bei einer Studie führte die Umwandlung eines gewöhnlichen in ein biophil gestaltetes Büro zu gesteigerter Produktivität, weniger Stress, mehr Wohlbefinden, einer besseren Zusammenarbeit unter Kollegen und größerer Zufriedenheit am Arbeitsplatz. [592]

Im weiteren Verlauf dieses Kapitels befassen wir uns mit verschiedenen Möglichkeiten, mehr Natur in unsere Arbeits- und Wohnumgebung zu holen.

Topfpflanzen

Die einfachste Methode, um lebendige, grüne Natur in Ihre Räume zu holen, sind Topfpflanzen. Sie sehen nicht nur schön aus, sondern verringern erwiesenermaßen den Stress und verbessern die Produktivität, Zufriedenheit am Arbeitsplatz, Gesundheit, Luftqualität und das allgemeine Wohlbefinden.[593]

In einer Studie von 2011 wurden die Teilnehmer in zwei Gruppen eingeteilt.[594] Eine Gruppe arbeitete in einem Büro mit Zimmerpflanzen, die andere im gleichen Büro, aber ohne Zimmerpflanzen. Dabei wurde ihre Aufmerksamkeit mit Tests geprüft. Der erste Test direkt beim Betreten des Raums zeigte keinen Unterschied in den Ergebnissen der beiden Gruppen. Das heißt, es gab vor dem Experiment keine Unterschiede zwischen den Teilnehmern der Gruppe mit Topfpflanzen und der Gruppe ohne Topfpflanzen.

Nach dem Anfangstest sollten die Teilnehmer eine anstrengende Korrekturleseaufgabe ausführen, um geistige Erschöpfung hervorzurufen, und anschließend ein zweites Mal einen Test absolvieren. Das Ergebnis? Diejenigen, die im Büro mit den Zimmerpflanzen arbeiteten, verbesserten im zweiten Durchgang ihre Leistung, diejenigen im anderen Raum nicht.

Eine Studie aus Taiwan testete die Wirkung von Zimmerpflanzen auf andere Weise.[595] Die Forscher zeigten den Teilnehmern Bilder sechs verschiedener Arbeitsplätze, die jeweils eine unterschiedliche Kombination von Fensterausblicken und Pflanzen aufwiesen: (1) ohne Fenster, ohne Pflanzen, (2) ohne Fenster, mit Pflanzen, (3) mit Fensterblick auf die Stadt, ohne Pflanzen, (4) mit Fensterblick auf die Stadt, mit Pflanzen, (5) mit Fensterblick auf die Natur, ohne Pflanzen, (6) mit Fensterblick auf die Natur, mit Pflanzen.

Während die Teilnehmer sich die Bilder ansahen, maßen die Forscher mehrere physiologische Parameter und fragten die Teilnehmer, wie viel Angst sie empfanden. Die Bilder wurden jeweils 15 Sekunden lang gezeigt. Die Konstellation mit dem Fensterblick auf die Natur und den Zimmerpflanzen hatte die vorteilhaftesten Auswirkungen: Sowohl die Angaben zur empfundenen Angst wie die objektiv gemessenen Stresswerte (z. B. Muskelanspannung und Erregung des Sympathikus) lagen dabei am niedrigsten. Das Gegenteil war der Fall bei den Bildern, die ein Büro ohne Fensterblick und ohne Zimmerpflanzen zeigten: Sowohl die subjektiv empfundene Angst als auch der objektive Stress lagen am höchsten.

Stellen Sie sich also am besten ein paar Zimmerpflanzen in Ihre Arbeits- und Wohnumgebung. Frische Schnittblumen zeigen erwiesenermaßen ähnliche positive Wirkungen und sind ebenfalls eine ausgezeichnete Möglichkeit.[596] Wenn Sie von Pflanzen nichts verstehen, macht das nichts. Die Grundlagen der Topfpflanzenpflege sind rasch und leicht zu erlernen. Ich habe auch keinen »grünen Daumen«, aber die meisten meiner Pflanzen gedeihen trotzdem gut. Falls Sie sich fragen, welche Pflanzenart für Ihre Räume am besten geeignet ist, hilft das Personal im örtlichen Gartencenter Ihnen gerne.

Ich jedenfalls habe, nachdem ich diese Forschungsergebnisse gelesen hatte, mehrere Zimmerpflanzen in meiner Umgebung aufgestellt. In meinem Büro stehen jetzt elf kleine bis mittelgroße Pflanzen. Natürlich kann ich nicht quantifizieren, wie viel Unterschied sie für Flow, Produktivität und Wohlbefinden machen, aber dass sie einen Unterschied machen, spüre ich. Mein Büro kommt mir ruhiger, entspannender und insgesamt angenehmer vor. Und auf jeden Fall sind sie ein schöner Anblick.

Holzerzeugnisse

Eine weitere Methode, um mehr Natur zu erleben, ist der Gebrauch von Gegenständen aus natürlichen Materialien wie Wolle, Baumwolle, Leinen, Holz oder Stahl statt aus Kunststoffen und Kunstfasern. Die Nutzung von Holzerzeugnissen ist einfach und es gibt einige interessante Forschungen zu diesem Thema.

Das Vorhandensein von Holz verringert nachweislich Stress und Angstgefühle, senkt Blutdruck, Herzfrequenz und Cortisol-Spiegel, steigert die Produktivität und verbessert die körperliche Gesundheit und das allgemeine Wohlbefinden.

Eine Studie verglich die Wirkungen eines 24-stündigen Aufenthalts in fast identischen Isolierzimmern von Krankenhäusern miteinander.[597] Der einzige Unterschied zwischen den Räumen bestand darin, dass einer mit Holz-Paneelen und Reisstrohpapier an den Wänden dekoriert war, während der andere noch die ursprünglichen Betonwände behielt. Im dekorierten Isolierzimmer hatten die Patienten einen durchschnittlich 20 Prozent niedrigeren Cortisol-Spiegel, ein Indikator für niedrigere Stresswerte. Die Teilnehmer fühlten sich im holzverkleideten Zimmer auch wärmetechnisch wohler als in dem mit Betonwänden.

In einer über ein Jahr durchgeführten Studie verglichen Forscher die Stressbelastung von Highschool-Schülern, die entweder in mit Holz verkleideten Klassenzimmer oder einem konventionellen Klassenzimmer ohne Holz unterrichtet wurden.[598] Im Verlauf des Schuljahrs zeigten die im hölzernen Klassenzimmer unterrichteten Schüler niedrigere Herzfrequenzen und weniger Stress. Bei einer weiteren Studie wiesen Teilnehmer, die eine belastende Denkaufgabe in einem Raum mit Holz ausführten, niedrigere objektive Stressindikatoren auf als Teilnehmer, die dieselbe Aufgabe in einem Raum ohne Holz ausführten.[599]

Andere Studien zeigen, dass hölzerne Betten die Schlafqualität verbessern, hölzerne Tische, Stühle und Geschirr emotionales Befinden und Beziehungen verbessern und das Vorhandensein von Holz am Arbeitsplatz Produktivität, Zufriedenheit mit dem Arbeitsplatz, die Stimmung und das allgemeine Wohlbefinden verbessert.[600]

Kurz, Holz in ihrer Umgebung ist gesund. Wenn Sie diese Vorteile nutzen möchten, können Sie zum Beispiel einfach hölzerne Gegenstände in Ihre Arbeits- und Wohnumgebung holen. Die meisten Gegenstände, die uns umgeben, und die meisten Werkzeuge gibt es aus Holz – hölzerne Stühle, Tische, Regale, Schreibtische, Garderoben, Betten, Bestecke, Teller, Schüsseln, Laptopständer, Tastaturen, Computermäuse, Bilderrahmen, Stifte, Terrassen et cetera.

Ich selbst habe ziemlich viele Holzgegenstände in meine Umgebung geholt, nachdem ich von den Vorteilen von Holz erfahren habe. Hat sich mein Leben deshalb völlig verändert? Bin ich jetzt ständig im Flow? Natürlich nicht. Aber ich glaube schon, dass Holzgegenstände eine positive Wirkung auf mich haben.

Naturanblicke

Bekanntlich sind Zimmer mit Fenstern besser als Zimmer ohne Fenster. Allerdings sind nicht alle Fenster gleich vorteilhaft; was man vor dem Fenster sieht, macht einen Unterschied. Naturanblicke sind vorteilhafter als städtische Anblicke wie etwa andere Gebäude, Parkplätze oder städtische Straßen.

Eine Studie von 1984 ergab, dass Patienten in Krankenzimmern mit Fenstern vor Bäumen schneller von Operationen genasen als Patienten, die durch das Fenster auf eine Ziegelwand schauten.[601] Patienten mit grünen Ausblicken brauchten weniger Schmerzmittel, wurden von den Krankenschwestern als besser gestimmt eingeschätzt und mussten nach der Operation weniger lange im Krankenhaus bleiben. Eine Studie von 2019 kam zu demselben Schluss. Sie zeigte, dass größere Zufriedenheit mit der Aussicht aus dem Fenster den Bedarf an Schmerzmitteln senkte und die Werte für subjektives Schmerzempfinden, Intensität des empfundenen Schmerzes und die Auswirkung des Schmerzempfindens auf Beziehungen, den Lebensgenuss und die Stimmung senkte.[602] Natürliche Ausblicke wurden als zufriedenstellender bewertet.

Auch am Arbeitsplatz zeigen Ausblicke in die Natur positive Wirkungen. Eine Studie ergab, dass Arbeiter, die in Büros mit Aussicht auf einen Wald saßen, weniger gestresst und zufriedener mit ihrer Arbeit waren als Arbeiter, die aus ihrem Fenster weder Wald noch eine andere natürliche Umgebung sehen konnten.[603]

Natürlich haben viele von uns nicht den Luxus, sich ihr Büro oder den Ort, an dem sie arbeiten, selbst auszusuchen. Wenn Sie am Arbeitsplatz kein Fenster mit Ausblick auf die Natur haben, ist das auch in Ordnung. Sie können sich dann stärker anderer natürlicher Elemente bedienen, zum Beispiel Zimmerpflanzen, Blumen, hölzerner Möbel oder Naturbilder. Sie können sich außerdem angewöhnen, während Ihrer Pausen eine naturnahe Umgebung aufzusuchen, wie in Kapitel 18 besprochen.

Naturgeräusche

Auch Naturgeräusche sind vorteilhaft. Aus einer Studie mit dem Titel »Grillenzirpen und Autohupen: Die Auswirkungen von Naturgeräuschen auf die kognitive Leistungsfähigkeit« stellten die Autoren fest, dass Naturgeräusche im Vergleich zu Stadtgeräuschen signifikante Verbesserungen der kognitiven Leistungsfähigkeit bewirkten.[604]

Die Naturgeräuschumgebungen enthielten hauptsächlich Vogelgesang, Insekten (z. B. Grillen), bewegtes Wasser (z. B. Regen, Meereswellen) und Wind. Die Stadtgeräuschumgebungen bestanden hauptsächlich aus Verkehrsgeräuschen, Maschinengeräuschen (z. B. dem Summen einer Klimaanlage) und den Hintergrundgeräuschen eines Cafés (mit unverständlichen Gesprächen).

Bei einer in Schweden durchgeführten Studie untersuchten Forscher die Auswirkungen verschiedener Geräusche auf die Erholung von Stress.[605] Die Teilnehmer sollten eine belastende Rechenaufgabe ausführen, während die Forscher ihre physiologischen Stresswerte maßen. Nach Abschluss der Aufgabe bekamen die Teilnehmer eine Erholungspause, in der sie sich eine von vier Tonaufnahmen anhörten: (1) Naturgeräusche mit zwitschernden Vögeln und Wassergeräuschen, (2) lauter Straßenverkehr, (3) leiser Straßenverkehr und (4) Hintergrundgeräusche, die aus dem leisen Surren eines Lüftungssystems bestanden. Die physiologischen Messwerte zeigten, dass die Teilnehmer sich mit den Naturgeräuschen am schnellsten vom Stress erholten. Die Forscher schlossen daraus, dass Naturgeräusche die Erholung nach einem psychischen Stresserlebnis fördern.

Eine weitere Studie untersuchte die Auswirkungen von Geräuschen auf Stresserholung und Stimmungsverbesserung.[606] Die Teilnehmer sahen sich Filmaufnahmen einer chirurgischen Operation an, um Unbehagen und negative Stimmung zu erzeugen. Bevor sie sich das Video anschauten, gaben die Teilnehmer auf einer Skala ihren Gefühlszustand an – wie glücklich, ruhig, energiegeladen, lebhaft, müde, melancholisch, mürrisch, liebevoll et cetera sie sich fühlten.

Nach dem verstörenden Videoclip hörten sich die Teilnehmer eine von vier Tonaufnahmen an: (1) Naturgeräusche mit Vogelgesang und Blätterrauschen, (2) Naturgeräusche mit Motorengeräuschen im Hintergrund, (3) Naturgeräusche mit menschlichen Stimmen im Hintergrund und (4) Stille. Danach füllten sie den Stimmungsfragebogen erneut aus. Das Ergebnis? Diejenigen, die sich die reinen Naturgeräusche angehört hatten, zeigten die größte Stimmungsverbesserung und erholten sich am besten vom Stress.

Inzwischen bietet das Internet kostenlosen und unbegrenzten Zugang zu Naturgeräuschen. Vielleicht können Sie sich ja während bestimmter Aufgaben oder nach einer besonders stressbelastenden Situation ja Vogelgesang anhören. Oder Sie spielen sich Meeresgeräusche vor, wenn Sie sich zu einem Nickerchen hinlegen, eine Pause machen oder nach Hause fahren. Ich selbst höre mir oft beim Kochen, Saubermachen und anderen Alltagstätigkeiten Vogelgesang an. Ich überlege außerdem, mir eine Soundbox mit Bewegungsmelder für das Badezimmer anzuschaffen – mir gefällt die Idee, bei Vogelgesang zu duschen oder mein Geschäft zu erledigen.

Naturgerüche

Wie in der Einführung erwähnt, macht Zitronenduft hygienebewusster und bewirkt, dass man seine Umgebung sauberer hält. Gerüche beeinflussen außerdem Stimmung, Aufmerksamkeit und sogar die sportliche Leistungsfähigkeit.

Mehrere Studien haben gezeigt, dass Rosmarinduftöl die Stimmung hebt und die kognitive Leistungsfähigkeit steigert. Bei einer Studie mit Schülern schnitten die Kinder bei Tests des Kurzzeitgedächtnisses besser ab, wenn sie in einem nach Rosmarin duftenden Zimmer saßen, als wenn sie in einem nicht nach Rosmarin duftenden Zimmer saßen.[607] Bei einer ähnlichen Studie mit gesunden Menschen, die älter als 65 Jahre waren, gaben diejenigen, die in einem nach Rosmarin duftenden Raum saßen, an, sich wacher zu fühlen, und schnitten bei anschließenden Gedächtnistests um 15 Prozent besser ab als diejenigen, die in einem nicht duftenden Raum saßen.[608]

Entsprechende Studien sind auch mit anderen Gerüchen durchgeführt worden, unter anderem mit Pfefferminzduft. Eine Studie zeigte, dass sich die Leistung bei Büroarbeiten in nach Pfefferminz duftenden Räumen im Vergleich zu nicht duftenden Räumen erhöhte.[609] Die Teilnehmer tippten unter anderem schneller und mit weniger Fehlern, wenn es nach Pfefferminz roch.

Auch die sportliche Leistungsfähigkeit wird durch Pfefferminz erhöht. Bei einer Studie gaben Sportler nach einem 15-minütigen Belastungstest auf einer Tretmühle an, weniger erschöpft, verausgabt und frustriert zu sein und sich kraftvoller zu fühlen, wenn sie dabei Pfefferminz rochen, als wenn sie keines rochen.[610] Bei einer ähnlichen Studie liefen Sportler in einem nach Pfefferminz duftenden Raum schneller, schnitten bei einem Handgriff-Stärketest besser ab und machten mehr Liegestütze.[611] Wenn Rugbyspieler Mundschutz mit Pfefferminzgeschmack tragen, geben sie an, sich energiegeladener und motivierter zu fühlen und auf dem Platz und beim Training mehr zu leisten.[612]

Wichtig ist, darauf hinzuweisen, dass unterschiedliche Gerüche verschiedene Wirkungen haben. Wenn Sie Ihre sportliche Leistung steigern möchten, wählen Sie am besten Pfefferminz. Wenn Sie Ihre allgemeine Erregung und Wachheit steigern möchten, probieren Sie Pfefferminz oder Rosmarin. Wenn Sie sich beruhigen und Ihre Erregung vermindern möchten, probieren Sie Jasmin, Ylang-Ylang, Kamille oder Lavendel.

Wenn Sie die Beduftung ausprobieren möchten, geht das am besten mit einer Duftöllampe. Sie sind vergleichsweise preisgünstig und in vielen Formen zu haben. Wenn Sie keine haben, geben Sie einfach einige Tropfen Duftöl in eine Schale mit warmem Wasser oder auf Ihr Handgelenk oder in Ihre Armbeuge. Falls Sie davon Hautreizung bekommen, mischen Sie es mit einem Trägeröl wie Oliven- oder Kokosnussöl, und tragen Sie die Mischung auf.

Eine weitere Möglichkeit sind Kräutertees. Oder Sie geben Rosmarin-, Pfefferminz- oder andere Kräuterblätter in ein Glas Wasser. Bei einer Studie förderte das Trinken von 330 Milliliter Rosmarinwasser die Kognitionsfähigkeiten genauso wie das Inhalieren von Rosmarin-Duftöl.[613] Pfefferminztee steigert nachweislich Erregung und Wachheit, während Kamillentee nachweislich die Erregung verringert und eine beruhigende Wirkung hat.[614]

Ich nutze Duftöle und Kräutertees jetzt seit einer Weile, kann aber nur schwer sagen, ob sie wirken. Allerdings bedeutet es nicht, dass keine Wirkung existiert, wenn einem keine auffällt. Ich will zwar nicht behaupten, dass irgendein Duft oder Tee mich in den Flow-Zustand versetzt hat, aber ich glaube schon, dass sie einen oder auch mehrere Versuche wert sind.

***

Manche Umgebungen sind dem Flow förderlicher als andere. Wenn Sie die in diesem Kapitel besprochenen Ideen umsetzen, können Sie Ihre Umgebung so verändern, dass ein Flow-Erlebnis wahrscheinlicher wird. Natürlich können Sie auch einfach mehr Zeit in Umgebungen verbringen, die dem Flow bereits förderlich sind. Zum Beispiel können Sie sich den Aktivitäten, für die Sie sich Flow wünschen, in einer möglichst natürlichen Umgebung widmen. Wenn Sie laufen gehen, ist ein Park oder Wald in Ihrer Nähe dafür besser geeignet als das Laufband oder Ihr Wohnviertel.

KAPITEL 21

Umgang mit Flow-störenden Emotionen

Wenn die Macht der Umstände deine Gelassenheit stört, versuche deine Selbstbeherrschung sofort zurückzugewinnen und verharre nicht unnötig in diesem unharmonischen Zustand. Wenn du dich daran gewöhnst, in ihn zurückzufinden, wird es dir stetig besser gelingen.

Marc Aurel

Mike und Melinda, zwei fiktive Kollegen, geraten während der Mittagspause in einen heftigen Streit. Beide kehren wütend und verärgert an ihre Arbeitsplätze zurück. Mike fällt es sehr schwer, den Streit hinter sich zu lassen. Er muss immer weiter daran denken und ist den ganzen Nachmittag aufgeregt. Deshalb kann er sich nur schwer auf seine Arbeit konzentrieren und erlebt nur sehr wenig Flow. Melinda dagegen kann die emotionale Störung hinter sich lassen und findet relativ schnell ihr inneres Gleichgewicht wieder. Deshalb kann sie sich auf ihre Arbeit konzentrieren und erlebt viel Flow.

Wie dieses Beispiel zeigt, ist Ihre Fähigkeit, sich von schwierigen persönlichen Erlebnissen zu erholen, entscheidend dafür, in den Flow zu kommen. Je besser Sie mit negativen Emotionen umgehen können und je leichter Sie sie hinter sich lassen können, desto mehr Flow erleben Sie.

Warum ist das so? Weil negative Gedanken und Gefühle die Konzentration auf die Aufgabe stören, die für den Flow-Zustand charakteristisch ist. Sie haben das sicher schon selbst erlebt: Man kann sich nur schlecht konzentrieren, wenn man ängstlich, wütend oder traurig ist. Neurologisch gesehen ist für negative Emotionen eine gesteigerte Aktivität des Default Mode Networks (DMN) typisch: Wie in Kapitel 9 dargestellt, muss dieses Hirnareal deaktiviert sein, um Flow zu ermöglichen.

Es ist einfach viel leichter, in den Flow-Zustand überzugehen, wenn man sich in einem Zustand der Positivität und inneren Harmonie befindet, als in einem der Negativität und Aufgewühltheit. Forschungen haben gezeigt, dass positive Gedanken und Gefühle den Flow erleichtern, während negative Gedanken und Gefühle den Flow verhindern und unterbrechen.[615]

Das folgende Kapitel soll Ihnen helfen, mit Wut, Angst, Traurigkeit und anderen negativen Emotionen besser umzugehen. Dadurch verbringen Sie weniger Zeit in negativen emotionalen Zuständen und mehr Zeit in Zuständen, die den Flow fördern. Im Ergebnis erleben Sie mehr Flow.

»Positive« und »negative« Emotionen

»Positive« Gefühle fühlen sich gut an, steigern die Leistungskraft und bringen unsere beste Seite zum Vorschein; »negative« Gefühle fühlen sich schlecht an, verringern die Leistungsfähigkeit und bringen unsere schlechteste Seite zum Vorschein. Aber das heißt nicht, dass negative Emotionen nur schlecht und positive Emotionen nur gut sind. Beide haben Vor- und Nachteile. Für ein gesundes und sinnvolles Leben brauchen wir beide, weil beide verschiedene Funktionen haben.

Negative Emotionen sorgen unter anderem für unsere Sicherheit und lassen uns aus unseren Fehlern lernen. Furcht hält einen davon ab, von einer Klippe zu springen. Angst bewirkt, dass wir für die Zukunft vorsorgen. Ekel macht uns auf mögliche Krankheitserreger aufmerksam. Schmerzhafte Schuldgefühle lehren uns, die eigenen moralischen Grundsätze einzuhalten. Wut und Frustration motivieren zu Veränderungen.

Negative Emotionen sind als Reaktion auf bestimmte Ereignisse normal und gesund. Es ist normal, angesichts einer drohenden Gefahr Furcht zu empfinden, angesichts einer Ungerechtigkeit wütend zu werden, Schuldgefühle zu bekommen, wenn man über sein eigenes Verhalten enttäuscht ist, und zu trauern, wenn ein Angehöriger gestorben ist.

Das Problem sind nicht die negativen Emotionen an sich, sondern unser Umgang mit ihnen. Mit den richtigen Fähigkeiten kann man »die Lehren daraus ziehen« und sie »hinter sich lassen«, ohne in selbstschädigendes Verhalten zu verfallen oder die eigenen moralischen Grundsätze zu verletzen. Wir können das Gute an den negativen Emotionen bekommen, ohne das Schlechte zu akzeptieren.

Emotionsregulierung

Dem Umgang mit den eigenen Emotionen widmet sich ein ganzes Forschungsgebiet – untersucht wird, wie der Mensch die Stärke, Dauer und Richtung seiner positiven und negativen Emotionen steigert, aufrechterhält oder verringert. Dieser Vorgang wird gewöhnlich als *Emotionsregulierung* bezeichnet.[616] Er gehört zum Bereich der emotionalen Intelligenz, auf die wir in Kapitel 6 bereits kurz eingegangen sind.

Die Forschung zur Emotionsregulierung hat nützliche und interessante Ergebnisse erbracht. Unter anderem hat sie gezeigt, dass manche Strategien zum Umgang mit Gefühlen besser wirken als andere, dass sich die bevorzugten Strategien der Menschen ebenso voneinander unterscheiden wie die Fähigkeit, ihre Emotionen zu regulieren, und dass das weitreichende Folgen für ihr Wohlbefinden hat.[617] Wer seine Emotionen gut regulieren kann, kommt im Leben viel besser zurecht als diejenigen, die damit Probleme haben, leidet mit geringerer Wahrscheinlichkeit an Depression, Angstzuständen und anderen psychischen Problemen, ist körperlich gesünder, hat positivere Beziehungen und persönliche Kontakte und erlebt mehr Flow.

Das Gute ist, dass man seine Strategien zur Emotionsregulierung ändern und seine Fähigkeit zur Emotionsregulierung verbessern kann. Dadurch erhöht man seine Lebensqualität und hat mehr Flow-Erlebnisse. Wenn man seine Fähigkeit zur Emotionsregulierung verbessert – und darum geht es im folgenden Kapitel –, macht man sich für den Flow bereit.

Für mich war es eine entscheidende Veränderung, die Ideen, die wir jetzt besprechen, kennenzulernen und anzuwenden. Ich kann seitdem mit meinem Innenleben effektiver umgehen und bin produktiver, beherrschter, ruhiger und insgesamt ein besser funktionierender Mensch. Gefühle beherrschen einen Großteil unseres Lebens. Wenn man nie lernt, mit ihnen angemessen umzugehen, schränkt man sein Potenzial stark ein. Wenn man lernt, mit ihnen angemessen umzugehen, und das Gelernte anwendet, geht es einem gut.

Wie studieren Forscher die Emotionsregulierung? Wie finden sie heraus, welche Strategien gut funktionieren und welche nicht? Die interessanteste Methode ist das sogenannte *Stimmungsinduktionsexperiment*. Bei solchen Experimenten lassen die Forscher ihre Versuchsteilnehmer im Labor Tätigkeiten ausführen, nach denen sie sich schlecht fühlen. Sie zeigen ihnen negative Filmausschnitte oder Bilder, lassen sie frustrierende Aufgaben ausführen, rufen ihnen unangenehme Erinnerungen aus ihrem Leben ins Gedächtnis oder lassen sie vor einer Kamera oder anderen Menschen Reden improvisieren.

Bevor die Teilnehmer sich diesen Aufgaben stellen, wird ihnen gesagt, dass die Aufgabe negative Emotionen hervorrufen wird, und dass sie auf eine bestimmte Weise mit diesen Emotionen umgehen sollen – sie unterdrücken, sie annehmen, sie ignorieren oder an ihre mögliche Ursache und ihren Nutzen denken. Anschließend vergleichen die Forscher die emotionalen und physiologischen Reaktionen der Teilnehmer bei Anwendung der verschiedenen Strategien zur Emotionsregulierung.

Wirkungslose Strategien steigern dabei die Intensität der negativen Emotionen und erhöhen insgesamt die Verzweiflung und geistige wie physiologische Erregung. Kurzum, sie verschärfen und verlängern negative emotionale Erlebnisse, während wirksame Strategien das Gegenteil bewirken und die Teilnehmer rascher ihre Ausgeglichenheit wiederfinden lassen.

Schauen wir uns eine Beispielstudie an. Bei diesem Experiment hörten die Teilnehmer sich Tonbänder an, die sie entweder aufforderten, ihre Gefühle anzunehmen oder zu unterdrücken.[618] Anschließend sollten sie diese Anweisung auf einen emotionsauslösenden Filmausschnitt anwenden. Es handelte sich um eine sechsminütige Szene aus dem Spielfilm *Die durch die Hölle gehen*, in der Soldaten in Kriegsgefangenschaft gezwungen werden, russisches Roulette zu spielen. Der Filmausschnitt ist dafür bekannt, Angstgefühle und andere negative Emotionen auszulösen, weil die Zuschauer befürchten müssen, dass die Soldaten sich in den Kopf schießen, und weil die Soldaten während eines Großteils der Szene weinend dargestellt werden. Vor, während und zwei Minuten nach der Filmvorführung füllten die Teilnehmer jeweils einen Fragebogen aus.

Das Ergebnis? Die Teilnehmer in beiden Gruppen empfanden vor und während der Vorführung jeweils gleich starke negative Gefühle. Zwei Minuten nach dem Filmausschnitt gaben jedoch die Teilnehmer in der Gruppe, die ihre Gefühle annehmen sollte, viel niedrigere Werte für ihre negativen Emotionen an als diejenigen in der Gruppe, die sie unterdrücken sollte. Anders ausgedrückt: Diejenigen, die ihre Gefühle annahmen, erholten sich schneller von der emotionalen Verstörung. Wie wir noch sehen, ist das ein häufiges Ergebnis beim Vergleich dieser beiden Strategien: Unterdrückung verlängert negative emotionale Erfahrungen, während Annahme sie verkürzt.

Fünf Tipps zum Umgang mit negativen Emotionen

Jetzt, da Sie wissen, was Emotionsregulierung ist und wie man sie erforscht, möchte ich Ihnen gerne einige der wichtigsten Ergebnisse dieser Forschungen schildern und lehrreiche Schlüsse daraus ziehen. Im weiteren Verlauf des Kapitels stelle ich fünf Grundsätze vor, um effektiv mit belastenden Gefühlen umzugehen. Wenn Sie diese Grundsätze befolgen, verbessern Sie Ihre allgemeine Fähigkeit zur Emotionsregulierung, Ihre emotionale Intelligenz und Ihre Bereitschaft zum Flow.

1. Nicht unterdrücken

Wieder und wieder habe ich mir gesagt, wenn ich mich abends schlafen legte, nachdem mir irgendeine widrige Angelegenheit den Tag vergällt hatte: »Ich werde nicht mehr daran denken! ... Es hilft überhaupt nichts, es immer wieder durchzugehen. Ich denke an etwas anderes!« Und nach zehn Minuten habe ich mich doch immer mitten in dieser elenden Sache wiedergefunden und mich sinnlos mit all den alten Sorgen gequält.

Lewis Carroll

Unterdrückung bedeutet, dass man dagegen ankämpft, was in einem vorgeht.[619] Sie kann darin bestehen, Emotionen von sich zu schieben, sie »tief nach unten« zu drücken, sie einzudämmen oder auf andere Weise zu versuchen, sie nicht zu erleben. Das ist eine kämpferische Haltung – man kämpft, unmerklich oder auch merklich, gegen das Erleben an. Was man erlebt, gefällt einem nicht, also versucht man, es nicht zu erleben. Sucht man nach Synonymen, findet man Begriffe wie Überwindung, Triumphieren, Auslöschung, Beherrschung oder im Zaum halten.

Unterdrückung ist eine häufige, aber kontraproduktive Weise, mit schwierigen persönlichen Erlebnissen umzugehen.[620]

Wenn Forscher Teilnehmern an einer Stimmungsinduktionsstudie sagen, sie sollen ihre negativen Emotionen unterdrücken, erleben die Teilnehmer in der Regel eine Verstärkung gerade dieser negativen Emotionen. Wenn sie versuchen, ihre Wut zu unterdrücken, werden sie noch wütender. Wenn sie versuchen, ihre Angst zu unterdrücken, werden sie noch ängstlicher. Wenn sie versuchen, ihre Traurigkeit zu unterdrücken, werden sie noch trauriger. Gewöhnlich wird bei den Versuchspersonen auch gesteigerte Herzfrequenz, höherer Blutdruck und allgemeine physiologische Erregung festgestellt. Wenn wir Gefühle unterdrücken, werden wir aufgeregter, verzweifelter und emotionaler.

Was man nicht haben will, kommt wieder, wie es so schön heißt. Oder, wie es C. G. Jung ausdrückt, »Was man nicht haben will, kommt nicht nur wieder, sondern wächst noch dabei«.

Je mehr man versucht, unerwünschte persönliche Erlebnisse zu verdrängen, desto beherrschender und aufdringlicher werden sie. Unterdrückung verschärft und verlängert negative emotionale Erlebnisse. Es ist, als würde man versuchen, ein Feuer mit Benzin zu löschen.

Eine weitere Metapher für das, was geschieht, wenn man Emotionen unterdrückt, ist Treibsand. Wenn man in Treibsand gerät, ist die natürliche Reaktion, sich zu bemühen und darum zu kämpfen, ihm zu entkommen, aber je mehr man strampelt, desto tiefer versinkt man. Etwas Ähnliches geschieht, wenn man versucht, seine Gedanken und Emotionen zu unterdrücken. Je mehr man versucht, sie loszuwerden, desto stärker und unausweichlicher werden sie, und desto länger stecken wir in ihnen fest.

Und das Unterdrücken von Emotionen hat noch einen weiteren Nachteil: Es ist anstrengend. Jeder weiß, dass Selbstbeherrschung Mühe kostet – es kostet Mühe, dem Plätzchen zu widerstehen, sich für das Gesündere zu entscheiden, andere nicht anzuschreien, sein Training durchzuziehen, wenn man eigentlich zu faul ist. Das eigene innere Erleben zu beherrschen, ist genauso ermüdend.

Viele Studien zeigen, dass Unterdrücken die geistige Energie erschöpft.[621]

So sollten zum Beispiel bei einem Experiment die Teilnehmer ihre Gefühle unterdrücken, während sie sich einen traurigen Filmausschnitt ansahen.[622] Die Teilnehmer einer Kontrollgruppe sollten sich nur den Film anschauen, ohne ihre Emotionen irgendwie besonders zu regulieren. Gezeigt wurde ein neunminütiger Ausschnitt aus dem Spielfilm *Der Champ*, in dem ein Junge mitansieht, wie sein Vater stirbt, nachdem er bei einem Boxkampf schwer verletzt wurde. Nachdem sie sich den Ausschnitt angesehen hatten, führten die Teilnehmer eine 20-minütige Aufgabe aus, die der Messung ihrer kognitiven Erschöpfung diente. Das Ergebnis? Diejenigen Teilnehmer, die ihre Emotionen unterdrücken sollten, schnitten bei der anschließenden Kognitionsaufgabe schlechter ab, was darauf hindeutet, dass die Unterdrückung sie geistig erschöpft hatte.

Das ist kein triviales Ergebnis. Die geistige Energie des Menschen ist begrenzt, und wenn sie einem zeitweilig ausgeht, verliert man das Vermögen, sich selbst zu beherrschen. Wenn unsere Energiereserven erschöpft sind, neigen wir dazu, bei unserer Diät zu schummeln, zu viel zu trinken oder wichtige Aufgaben zu verschieben. Unterdrückung von Emotionen kann zu nachfolgendem Versagen der Selbstbeherrschung führen. Falls Sie sich je gefragt haben, warum manche Menschen disziplinierter als andere sind – diese Forschungsergebnisse beantworten die Frage teilweise: Selbstbeherrschung und Emotionsregulierung gehen Hand in Hand. Wenn Sie disziplinierter werden möchten, hören Sie auf, Ihre Emotionen zu unterdrücken, und lernen Sie, sie gesünder zu regulieren.

Das Fazit lautet: Wir können unerwünschte persönliche Erlebnisse nicht niederkämpfen. Sie zu unterdrücken führt zu einem ebenso erschöpfenden wie kontraproduktiven inneren Kampf. Je mehr wir kämpfen, desto mehr Aufruhr schaffen wir.

Das erscheint instinktiv sinnvoll: Ein Kampf ist schließlich das Gegenteil der Harmonie, die bezeichnend für den Flow ist. Je mehr man kämpft, desto weniger Flow erlebt man. Entsprechend gilt auch, je weniger man gegen seine innere Welt ankämpft, desto harmonischer und Flow-affiner wird das Leben. Beenden Sie den Krieg gegen sich selbst und Sie finden zu mehr Flow.

Die Weißer-Bär-Versuche

Daniel Wegner, Forscher an der Harvard University, führte in den 1980er-Jahren das erste große Experiment zur Unterdrückung von Gedanken durch. Wegner sagte seinen Versuchspersonen, sie sollten fünf Minuten lang nicht an einen weißen Bären denken und jedes Mal eine Glocke läuten, wenn ihnen trotzdem der Gedanke an einen weißen Bären kam. Die Teilnehmer bekamen gesagt, sie könnten denken, woran sie wollten, solange es kein weißer Bär sei.

Das Ergebnis? Wie sehr sie es auch versuchten, konnten die Teilnehmer den weißen Bären nicht aus ihren Gedanken verbannen. Sie konnten Gedanken an weiße Bären nicht unterdrücken. Die folgende Mitschrift der laut geäußerten Gedanken eines Teilnehmers zeigt das Problem: »Ich versuche an Tausenderlei zu denken, um an irgendetwas Anderes außer einem weißen Bären zu denken, und ich denke immer wieder daran. Also ... ähm, schau, da ist eine braune Wand. Aber jedes Mal, wenn ich versuche, nicht an einen weißen Bären zu denken, denke ich ja gerade an einen.«[623]

In den folgenden Jahren führte Wegner viele weitere Experimente durch. Er kam immer zu demselben Ergebnis: Es ist unmöglich, willkürlich und auf Verlangen bestimmte Gedanken aus dem Bewusstsein auszuschließen. Und das gilt auch für Gefühle, Begierden, Wünsche, körperliche Empfindungen und andere persönliche Erlebnisse. Man kann nicht einfach nicht an etwas denken, etwas nicht fühlen oder etwas nicht begehren. Man kann diese Erlebnisse nicht unterdrücken.

Wegner machte noch eine weitere Entdeckung: Gerade der Versuch, ein Erlebnis zu unterdrücken, hat die paradoxe Wirkung, dieses Erlebnis zu verstärken. Zu versuchen, an etwas Bestimmtes nicht zu denken, löst die paradoxe Wirkung aus, dass man erst recht daran denkt. Bewusst zu versuchen, keine Angst zu haben, macht einen paradoxerweise nur noch ängstlicher. Je mehr man versucht, einen Gedanken, eine Emotion oder eine Begierde zu unterdrücken, desto hartnäckiger bleiben sie und desto stärker beeinflussen sie einen. Wegner schloss daraus: »Unterdrückung ist nicht nur eine wirkungslose Taktik geistiger Kontrolle, sondern eine kontraproduktive, weil sie genau den Geisteszustand verstärkt, dem man entkommen wollte.«[624]

Der Mensch kann sein Innenleben nicht so einfach kontrollieren wie das Äußere. Wenn ich Ihnen sagen würde, »Koche mir ein Abendessen, sonst erschieße ich dich«, würden Sie sofort anfangen zu kochen. Wenn ich Ihnen sagen würde, »Hol mir ein Bier, sonst erschieße ich dich«, würden Sie sofort loslaufen. Aber wenn ich sage »Entspanne dich, oder ich erschieße dich« oder »Hab keine Angst, sonst erschieße ich dich« oder »Denk nicht an einen weißen Bären, sonst erschieße ich dich«, dann wären Sie geliefert.[625]

Es ist unmöglich, das eigene persönliche Erleben bewusst zu beherrschen. Und je mehr man es versucht, desto stärker erlebt man das, was man vermeiden wollte.

Natürlich ist es schon möglich, das eigene Erleben in einem gewissen Ausmaß zu kontrollieren, aber nur indirekt. Man kann zum Beispiel Alkohol trinken, um die Nerven zu beruhigen, mit einem Freund sprechen, um Schmerzen zu lindern oder, wie wir gleich sehen, die eigenen Emotionen beobachten, damit sie einen nicht überwältigen.

2. Nicht grübeln

Sie saß am Fenster und schaute nach innen statt nach draußen. Ihre Traurigkeit verzehrte ihre Gedanken. Sie sah ihr Leben als misslungen an, aber wann genau es misslungen war, konnte sie nicht sagen. »Wie ist es so weit gekommen, dass ich mich so fühle?«, fragte sie sich immer wieder. Mit dieser Frage wollte sie ihren depressiven Zustand überwinden und ihn heilen. Stattdessen führten ihre Fragen sie immer tiefer in sich selbst hinein – und entfernten sie von dem Weg, der zu ihrer Genesung geführt hätte.[626]

ANONYM

Grübeln wird als »wiederholtes Denken an Symptome, Ursachen, Umstände, Bedeutung, Implikationen und Folgen depressiver Stimmung und Verzweiflung« definiert.[627] Es wird oft durch negative Selbstbewertung, unvorteilhafte Vergleiche mit anderen und unvorteilhafte Vergleiche der gegenwärtigen Lage mit einer unerreichten, perfektionistischen Norm charakterisiert.[628] Wenn Nachdenken übermäßige Formen annimmt (»Overthinking«) und allzu negativ, wiederholt und unaufhaltsam wird, spricht man von Grübeln.

Genau wie die Unterdrückung von Gedanken und Gefühlen ist Grübeln eine kontraproduktive Art des Umgangs mit inneren Erlebnissen.

Wenn Forscher in Stimmungsinduktionsstudien Grübeln hervorrufen (z. B. indem sie die Teilnehmer wiederholt über die Ursachen einer negativen Emotion nachdenken lassen), kommen sie unweigerlich zu dem Schluss, dass Grübeln jede laufende negative Emotion des Betreffenden verschärft.[629] Ein trauriger Mensch wird noch trauriger, ein wütender Mensch noch wütender, ein ängstlicher Mensch noch ängstlicher. Manche Forscher bezeichnen Grübeln als »emotionales Vergrößerungsglas«, weil es vorhandene negative Emotionen verstärkt.[630]

Grübeln behindert außerdem die Konzentration, verringert das Selbstvertrauen, schwächt die Motivation und verstärkt Selbstkritik und Pessimismus. Auf körperlicher Ebene erhöht es Blutdruck, Herzfrequenz, Cortisol-Spiegel und andere Stresssymptome. Sonja Lyubomirsky, führende Forscherin zum Grübeln, die sich seit über 30 Jahren mit dem Thema befasst, bezeichnet die Kombination von Grübeln und negativen Emotionen als »vergiftend«.[631]

Aber wenigstens versucht man beim Grübeln doch, eine Lösung für die Probleme zu finden, oder? Sicher wird man eine finden, wenn man nur intensiv und lange genug darüber nachdenkt. Leider ist das nur selten der Fall. Auch wenn Grübler gewöhnlich angeben, über ihre Probleme nachzudenken, um sie zu lösen, deuten die Belege stark darauf hin, dass Grübeln die Problemlösung in Wirklichkeit erschwert, und zwar weil Grübeln Probleme als überwältigender und schwerer lösbar darstellt und die eigene Kreativität, das Selbstvertrauen und die Motivation schwächt, Lösungen, die man findet, auch umzusetzen.[632] Laut Lyubomirsky gewinnt man dadurch keine Erkenntnisse über die eigenen Probleme, sondern eine verzerrte und pessimistische Sicht auf das Leben.[633]

Für den Flow ist Grübeln natürlich hinderlich. Grübeln verstärkt und verlängert negative Gedanken und Emotionen und fördert Selbstkritik, Pessimismus und weitere Vorgänge, die dem Flow im Weg sind. In Kapitel 9 haben wir ja außerdem gesehen, dass Grübeln ein anderes Wort für DMN-Aktivität ist, ein klares neurologisches Anzeichen, dass Grübeln dem Flow entgegensteht.

Über die eigenen Emotionen *nachzudenken*, kann helfen, aber übermäßiges Nachdenken hilft nicht. *Nachdenken* hilft, die Emotionen zu regulieren, Grübeln bewirkt das Gegenteil. Natürlich weiß ich, dass man nicht immer aus freiem Willen grübelt. Für viele von uns, auch mich, ist es eine Angewohnheit. Wir können es oft nicht aufhalten, auch wenn wir es gerne würden. Aber die Strategien, die wir im Folgenden besprechen, helfen nicht nur gegen negative Emotionen, sondern auch gegen grüblerisches Nachdenken.

3. Umdenken und Neubewerten

Nichts ist gut oder schlecht, man hält es bloß dafür.

William Shakespeare

Neubewertung oder *Umdenken* bedeutet, dass man eine Situation anders zu sehen beginnt, um ihre emotionale Wirkung zu ändern. Es geht dabei darum, Situationen, Emotionen, Empfindungen et cetera positiver zu betrachten und das, was einen verstört, positiver zu interpretieren.

Thomas Edison liefert ein gutes Beispiel. Als sein Forschungslabor niederbrannte und Jahrzehnte seiner Arbeit zerstört wurden, soll er seinem Sohn gesagt haben, »Hol deine Mutter und alle ihre Freundinnen. So einen großen Brand sehen sie nie wieder«. »Mach dir keine Sorgen«, beruhigte er seinen Sohn, »das ist schon in Ordnung. Wir sind gerade eine Menge Müll losgeworden«. Edison legte die Situation positiv aus, und daher war auch sein emotionales Erlebnis positiv. Hätte er die Situation negativ interpretiert – dass dies das Schlimmste sei, was passieren konnte, dass er solches Pech habe, dass seine Laufbahn am Ende sei und sich die Welt gegen ihn verschworen habe –, hätte er großen emotionalen Aufruhr erlebt (Wut, Zorn, Selbstmitleid etc.).

Bei vielen Menschen ist die erste Bewertung nicht so positiv wie Edisons. Deshalb müssen wir die Situation *neubewerten* – wir müssen umdenken und unsere Ansicht über sie ändern. Wenn es uns gelingt, eine bessere Interpretation zu finden, verbessern sich auch unsere Emotionen.

Umdenken und Neubewerten ist eine der wirksamsten Strategien zur Emotionsregulierung, die man anwenden kann.[634] Stimmungsinduktionsstudien zeigen, dass Umdenken und Neubewerten die Intensität negativer Emotionen verringern und den Teilnehmern helfen, rasch ihr inneres Gleichgewicht wiederzufinden. In manchen Fällen kann die Neubewertung buchstäblich von einer Sekunde zur anderen aus einem negativen in einen positiven emotionalen Zustand versetzen. Bei einer Studie dazu wurde den Teilnehmern ein Bild von Menschen gezeigt, die vor einer Kirche stehen und weinen, was Gefühle der Traurigkeit hervorrief.[635] Dann bekamen sie gesagt, es handele sich um eine Hochzeit, und die Tränen seien Freudentränen. Sowie die Teilnehmer die Fotografie neu bewerteten, änderte sich auch ihre emotionale Reaktion.

Wenn sich Ihre Interpretation ändert, folgen die Emotionen nach. Gefühle folgen der Bewertung.

Umdenken und Neubewerten verringert außerdem nachweislich die Herzfrequenz, den Blutdruck und andere physiologische Erregungssymptome, aktiviert die rationaleren Teile des Gehirns und legt den emotionaleren Teilen die Bremsen an. Neubewerten beruhigt uns und bewegt uns aus dem Zustand der »heißen« Emotionalität in einen der »kühlen« Gelassenheit. Wenn es um Flow geht, ist Neubewerten ein mächtiger Verbündeter.

Aber wie stellt man das an? Wie kann man zu hilfreichen Interpretationen finden? Es gibt viele Möglichkeiten. Sie können einfach versuchen, die positiven Seiten einer schwierigen Situation zu sehen. Fragen

Sie sich: Was ist das Gute daran? Was könnte ich daraus lernen? Welche unerwarteten guten Folgen könnte das haben?

Sie können sich an die größeren Zusammenhänge erinnern und sich sagen, dass das, was passiert ist, im Großen und Ganzen nicht so schlimm ist. Oder Sie können sich daran erinnern, dass die Situation zwar jetzt unangenehm ist, aber auf lange Sicht Ihr Leben verbessern könnte – Schwierigkeiten zu bestehen lässt Sie wachsen, indem es Ihrem Wesen Tiefe hinzufügt und Sie widerstandsfähiger, mitfühlender, verständnisvoller und empfindsamer macht.

Ein anderer Ansatz besteht darin, sich nützliche Sprüche und Metaphern ins Gedächtnis zu rufen, zum Beispiel: Was einen nicht umbringt, macht einen stärker. Jeder Verlust ist ein Gewinn. Ein schlechter Tag für das Ego ist ein guter Tag für die Seele. Jede Wolke hat einen silbernen Rand. Was leuchten soll, muss brennen. Vor der Dämmerung ist es immer am dunkelsten. Keine Rose ohne Dornen. Auch dies wird vorübergehen.

Ich selbst erinnere mich oft an die folgende Geschichte:

Es war einmal ein chinesischer Bauer, dem sein Pferd weglief. Am Abend kamen alle Nachbarn vorbei und sagten, »Das ist wirklich schlimm«. Er meinte nur: »Vielleicht.« Am nächsten Tag kam das Pferd zurück und brachte sieben Wildpferde mit. Alle Nachbarn kamen vorbei und sagten, »Das ist wunderbar, oder?«. Er meinte nur, »Vielleicht«. Am nächsten Tag versuchte sein Sohn, eins der Wildpferde zu zähmen. Es warf ihn ab, und er brach sich das Bein. Alle Nachbarn kamen vorbei und sagten: »Das ist wirklich schlimm.« Er sagte nur: »Vielleicht.« Am nächsten Tag kamen Werber der Armee und hoben Rekruten aus. Seinen Sohn nahmen sie nicht mit, weil er ein gebrochenes Bein hatte. Alle Nachbarn kamen vorbei und sagten: »Das ist wunderbar, oder?« Er meinte nur, »Vielleicht«.[636]

Diese Geschichte nimmt jeder Situation sofort die Schärfe, beruhigt mich und öffnet mich für positive Interpretationen. Statt zu jammern, mich zu beklagen oder mich in Selbstmitleid zu wälzen, bewerte ich die Situation neu: *Vielleicht ist das gar nicht so schlimm. Welchen Vorteil hat es? Wie kann ich daraus lernen und daran wachsen?*

4. Achtsam annehmen und beobachten

> *Statt zu versuchen, unangenehme Gefühle loszuwerden, öffnen wir uns für sie und nehmen sie an. Wir machen Platz für sie und gestatten ihnen zu kommen und gehen, wenn sie es möchten. Das heißt nicht, dass wir sie mögen, wollen oder gutheißen; wir hören bloß auf, Zeit und Mühe zu investieren, sie zu bekämpfen. Und je mehr Raum wir diesen schwierigen Gefühlen geben können, desto geringer ist ihre Wirkung und ihr Einfluss auf unser Leben.*
>
> RUSS HARRIS

Achtsamkeit definiert sich als bewertungsfreie, auf den gegenwärtigen Moment gerichtete Wahrnehmung dessen, was gerade geschieht. Manche sehen sie als aus zwei Bestandteilen zusammengesetzt, allerdings wird über die genaue Definition heftig debattiert.[637] Die Bestandteile sind: (1) dauerhafte Aufmerksamkeit für das gegenwärtige Erleben und (2) eine Haltung der Offenheit, Neugier und Akzeptanz für dieses Erleben.

Wenn wir mit Achtsamkeit an unsere Emotionen herangehen, wird sie zur Strategie der Emotionsregulierung. Forscher sprechen dann von *achtsamer Emotionsregulierung, achtsamer Akzeptanz* und *experientieller Akzeptanz*. Diese Begriffe bedeuten alle dasselbe; ich verwende sie hier austauschbar.

Achtsame Emotionsregulierung heißt, dass man seine Gefühle annimmt, statt ihnen zu widerstehen oder sie zu bekämpfen. Das bedeutet, seine Emotionen wahrzunehmen, ohne sie zu bewerten, sich mit ihnen zu identifizieren, sie zu beeinflussen oder sie auf irgendeine Weise zu verändern. Sie selbst nehmen dabei die Rolle eines unparteiischen (aber mitfühlenden) Beobachters ein. Statt gegen Ihr Erlebnis anzukämpfen, »lassen Sie es zu«. Statt zu versuchen, persönliche Erfahrungen zu kontrollieren oder zu verändern, lassen Sie sie einfach geschehen. Sie schauen einfach offen, neugierig und annehmend zu, was sich in Ihnen abspielt.

Natürlich bedeutet diese Annahme des inneren Erlebens nicht, dass man auch jede äußere Situation so annehmen soll, wie sie ist. Eine Frau, die in ihrer Beziehung misshandelt wird, sollte das zum Beispiel nicht als Schicksal akzeptieren, sondern im Gegenteil etwas dagegen tun. Wenn sie entsprechende Schritte unternimmt (z. B. ihren Partner verlässt), wird sie vermutlich Angst und andere negative Emotionen erleben. Es ist die Annahme dieser Emotionen und anderer schwieriger persönlicher Erlebnisse, die achtsame Akzeptanz ausmachen.[638] Weisheitstraditionen wie Buddhismus, Hinduismus und Taoismus empfehlen diesen Ansatz seit Jahrtausenden, und die moderne Forschung holt langsam auf. Studien aus den vergangenen zwei Jahrzehnten haben bestätigt, was weise Menschen schon seit Langem wissen: Das eigene Innenleben anzunehmen, ohne zu versuchen, es zu verändern, hat die paradoxe Wirkung, es zum Besseren zu verändern. Indem man den Versuch aufgibt, die eigenen Gedanken und Gefühle zu kontrollieren, gewinnen wir mehr Kontrolle über sie. Was man wegschiebt, kommt zurück. Was man annimmt, löst sich auf. Es verschwindet, geht weg. Sorgenvolle Gedanken und Emotionen anzunehmen, hilft einem, sich zu erholen und sie hinter sich zu lassen. Experientielle Akzeptanz ist eine kontraintuitive, aber sehr wirksame Strategie der Emotionsregulierung.

Bei Stimmungsinduktionsstudien erleben Teilnehmer, die ihre Emotionen achtsam annehmen sollen, tendenziell Verringerungen der Herzfrequenz, des Blutdrucks und der allgemeinen physiologischen Erregung. Sie erleben einen Rückgang der Intensität negativer Emotionen und insgesamt eine Reduktion ihrer Aufgeregtheit und ihres inneren Tumults. Wie das Neubewerten hilft auch das Annehmen, vom »heißen« emotionalen Zustand in den »kühlen« und gesammelten zu gelangen. Es beruhigt und hilft uns, schnell das innere Gleichgewicht wiederzufinden. Negative Emotionen anzunehmen hilft, sie hinter sich zu lassen.[639]

Interessanterweise bewirkt experientielle Akzeptanz nachweislich eine Verringerung der DMN-Aktivierung.[640] Wie erwähnt handelt es sich dabei um das Hirnareal, das deaktiviert werden muss, um Flow zu ermöglichen. Akzeptanz erleichtert auf sehr konkrete Weise den Flow, indem sie dafür bereit macht.

Wir haben diese positiven Auswirkungen auf die DMN-Aktivität in Kapitel 9 bereits gesehen. Judson Brewers Gehirnscan-Experimente haben eine gleichzeitige Reduktion der DMN-Aktivität gezeigt, wenn Meditierende angeben, »ihr Erleben einfach wahrzunehmen und zu beobachten«, »alles anzunehmen, wie es ist« und »sich nicht zu bemühen und nichts zu erzwingen«. Eine Zunahme der DMN-Aktivität zeigt sich dagegen, wenn Meditierende angeben, »die Umwelt kontrollieren und verändern zu wollen«, »etwas bewirken zu wollen« und »zu kämpfen und sich abzumühen«.

Akzeptanz verringert die DMN-Aktivität; Nichtakzeptanz (z. B. Unterdrückung) steigert die DMN-Aktivität.

Ein weiteres ermutigendes Ergebnis ist, dass Versuchsteilnehmer berichten, Akzeptanz sei ziemlich leicht zu lernen und anzuwenden.[641] Sie erfordert auch nicht viel Kraft oder Selbstbeherrschung. Wir haben gesehen, dass Unterdrückung geistig ermüdet und zu zeitweiliger Erschöpfung der Selbstbeherrschung führt. Dasselbe gilt nachweislich auch für das Grübeln und in geringerem Ausmaß die Neubewertung, aber nicht für die Akzeptanz.

Bei einer Studie sollten sich die Teilnehmer einen traurigen Ausschnitt aus dem Spielfilm *Gladiator* anschauen, in dem die Hauptfigur beim Nachhausekommen Sohn und Ehefrau tot antrifft.[642] Die Teilnehmer sollten entweder ihre Emotionen annehmen oder unterdrücken, während sie sich den Filmausschnitt anschauten. Die Teilnehmer der Kontrollgruppe erhielten keine Anweisungen und sollten sich einfach nur das Video anschauen. Anschließend führten alle Teilnehmer eine Aufgabe durch, die der Messung der Selbstbeherrschung diente. Das Ergebnis? Die Teilnehmer in der Akzeptanzgruppe schnitten besser ab als diejenigen in der Unterdrückungs- und der Kontrollgruppe. Die Forscher schlossen daraus, dass »akzeptanzbasierte Bewältigung im Hinblick auf den Ressourcenverbrauch effizienter ist und sich weniger auf Selbstbeherrschung verlässt als Unterdrückung«.

Es ist interessant, dass die Teilnehmer der Akzeptanzgruppe auch besser abschnitten als die der Kontrollgruppe. Man könnte vermuten, dass Teilnehmer in der Kontrollgruppe unwillkürlich versuchten, ihre Emotionen während des Filmausschnitts zu unterdrücken oder anderweitig zu kontrollieren. Wenn das der Fall wäre, würde es erklären, warum auch sie ihre Selbstbeherrschung erschöpften. In jedem Fall zeigte die Studie, dass Akzeptanz die geistigen Reserven schont und man dadurch in anderen Lebensbereichen mehr Selbstdisziplin aufbringen kann.

Einem Spruch zufolge besteht Leiden aus »Schmerz mal dem Widerstand dagegen«. Achtsamkeit kann zwar Schmerzen und unangenehme persönliche Erlebnisse nicht verhindern, aber ihre unnötige Verschärfung verhindern oder verringern. Sie kann einen vor zusätzlichen Gefühlsbelastungen bewahren, die über den anfänglichen Schmerz hinausgehen. Indem Akzeptanz den Widerstand entfernt, verringert sie das Leiden. Man gerät zwar vielleicht immer noch in den Treibsand, arbeitet sich aber nicht immer tiefer hinein, indem man dagegen ankämpft. Man fühlt sich vielleicht immer noch enttäuscht, traurig, wütend oder ängstlich, verschlimmert aber die Lage nicht noch, indem man sich selbst und seine Emotionen unterdrückt, wegschiebt oder verurteilt.

Was den Flow angeht, so ist achtsame Akzeptanz ein großartiger Verbündeter. Sie schützt einen davor, die Aufgeregtheit zu verlängern und zu verstärken, die dem Flow hinderlich ist. Sie hilft dabei, negative emotionale Zustände hinter sich zu lassen und schnell und wirksam in dem Flow förderlichere zurückzukehren. Experientielle Akzeptanz führt zu weniger Aufgewühltheit, weniger Negativität, mehr Energie und weniger erschöpften Willenskraftreserven, was wiederum alles zu mehr Flow führt.

Akzeptanz, innere Harmonie und Flow gehen Hand in Hand. Je mehr man seine eigene Innenwelt annimmt, desto harmonischer und Flow-affiner wird das Leben. Es ist keine Überraschung, dass achtsame Menschen nachweislich mehr Flow erleben als weniger achtsame.[643]

Akzeptanzmetaphern

Eine der besten Methoden, die experientielle Akzeptanz vollständig zu begreifen, besteht in der Anwendung symbolischer Darstellungen, sogenannter Metaphern. Die beiden, die wir uns hier anschauen, werden häufig in der *Acceptance and Commitment Therapy* (ACT) eingesetzt, einer Therapieform, die sich stark auf Akzeptanz zur Behandlung von Depression, Angststörungen, Zwangsneurosen, Essstörungen, Drogensucht, Arbeitsstress, chronischen Schmerzen und anderen geistigen und körperlichen Leiden stützt.

Die Metapher des Tauziehens mit einem Ungeheuer

Stellen Sie sich vor, Sie spielten Tauziehen gegen ein mächtiges Ungeheuer. Das Ungeheuer stellt unangenehme innere Erlebnisse dar (z. B. Depression, Angst, Schuldgefühl oder Beschämung). Zwischen Ihnen und dem Ungeheuer befindet sich eine große, anscheinend bodenlose Grube. Sie glauben, wenn Sie nur fest genug ziehen, können Sie das Ungeheuer über den Rand der Grube zerren und damit alle unangenehmen Empfindungen loswerden.

Trotz aller Bemühungen scheint es jedoch unmöglich zu sein, das Ungeheuer in die Grube zu ziehen. Sie wenden zwar große Kräfte dafür auf, aber das Ungeheuer bewegt sich nicht. Der ständige Kampf erschöpft Sie, aber Sie glauben, keine andere Wahl zu haben. Sie müssen weiterkämpfen, weil das Monster Sie sonst in die Grube zieht, die Sie sich voller unbekannter Schrecken vorstellen.

Was sollen Sie also tun? Wie entkommen Sie diesem scheinbaren Dilemma? Nun, eine Alternative ist, das Tau einfach loszulassen. Beenden Sie das Tauziehen und lassen Sie das Ungeheuer seiner Wege gehen. Sie werden überrascht sein, dass Sie Ihr Leben ganz normal weiterführen können, obwohl das Ungeheuer nicht besiegt ist. Es ist gar nicht so furchterregend und zerstörerisch, wie Sie geglaubt haben. Und jetzt, da der Kampf vorbei ist, haben Sie viel mehr Kraft übrig, um sich auf das zu konzentrieren, was Sie wirklich interessiert und begeistert.

Aber passen Sie auf: Das Ungeheuer wird weiterhin versuchen, Sie in ein Tauziehen zu verwickeln. Es wird Ihnen immer wieder passieren, dass Sie sich plötzlich mit dem Tau in der Hand wiederfinden. Es kommt daher darauf an, dass Sie zu erkennen versuchen, wenn Ihnen das passiert, und das Tau sofort wieder fallen lassen.

Die Metapher der Fahrgäste im Bus

Stellen Sie sich vor, Sie wären Busfahrer. Die Fahrgäste in Ihrem Bus sind Ihre Gedanken, Gefühle, körperlichen Empfindungen und andere persönlichen Erlebnisse. Nehmen wir weiter an, alle diese Fahrgäste wirkten einschüchternd und beängstigend und riefen Ihnen dauernd Anweisungen zu, wohin Sie fahren sollen. »Jetzt rechts abbiegen«, »Hier müssen Sie nach links« et cetera.

Sie drohen Ihnen damit, wenn Sie die Anweisungen nicht befolgen, zu Ihnen nach vorne zu kommen und Ihnen Ärger zu machen. Also folgen Sie den Befehlen der Fahrgäste lieber, um sich nicht in Gefahr zu bringen.

Sie haben mehrere Möglichkeiten, mit dieser unbefriedigenden und unangenehmen Situation fertigzuwerden.

Einmal können Sie einfach weiterhin den Anweisungen folgen. Dann bleiben die bösen Fahrgäste hinten im Bus und Sie müssen sich nicht mit ihnen konfrontieren. Der Nachteil ist: Sie geben die Kontrolle auf. Sie würden vielleicht gerne an bestimmte Orte fahren, können aber nicht, weil die Fahrgäste bestimmen, wohin Sie fahren sollen.

Eine andere Möglichkeit ist, die bösen Fahrgäste aus dem Bus zu werfen. Sie halten an und gehen nach hinten, um sich die Fahrgäste vorzunehmen. Dazu müssen Sie allerdings die Fahrt unterbrechen. Sie fahren nicht mehr, sondern sind damit beschäftigt, die Fahrgäste loszuwerden. Außerdem sind die Fahrgäste stark, und trotz aller Bemühungen werden Sie sie nicht endgültig los. Selbst wenn Sie sie aus dem Bus werfen, hindert sie nichts daran, wieder einzusteigen.

Zum Glück haben Sie noch eine dritte Möglichkeit: Sie lassen die frechen Fahrgäste mitfahren, aber ohne sich um ihre Anweisungen zu kümmern oder sie hinauswerfen zu wollen. Sicher, der eine oder andere wird zu Ihnen nach vorne kommen, Sie anschreien, bedrohen et cetera. Aber wenn Sie sich auf keinen Streit oder Kampf einlassen, wird er sich schon beruhigen oder sogar von selbst aussteigen. Die Fahrgäste kommen und gehen, während Sie auf die Ziele Ihres Lebens zusteuern, die Ihnen etwas bedeuten.

5. Seien Sie sich selbst ein guter Freund

Mitleid mit sich selbst zu haben, bedeutet einfach bloß, sich selbst genauso freundlich zu behandeln wie seine Mitmenschen.

Christopher Germer

Mitleid lässt sich als das Gefühl definieren, das entsteht, wenn man einen anderen Menschen leiden sieht und sich gedrängt fühlt, ihm dieses Leiden zu erleichtern.[644] Mitleid besteht aus Empfindungen der Wärme, Betroffenheit und Sorge für den Leidenden und dem Wunsch, ihm zu helfen. Es kann auch die Erkenntnis beinhalten, dass jeder Mensch mitunter leidet und dass das zum Leben gehört. Wenn wir unserem Drang zu helfen nachgeben, tun wir das oft, indem wir Freundlichkeit, Verständnis und Hoffnung anbieten. Wir senken die Stimme, sprechen in sanftem und warmem Ton und lassen den Leidenden wissen, dass er mit seinem Schmerz nicht alleine ist.

Mitleid mit sich selbst ist einfach Mitleid, das man sich selbst zuwendet. Es besteht darin, sich selbst zu unterstützen, wenn man sich mit persönlichen Fehlern, Scheitern, eigener Unfähigkeit und schmerzlichen Lebenslagen konfrontiert sieht. Es geht darum, sich selbst ein guter Freund zu sein.

Mitleid mit sich selbst ist ein wichtiger Begriff der buddhistischen Philosophie, in der es seit über 2000 Jahren gefördert und praktiziert wird. Die wissenschaftliche Erforschung des Mitleids mit sich selbst begann 2003, als Kristin Neff eine Methode einführte, das Konzept zu definieren und zu messen.[645] Sie ist immer noch die weltweit führende Forscherin auf diesem Gebiet und hat wahrscheinlich mehr dafür getan, Mitleid mit sich selbst bekanntzumachen, als jeder andere. Wenn Csíkszentmihályi der Vater des Flow ist, ist Kristin Neff die Mutter des (zeitgenössischen) Mitleids mit sich selbst.

Laut Neff besteht Mitleid mit sich selbst aus drei Komponenten: Freundlichkeit zu sich selbst, gemeinsamer Menschlichkeit und Achtsamkeit. Diese Elemente ergeben in ihrer Kombination und Wechselwirkung miteinander das Erlebnis des Mitleids mit sich selbst.

- **Freundlichkeit zu sich selbst** bedeutet, sich selbst mit Wärme, Fürsorge und Verständnis zu behandeln, nicht kalt und gemein zu sich selbst zu sein und sich nicht selbst zu verurteilen. Statt sich selbst Vorwürfe zu machen, sich Unrecht zu geben, sich zu verspotten und zu bestrafen, geht man den entgegengesetzten Weg. Nicht nur beendet man die Selbstvorwürfe, sondern tröstet, beruhigt und ermutigt sich selbst. Man kümmert sich um sich selbst wie um einen guten Freund. Freundlichkeit nimmt je nach Situation verschiedene Formen an. Manchmal ist sie warm, weich und zärtlich. Manchmal ist sie ermutigend. Manchmal ist sie fordernd. Aber sie ist immer rücksichtsvoll und wohlmeinend. Freundlichkeit zu sich selbst bedeutet, für sich selbst das Beste zu wollen. Sie bedeutet, auf der eigenen Seite zu stehen und sich nicht gegen sich selbst zu wenden, wenn man Schwierigkeiten gegenübersteht.
- **Gemeinsame Menschlichkeit.** Leiden wird oft von einem Gefühl der Isolation begleitet. Man fühlt sich, als ob man als einziger solche Mühen im Leben habe. Gemeinsame Menschlichkeit heißt zu erkennen, dass Leiden zum Erleben aller Menschen gehört – wir alle machen Fehler, erleben Schwierigkeiten und fühlen uns manchmal unfähig, traurig, deprimiert, frustriert und enttäuscht. Um jemanden zu trösten, der einen Fehler gemacht hat, sagt man manchmal: »Irren ist menschlich.« Mitleid mit sich selbst erkennt an, dass alle Menschen fehlbar und unvollkommen sind. Falsche Entscheidungen und schwierige Situationen sind unvermeidlich. Das ist der Unterschied

zwischen Selbstmitleid und Mitleid mit sich selbst. Selbstmitleid sagt »Ich Ärmster«, während Mitleid mit sich selbst daran denkt, dass alle Menschen leiden. Der Schmerz, den man in schwierigen Zeiten erlebt, ist derselbe, den auch andere in schwierigen Zeiten erleben. Die Auslöser und Umstände sind andere und die Stärke des Schmerzes ist unterschiedlich, aber der Schmerz ist derselbe. Man kann nicht immer bekommen, was man möchte. Das gilt für jeden.

- **Achtsamkeit**. Wie wir besprochen haben, bedeutet Achtsamkeit, aus dem Erleben »herauszutreten« und es mit Offenheit, Annahme und Neugierde zu betrachten. Sie bedeutet, sich bewusst zu werden, was im gegenwärtigen Augenblick geschieht, in der inneren wie in der äußeren Welt, ohne es zu verurteilen. Sie lässt Gedanken und Gefühle als getrennt und entfernt von einem selbst erkennen, sodass man sich nicht mit ihnen identifizieren muss. Ohne Achtsamkeit kann man Mitleid mit sich selbst und gemeinsame Menschlichkeit nicht anwenden. Wenn man nicht sieht, dass man leidet, kann man sich nicht trösten. Wenn man nicht sieht, dass man sich selbst Vorwürfe macht, kann man nicht damit aufhören. Wenn man nicht erkennt, dass man sich isoliert fühlt und in Selbstmitleid badet, kann man nichts dagegen tun. Mit Achtsamkeit kann man sich davon distanzieren und erkennen, was vor sich geht. Mit ihr kann man sich von der Ansicht lösen, man sei unfähig und wertlos. Mit ihr kann man einen anderen Ansatz wählen – die bewusste Entscheidung, Mitleid mit sich selbst zu haben.

Mitleid mit sich selbst ist eine Art Zusatz zur Achtsamkeit; nach Kristin Neffs Definition beinhaltet sie Freundlichkeit zu sich selbst und gemeinsame Menschlichkeit. Man wird sich seiner Emotionen bewusst und lässt sie so zu, wie sie sind (Achtsamkeit). Aber man tröstet und beruhigt sich auch aktiv selbst (Freundlichkeit zu sich selbst) und erinnert sich daran, dass Leiden zum gemeinsamen Erleben aller Menschen gehört (gemeinsame Menschlichkeit).

Weil Achtsamkeit an sich schon eine ausgezeichnete Strategie der Emotionsregulierung ist, kann man Mitleid mit sich selbst als noch wirksameren Ansatz sehen. Stimmungserzeugungsforschungen zum Thema Mitleid mit sich selbst gibt es allerdings nur wenige, weil die Forscher sich hauptsächlich auf Unterdrückung, Grübeln, Neubewertung und Akzeptanz konzentrieren. Die vorhandenen Ergebnisse zeigen allerdings, dass Mitleid mit sich selbst teilweise dieselben Vorteile wie Achtsamkeit bringt: Es dämpft emotionale Intensität, verringert die Erregung und allgemeine Verzweiflung und reduziert die Aktivität im DMN.[646] Es ist nur natürlich, dass man sich weniger aufgeregt, überfordert und durch die eigenen Emotionen isoliert fühlt, wenn man sich selbst mit Wärme statt mit Härte behandelt und sein Erleben akzeptiert, statt es zu bekämpfen.

Andere Forschungsergebnisse gibt es reichlicher. Tausende Studien weisen auf die vielen Vorteile des Mitleids mit sich selbst hin. Menschen, die Mitleid mit sich selbst haben, grübeln weniger und unterdrücken ihre Gefühle nicht so stark, haben weniger negative Gefühle, reagieren auf Fehlschläge mit weniger Negativität, haben weniger Furcht zu scheitern und weniger Angstgefühle, sind emotional intelligenter, neugieriger, optimistischer und neigen weniger zu Selbstmord und zu Drogen- und Alkoholmissbrauch. Sie schlafen außerdem besser, werden seltener krank, haben ein stärkeres Immunsystem und sind insgesamt körperlich gesünder. Eine kürzlich erschienene Studie hat übrigens gezeigt, dass sie auch mehr Flow erleben.[647]

Wenn Sie mehr Mitleid mit sich selbst in Ihrem Leben praktizieren, werden Sie auf jeden Fall empfänglicher für Flow-Erlebnisse.

Für den Fall, dass Sie nicht wissen, wie Sie Mitleid mit sich selbst konkret anwenden sollen, um mit unangenehmen Gefühlen umzugehen, gebe ich Ihnen ein paar Tipps. Das Gefühl des Mitleids mit sich selbst fängt damit an, dass einem auffällt, auf irgendeine Weise zu leiden. Wenn Sie das bemerken, wenden Sie achtsame Akzeptanz auf dieses Erlebnis an. Sie schauen einfach zu, was sich in Ihrem Inneren abspielt, ohne es zu beurteilen oder zu versuchen, es zu ändern. Sie nehmen alles so an, wie es ist, und lassen es zu.

Dann rufen Sie sich die gemeinsame Menschlichkeit ins Gedächtnis und richten Mitleid mit sich selbst auf sich. Dazu können Sie zum Beispiel in sanftem, warmem Ton zu sich selbst sagen: »Das tut jetzt weh, und das ist in Ordnung so. Unangenehme Erfahrungen gehören zur gemeinsamen Menschlichkeit. Auch andere haben Probleme. Das ist natürlich und normal. Ich tue mein Bestes.« Vielleicht legen Sie sich die Hand aufs Herz, umarmen sich selbst oder nehmen sogar Ihr eigenes Gesicht zärtlich in die Hände (solange niemand zuschaut). Berührungen, ob von einem selbst oder von anderen, können sehr tröstlich sein.

Sie können sich die Frage stellen, die Kristin Neff als die entscheidende des Mitleids mit sich selbst bezeichnet: »Was muss ich jetzt sofort tun?«[648] Die Antwort gilt jeweils nur für Sie persönlich und für die gegebene Situation.

Manchmal muss man einfach bei seinem Schmerz bleiben – man muss ihm gestatten, da zu sein und ihn auf liebevolle und annehmende Weise halten. Vielleicht müssen Sie sich selbst Trost, Wärme und Verständnis geben. Manchmal müssen Sie sich vielleicht auch selbst Mut zusprechen, wenn Sie sich zum Beispiel durchsetzen, Nein sagen, Grenzen ziehen, Ihren Werten treubleiben oder sich selbst zu einer Veränderung oder zum Erreichen eines Ziels anspornen müssen. Manchmal brauchen Sie vielleicht nur eine Ruhepause. Vielleicht müssen Sie sich bloß hinlegen, einige Male tief Luft holen und sich selbst zur Ruhe kommen lassen.

Mitleid mit sich selbst ist nicht schwierig. Es geht darum, sich selbst ein guter Freund zu sein. Sie wissen bereits, wie man anderen ein guter Freund ist. Jetzt müssen Sie nur noch sich selbst dieselbe Liebe und dasselbe Verständnis entgegenbringen. Wenn Sie das nächste Mal verzweifelt sind, fragen Sie sich, »Was kann ich jetzt sofort tun, um mein Leiden zu verringern?« und fangen damit an.

Meditation: Die beste Methode der Emotionsregulierung

Neubewertung, Achtsamkeit, Mitleid mit sich selbst und Emotionsregulierung allgemein – alle diese Fähigkeiten können erlernt, angewandt und aufgebaut werden. Besser in ihrer Anwendung wird man, indem man sie immer wieder in seinem eigenen Leben anwendet. Jede negative emotionale Erfahrung ist eine Gelegenheit zur Übung.

Wenn Sie Ihre Fähigkeiten schneller verbessern wollen, können Sie sich einem speziellen Emotionsregulierungstraining unterziehen. Genauso wie Sie für Ihre körperliche Fitness zum Beispiel joggen gehen, können Sie sich auch jeden Tag oder mehrmals wöchentlich eine bestimmte Zeitspanne freihalten, um Ihre Emotionsregulierungsfitness zu trainieren.

Das beste Training für diesen Zweck ist Meditation. Eine gigantische Menge an Studien hat gezeigt, dass Meditation einem dabei hilft, sich in Neubewertung zu verbessern und zu beeindruckenden Steigerungen bei Achtsamkeit, Mitleid mit sich selbst und allgemeiner Emotionsregulierungsfähigkeit führt. Meditation verringert Unterdrückung von Gefühlen, Grübeln und Selbstkritik und die Grundaktivität des DMN.

Meditation wirkt sich positiv auf alles aus, was man, wie wir in diesem Kapitel gesehen haben, tun und lassen soll.[649]

Aber warum funktioniert sie? Wie erzeugt Meditation diese Veränderungen?

Eine mögliche Erklärung lautet: Beim Meditieren tauchen früher oder später unweigerlich negative Gedanken und Gefühle auf. Es ist fast unvermeidlich, dass Sie sich erregt, gelangweilt oder frustriert fühlen, sich unwohl fühlen und Schmerzen spüren. Beim Meditieren kann man diesen unangenehmen persönlichen Erlebnissen nicht davonlaufen. Man ist gezwungen, sich mit ihnen zu befassen. Und eben weil man gezwungen ist, sich mit ihnen zu befassen, lernt man dann auch mit der Zeit, dass sie nur schlimmer werden, wenn man sie bekämpft, ihnen widersteht, sie verurteilt oder sie anschreit. Sie lernen, dass Selbstvorwürfe die Sache ebenfalls nur verschlimmern. Sie lernen, dass alle Formen der Verurteilung und des Widerstands Sie nur mehr aufregen und aufwühlen. Sie lernen, dass man entspannt, im inneren Frieden und konzentriert bleibt, wenn man annimmt, keinen Widerstand leistet, nicht verurteilt und zu sich selbst freundlich und sanft ist.

Meditation wird Ihnen beweisen, dass die Theorie, die wir in diesem Kapitel behandeln, tatsächlich wahr ist. Je mehr Zeit man mit dem Meditieren verbringt, desto besser wird man darin, mit seiner inneren Welt umzugehen, und desto empfänglicher wird man für Flow-Erlebnisse. Es ist wirklich so einfach. (Für praktische Fragen schauen Sie in Kapitel 18 nach.)

Fazit

Das war jetzt recht viel auf einmal und ich versuche, alles einmal zusammenzufassen. Die These dieses Kapitels lautet: Emotionsregulierung ist eine für den Flow entscheidende Fähigkeit. Je besser man mit seinen negativen Gefühlen umgehen kann, desto mehr Flow kann man erleben.

Was also, haben wir gesagt, ist die beste Methode für den Umgang mit negativen Gefühlen? Erstens, sie nicht zu verurteilen, nicht zu bekämpfen und nicht darüber nachzugrübeln. Lassen Sie sich nicht in einen Krieg gegen sich selbst und Ihre innere Welt ziehen. Analysieren Sie nicht endlos die Ursachen und Folgen Ihrer negativen Gefühle.

Treten Sie stattdessen einen Schritt zurück und beobachten, was in Ihnen vorgeht. Distanzieren Sie sich vom unmittelbaren Erleben und nehmen Sie die Rolle eines unparteiischen Zeugen an. Schauen Sie einfach zu, ohne zu urteilen und ohne zu versuchen, Ihr Erleben zu kontrollieren oder zu verändern. Heißen Sie Ihre Gefühle willkommen, geben Sie ihnen Raum und lassen Sie sie zu. Nehmen Sie alles so an, wie es ist. Das ist Achtsamkeit. Sie ist immer der erste Schritt.

Wenn Sie Achtsamkeit erlangt haben, können Sie noch gemeinsame Menschlichkeit, Mitleid mit sich selbst und Neubewertung hinzufügen. Erinnern Sie sich daran, dass es in Ordnung ist, wenn man kämpfen muss, und dass Leiden zum Menschsein gehört. Gehen Sie freundlich, herzlich, verständnisvoll und sanft mit sich selbst um – beruhigen und trösten Sie sich selbst. Fragen Sie sich, »Was muss ich jetzt sofort tun?«. Denken Sie an die »Vielleicht«-Fabel – die Geschichte mit dem chinesischen Bauern. Vielleicht ist ja das Ereignis, das Ihre negativen Gefühle verursacht hat, am Ende doch nicht so schlecht. Überlegen Sie, wie Sie die Situation hilfreicher interpretieren können. Fragen Sie sich, »Inwiefern ist das eine gute Sache? Was ist der Vorteil? Was kann ich daraus lernen?«.

Das ist schon alles. So sollte man, finde ich, mit negativen Emotionen umgehen. Wie Sie sehen, setze ich eine Kombination aus Achtsamkeit, Mitleid mit sich selbst und Neubewertung ein. Für mich ist Achtsamkeit immer der erste Schritt. Sie ist die Voraussetzung für alles Weitere. Anschließend mache ich in der Regel mit Mitleid mit sich selbst und Neubewertung weiter.

***

Wenn Sie eine Eselsbrücke möchten, um sich diesen Ablauf einzuprägen, können Sie sich die Abkürzung RAIN-R merken. Das steht für *Recognize, Allow, Investigate, Nurture* (»Anerkennen, Zulassen, Untersuchen, Aufbauen«), eine Methode, die durch die Meditationslehrerin Tara Brach bekannt wurde. Sie soll unangenehme Emotionen mit Achtsamkeit und Mitleid mit sich selbst bewältigen helfen.[650] Um auch noch *Reappraisal* (»Neubewertung«) hinzunehmen zu können, habe ich am Ende noch ein R hinzugefügt. RAIN-R besteht aus fünf Schritten. Die ersten Drei machen zusammen Achtsamkeit aus, der Vierte ist das Mitleid mit sich selbst, und der Fünfte die Neubewertung.

- **R (Recognize)** – Erkennen Sie, was vor sich geht. Machen Sie sich klar, welche Gedanken, Gefühle und körperlichen Empfindungen Sie gerade haben.
- **A (Allow)** – Lassen Sie das Erlebnis zu, so wie es ist. Verurteilen Sie nicht, was Sie gerade erleben, und versuchen Sie es nicht zu ändern. Lassen Sie sich nicht hineinziehen. Beobachten Sie nur. Werden Sie zum unparteiischen Zeugen.
- **I (Investigate)** – Untersuchen Sie Ihr gegenwärtiges Erleben mit Interesse und Sorge. Betrachten Sie es mit Neugierde. Fragen Sie sich: »Was fühle ich jetzt gerade? Was geht in meinem Körper vor? Was nimmt meine Aufmerksamkeit in Anspruch?«
- **N (Nurture)** – Bauen Sie sich mit Mitleid mit sich selbst wieder auf. Geben Sie sich Wärme, Verständnis, Mitleid mit sich selbst und Freundlichkeit. Denken Sie an die gemeinsame Menschlichkeit. Fragen Sie sich, »Was muss ich jetzt sofort tun?«.
- **R (Reappraise)** – Bewerten Sie Ihr Erleben neu. Suchen Sie nach einer positiven Auslegung. Was ist der Vorteil dabei? Was können Sie daraus lernen? Wo ist der Silberstreif am Horizont?

***

Akzeptanz, Aufmerksamkeit, Mitleid und Freundlichkeit sind schon von ihrem Wesen her harmonisch und Flow-affin. Widerstand, Verurteilung, Kritik und gegen etwas ankämpfen sind von ihrem Wesen her unharmonisch und flow-feindlich. Die in diesem Kapitel dargestellten Grundsätze gelten nicht nur für Gefühle und ihre Regulierung, sondern für das Leben insgesamt.

Je mehr Akzeptanz, Mitleid und Freundlichkeit Sie in Ihr Leben bringen können, desto mehr Flow bringen Sie hinein. Der chinesische Philosoph Laotse schrieb im *Daodejing*: »Das Weiche siegt über das Harte. Das Langsame siegt über das Schnelle. … Das Allerweichste auf Erden überholt das Allerhärteste auf Erden. … Denn das Feste und Starke gehört dem Tode, das Weiche und Schwache gehört dem Leben.«[651]

Gehen Sie sanft mit sich selbst und anderen um. Seien Sie rücksichtsvoll, tolerant, verständnisvoll, liebevoll, mitfühlend und freundlich zu sich selbst und anderen. Eine der vielen Belohnungen dafür ist mehr Flow.

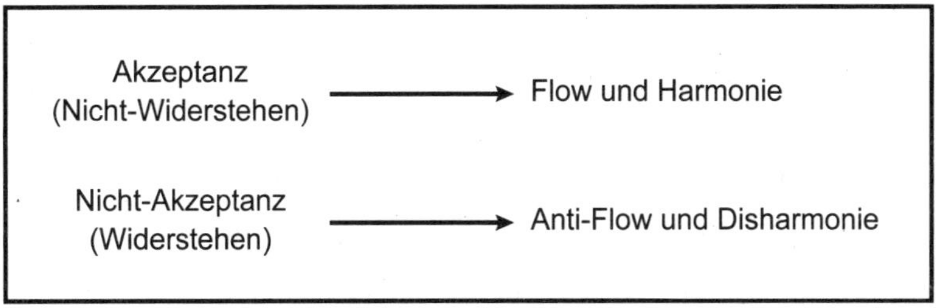

Abbildung 11: Akzeptanz führt zu Flow und Harmonie; Nicht-Akzeptanz führt zu Anti-Flow und Disharmonie.

KAPITEL 22

Flow-fördernde Werte

Die vielleicht wichtigste Selbsterkenntnis ist die des eigenen Wertesystems. Fast alles, was man tut, ist eine Widerspiegelung unseres persönlichen Wertesystems. Was meinen wir mit Werten? Unsere Werte sind das, was wir vom Leben erwarten.

JACQUES FRESCO

Die Ideale, die meinen Weg erleuchtet und mir immer wieder neuen Mut gegeben haben, dem Leben fröhlich gegenüberzutreten, sind Freundlichkeit, Schönheit und Wahrheit.

ALBERT EINSTEIN

Wir unterscheiden uns alle darin, was uns im Leben wichtig und wertvoll ist. Für manche von uns ist die berufliche Karriere das Allerwichtigste. Für andere dreht sich das Leben um Familie, Freunde und Gemeinschaft. Manche wollen Macht und materiellen Reichtum ansammeln, während andere die Erleuchtung anstreben oder sich auf das Jenseits vorbereiten.

Unsere Ansichten darüber, was im Leben am wichtigsten ist, nennen wir *Werte*. Diese Werte lenken uns unmerklich, aber unwiderstehlich und beeinflussen unsere Gedanken, Gefühle, unsere Handlungen und vieles mehr.

Wenn das Christentum Ihnen wichtig ist, gehen Sie wahrscheinlich sonntags in die Kirche, beten regelmäßig, lesen die Bibel und denken viel über Gott nach. Wenn Ihnen Umweltschutz wichtig ist, überlegen Sie vielleicht, wie Sie Ihren Stromverbrauch senken, kaufen möglichst keine Plastikprodukte oder Waren in übermäßiger Verpackung und engagieren sich in Umweltorganisationen. Mir ist meine Gesundheit besonders wichtig und daher achte ich darauf, dass ich gut und viel schlafe und mich gut ernähre, und wende insgesamt ziemlich viel Zeit und Geld dafür auf, mich gesund zu halten.

In den vorangegangenen Kapiteln haben wir gesehen, dass bestimmte Umgebungen, Aktivitäten und Persönlichkeitseigenschaften für den Flow förderlicher sind als andere. Im folgenden Kapitel werden wir sehen, dass auch bestimmte Werte den Flow mehr als andere dienen. Wir erfahren, um welche Werte es sich dabei handelt, was sie in uns bewirken und wie man sie verändern kann.

Grundlegendes über Werte

Bevor wir uns die spezifischen Werte anschauen, die nachweislich den Flow beeinflussen, ist die Erkenntnis entscheidend, dass Werte als ein vernetztes und veränderliches System aufgefasst werden. Werte funktionieren nicht isoliert, sondern sind entweder mit anderen Werten vereinbar oder unvereinbar.

Die Werte materieller Reichtum und gesellschaftlicher Status zum Beispiel sind gut miteinander vereinbar. Wenn Ihnen gesellschaftlicher Status wichtig ist, sollten Sie auch auf materiellen Reichtum Wert legen, denn materieller Reichtum ist ein deutlicher Anzeiger des gesellschaftlichen Status. Handlungen, die einen dieser beiden Werte stärken, stärken oft auch den anderen. Einen angesehenen Beruf anzustreben, viele Überstunden zu machen oder auf eine Beförderung hinzuarbeiten – dies ist in der Regel mit materiellem Reichtum wie mit gesellschaftlichem Status vereinbar. Dagegen sind die Werte für gesellschaftlichen Status und Spiritualität eher unvereinbar. Die meisten spirituellen Lehren betonen, dass man sich nicht darum kümmern soll, wie andere Menschen einen einschätzen. Handlungen, die mit einem dieser Werte vereinbar sind, sind oft unvereinbar mit dem anderen. Sehr viel Geld für Kleidung und Luxusgüter auszugeben kommt dem gesellschaftlichen Status zugute, steht aber im Widerspruch zur Spiritualität. In ein Kloster zu gehen, kommt der Spiritualität zugute, aber nicht dem gesellschaftlichen Status.

Wenn Werte miteinander unvereinbar sind, kann man sie nicht alle beherzigen. Sie können einem nicht gleichermaßen wichtig sein. Man kann zwar auf gesellschaftlichen Status und auf Spiritualität bedacht sein, aber dann wird einem unweigerlich der eine dieser Werte wichtiger sein als der andere. Wer behauptet und vielleicht sogar glaubt, dass ihm zwei miteinander unvereinbare Werte gleichermaßen wichtig seien, macht sich selbst etwas vor. Welcher ihm wirklich wichtiger ist, zeigt sich dann im Handeln. Der Popstar, der Frau und Kinder vernachlässigt, um ständig auf Tournee zu gehen, legt wohl mehr Wert auf Ruhm, Bewunderung und Spaß als auf Familienleben. Der Lebensmittelhersteller, der billige und schlechte Zutaten für die Produktion verwendet, legt wohl mehr Wert auf Geld als auf das Wohlergehen seiner Kunden.

Daraus ergibt sich eine wichtige Lehre: Einem bestimmten Wert Vorrang einzuräumen, heißt auch, dass man die damit unvereinbaren Werte zurückstellen muss. Wenn eine Wertegruppe wichtiger genommen wird, verdrängt sie die andere, und deren Werte werden weniger wichtig. Wenn man immer mehr Wert auf Spiritualität legt, wird man sich immer weniger um gesellschaftlichen Status, Ruhm und Reichtum kümmern, auch wenn man sich dessen in der Regel nicht bewusst ist. Man entscheidet sich meist auch nicht gegen etwas. Wenn man sich dafür entscheidet, nach Norden zu gehen, entfernt man sich unweigerlich vom Süden. Man entscheidet sich nicht bewusst *gegen* den Süden, sondern *für* den Norden, aber man bewegt sich dennoch vom Süden weg. In diesem Sinne ist eine Entscheidung *für* etwas auch immer eine Entscheidung *gegen* etwas anderes. Etwas wichtig zu nehmen heißt, etwas anderes weniger wichtig zu nehmen.

Eine zweite entscheidende Eigenschaft von Werten ist, dass sie sowohl dispositions- als auch situationsabhängig sind. Das heißt einfach, dass sie, einmal festgesetzt, vergleichsweise stabil sind, aber sich gemäß den Umständen in einem gewissen Rahmen verändern.

Jeder Mensch hat eine Reihe Werte, die er in einer bestimmten Rangfolge beherzigt; manche sind einem wichtiger als andere. Diese Wertehierarchie verändert sich mit den Wochen, Monaten und Jahren kaum. Manche situationsbedingten Faktoren können einen aber dazu bringen, einige Werte wichtiger zu nehmen als andere. Wichtig dabei ist, dass situationsbedingte Werteänderungen dem oben erwähnten Satz über einander widersprechende Werte folgen: Wenn einem eine Wertegruppe wichtiger wird, verringert das die Wichtigkeit der ihr entgegengesetzten.

Ebenso wichtig ist: Vorübergehende Änderungen im Wertesystem können es mit der Zeit auch grundlegend verändern. Wenn man sich ständig in einer Umgebung befindet, die bestimmte Werte fördert, neigt man dazu, sie in der persönlichen Rangfolge nach oben zu verschieben. Tendenziell übernimmt und verinnerlicht man die in der jeweiligen persönlichen Umgebung herrschenden Werte. Mit der Zeit machen wir die

Werte der Umwelt zu unseren dispositionellen, also ständigen Werten. Sie werden Teil unserer Persönlichkeit. Wenn man unter Politikern einer rechtsgerichteten Partei lebt, wird man von ihren Werten beeinflusst. Wenn man unter Politikern einer linksgerichteten Partei lebt, hat ihr Wertesystem größeren Einfluss. Wer in einem westlichen Land aufwächst, hat gewöhnlich andere Werte als jemand, der in Ostasien aufwächst.

Mit diesem Verständnis des Wertebegriffs ausgerüstet, schauen wir uns jetzt die Werte an, die unsere Fähigkeit zum Flow-Erlebnis beeinflussen.

Materialistische Werte

Materialistisch zu sein heißt, Werte zu haben, die eine relativ hohe Priorität auf Gelderwerb und das Ansammeln von Besitztümern sowie auf das Ansehen in der Öffentlichkeit und die eigene Beliebtheit legen, die sich fast immer ebenfalls in Geld und Besitztümern ausdrücken.

Tim Kasser

Diejenigen Werte, die nachweislich den Flow beeinflussen und Gegenstand dieses Kapitels sind, werden als *materialistische Werte* bezeichnet.[652] Jemand mit ausgeprägten materialistischen Werten legt großen Wert auf finanziellen Erfolg, Besitz, Ansehen und Status. Materialistische Menschen sind sehr darauf aus, Geld zu verdienen, schöne Dinge zu besitzen und als attraktiv und erfolgreich wahrgenommen zu werden. Sie definieren Erfolg in den Kategorien materiellen Reichtums und gesellschaftlicher Stellung. Sie bewundern Menschen mit angesehenen Berufen, gutem Aussehen und teuren Häusern, teuren Autos und teurer Kleidung. Sie eifern selbst diesen Idealen nach und betrachten, ob bewusst oder unbewusst, die Zunahme von Reichtum und Ansehen als Schlüssel zum Glück.

Wichtig ist dabei, dass eine materialistische Einstellung nichts damit zu tun hat, ob der Betreffende selbst tatsächlich reich oder angesehen ist, sondern nur bedeutet, dass er diese Eigenschaften anstrebt. Materialisten findet man in allen gesellschaftlichen Schichten – ob reich oder arm, angesehen oder verachtet, schön oder hässlich, erfolgreich oder gescheitert. Umgekehrt muss nicht jeder, der reich oder beliebt ist, unbedingt Materialist sein. Es kann sein, dass der Betreffende eine materialistische Einstellung hat, muss aber nicht.

Ebenfalls wichtig ist, dass eine materialistische Einstellung nicht nur bezeichnet, was jemandem wichtig ist, sondern auch, was ihm weniger wichtig ist. Wie bereits besprochen, bedeutet die Bevorzugung einer Wertegruppe immer auch die Ablehnung der entgegengesetzten. Im Fall des Materialismus hat die Forschung gezeigt, dass zu den entgegengesetzten Werten unter anderem die Einheit mit der Natur, Umweltschutz, soziale Gerechtigkeit, Gleichheit, Familie, Zugehörigkeit, Gemeinschaft, Wohlwollen, Hilfsbereitschaft, Toleranz, Ehrlichkeit, Treue und Vergebung gehören.[653] Diese Werte werden auch als *selbst-transzendente Werte* bezeichnet, weil sie das Selbstinteresse transzendieren, also darüber hinausgehen und das Wohlergehen anderer Menschen berücksichtigen. Bei ihnen geht es darum, das Wohlergehen anderer und der Welt als Ganzes zu beschützen und zu erhöhen. Materialistische Werte dagegen werden als *selbst-verstärkende Werte* bezeichnet, weil sie das Eigeninteresse fördern; bei ihnen geht es darum, das Selbst zu stärken.

Wenn man sagt, jemand sei materialistisch, sagt man damit also, dass er großen Wert darauf legt, reich zu werden, begehrte und luxuriöse Besitztümer zu bekommen und attraktiv und beliebt zu sein. Gleichzeitig legt er weniger Wert auf Beiträge zur Gemeinschaft, ökologisch nachhaltiges Verhalten, Hilfsbereitschaft, Ehrlichkeit, Fairness und Freundlichkeit.

Um es noch einmal deutlich zu sagen – ich weiß, ich wiederhole mich: Eine materialistische Einstellung sagt nichts darüber aus, wie viel man verdient oder wie man von der Umgebung wahrgenommen wird, sondern darüber, wie wichtig einem solche Faktoren sind. Es geht darum, was einem im Leben am meisten bedeutet, was man erreichen möchte und wer man werden möchte. Wer ein schönes Auto fährt, ist nicht unbedingt Materialist. Wer arm ist, kann trotzdem Materialist sein. Man kann reich, berühmt und beliebt sein, ohne besonders materialistisch zu denken. Man kann arm und verachtet sein und trotzdem sehr materialistisch denken, und umgekehrt.

Außerdem ist das Streben nach Reichtum und Status bis zu einem gewissen Grad normal. Jeder Mensch möchte gemocht und respektiert und für fähig und »erfolgreich« gehalten werden und allgemein der Umgebung in einem guten Licht erscheinen. Geld und Besitztümer sind für jeden Menschen etwas Nützliches – jeder Mensch ist in gewisser Hinsicht Materialist.

Die Frage ist nur, wie materialistisch man ist. Wie viel bedeuten einem Status, Ruhm und Vermögen? Wie sehr fühlt man sich getrieben, immer mehr Geld, Besitz und Prestige anzuhäufen? Wie wir gleich sehen werden, ist es nicht gut für einen selbst, die Mitmenschen und die Welt als Ganzes, wenn man materialistischen Werten zu große Wichtigkeit beimisst.

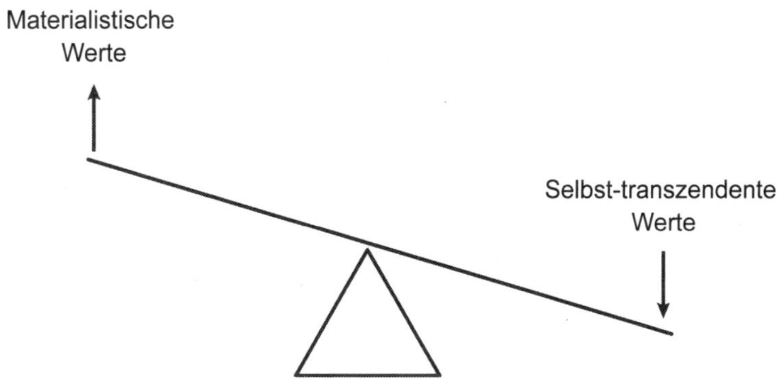

Abbildung 12: Materialistische Werte stehen in relativem Gegensatz zu selbst-transzendenten Werten. Je wichtiger es jemandem ist, reich und berühmt zu werden und gesellschaftlich aufzusteigen, desto weniger bedeuten ihm das Wohlergehen anderer und seine Beziehung zu ihnen, und umgekehrt.

Materialistische Werte und (kein) Flow

In den vergangenen 30 oder 40 Jahren ist eine Menge Forschung zu den Folgen von zu stark ausgeprägtem Materialismus betrieben worden. Diese Forschungen haben gezeigt, dass sehr materialistisch eingestellte Menschen verstärkt zu Angststörungen und Depression neigen, weniger zufrieden mit ihrem Leben sind sowie geringeres Selbstvertrauen und geringeres Wohlbefinden haben. Sie neigen außerdem verstärkt zu rassischen und ethnischen Vorurteilen, legen weniger Wert auf soziale Verantwortung bei Unternehmen, konkurrieren eher mit anderen Menschen als mit ihnen zusammenzuarbeiten und sind machiavellistischer eingestellt – das heißt, sie sind eher bereit, andere Menschen zu manipulieren, um ihre Ziele zu erreichen.

Kurz, die Forschung hat ergeben, dass materialistische Werte stark mit Gedanken, Gefühlen und Handlungen korrelieren, die schlecht für den Einzelnen, die Gesellschaft und die Welt als Ganzes sind. Selbst-transzendente Werte dagegen korrelieren mit Gedanken, Gefühlen und Handlungen, die gut für den Einzelnen, die Gesellschaft und die Welt als Ganzes sind. (Siehe die Endnoten für weitere Einzelheiten und spezifische Studien)[654]

Was ist mit dem Flow? Können materialistische Werte die Fähigkeit, in den Flow zu finden, negativ beeinflussen? Die Forschung legt das tatsächlich nahe. Mehrere Korrelationsstudien haben gezeigt, dass sehr materialistisch eingestellte Personen weniger Flow-Erlebnisse haben als ihre weniger materialistisch eingestellten Kollegen.[655] Je mehr man von Geld, Besitz und Status besessen ist, desto weniger bereit ist man für den Flow.

Eine experimentelle Studie bestätigte 2021 diese These.[656] Die Forscher brachten die Teilnehmer dazu, entweder mehr oder weniger Wert auf materialistische Ziele zu legen, und stellten dann fest, wie viel Flow sie bei einer gegebenen Aktivität jeweils erlebten. Beim Eintreffen im Labor füllten die Teilnehmer zuerst einen Fragebogen zum Thema Materialismus aus. Dann führten sie eine Imaginierungsaufgabe aus, die ihre materialistischen Werte entweder verstärken oder verringern sollte. Die Teilnehmer der Gruppe mit stark materialistischen Werten sollten sich vorstellen, in einem Luxus-Einkaufszentrum einen Einkaufsgutschein im Wert von 20 000 Pfund an einem Tag auszugeben, und anschließend die Gegenstände aufzulisten, die sie sich mit diesem Gutschein gekauft hätten. Die Teilnehmer der Gruppe mit abgeschwächten materialistischen Werten sollten sich vorstellen, einen Landausflug zu machen und ein Dorf zu besuchen; sie sollten dann auflisten, welche Tätigkeiten und Erlebnisse sie sich vorgestellt hatten.

Nach der Imaginierungsaufgabe füllten die Teilnehmer erneut den Fragebogen zum Thema Materialismus aus, um zu bewerten, ob sich ihre Werte verändert hatten. Und tatsächlich erlebten die Teilnehmer in der Gruppe, die in ihrer Vorstellung das Einkaufszentrum besucht hatten, einen Anstieg ihres situationsbedingten Materialismus, während die Teilnehmer der Gruppe, die sich einen Landausflug hatten vorstellen sollen, eine Abnahme ihres situationsbedingten Materialismus erfuhr. Die Teilnehmer durften dann eine Viertelstunde lang Tetris spielen oder malen und zeichnen. Beide Tätigkeiten hatten sich in vorangegangenen Studien als dem Flow förderlich erwiesen. Danach füllten die Teilnehmer einen weiteren Fragebogen aus, der feststellen sollte, wie viel Flow sie gerade erlebt hatten.

Das Ergebnis? Die Teilnehmer in der Einkaufszentrum-Gruppe gaben weniger Flow-Erlebnisse an als die Teilnehmer in der Landausflug-Gruppe. Als die Forscher ihren Versuch mit anderen Teilnehmern wiederholten, kamen sie zum selben Ergebnis: Teilnehmer, die dazu gebracht wurden, mehr Wert auf Geld und Besitz zu legen, erlebten weniger Flow als Teilnehmer in der Kontrollgruppe. Das Experiment zeigte also, dass eine materialistische Einstellung die Fähigkeit zum Flow-Erlebnis untergräbt.

Etwas an materialistischen Werten ist dem Flow hinderlich. Aber was ist es? Warum werden Flow-Erlebnisse weniger wahrscheinlich, wenn man übermäßig um Geld und gesellschaftlichen Status bemüht ist? Es gibt mehrere mögliche Erklärungen:

- Materialismus verringert nachweislich die positiven Gefühle und verstärkt die negativen. Wie im vorherigen Kapitel gezeigt, sind positive Gefühle dem Flow förderlich, negative behindern ihn.
- Materialismus macht einen ich-bewusster, während es für Flow-Erlebnisse charakteristisch ist, dass man sich selbst vergisst. Beim Materialismus geht es um die Verstärkung des Ichs, während Flow erfordert, dass man das Ichbewusstsein verliert. An Besitz und Status zu denken führt zu verstärkter DMN-Aktivität. Statt Auflösung des Selbst bekommen wir Selbst-Verstärkung.
- Materialismus korrumpiert die Motivation. Wenn man hauptsächlich vom Wunsch nach Reichtum und Status getrieben ist, betrachtet man seine Aktivitäten als Mittel, um diese Ziele zu erreichen. Man interessiert sich nicht für Aktivitäten, weil sie Spaß machen, interessant sind oder eine Herausforderung darstellen, sondern wegen der äußerlichen Belohnungen, die sie hervorbringen. Materialismus verringert die intrinsische Motivation und verstärkt die extrinsische. Wie in Kapitel 6 besprochen, ist die extrinsische Motivation dem Flow sehr viel weniger förderlich als Erstere.
- Materialismus verändert die Art der Aktivitäten, die wir betreiben. Wenn es im Leben nur noch um Status und Besitz geht, ist man nicht mehr bereit, Aktivitäten zu verfolgen, die nicht diesen Zielen dienen. Man ist nicht mehr bereit, sich Hobbys zu widmen, die zu Flow-Erlebnissen führen, aber wenig extrinsische Belohnungen bieten. Klar, es macht Spaß, Fußball oder Basketball zu spielen, aber wie bringt einen das auf der Leiter des Materialismus weiter nach oben? Sich an etwas aus Spaß an der Freude zu freuen, ist sinnlos. Nach materialistischer Auffassung zählt nur, reich und beliebt zu werden, nicht Spaß zu haben.

Fazit: Materialistische Werte führen zu Gedanken, Gefühlen und Handlungen, die dem Flow-Erlebnis hinderlich sind. Folglich ist es dem Flow-Erlebnis förderlich, wenn man selbst-verstärkende Werte zugunsten selbst-transzendenter Werte aufgibt.

Sechs Methoden zur Werteveränderung

Johann Hari stellt in seinem Buch *Lost Connections* die These auf, dass die Konsumkultur einen automatisch zum Materialisten mache.[657] Man wird ständig mit der Botschaft bombardiert, man fühle sich besser, wenn man reich und beliebt sei und die richtigen Markenwaren besitze. Man bekommt ständig erzählt, es komme sehr darauf an, wie viel Geld man verdient, wie man aussieht und was andere von einem halten. Wenn man nicht aktiv eingreift, werden die gesünderen Werte dadurch verdrängt. Eingreifen kann man allerdings durchaus: Man kann den materialistischen Autopiloten ausschalten und sich in Richtung selbst-transzendenter Werte neu ausrichten. Dadurch wird man gesünder, glücklicher und offener für Flow-Erlebnisse. Im weiteren Verlauf dieses Kapitels schauen wir uns sechs Methoden an, um den Klauen des Materialismus zu entkommen.

1. Beenden Sie den Irrtum

Das Wesen des Lebens besteht darin, anderen zu dienen und Gutes zu tun.

Aristoteles

Viele Menschen erliegen dem Materialismus, weil sie wirklich glauben, dass mehr Geld und ein höherer Status das Leiden verringern. Bewusst oder unbewusst nimmt man ernsthaft an, dass man durch größeren materiellen Erfolg glücklicher würde.

Diese Annahme ist natürlich nicht so weit hergeholt. Es könnte ja sein, dass materieller Erfolg und Wohlergehen Hand in Hand gehen. In Wirklichkeit aber scheint das nicht der Fall zu sein. Forscher untersuchen die Korrelation zwischen materiellem Reichtum und Wohlergehen seit Jahrzehnten und gelangen unweigerlich immer wieder zur selben Erkenntnis: Wenn der Grundbedarf für den Lebensunterhalt gesichert ist, kommt es nicht mehr darauf an, ob man 90 000, 900 000 oder 90 Millionen Dollar im Jahr verdient. Reiche Leute scheinen mehr Spaß im Leben zu haben, aber das ist nicht unbedingt der Fall.

Martin Seligman, ein führender Wohlbefindensforscher, fasst diese Forschungen gut zusammen: »In sehr armen Ländern, wo die Armut lebensbedrohlich ist, bedeutet Reichtum tatsächlich höheres Wohlbefinden. In reicheren Ländern dagegen, wo der Lebensunterhalt für fast jeden gesichert ist, hat eine Zunahme des Vermögens nur unwesentliche Verbesserungen des persönlichen Glücksempfindens zur Folge. In den Vereinigten Staaten sind die sehr Armen weniger glücklich, aber sobald jemand das Allernotwendigste besitzt, bringt mehr Geld nicht oder nicht wesentlich mehr Glück. Selbst die fantastisch reichen Bürger, die *Forbes* 100, die durchschnittlich 125 Millionen Dollar besitzen, sind nur wenig glücklicher als der Durchschnittsamerikaner«.[658]

Das bestätigt eine Studie zur Lebenszufriedenheit von fast 5000 erwachsenen US-Bürgern über neun Jahre.[659] Manche der Betreffenden erlebten eine große Zunahme ihres materiellen Reichtums, andere wurden mäßig reich und wieder andere hielten bloß Schritt mit den steigenden Lebenshaltungskosten. Für das Wohlbefinden machte das keinen Unterschied; wer Reichtum und Besitz ansammelte, war weder zufriedener mit seinem Leben noch unzufriedener.

Für eine weitere Studie bewerteten die Teilnehmer, inwieweit sie ihre materiellen und nichtmateriellen Ziele erreicht hatten.[660] Materielle Ziele beziehen sich auf Geld, Ansehen und Status, nichtmaterielle haben persönliches Wachstum, Beiträge zur Gemeinschaft und enge persönliche Beziehungen zum Gegenstand. Ob die Teilnehmer eine weitgehende Erfüllung ihrer materiellen Ziele angaben oder nicht, machte wenig oder keinen Unterschied für ihr Wohlbefinden und ihr Selbstwertgefühl. Inwieweit sie ihre nichtmateriellen Ziele erreicht hatten, machte dagegen einen großen Unterschied: Diejenigen, die angaben, ihre materiellen Ziele weitgehend erreicht zu haben, gaben viel höhere Werte für Wohlbefinden und Selbstwertgefühl an als diejenigen, die ihre nichtmateriellen nach eigenen Angaben nur in geringem Maß erreicht hatten.

Zur selben Erkenntnis kamen Forscher, die über mehrere Monate den Fortschritt ihrer Versuchsteilnehmer beim Erreichen materialistischer beziehungsweise nichtmaterialistischer Ziele verfolgten.[661] Fortschritt beim Erreichen materialistischer Ziele hatte wenig oder keine Auswirkungen auf tägliche, wöchentliche oder monatliche Veränderungen im Wohlbefinden. Fortschritte beim Erreichen nichtmaterialistischer Ziele dagegen hatten einen signifikanten Einfluss auf Veränderungen des Wohlbefindens.

Solche Studien zeigen, dass selbst das Erreichen materialistischer Ziele einen oft leer und unbefriedigt zurücklässt. Natürlich sagen uns das Religionen und alte Weisheitslehren schon immer. Wie viel man an Geld, Besitz und Status hat, beeinflusst das Wohlbefinden nur wenig. Wie viel einem Geld, Besitz und Status *bedeuten,* beeinflusst das Wohlbefinden dagegen sehr.

Wenn Sie davon überzeugt sind, dass materieller Erfolg Sie glücklich machen wird, verabschieden Sie sich von diesem Irrtum. Geld, Ruhm oder Status bescheren Ihnen auf keinen Fall dauerhaftes Glück. Wahres Glück liegt in Gemeinschaftlichkeit, Familienleben, persönlichen Beziehungen, Ehrfurcht, Dankbarkeit, Altruismus, Freundlichkeit, Mitleid, Dienen und … Flow! Es kommt aus Selbst-Transzendenz, nicht aus Selbst-Verstärkung; vom Zurückdrängen, nicht vom Aufdrehen der »Ich«-Zentren im Gehirn. Das Markenzeichen wirklich erfüllt lebender Menschen ist ein *stilles* Ich, kein *lautes* oder *überaktives.* Wenn es um Wohlergehen geht, ist Zurückhaltung des Egoismus Trumpf.[662]

2. Denken Sie an den Tod

Vielleicht die wirkungsvollste Methode, um dem Materialismus zu entkommen, ist ein Nahtod-Erlebnis. Wer ein Nahtod-Erlebnis hat, erfährt oft tiefgreifende Werteverschiebungen, weg von der Selbst-Verstärkung und hin zu Selbst-Transzendenz.[663] Viele Betroffene sehen danach materialistische Ziele als leer und bedeutungslos an. Sie gelangen zu der Erkenntnis, dass es im Leben auf Familie, Freunde, Gemeinschaft, die Natur und unser Verhältnis zu ihnen ankommt.

Natürlich kann man ein Nahtod-Erlebnis nicht einfach auf Bestellung haben. Man kann sich allerdings einer Übung in Vorstellungskraft unterziehen, die ein solches Erlebnis nachempfinden soll. Eine Gruppe Forscher entwickelte 2004 eine solche Übung.[664] Sie nannte es *Death Reflection* (»Nachdenken über den Tod«). Die Teilnehmer sollten sich vorstellen, dass sie in der Wohnung eines Freundes im 19. Stock eines alten Wohnhauses in der Innenstadt aufwachen, weil sie Schreie hören und erstickenden Rauch riechen. Das Szenario schildert die vergeblichen Versuche, aus dem Gebäude zu entkommen, und dann das Aufgeben angesichts des Feuers und die Erkenntnis, dass man jetzt sterben wird. Anschließend sollen die Teilnehmer über Fragen nachdenken, die gemeinsame Elemente in Nahtod-Erlebnissen aktivieren sollen. Mehrere Studien haben gezeigt, dass diese Übung zum vorausgesehenen Wertewandel führt.[665] Sie bewirkt außerdem eine gesteigerte Wertschätzung des Lebens an sich und lässt die Teilnehmer weniger selbstsüchtig und altruistischer handeln.

Sich den eigenen Tod vorzustellen, ist ein Anlass, die eigenen Werte zu überdenken und sie positiver neu festzulegen. Mark Aurel, stoischer Philosoph und römischer Kaiser, schrieb in seinem Tagebuch *Selbstbetrachtungen*: »Handle, sprich und denk in allem so, als müßtest du möglicherweise im Augenblick aus dem Leben scheiden.«[666]

Nachdenken über den Tod

Hier sind die Anweisungen für die im Haupttext erwähnte Übung *Death Reflection*. Es handelt sich um die wortgetreue Wiedergabe der in den wissenschaftlichen Studien verwendeten Vorlage.

> *Stellen Sie sich vor, Sie sind zu Besuch bei einem Freund, der im 19. Stock eines alten Wohnhauses in der Innenstadt lebt. Mitten in der Nacht erwachen Sie plötzlich aus tiefem Schlaf, weil Sie Schreie hören und erstickenden Rauch riechen. Sie schalten die Nachttischlampe ein und sehen entsetzt, dass der Raum sich rasch mit dichtem Rauch füllt. Sie laufen zur Tür und greifen nach der Klinke, zucken aber zurück, weil sie so heiß ist, dass Sie sich die Hand daran verbrennen. Mit der Bettdecke als improvisiertem Hitzeschutz gelingt es Ihnen, die Tür zu öffnen. Eine Welle aus Flammen und Rauch wälzt sich brüllend ins Zimmer, wirft Sie zurück und reißt Sie buchstäblich von den Füßen. Es gibt keinen Fluchtweg. Das Atmen fällt Ihnen schwer, und die Hitze der Flammen ist fast unerträglich. In Panik mühen Sie sich zum einzigen Fenster des Zimmers und versuchen, es zu öffnen. Sie stellen fest, dass es sich nicht öffnen lässt, weil Fenster und Rahmen durch zahlreiche Farbschichten nach wiederholtem Überstreichen fest miteinander verklebt sind. Sie wollen um Hilfe rufen, bekommen aber nicht mehr genug Luft dafür. Sie kauern sich auf den Boden, um so möglichst dem aufsteigenden Rauch zu entkommen, aber es ist bereits zu spät, weil der Raum völlig*

raucherfüllt ist und alles darin in Flammen steht. Mit hämmerndem Herzen machen Sie sich klar, dass Sie in wenigen Sekunden sterben werden. Die Welt scheint stillzustehen. Das unentrinnbare Unbekannte, das schon immer auf Sie wartet, steht jetzt unmittelbar bevor. Außer Atem und von Hitze und Luftmangel geschwächt, schließen Sie die Augen und warten auf das Ende.

Nach dem Durchlesen des Szenarios beantworten Sie folgende Fragen:

- Bitte schildern Sie genau Ihre Gedanken und Gefühle beim Lesen des Szenarios.
- Wie, glauben Sie, würden Sie in Ihren letzten Augenblicken reagieren, wenn Ihnen das zustieße?
- Beschreiben Sie Ihr Leben bis zu diesem Punkt, wenn Ihnen das zustieße.
- Wie, glauben Sie, würde Ihre Familie reagieren, wenn Ihnen das zustieße?

Bitte versuchen Sie, sich in Gedanken ernsthaft in diese Lage zu versetzen und überlegen Sie gründlich, bevor Sie antworten.

3. Denken Sie über das Bedauern vor dem Tod nach

Bronnie Ware ist eine Autorin und ehemalige Krankenschwester aus Australien. Sie arbeitete früher in der Palliativpflege und betreute Sterbende in den letzten Wochen ihres Lebens. In ihrem Bestseller *The Top Five Regrets of the Dying* (»Die fünf Dinge, die Sterbende am meisten bereuen«) schildert sie, was ihre Patienten laut eigenen Angaben angesichts des Todes am meisten bedauerten.[667] Keiner dieser Patienten bedauerte, nicht mehr gekauft, besessen oder erreicht zu haben. Vielmehr tat es Ihnen leid, dass sie so viel gearbeitet, den Kontakt zu Freunden verloren, ihre Familie vernachlässigt und sich im Leben auf oberflächliche Ziele wie Status und Ansehen konzentriert hatten.

Sie bereuten, mit anderen Worten, dass sie ihr Leben nach materialistischen Werten ausgerichtet hatten. Sie bedauerten, dass sie sich so sehr um materiellen Reichtum und darum gesorgt hatten, was die anderen von ihnen denken. Hätten sie noch einmal neu anfangen können, wären ihnen selbst-transzendente Werte und Ziele wichtiger gewesen. Ihr Hauptziel wäre jetzt, ihren Angehörigen und Freunden, sich selbst, der Gemeinschaft und der Welt als Ganzes Glück und Freude zu bringen.

Die Worte eines Patienten namens John, der im Buch geschildert wird, sind ein gutes Beispiel dafür, was Sterbende bedauern: »›Natürlich sehe ich jetzt, da ich hier sitze und sterbe, dass es im Leben mehr als genug ist, ein guter Mensch zu sein. Warum suchen wir so sehr im Materiellen nach Bestätigung?‹ John dachte laut und in zusammenhanglosen Sätzen voller Trauer um die vergangenen und zukünftigen Generationen, die alles haben wollten und sich daran maßen, wie viel sie besaßen und was sie erreichten, statt daran, wer sie im Herzen waren. ›Man kann ja durchaus nach einem besseren Leben streben, das schon‹, sagte er. ›Aber die Jagd nach immer mehr und der Drang, sich durch Leistung und Besitz auszuzeichnen, bringt einen nur davon ab, was wirklich zählt – Menschen, die man liebt, Tätigkeiten, die man mag, und inneres Gleichgewicht‹.«

Fragen Sie sich selbst: Was würden Sie tun und denken, wenn heute der letzte Tag Ihres Lebens wäre? Würden Sie sich noch um Status, Ruhm und Geld sorgen? Oder würden Sie sich um Ihre Angehörigen kümmern – würden Sie mit ihnen zusammensein, ein Lächeln auf ihr Gesicht bringen und ihnen sagen wollen, dass Sie sie lieben, mögen und anerkennen? Man muss nicht auf den Tod, ein Nahtod-Erlebnis oder ein anderes traumatisches Ereignis warten, um seine Werte zu überdenken. Sie können sofort damit anfangen. Fragen Sie sich gleich jetzt: Worauf kommt es im Leben wirklich an? Welche Art Werte wünschen Sie sich als Verkörperung und Anleitung für Ihr Leben?

4. Setzen Sie sich weniger materialistischen Botschaften aus

Materialistische Botschaften sind ein Hauptgrund für Materialismus. Es handelt sich dabei um mediale Botschaften, die einem weismachen, glückliche und erfolgreiche Menschen seien reich, von schönen Dingen umgeben, gutaussehend und beliebt. Das sieht man zum Beispiel in Spielfilmen wie *Pretty Woman* oder *Wolf of Wallstreet*, in Dokumentationen wie *The Fabulous Life of Billion Dollar Wall Street Ballers* und *The World's Most Extraordinary Homes* und Reality-Fernsehserien wie *Keeping Up with the Kardashians* und *The Real Housewives*. Werbeanzeigen aller Art enthalten in der Regel ebensolche Botschaften. Sie sagen einem: Im Moment bist du schüchtern, hässlich und wertlos, aber mit unserem Produkt wirst du selbstbewusst, geliebt, bewundert, glücklich und erfolgreich. Materialistische Medienbotschaften sind nachweislich Auslöser für situationsbedingten wie chronischen Materialismus.[668] Wenn Sie sich solchen Botschaften weniger aussetzen, werden Sie auch weniger materialistisch denken.

Aber vermeiden Sie nicht nur das Schlechte, sondern suchen Sie das Gute: Setzen Sie sich vermehrt zuträglicheren Botschaften aus – Botschaften, die Ihre selbst-transzendenten Werte aktivieren und verstärken. Wenn Sie sich gesünderen Werten zuwenden, verdrängen Sie damit gleichzeitig die selbst-verstärkenden Werte.

Hier einige Vorschläge:

- **Schauen Sie sich weniger (und bessere) Fernsehsendungen an.** Forschungen zeigen, dass man umso materialistischer wird, je mehr man fernsieht.[669] Das heißt nicht, dass man das Fernsehen ganz aufgeben muss. Man soll es nur nicht übertreiben. Außerdem sollte man darauf achten, was man sich anschaut. Spielfilme und Serien, die einen materialistischen Lebensstil glorifizieren, sind wahrscheinlich nicht gesund. Achten Sie darauf, weniger Drama und Glamour und stattdessen mehr Substanzielles und gute Nachrichten zu konsumieren.
- **Weniger Shopping im Einkaufszentrum, mehr Ausflüge in die Natur.** Einkaufszentren sind voller Anreize, die einem auf die eine oder andere Weise sagen, Besitz und Status seien wichtig. In der Natur gibt es solche Anreize nicht und sie verringert nachweislich den Materialismus. (Um die Natur geht es am Schluss dieses Kapitels.)
- **Hören Sie auf, Texte zu lesen, die übermäßigen Reichtum, Ruhm und Status verherrlichen.** Boulevardzeitungen wie *The Sun, The Daily Mail* und *The New York Post* und Klatschzeitschriften wie *Vogue, Cosmopolitan, GQ* oder *Esquire* sowie entsprechende Webseiten wie *E!Online, PopSugar* und *TMZ* steigern nachweislich den situationsbedingten Materialismus.[670] Lesen Sie stattdessen richtige Bücher – auch hier weniger Drama, weniger Glamour, mehr Substanz und mehr gute Nachrichten.
- **Ziehen Sie sich ganz oder teilweise aus den sozialen Netzwerken zurück.** Soziale Netzwerke sind voller Anzeigen und unvorteilhafter sozialer Statusvergleiche – man vergleicht sich ständig mit Menschen, denen man einen höheren gesellschaftlichen Status

zuschreibt. Bei solchen Vergleichen fühlt man sich unterlegen, abgelehnt, neidisch, zu kurz gekommen und unzufrieden, was einen wiederum materialistischer macht. Was in den sozialen Netzwerken vorgestellt wird, ist gewöhnlich ausgewählt, geschönt, verstärkt und soll besser aussehen als in der Wirklichkeit. Man sieht nichts als perfektes Lächeln, perfekte Körper und perfekte Lebensläufe. Man sieht Prominente und Influencer in teurer Kleidung auf Luxusurlaub. Man sieht Fotos seiner Kollegen und Freunde bei Sportereignissen, bei einem Drink oder lächelnd mit Freunden zusammen. Alle sehen immer fantastisch aus und wirken glücklich, alle haben scheinbar immer nur Spaß. Da bekommt man leicht den Eindruck, man sei ihnen unterlegen und fühlt sich zu kurz gekommen, abgelehnt und neidisch. Pastor Steve Furtick hat es so ausgedrückt, »Wir fühlen uns deswegen so minderwertig, weil wir die Outtakes aus dem Film unseres Lebens mit dem Best-Off der anderen vergleichen.« Ist es da ein Wunder, dass Aktivität in sozialen Netzwerken mit Angststörungen, Depression, geringem Selbstvertrauen, Selbstmord, materialistischen Werten und anderen negativen Wirkungen korreliert?[671]

5. Betreiben Sie selbst-transzendente Aktivitäten

Unsere Werte bestimmen, wie wir handeln. Aber wie wir handeln, bestimmt auch unsere Werte. Die Beeinflussung wirkt in beide Richtungen. Deshalb kann man, indem man anders handelt, ändern, was einem etwas bedeutet. Genauso wie man sich weniger oft materialistischen Botschaften aussetzen sollte, sollte man auch weniger Zeit mit Aktivitäten verbringen, die materialistische Werte verstärken.

Und auch hier gilt: Vermeiden Sie nicht nur, was Sie krankmacht, sondern streben Sie nach dem, was gesund für Sie ist. Wenden Sie sich Aktivitäten zu, die Ihre selbst-transzendenten Werte stärken und Flow-Erlebnisse fördern. Verbringen Sie mehr Zeit mit Menschen und weniger in sozialen Netzwerken. Gehen Sie in der Natur spazieren statt im Einkaufszentrum zu shoppen. Geben Sie Ihr Geld für Erlebnisse statt für Waren aus. Suchen Sie nach Methoden, um Ihre Stärken einzusetzen. Tun Sie das, worin Sie gut sind. Verfolgen Sie Ihre Interessen und Leidenschaften. Nehmen Sie alte Hobbys wieder auf. Wenden Sie Zeit für soziale Beziehungen auf. Suchen Sie sich eine Arbeit, die Ihnen etwas bedeutet, auch wenn sie weniger Geld bringt.

Hier sind einige konkrete Vorschläge für Aktivitäten, die Ihnen vielleicht gefallen. Gemeinsam ist ihnen, dass sie auf die eine oder andere Weise das Selbst transzendieren. Alle verringern nachweislich materialistische Neigungen.

Meditieren Sie

Meditation haben wir bereits in mehreren Kapiteln besprochen und gesehen, dass sie in vieler Hinsicht Ihre Fähigkeit fördert, in den Flow zu finden. Mehrere Studien haben gezeigt, dass Meditieren auch eine wirkungsvolle Strategie gegen Materialismus ist.[672] Es gibt jede Menge Belege dafür, dass regelmäßiges Meditieren zu einer dauerhaften Verringerung von Selbst-Zentriertheit und Ichsucht, einer größeren Neigung zu Freundlichkeit und Mitleid und einer allgemeinen Abwendung von selbst-verstärkenden Werten hin zu selbst-transzendenten Werten führt.[673] Meditation ist ganz einfach eine der besten Methoden für persönliches Wachstum und Wohlbefinden. Wie schon gesagt, ist sie der beste Weg, um sich für den Flow bereit zu machen. Mit Meditation können Sie nichts falsch machen.

Nehmen Sie eine Dankbarkeitspraxis auf

Dankbarkeitspraktiken (z. B. ein Dankbarkeitstagebuch führen oder Dankbarkeitsbriefe schreiben) sind in jüngerer Zeit intensiv erforscht worden. Solche Praktiken bewirken nachweislich viele positive Veränderungen, zum Beispiel größere Lebenszufriedenheit, größeres Selbstvertrauen, bessere Beziehungsqualität, mehr Großzügigkeit und Mitleid.[674] Dankbarkeit verringert auch materialistische Neigungen, indem sie bewirkt, dass man sich vom guten Willen anderer Menschen getragen fühlt und weniger selbst-zentriert und demütiger, freundlicher und zu Mitgefühl fähig wird. Mehrere Studien haben gezeigt, dass Menschen mit besseren Dankbarkeitswerten weniger materialistisch als andere sind.[675]

Eine Studie von 2018 hat erwiesen, dass ein tägliches Dankbarkeitstagebuch Materialismus verringert und Großzügigkeit verstärkt.[676] Die Teilnehmer sollten zwei Wochen lang täglich Tagebuch führen. Diejenigen in der Dankbarkeitsgruppe zeichneten jeden Tag auf, wem und wofür sie dankbar waren, während diejenigen in der Kontrollgruppe ihre täglichen Aktivitäten aufzeichneten. Vor und nach den zwei Wochen füllten die Teilnehmer jeweils Fragebögen aus, um ihren Materialismus zu messen. Nachdem sie den Fragebogen zum zweiten Mal ausgefüllt hatten, erhielten sie 10 Dollar in 1-Dollar-Scheinen und bekamen gesagt, sie könnten sie entweder behalten oder den Betrag teilweise oder ganz anonym für eine gute Sache spenden. Das Ergebnis? Diejenigen Teilnehmer, die ein Dankbarkeitstagebuch geführt hatten, waren nach den zwei Wochen weniger materialistisch als diejenigen in der Kontrollgruppe. Sie verhielten sich außerdem großzügiger und spendeten 60 Prozent mehr von ihrem Honorar als diejenigen, die ihre täglichen Aktivitäten aufgezeichnet hatten. Dankbarkeit zu fördern, so die Forscher, sei eine einfache, kostenlose, leicht anwendbare und wirksame Strategie gegen Materialismus.

Wenn Sie sie selbst ausprobieren möchten, können Sie zum Beispiel einfach jeden Abend drei Punkte aufschreiben, für die Sie dankbar sind. Einfach, aber überraschend wirksam.

Probieren Sie psychedelische Entselbstung

Psychedelische Drogen kann man allgemein in *klassische* und *nicht-klassische* einteilen. Zu den klassischen gehören Psilocybin, DMT, LSD und Meskalin. Klassische psychedelische Drogen definiert man als »Drogen, die, ohne körperliche Sucht, Begierde, schwere physiologische Störungen, Delirium, Desorientiertheit oder Amnesie auszulösen, mehr oder weniger zuverlässig Gedanken, Stimmungen und Wahrnehmungsveränderungen hervorrufen, die ansonsten nur in Träumen, kontemplativer und religiöser Verzückung, unwillkürlichen Gedächtnisrückblenden und akuter Psychose auftreten«.[677]

Diese Subtanzen können in mäßigen bis hohen Dosen zuverlässig außergewöhnliche Bewusstseinszustände auslösen, die durch *Ich-Auflösung* gekennzeichnet sind – eine Verringerung der selbst-referenziellen Bewusstheit, Störung der Grenzen zwischen Selbst und Umwelt und zunehmende Gefühle der Einheit mit anderen Menschen und mit der Umgebung.[678] Anders ausgedrückt: Sie führen zur *psychedelischen Entselbstung*.[679]

Das Seltsame an diesen vorübergehenden Erlebnissen ist, dass sie zu dauerhaften Veränderungen der Werte, des Verhaltens und des Wohlbefindens führen.[680] Einzelne psychedelische Erlebnisse führen nachweislich zu langfristigen Verbesserungen bei vielen Krankheiten wie Depression, Angststörungen, Zwangsneurosen, Suchterkrankungen, Magersucht und vielen anderen. Am relevantesten für unsere Diskussion ist, dass solchen einmaligen Erfahrungen zu anhaltender Verstärkung des Mitgefühls, Altruismus und sozialbewussten und umweltbewussten Verhaltens führen. Die Betreffenden fühlen sich der Natur stärker verbunden, sorgen sich mehr um das Wohlergehen anderer Menschen und des Planeten und sind weniger an wirtschaftlichem Erfolg interessiert. Psychedelische Drogen ändern die Weltsicht von einer vorrangig ichbezogenen hin zu einer allozentrischeren (auf andere Menschen bezogenen) und kosmozentrischen (universellen). Sie helfen dabei, von selbst-verstärkenden Werten zu selbst-transzendenten Werten zu wechseln.

Albert Hofmann, der Erfinder des LSD, erzählt eine Anekdote, die diese Veränderungen illustriert.[681] In seiner Autobiografie schreibt er über die Begegnung mit einem Geschäftsmann: »Er dankte mir für die Erfindung des LSD, das seinem Leben eine neue Richtung gegeben habe. Er sei bisher ein 100-prozentiger Geschäftsmann mit rein materialistischer Weltsicht gewesen. LSD habe ihm die Augen für den spirituellen Aspekt des Lebens geöffnet. Jetzt habe er Sinn für Kunst, Literatur und Philosophie und befasse sich intensiv mit religiösen und metaphysischen Fragen.«

Warnung: Diese Substanzen sind im größten Teil der Welt verboten. Sie gehören zwar zu den gefahrlosesten Drogen, die wir kennen, sind aber nicht ohne Risiken.[682] Man sollte sie daher mit großer Vorsicht und großem Respekt behandeln.

Leisten Sie Freiwilligenarbeit

Freiwilligenarbeit bedeutet, kostenlose Hilfsdienste zu leisten. Man opfert dabei seine Freizeit ohne Bezahlung, um anderen Menschen zu helfen und dem Allgemeinwohl zu dienen. Freiwilligenarbeit bringt tiefgreifende Vorteile nicht nur für die empfangende Person, Organisation oder Gemeinschaft, sondern auch für den Freiwilligen. Wenn man anderen hilft, hilft man auch sich selbst.

Freiwilligenarbeit verringert Stressbelastung, Einsamkeit, gesellschaftliche Isolierung, Depression und verschiedene andere geistige Gesundheitsprobleme.[683] Sie schließen dabei neue Bekanntschaften, fühlen sich als Teil einer Gemeinschaft und finden gesellschaftlichen Anschluss und Anerkennung. Sie steigert Ihr Selbstvertrauen und gibt Ihnen das Gefühl, etwas zu leisten und ein Ziel zu haben. Kurz, sie hilft bei der Befriedigung psychischer Bedürfnisse und verstärkt Ihr Wohlbefinden beträchtlich.

Freiwilligenarbeit ist eine Methode, um über egoistische Anliegen hinaus für das Wohlergehen anderer zu sorgen. Weil sie mit selbst-transzendenten Werten kongruiert und starke Auswirkungen auf das eigene Wohlbefinden hat, verringert sie mit hoher Wahrscheinlichkeit materialistische Tendenzen. Wenn Sie es einmal damit versuchen möchten, finden Sie im Internet genug Organisationen, die freiwillige Mitarbeiter suchen.

6. Verbinden Sie sich mit der Natur

*And into the forest I go, to lose my mind and find my soul.**

John Muir

Natur ist gesund. Wir haben in den vorangegangenen Kapiteln gesehen, dass Aufenthalte in der Natur Stress verringern, Konzentration und Produktivität verbessern, Stimmung und emotionales Wohlbefinden heben, die Schlafqualität erhöht, das Immunsystem stärkt und vieles mehr. Wenn es um die Verringerung des Materialismus geht, ist die Natur ebenfalls ein wirksamer Verbündeter.

Bei einem Experiment sollten die Teilnehmer entweder vier Dias von Naturszenen (z. B. das Bild eines Wüstencanyons) oder vier Dias städtischer Ansichten (z. B. eine Straße mit Gebäuden zu beiden Seiten) betrachten.[684] Die Dias wurden jeweils zwei Minuten lang gezeigt und waren mit einem Audioskript verbunden, das die Teilnehmer aufforderte, alle Aspekte ihrer Umgebung wahrzunehmen, auf die Farben und Oberflächenstrukturen zu achten und sich alle möglicherweise vorhandenen Gerüche und Geräusche vorzustellen. Davor und danach füllten die Teilnehmer jeweils einen Fragebogen aus, um festzustellen, wie viel ihnen Geld, Ansehen und Status bedeuteten. Das Ergebnis? Die Teilnehmer in der Gruppe, die sich Naturdias anschauten, gaben eine Abnahme materialistischer Neigungen an, während diejenigen in der Gruppe, die sich Stadtansichten anschauten, eine Zunahme materialistischer Tendenzen angaben.

Bei einem weiteren Experiment sollten die Teilnehmer fünf Minuten lang in einem Zimmer sitzen.[685] Die Teilnehmer einer Gruppe saßen dabei in einem Zimmer mit vier Topfpflanzen, die der anderen Gruppe im selben Zimmer, aber ohne die Topfpflanzen. Nach Ablauf der fünf Minuten sollten sie mehrere Fragebögen ausfüllen und eine Aufgabe zur

* Deutsch etwa »Ich gehe in den Wald, um meinen Geist zu verlieren und meine Seele zu finden.« (A.d.Ü.)

Messung ihrer Großzügigkeit ausführen. Das Ergebnis? Die Teilnehmer in dem Raum mit den Zimmerpflanzen erzielten niedrigere Werte für Materialismus und handelten großzügiger. Ihre Werte und ihr Verhalten waren weniger selbstsüchtig und stärker selbst-transzendent. Zahlreiche weitere Experimente sind zum selben Ergebnis gekommen: Kontakt mit der Natur verringert die Bedeutung, die man materialistischen Werten beimisst.[686]

Die Natur ist also eine wunderbare Möglichkeit, von Selbstsucht zu Selbstlosigkeit zu gelangen, von Selbst-Verstärkung zu Selbst-Transzendenz. Hier einige Vorschläge, um wieder in Kontakt mit der Natur zu treten:

Zimmerpflanzen, Waldbäder, Sport im Grünen …

In Kapitel 18 und Kapitel 20 habe ich mehrere Vorschläge gemacht, wie Sie mehr Natur in Ihr Leben bringen können. Hier ein kurzer Überblick:

- **Holen Sie sich einige Zimmerpflanzen.** Frische Blumen sind auch eine gute Möglichkeit. Wenn Sie noch mehr tun möchten, verwandeln Sie Ihre Wohnung in einen *städtischen Dschungel* (eine schnelle Bildersuche wird Ihnen zeigen, was ich meine).
- **Halten Sie sich in der Natur auf.** Gehen Sie wandern, fahren Sie Kajak, laufen Sie Ski. Verbringen Sie Zeit am Strand. Besuchen Sie ein Naturschutzgebiet. Versuchen Sie es mit Waldbädern.
- **Umgeben Sie sich mit natürlichen statt mit künstlichen Materialien.** Wolle, Baumwolle, Leinen, Holz und Stein sind besser als Plastik. Die meisten Gegenstände unseres Alltags und die meisten Werkzeuge sind auch aus natürlichen Materialien gefertigt erhältlich.
- **Schauen Sie sich Naturdokumentationen an.** Mir haben die Serie *Our Planet* (sieben Folgen) und *My Octopus Teacher* auf Netflix sehr gut gefallen.
- **Umgeben Sie sich mit Naturbildern.** Kaufen Sie Poster oder andere Bilder zum Aufhängen. Ändern Sie Ihre Bildschirmschoner und Hintergrundbilder. Ja, schon das Betrachten von Naturbildern bringt Vorteile.
- **Machen Sie eine Pause im Grünen statt einer Kaffee-, Donut- oder Bagelpause.** Gehen Sie in einem Park in der Nähe spazieren oder setzen sich unter einen Baum. Sie werden erfrischt an die Arbeit zurückgehen und bereit sein, sich voll auf die Aufgaben zu konzentrieren, die vor Ihnen liegen.

- **Treiben Sie Sport im Freien.** »Sport in der Natur ist Sport im Quadrat«, sagt der Psychiatrieprofessor John Ratey.[687] Sport im Grünen ist sowohl gesünder (höhere Luftqualität, Tageslicht, natürliche Düfte, Gerüche, Bildeindrücke etc.) als auch angenehmer. Er fühlt sich auch weniger anstrengend an, weil die natürliche Umgebung – die Bäume, Blätter und Büsche – den Geist vom Körper ablenken, sodass er sich nicht auf Gefühle der Erschöpfung, der Anstrengung und des Schmerzes konzentriert. Und weil es sich besser und leichter anfühlt, in der Natur Sport zu treiben, bleiben Sie eher dabei.
- **Hören Sie sich Naturgeräusche an.** Vielleicht möchten Sie sich ja bei bestimmten Arbeiten, in den Pausen oder auf dem Heimweg, oder wenn Sie sich zu einem Nickerchen hinlegen, Regen oder Vogelgesang anhören. Das Internet bietet freien und unbegrenzten Zugang zu Naturgeräuschen.
- **Atmen Sie Naturdüfte ein.** Kaufen Sie sich eine Duftlampe für ätherische Öle, geben Sie einige Tropfen ätherischen Öls in eine Schüssel mit heißem Wasser, kochen Sie sich Kräutertee, oder tauchen Sie Kräuterbündel in ein Glas Wasser. Pfefferminz und Rosmarin wirken anregend, Jasmin, Kamille und Lavendel beruhigend.

Ziehen Sie aufs Land

Eine weitere Möglichkeit, sich mehr der Natur auszusetzen, besteht darin, das Getriebe der Stadt hinter sich zu lassen und aufs Land zu ziehen. So machte es Materialismusforscher Tim Kasser, als er die vielen nachteiligen Wirkungen materialistischer Werte und der Konsumkultur entdeckte. Er zog mit seiner Frau und den Kindern auf einen zehn Morgen großen Bauernhof in Illinois, wo die Familie jetzt mit einer Herde Ziegen, einem Hühnervolk und einem Esel namens Earl wohnt.[688]

Städtische Umgebungen sind voller materialismusverstärkender Reize, zum Beispiel Firmengebäude, Banken, Läden und Reklametafeln. Leben in der Stadt korreliert mit einem höheren Risiko geistiger Störungen wie Angststörungen, Depression, posttraumatischem Belastungssyndrom, Schizophrenie und Jähzorn.[689] Eine ländliche Umgebung dagegen entbehrt größtenteils der Signale, die einem weismachen, man solle Reichtümer, Ansehen und Beliebtheit erwerben. Eine ländliche Umgebung bietet vielmehr natürliche Reize, die selbst-transzendete Werte aktivieren und verstärken. Eine Studie von 2020 hat gezeigt, dass US-Bundesstaaten mit mehr Natur und einem höheren Anteil an geschützten Waldgebieten und Wildnis niedrigere Materialismuswerte erzielen als weniger naturnahe Bundesstaaten.[690] Leben auf dem Land korreliert außerdem allgemein mit besserer geistiger Gesundheit.[691]

Ich selbst wohne zurzeit in einer kleinen Stadt mit etwa 45 000 Einwohnern. Wir sind von Bergen umgeben, haben einen See, viele Grünflächen und Zugang zu Wäldern in der Nähe. Es ist ziemlich ruhig und grün. Trotzdem gefällt mir die Idee, in eine ländlichere, ruhigere und gemächlichere Gegend zu ziehen, was ich wahrscheinlich in einigen Jahren mache.

***

Wie wir gesehen haben, wird unser Leben auf subtile, aber wirksame Weise von Werten bestimmt. Wenn selbst-transzendente Werte situationsbedingt gestärkt werden, wird ein Flow-Erlebnis wahrscheinlicher – sofort und unmittelbar. Wenn selbst-transzendente Werte in unserer festen Wertrangfolge nach oben steigen (und materialistische Werte absteigen), wird ein Flow-Erlebnis zu allen Zeiten wahrscheinlicher: Sie werden ganz einfach flow-anfälliger.

Wenn Sie mehr Flow in Ihrem Leben möchten, suchen Sie nach Möglichkeiten, sich mehr in Richtung Natur, Gemeinschaft, Hilfsbereitschaft, Ehrlichkeit, Verzeihen und anderer gesunder Werte zu orientieren.

NACHWORT

Das Versprechen des Flow

Denken Sie an die schönsten Erlebnisse Ihres Lebens. Die Augenblicke, in denen Sie sich am besten gefühlt haben. Vielleicht bestehen Sie ein Examen im Flug, setzen sich voller Selbstvertrauen mit Ihrer Meinung durch, vertrauen Ihrer Frau oder Ihrem Mann Ihre tiefsten Ängste und Begierden an oder erledigen im Büro einen Auftrag nach dem anderen. Sie sind voll dabei, voll engagiert und gehen völlig in Ihrer Tätigkeit auf. Sie sind voller Selbstvertrauen und Begeisterung und haben alles im Griff. Es läuft wie von selbst.

Jetzt denken Sie an die schlimmsten Erlebnisse Ihres Lebens. Beim Examen sind Sie von Prüfungsangst gelähmt. Statt Ihre wahren Gedanken zu offenbaren, fragen Sie sich ständig beklommen, was die anderen von Ihnen denken. Statt sich frei und kreativ zu fühlen, sind Sie gehemmt und einfallslos. Nervös. Voller Unbehagen. Sie geben auf, statt Ihr Bestes zu geben. Sie grübeln zu viel. Sie kommen ins Straucheln.

Jetzt überlegen Sie: Wie wäre es, wenn Sie mitten in diesen schlimmsten Erlebnissen einen Schalter umlegen und von Angst auf Selbstvertrauen, von Zerstreuung auf Konzentration, vom Festsitzen im eigenen Kopf auf gelöstes Aufgehen im Augenblick, von Pessimismus auf Optimismus, von Sorge auf Begeisterung und von Schrecken auf Freude umschalten könnten? Wie wäre es, wenn Sie sich in den schwierigsten Lebenssituationen stark und mächtig fühlen könnten?

Wie viel besser ginge es Ihnen? Wie viel mehr würden Sie sich selbst mögen? Wie viel mehr könnten Sie erreichen? Wie viel glücklicher wären Sie?

Das ist das Versprechen des Flow.

Flow hilft Ihnen, so gut wie nur möglich zu werden. Er lässt Sie Ihr Potenzial ausschöpfen. Er lässt Sie das Leben Ihrer Träume führen.

Dieses Buch hat Ihnen die Mittel an die Hand gegeben, um sie zu verwirklichen. Jetzt machen Sie sich auf und machen das Versprechen wahr.

Danke fürs Lesen und möge der Flow mit Ihnen sein.

Hat Ihnen das Buch gefallen?

Vielen Dank, dass Sie sich die Zeit genommen haben, dieses Buch zu lesen. Ich hoffe, es hat Ihnen gefallen und war Ihnen nützlich.

Falls Sie ein bisschen Zeit hätten, würde ich mich sehr freuen, wenn Sie eine Rezension bei Amazon, Goodreads oder einer anderen Buchhandels- oder Besprechungsplattform Ihrer Wahl hinterließen. Rezensionen sind wichtig, um potenzielle Leser zu ermutigen, dem Buch eine Chance zu geben. Vielen Dank im Voraus!

Sollten Ihnen übrigens Fehler im Text auffallen, können Sie mich mit einer E-Mail an nils@njlifehacks.com benachrichtigen. Ebenso würde ich mich über Rückmeldungen, Fragen oder Kommentare jeder Art freuen.

Und jetzt?

Für den Fall, dass Ihnen *So lebst du deinen Flow* gefallen hat, sind hier einige zusätzliche Ressourcen, die Ihnen vielleicht gefallen.

Kostenlose Buchressourcen

Ich habe mehrere Bonusressourcen für die Leser dieses Buchs zusammengestellt, zum Beispiel:

- **Die *So-lebst-du-deinen-Flow-Leseliste*.** Wollen Sie mehr über die autotelische Persönlichkeit, das Gehirn während des Flow, Emotionsregulierung und darüber lesen, wie man einen Zustand erreicht, in dem der Geist wie Wasser ist? Dann sind Sie hier richtig! Die Leseliste bietet zu jedem Kapitel eine Auswahl an Büchern, die sich ausführlicher mit den Themen des Kapitels befassen.
- **Von Frustration zum Flow.** Nicht alle Aktivitäten, die uns in den Flow versetzen können, sind gleich. Es gibt Aktivitäten, auf die wir uns freuen (z. B. Hobbys), und es gibt andere, die wir fürchten (z. B. Essays schreiben, für Prüfungen lernen, Präsentationen vorbereiten

oder Schäden im Haus reparieren). Bei Aktivitäten, die wir fürchten, müssen wir oft Widerstand überwinden, um damit zu beginnen. Wenn wir aber erst einmal angefangen haben, macht es tatsächlich Spaß und wir finden uns oft im Flow-Zustand. Diese praktische Anleitung enthält Tipps und Strategien, wie man Widerstand überwindet und von Frustration zum Flow kommt.

Später füge ich weitere Lesetipps hinzu. Sie erhalten sie gratis unter folgender Internetadresse:

njlifehacks.com/matering-flow-resources.

NJlifehacks-Blog und -Rundmail

Mein Bruder Jonas und ich veröffentlichen auf unserer Webseite NJlifehacks.com (das N steht für Nils; das J steht für Jonas) Artikel. Wir schreiben über alles, das uns hilft, glücklicher und gesünder zu leben. Zu den Hauptthemen gehören Flow, Prokrastination, Positive Psychologie und Stoizismus. Falls Ihnen *So lebst du deinen Flow* gefallen hat, werden Ihnen wahrscheinlich auch unsere Artikel gefallen.

Wir verschicken außerdem eine wöchentliche Rundmail. Sie enthält unsere neuesten Artikel, Lieblingszitate, Buchempfehlungen und alles, was wir interessant und nützlich finden. Wir berichten außerdem, was in unserem Leben vorgeht, woran wir gerade arbeiten und was wir tun, um besser zu leben.

Wenn Sie gerne dabei sein möchten, können Sie sich hier anmelden: njlifehacks.com/subscribe.

Dank

Danke, Nicole, meine beste Freundin, meine zukünftige Frau und die Liebe meines Lebens. Danke für deine Liebe und Unterstützung. Danke für dein Verständnis, dein Mitleid und deine Akzeptanz. Danke, dass du mich von ganzem Herzen magst und liebst. Danke, dass du dein Leben mit mir teilst. Ich bin auf ewig dankbar, dass es dich gibt.

Danke, Jonas und Yanis, für die zahllosen Stunden, die ihr für das Lesen und Korrigieren meiner ersten Entwürfe aufgewendet habt. Ich weiß, dass es verdammt viel Arbeit war. Danke für eure Vorschläge und eure Unterstützung. Danke, dass ihr auch auf das Gute und nicht nur auf das Schlechte hingewiesen habt. Eure Beteiligung an diesem Buch bedeutet mir viel.

Danke, Dimitri, für deine Hilfe, für dein immer gegenwärtiges Interesse an meinem Leben und für deine beständige Rückendeckung. Ich fühle mich von dir wahrgenommen und unterstützt – was für ein Geschenk, danke.

Danke, Susanna und Roger, dafür, dass ihr mich auf diese Welt gebracht und mich auf meiner Reise durchs Leben begleitet habt. Danke für alles.

Danke, Simran, für deine Begeisterung, dein Selbstvertrauen, deine Positivität und deine Liebe. Danke für deinen Respekt und für deine Anerkennung meines Wesens. Danke für deine ehrlichen und unschätzbaren Rückmeldungen. Danke dafür, dass du mir geholfen und mich unterstützt hast.

Danke, Mihály Csíkszentmihályi, dafür, dass Sie das Konzept entwickelt und Flow in die Welt gebracht haben. Danke, Steven Kotler, für die schwere Arbeit, die Sie geleistet haben, um das Flow-Konzept bekannt zu machen. Sie beide haben mich mit der Idee vertraut gemacht und mich für sie begeistert, sodass ich mich in sie verliebt habe. Ohne Sie beide hätte ich dieses Buch nicht geschrieben. Danke.

Dank an die vielen Flow-Forscher auf der ganzen Welt. Sie sind mir nie begegnet, aber Ihre Arbeit hat mich stark beeinflusst. Dieses Buch ist durchsetzt mit Ihren Erkenntnissen. Danke, Susan A. Jackson, Corinna Peifer, Stefan Engeser, Anja Schiepe-Tiska, Giovanni B. Moneta, Michael Barthelmäs, Johannes Keller, Sami Abuhamdeh, Julia Schüler, Jasmine Tan, Nicola Baumann, Charles J. Walker, Gina Wolters, László Harmat, Örjan de Manzano, Fredrik Ullén, Falko Rheinberg, Antonella Delle Fave, Marta Bassi, Fausto Massimini, Jef J. J. van den Hout, Orin C. Davis, Christian Swann, Oliver Stoll, Jeanne Nakamura, Dwight C. K. Tse, und alle anderen, die ich jetzt vergesse. Danke für Ihre faszinierende Forschungsarbeit – ich war begeistert von Ihren Studien.

Danke, Thibaut Meurisse, für Ihre Inspiration, Ihre Unterstützung, Ihren Rat und Ihre Freundschaft. Es ist schön, meine Reise als Autor mit Ihnen zu teilen. Nach unseren Chatsitzungen fühle ich mich immer begeistert und motiviert. Danke.

Danke, Shruti, für die Erstellung der Grafiken in diesem Buch und dafür, dass Sie mich über Bildformate, Drucken et cetera. belehrt haben. Ihre Professionalität und Geduld haben mich überwältigt. Es war ein Vergnügen, mit Ihnen zusammenzuarbeiten.

Danke an alle anderen, die ich hier vergessen habe und die mich auf meiner Reise unterstützt haben.

Zum Schluss danke ich Ihnen, den Lesern. Danke, dass Sie mir Ihre Zeit geopfert haben. Ich hoffe, das Buch war sie wert.

Anmerkungen

1 Mihály Csíkszentmihályi, *Beyond boredom and anxiety*, 25th Anniversary Edition. San Francisco: Jossey-Bass 2000.
Deutsch: *Das Flow-Erlebnis. Jenseits von Angst und Langeweile: Im Tun aufgehen*. Stuttgart: Klett-Cotta 1985. Übersetzung von Urs Aeschbacher.

Einleitung

2 Steven Kotler, *The rise of superman: Decoding the science of ultimate human performance*. London: Quercus Editions Ltd. 2014.

3 Roy F. Baumeister verwendet den Ausdruck »Last des Selbstseins« in: *Escaping the self: Alcoholism, spirituality, masochism, and other flights from the burden of selfhood*. New York: Basic Books 1991.

4 Der Begriff »unbewusst« ist nicht klar definiert und wird äußerst kontrovers diskutiert. In diesem Fall meine ich damit, dass Ihre erworbenen Fähigkeiten und Kenntnisse im Flow-Zustand die Kontrolle übernehmen. Sie sind in der Lage, Ihre Fähigkeiten und Ihr Wissen ohne bewusste Absicht zu nutzen. Sie sind in der Lage, das Beste aus Ihren Fähigkeiten herauszuholen. Sie müssen keine bewussten Entscheidungen treffen; die Entscheidungsfindung erfolgt spontan.

5 Der Gedanke, Flow als etwas aufzufassen, dass man »geschehen lässt« und nicht aktiv »in die Tat umsetzt«, stammt von Christian Swann, Richard Keegan, Lee Crust und David Piggott in: »Psychological states underlying excellent performance in professional golfers: ›Letting it happen‹ vs. ›making it happen‹«, *Psychology of Sport and Exercise* 23 (2016), S. 101-113.

Teil 1: Die Grundlagen des Flow

6 Susan A. Jackson und Mihály Csíkszentmihályi, *Flow in sports*. Human Kinetics 1999. Deutsch: *Flow im Sport. Der Schlüssel zur optimalen Erfahrung und Leistung*. München: BLV Verlagsanstalt 2000. Übersetzung von Hans Waldmann.

Kapitel 1: Flow aus der Vogelperspektive

7 »Frequently asked questions on flow«, Steven Kotler, eingesehen am 3. November 2023, www.stevenkotler.com/rabbit-hole/frequently-asked-questions-on-flow

Kapitel 2: Die Entstehungsgeschichte des Begriffs »Flow«

8 Mihály Csíkszentmihályi und Jeanne Nakamura, »Effortless attention in everyday life: a systematic phenomenology«, in: Brian Bruya (Hg.), *Effortless attention: A new perspective in the cognitive science of attention and action*. London: The MIT Press 2010.

9 Die Entstehungsgeschichte, auf die ich mich hier beziehe, wird in Csíkszentmihályi, *Beyond boredom and anxiety* detaillierter ausgeführt. Alle Zitate in diesem Kapitel stammen aus diesem Buch, sofern nicht anders angegeben.

10 Mihály Csíkszentmihályi, *Flow – the Psychology of Optimal Experience*. New York: Harper Collins 1988. Deutsch: *Flow. Das Geheimnis des Glücks*. Stuttgart: Klett-Cotta 1992. Übersetzung von Annette Charpentier.

11 Csíkszentmihályi, *Beyond boredom and anxiety.*

12 Ebd.

13 Ebd.

14 Ebd.

15 Ebd.

16 Csíkszentmihályi und sein Team verwendeten ursprünglich den Begriff *autotelische Erfahrung* anstelle von Flow. »Autotelisch« ist ein anderes Wort für »intrinsisch motiviert«, während »exotelisch« ein Synonym für »extrinsisch motiviert« ist. Wenn Menschen einer autotelischen Tätigkeit nachgehen, machen sie eine autotelische Erfahrung – so der ursprüngliche Gedankengang. Csíkszentmihályi und seine Kollegen erkannten jedoch schnell, dass die von den Befragten beschriebene Erfahrung auch bei extrinsisch motivierten Tätigkeiten auftreten konnte. Man kann Flow auch erleben, wenn man externe Ziele verfolgt oder externe Belohnungen erhält. Der Begriff »autotelisch« suggerierte, extrinsische Ziele oder Belohnungen gäbe es nicht, was nicht stimmte. Deshalb wurde der Begriff in Flow geändert. Ein weiterer Grund war, dass »Flow« weniger sperrig und intuitiver ist als die vorherige Bezeichnung.

Kapitel 3: Die Definition von Flow

17 Kotler, *The rise of superman.*

18 Siehe zum Beispiel S. 13 in: Jef J. J. van den Hout und Orin C. Davis, *Team flow: The psychology of optimal collaboration*. Cham: Springer 2019.

19 Kotler, *The Rise of superman.*

20 »About Steven«, Steven Kotler, eingesehen am 23. Juli 2024, www.stevenkotler.com/about

21 Steven Kotler und Jamie Wheal, *Stealing Fire: Spitzenleistungen aus dem Labor: Das Geheimnis von Silicon Valley, Navy Seals und vielen mehr*, Kulmbach 2018.

22 Zitat aus dem englischen Wikipedia-Eintrag »Ecstasy«, Wikimedia Foundation, zuletzt geändert am 11. Juni 2023 um 20:23 (UTC). https://en.wikipedia.org/wiki/Ecstasy

23 Csíkszentmihályi, *Flow.*

24 Jackson und Csíkszentmihályi, *Flow in Sports.*

25 Jackson und Csíkszentmihályi schreiben beispielsweise in *Flow im Sport*: »Wenn Menschen über ihre Flow-Erlebnisse sprechen, erwähnen sie zwei Merkmale:

dass diese besonderen Momente freudvoll und optimal sind. Aus diesem Grund werden die Begriffe *Freude* und *optimale Erfahrung* im gesamten Buch synonym mit Flow verwendet. Sie können sich Freude und optimale Erfahrung als zwei Punkte auf einem Kontinuum vorstellen. Freude beschreibt eher ein unteres bis mittleres Flow-Niveau, während optimale Erfahrung ein höheres Niveau bezeichnet.«

26 Das erste Zitat stammt aus Csíkszentmihályi, *Beyond boredom and anxiety*, das zweite aus Csíkszentmihályi, *Flow*.

27 Csíkszentmihályi, *Beyond boredom and anxiety*.

28 Eine ausführliche Diskussion von Gruppen-Flow bietet R. Keith Sawyer, *Group genius: The creative power of collaboration*. New York: Basic Books 2007.

29 Eine neuere Diskussion von sozialem Flow findet man in dem Beitrag »Social flow«, in: Corinna Peifer und Stefan Engeser (Hg.), *Advances in flow research*, 2. Auflage. Cham: Springer 2021.

30 Eine neuere Diskussion der verschiedenen Arten von Flow dokumentieren »Overview of extant research on interpersonal flow at work« und »How team flow relates to other flow constructs«, in: van den Hout und Davis, *Team flow*.

Kapitel 4: Die drei Bedingungen für Flow

31 Das Zitat stammt aus Csíkszentmihályi, *Finding flow: The psychology of engagement with everyday life*. New York: Basic Books, 1997. Deutsch: *Lebe gut! Wie Sie das Beste aus Ihrem Leben machen*. Stuttgart: Klett-Cotta 1999. Übersetzung von Michael Benthack.

32 Csíkszentmihályi and Nakamura, »Effortless attention in everyday life«, in: Bruya, *Effortless attention*, S. 179-190.

33 Ebd.

34 Massimini, Fausto, Mihály Csíkszentmihályi und Massimo Carli, »The monitoring of optimal experience. A tool for psychiatric rehabilitation«, *The Journal of nervous and mental disease* 175 (1987), S. 545-549.

35 Kotler, *The rise of superman*.

36 Das Zitat stammt von Steven Kotler, *The art of impossible: A peak performance primer*. New York: Harper Wave 2021.

37 Eine neuere Diskussion der 22 Flow-Trigger findet man in Kotler, *The art of impossible*.

38 Kotler, *The art of impossible*.

Kapitel 5: Die sechs erfahrungsbezogenen Komponenten des Flow-Zustands

39 Jackson und Csíkszentmihályi, *Flow in Sports*.

40 Ebd.

41 Ebd.

42 Jeanne Nakamura und Mihály Csíkszentmihályi, »The concept of flow«, *Handbook of positive psychology* 89 (2002), S. 105.

43 Csíkszentmihályi, *Flow*.

44 Csíkszentmihályi, *Beyond boredom and anxiety*.

45 Csíkszentmihályi, *Flow*.

46 Ebd.

47 Barry Green und W. Timothy Gallwey, *The inner game of music*. New York: Doubleday 1986.
Deutsch: *Inner Game Musik: Der Mozart in uns*. Staufen 2008. Übersetzung von Gerhard Hamann.

48 Das Zitat stammt aus einem Gedicht mit dem Titel: »Among school children« (»Unter Schulkindern«) von William Butler Yeats.

49 Roy F. Baumeister nutzt den Begriff »Last des Selbstseins« (»Burden of Selfhood«) in seinem Buch *Escaping the self: alcoholism, spirituality, masochism and other flights from the burden of selfhood*. New York: Basic Books 1991.

50 Csíkszentmihályi, *Flow*.

51 Ebd.

52 Kotler, *The rise of superman*.

53 Csíkszentmihályi, *Flow*.

54 Ebd.

55 Jackson und Csíkszentmihályi, *Flow in Sports*.

56 Kotler, *The rise of superman*.

57 Jackson und Csíkszentmihályi, *Flow in Sports*.

58 Csíkszentmihályi, *Flow*.

59 Jackson und Csíkszentmihályi, *Flow in Sports*.

Kapitel 6: Die autotelische Persönlichkeit

60 Nicola Baumann, »Autotelic personality«, in: Peifer und Engeser, *Advances in flow research*, S. 231-261.

61 Flow-Affinität wird in der Regel mit dem *Swedish Flow Proneness Questionnaire* (SFPQ) gemessen. Dieser erfasst mit 21 Fragen die Affinität in den drei Kontexten Arbeit, Freizeit und tägliche Pflichten des Lebens. Die Teilnehmer beantworten für jeden Kontext dieselben sieben Fragen dazu, wie oft sie bestimmte Empfindungen erleben (z. B. »… *Ihre Fähigkeit zur Bewältigung der Aufgabe stimmt vollständig mit der Schwierigkeit der Aufgabe überein*«). Mit den sieben Fragen sollen die wichtigsten Dimensionen des Flow-Erlebnisses erfasst werden. Detaillierte Informationen zum SFPQ gibt es in Fredrik Ullén, Örjan de Manzano, Rita Almeida, Patrik KE Magnusson, Nancy L. Pedersen, Jeanne Nakamura, Mihály Csíkszentmihályi und Guy Madison, »Proneness for psychological flow in everyday life: Associations with personality and intelligence«, *Personality and individual differences* 52 (2012), S. 167-172.

62 Der Begriff »autotelisch« kann für einige Verwirrung sorgen. Ursprünglich definierte Csíkszentmihályi eine autotelische Persönlichkeit als »ein Individuum, das im Allgemeinen Dinge um ihrer selbst willen tut und nicht, um ein späteres externes Ziel zu erreichen«. Eine solche Person würde tatsächlich häufig Flow erleben. Das ist jedoch nicht dasselbe, wie zu sagen, dass eine Person mit autotelischer Persönlichkeit viele Eigenschaften besitzt, die das Erleben von Flow im Alltag fördern. Die beiden sind zwar ähnlich, aber nicht gleich. Eine Person, die autotelisch ist (die im Allgemeinen Dinge um ihrer selbst willen tut), ist nicht identisch mit einer Person, die häufig Flow erlebt, weil sie Flow-fördernde Charaktereigenschaften besitzt.

Der folgende Absatz aus Csíkszentmihályi, *Finding Flow* verdeutlicht, was ich meine: »›Autotelisch‹ ist ein Wort, das sich aus zwei griechischen Grundworten zusammensetzt: auto (Selbst) und telos (Ziel). Eine autotelische Aktivität üben wir um ihrer selbst willen aus, weil ihr Erlebnis das Hauptziel ist. Wenn ich beispielsweise eine Schachpartie zum reinen Vergnügen spiele, ist das eine autotelische Erfahrung für mich. Wenn ich dagegen um Geld oder wettbewerbsmäßig spiele, wäre das gleiche Spiel in erster Linie exotelisch, das heißt durch ein äußeres Ziel motiviert. Übertragen auf die Persönlichkeit bedeutet autotelisch, dass eine Person etwas im Allgemeinen um seiner selbst willen tut und nicht, um ein späteres externes Ziel zu erreichen. Natürlich ist niemand vollkommen autotelisch, weil man immer Dinge tun muss, die keinen Spaß machen – sei es aus Pflichtbewusstsein oder weil die Notwendigkeit besteht. Es gibt jedoch eine Abstufung zwischen Menschen, die fast nie das Gefühl haben, ihre Tätigkeiten wären es wert, um ihrer selbst willen ausgeübt zu werden, und anderen, die das Gefühl haben, dass fast ihr gesamtes Tun wichtig und wertvoll ist. Auf die Letztgenannten bezieht sich der Begriff autotelisch.«
Heutzutage sind jedoch mit »autotelischer Persönlichkeit« Menschen gemeint, die relativ viele Flow-fördernde Eigenschaften besitzen und daher eher in der Lage sind, ihn zu erleben.

63 »Autotelic«, Wikimedia Foundation, eingesehen am 29. November 2023, https://en.wikipedia.org/wiki/Autotelic.

64 Dwight CK Tse, Vienne Wing-yan Lau, Rachael Perlman und Michael McLaughlin, »The development and validation of the Autotelic Personality Questionnaire«, *Journal of personality assessment* 102 (2020), S. 88-101.

65 Tse et al., »The development and validation«; Dwight CK Tse, Jeanne Nakamura und Mihály Csíkszentmihályi, »Living well by ›flowing‹ well: The indirect effect of autotelic personality on well-being through flow experience«, *The Journal of Positive Psychology* 16 (2021), S. 310-321.

66 Johannes Keller und Herbert Bless, »Flow and regulatory compatibility: An experimental approach to the flow model of intrinsic motivation«, *Personality and social psychology bulletin* 34 (2008), S. 196-209.

67 Eine Frage lautet beispielsweise: »Wenn ich an einem interessanten Projekt arbeite: (A) muss ich häufig Pausen machen und an anderen Projekten arbeiten, (B) kann ich lange an demselben Projekt arbeiten.« Eine andere lautet: »Wenn ich ein neues und interessantes Spiel gelernt habe: (A) verliere ich schnell das Interesse daran und mache etwas anderes, (B) kann ich mich lange und intensiv damit beschäftigen.« Antwort B steht für die handlungsorientierten Antworten und lässt sich gut auf unsere Vorstellung von Beharrlichkeit übertragen.

68 Siehe beispielsweise Giovanni B. Moneta, »Opportunity for creativity in the job as a moderator of the relation between trait intrinsic motivation and flow in work«, *Motivation and Emotion* 36 (2012), S. 491-503; Susan A. Jackson, Stephen K. Ford, Jay C. Kimiecik und Herbert W. Marsh, »Psychological correlates of flow in sport«, *Journal of Sport and exercise Psychology* 20 (1998), S. 358-378; Maura J. Mills und Clive J. Fullagar, »Motivation and flow: Toward an understanding of the dynamics of the relation in architecture students«, *The Journal of psychology* 142 (2008), S. 533-556.

69 Fredrik Ullén, Örjan de Manzano, Töres Theorell und László Harmat, »The physiology of effortless attention: Correlates of state flow and flow proneness«, in: Bruya, *Effortless attention*, S. 205-218.

70 Csíkszentmihályi, *Flow*.

71 Ebd.

72 Diese Liste enthält die im Hauptteil des Textes besprochenen Eigenschaften sowie unter anderem Selbstwirksamkeit, Handlungsorientierung, Bedürfnis nach Leistung, Hoffnung auf Erfolg versus Angst vor Misserfolg, eine Fähigkeit meistern wollen versus Leistungsorientierung, Wachstumsdenken versus starres Denken, Schüchternheit, Selbstbehinderung und mehr.

73 Siehe zum Beispiel Ullén et al., »Proneness for psychological flow«; Fredrik Ullén, László Harmat, Töres Theorell und Guy Madison, »Flow and individual differences – a phenotypic analysis of data from more than 10,000 twin individuals«, in: *Flow experience: Empirical research and applications*. Cham: Springer 2016.

74 Die Definition stammt aus *Psychology Today*, »Conscientiousness«, eingesehen am 28. September 2023, www.psychologytoday.com/us/basics/conscientiousness.

75 Siehe zum Beispiel Ullén et al., »Proneness for psychological flow«; Ullén et al., »Flow and individual differences«.

76 Siehe zum Beispiel Jackson et al., »Psychological correlates of flow«; Stefan Koehn, »Effects of confidence and anxiety on flow state in competition«, *European journal of sport science* 13 (2013), S. 543-550; Kiyoshi Asakawa, »Flow experience, culture, and well-being: How do autotelic Japanese college students feel, behave, and think in their daily lives?«, *Journal of happiness studies* 11 (2010), S. 205-223.

77 Siehe zum Beispiel Koehn, »Effects of confidence«; Christian Swann, Richard J. Keegan, David Piggott und Lee Crust, »A systematic review of the experience, occurrence, and controllability of flow states in elite sport«, *Psychology of Sport and Exercise* 13 (2012), S. 807-819.

78 Siehe zum Beispiel Koehn, »Effects of confidence«; Jackson et al., »Psychological correlates of flow«; Nektarios A. Stavrou und Yannis Zervas, »Confirmatory factor analysis of the Flow State Scale in sports«, *International Journal of Sport and Exercise Psychology* 2 (2004), S. 161-181.

79 Christian Swann, David Piggott, Lee Crust, Richard Keegan und Brian Hemmings, »Exploring the interactions underlying flow states: A connecting analysis of flow occurrence in European Tour golfers«, *Psychology of Sport and Exercise* 16 (2015), S. 60-69.

80 Eine Übersicht über die Forschung zu Optimismus bietet Seligman, Martin (1990): *Pessimisten küsst man nicht – Optimismus kann man lernen*. München 1990.

81 Patricia C. Jackman, Christian Swann und Lee Crust, »Exploring athletes' perceptions of the relationship between mental toughness and dispositional flow in sport«, *Psychology of Sport and Exercise* 27 (2016), S. 56-65; Robin S. Vealey und Nicole C. Perritt, »Hardiness and optimism as predictors of the frequency of flow in collegiate athletes«, *Journal of Sport Behavior* 38 (2015), S. 321.

82 Das Zitat stammt aus Doug Strycharczyk und Peter Clough, *Developing mental toughness: Coaching strategies to improve performance, resilience and wellbeing*, 2. Auflage. London: Kogan Page 2015.

83 Ebd.

84 Viele Studien zeigten den positiven Zusammenhang zwischen mentaler Stärke und Flow. Siehe zum Beispiel Patricia Jackman, Lee Crust und Christian Swann, »The role of mental toughness in the occurrence of flow and clutch states in sport«, *International journal of sport psychology* 51 (2020), S. 1-27; Jackman et al., »Exploring athletes' perceptions«; Jenny Meggs, Mark A. Chen und Stefan Koehn, »Relationships between flow, mental toughness, and subjective performance perception in various triathletes«, *Perceptual and motor skills* 126 (2019), S. 241-252.

85 Studien über Perfektionismus gibt es zum Beispiel von Tamar Kamushadze, Khatuna Martskvishvili, Maia Mestvirishvili und Mariami Odilavadze, »Does perfectionism lead to well-being? The role of flow and personality traits«, *Europe's Journal of Psychology* 17 (2021), S. 43; Tajana Ljubin-Golub, Majda Rijavec und Lana Jurčec, »Flow in the academic domain: The role of perfectionism and engagement«, *The Asia-Pacific Education Researcher* 27 (2018), S. 99-107; Anida R. Fazlagić und Milena Belić, »The connection of perfectionism and flow with athletes of a different performance level«, *Fizička kultura* 71 (2017), S. 111-117; Arne Dietrich und Oliver Stoll, »Effortless attention, hypofrontality, and perfectionism«, in: Bruya, *Effortless attention*, S. 159-178.

86 Interessanterweise haben Forscher herausgefunden, dass die beiden Überzeugungen voneinander unabhängig sind. Menschen können für Phänomene gleichzeitig interne und externe Faktoren verantwortlich machen. Jemand, bei dem Lungenkrebs diagnostiziert wurde, kann die Diagnose beispielsweise auf interne Faktoren wie schlechte Ernährung und lebenslanges Rauchen, aber gleichzeitig auch auf äußere Ursachen wie Pech, eine Strafe Gottes oder schlechte Gene zurückführen. Meistens dominiert jedoch eine Orientierung, das heißt für die Krankheit werden entweder innere oder äußere Ursachen verantwortlich gemacht.

87 Siehe zum Beispiel Tse et al., »Development and validation«; Celeste M. Taylor, J. M. Schepers und F. Crous, »Locus of control in relation to flow«, *SA Journal of Industrial Psychology* 32 (2006), S. 49-62; Johannes Keller und Frederik Blomann, »Locus of control and the flow experience: An experimental analysis«, *European Journal of Personality* 22 (2008), S. 589-607.

88 Diese Definition stammt aus *Psychology Today*, »Emotional Intelligence«, eingesehen am 28. September 2023, www.psychologytoday.com/intl/basics/emotional-intelligence.

89 Eine neuere Diskussion von emotionaler Intelligenz bietet Ilios Kotsou, Moïra Mikolajczak, Alexandre Heeren, Jacques Grégoire und Christophe Leys, »Improving emotional intelligence: A systematic review of existing work and future challenges«, *Emotion Review* 11 (2019), S. 151-165.

90 Siehe zum Beispiel Valérian Cece, Emma Guillet-Descas, Kevin Juhel und Guillaume Martinent, »Emotional determinants and consequences of flow experience of young elite athletes involved in intensive training centers across

the competitive season«, *International Journal of Sport and Exercise Psychology* 20 (2022), S. 896-914; Amy Rakei, Jasmine Tan und Joydeep Bhattacharya, »Flow in contemporary musicians: Individual differences in flow proneness, anxiety, and emotional intelligence«, *PLoS One* 17 (2022), e0265936; Manuela M. Marin und Joydeep Bhattacharya, »Getting into the musical zone: trait emotional intelligence and amount of practice predict flow in pianists«, *Frontiers in psychology* 4 (2013), S. 853.

91 Siehe zum Beispiel Ullén et al., »Proneness for psychological flow.«; Ullén et al., »Flow and individual differences.«

92 Für Flow und Selbstvertrauen siehe Asakawa, »Flow experience, culture, and well-being«; Mihály Csíkszentmihályi, Jennifer A. Schmidt und David J. Shernoff, »Individual and situational factors related to the experience of flow in adolescence: A multilevel approach«, in: *Applications of flow in human development and education: The collected works of Mihály Csikszentmihalyi* (2014), S. 379-405. Für Flow und Mut siehe Jasmine Tan, Kelly Yap und Joydeep Bhattacharya, »What does it take to flow? Investigating links between grit, growth mindset, and flow in musicians«, *Music & Science* 4 (2021), S. 2059204321989529. Für Flow und Selbstmitgefühl sowie Flow und Achtsamkeit siehe Kapitel 21 dieses Buchs.
Für Flow und Selbstbeherrschung siehe Claudia Kuhnle, Manfred Hofer und Britta Kilian, »Self-control as predictor of school grades, life balance, and flow in adolescents«, *British Journal of Educational Psychology* 82 (2012), S. 533-548.

93 Ebd.

94 Laura Moral-Bofill, Andrés López de la Llave, Mª Pérez-Llantada und Francisco Pablo Holgado-Tello, »Development of flow state self-regulation skills and coping with musical performance anxiety: Design and evaluation of an electronically implemented psychological program«, *Frontiers in Psychology* 13 (2022), S. 899621.

Kapitel 7: Flow messen und erforschen

95 Eine detaillierte Übersicht über die Messverfahren gibt es von Giovanni B. Moneta, »On the conceptualization and measurement of flow«, in: Peifer und Engeser, *Advances in flow research*, S. 31-69; Antonella Delle Fave, Fausto Massimini und Marta Bassi, »Instruments and methods in flow research«, in: *Psychological selection and optimal experience across cultures: social empowerment through personal growth*. Cham: Springer 2011, S. 59-87.

96 Die Methodik und die Ergebnisse dieser Interviews werden aufgeführt in Csíkszentmihályi, *Beyond boredom and anxiety*.

97 Susan A. Jackson, »Factors influencing the occurrence of flow state in elite athletes«, *Journal of applied sport psychology* 7 (1995), S. 138-166.

98 Siehe Susan K. Perry, *Writing in flow: Keys to enhanced creativity*. Cincinnati: Writer's Digest Books 1999.

99 Ihre erste Studie mit dieser Methodik war Christian Swann, Richard Keegan, Lee Crust und David Piggott, »Psychological states underlying excellent performance in professional golfers: ›Letting it happen‹ vs. ›making it happen‹«. *Psychology of Sport and Exercise* 23 (2016), S. 101-113.

100 Der Flow-Fragebogen wurde erstmals vorgestellt in Csíkszentmihályi und Csíkszentmihályi, *Optimal experience.*

101 Giovanni B. Moneta, »Flow in work as a function of trait intrinsic motivation, opportunity for creativity in the job, and work engagement«, in: Simon L. Albrecht (Hg.), *The Handbook of employee engagement: Perspectives, issues, research and practice.* Bingley: Emerald Publishing Limited 2010, S. 262-269.

102 Die für oberflächlichen Flow verwendeten Zitate waren: (1) »Meine Gedanken schweifen nicht ab. Ich bin völlig in das vertieft, was ich tue, und denke an nichts anderes. Mein Körper fühlt sich gut an ... Ich scheine vom Rest der Welt abgeschnitten zu sein ... Ich bin mir meiner selbst und meiner Probleme weniger bewusst.« (2) »Meine Konzentration ist wie mein Atem ... Ich denke nie daran ... Wenn ich anfange, schließe ich die Welt da draußen komplett aus.« (3) »Ich bin so in meine Tätigkeit vertieft, dass ich eins mit ihr werde ... Ich sehe mich selbst nicht als getrennt von dem, was ich tue.«
Für tiefen Flow wurden folgende Zitate verwendet: (1) »Ich nehme meine Umgebung gar nicht mehr wahr, wenn ich mich wirklich auf diese Tätigkeit einlasse.« (2) »Ich glaube, das Telefon könnte klingeln, an der Tür könnte es läuten oder das Haus könnte abbrennen oder dergleichen ...« (3) »Sobald ich aufhöre, kann ich sie wieder hereinlassen.«

103 Eine neuere und detaillierte Erklärung der Experience Sampling Methode gibt es in Mihály Csíkszentmihályi und Reed Larson, »The experience sampling method«, in: Mihály Csíkszentmihályi (Hg.), *Flow and the foundations of positive psychology: The collected works of Mihály Csikszentmihalyi.* Cham: Springer 2014, S. 21-34.

104 Mihály Csíkszentmihályi und Judith LeFevre, »Optimal experience in work and leisure«, *Journal of personality and social psychology* 56 (1989), S. 815.

105 Das wird erklärt in Csíkszentmihályi, Mihály und Csíkszentmihályi, Isabella S., *Optimal experience.*

106 Eine detaillierte Diskussion bietet Michael Barthelmäs und Johannes Keller, »Antecedents, boundary conditions and consequences of flow«, in: Peifer und Engeser, *Advances in flow research*, S. 71-107.

107 Stefan Engeser und Nicola Baumann, »Fluctuation of flow and affect in everyday life: A second look at the paradox of work«, *Journal of Happiness Studies* 17 (2016), S. 105-124.

108 Susan A. Jackson und Robert C. Eklund, »Assessing flow in physical activity: The flow state scale–2 and dispositional flow scale–2«, *Journal of sport and exercise psychology* 24 (2002), S. 133-150. Beide Skalen wurden ursprünglich für die Messung von Flow im Sport erstellt. Durch kleine Anpassungen konnten sie auch erfolgreich in anderen Bereichen angewandt werden.

109 Ö. Blom und F. Ullén, »The psychophysiology of flow during music performance«, in: *IV European Conference on Positive Psychology*, S. 55. 2008.; Örjan De Manzano, Töres Theorell, László Harmat und Fredrik Ullén, »The psychophysiology of flow during piano playing«, *Emotion* 10 (2010), S. 301.

Kapitel 8: Tätigkeiten und Kontexte des Flow-Zustands

110 Zitat aus Csíkszentmihályi und Csíkszentmihályi, *Optimal Experience*, S. 366.

111 Eine vollständige Beschreibung der Studie gibt es in Fausto Massimi und Massimo Carli, »The systematic assessment of flow in daily experience«, in: Csíkszentmihályi und Csíkszentmihályi, *Optimal Experience*, S. 266-287.

112 Genauer gesagt nutzten die Forscher in dieser Studie tatsächlich ein 8-Kanal-Model. Sie erklärten: »Flow bezieht sich auf Kanal 2 (hohe Herausforderung und hohe Fähigkeiten); Langeweile schließt Situationen ein, die den Kanälen 3, 4, 5 (dominierende Fähigkeiten) zugeordnet sind; Angst-Situationen beziehen sich auf die Kanäle 1, 8, 7 (dominierende Anforderungen); Apathie bezieht sich auf Kanal 6 (geringe Herausforderung und geringe Fähigkeiten).«

113 Engeser und Baumann, »Fluctuation of flow and affect«.

114 Ausführlichere Diskussionen zu Flow bei der Arbeit finden Sie in »Work: A paradox in flow research«, in: Delle Fave et al., *Pschological selection and optimal experience,* S. 155-176; Mihályi Csíkszentmihályi, »The paradox of work«, in: *Finding Flow,* S.68-86.

115 Csíkszentmihályi und LeFevre, »Optimal experience in work and leisure«.

116 Judith LeFevre, »Flow and the quality of experience during work and leisure«, in: Csíkszentmihályi und Csíkszentmihályi, *Optimal Experience,* S. 307-318.

117 Ich habe die Idee von Risiken und Gelegenheiten von Csíkszentmihályi übernommen. Kapitel 5 in *Finding Flow* heißt »Risiken und Gelegenheiten der Freizeit«.

118 Csíkszentmihályi, *Finding Flow.*

119 Zum Nutzen von Hobbys siehe zum Beispiel Sarah D. Pressman, Karen A. Matthews, Sheldon Cohen, Lynn M. Martire, Michael Scheier, Andrew Baum und Richard Schulz, »Association of enjoyable leisure activities with psychological and physical well-being«, *Psychosomatic medicine* 71 (2009), S. 725.

120 Joel M. Hektner, Jennifer Anne Schmidt und Mihályi Csíkszentmihályi, *Experience sampling method: Measuring the quality of everyday life*, New York: SAGE Publications, 2007.

Kapitel 9: Gehirn und Körper im Flow

121 Zitiert in Daniel Goleman, *Focus: The hidden driver of excellence*, New York: Harper Collins 2013.

122 Jonathan Smallwood und Jonathan W. Schooler, »The science of mind wandering: Empirically navigating the stream of consciousness« in: *Annual review of psychology* 66 (2015), S. 487-518.

123 Matthew A. Killingsworth und Daniel T. Gilbert, »A wandering mind is an unhappy mind«, in: *Science* 330 (2010), S. 932-932.

124 Smallwood und Schooler, »Science of mind wandering«.

125 Daniel Goleman, *Focus.*

126 Timothy D. Wilson, David A. Reinhard, Erin C. Westgate, Daniel T. Gilbert, Nicole Ellerbeck, Cheryl Hahn, Casey L. Brown und Adi Shaked, »Just think: The challenges of the disengaged mind«, in: *Science* 345 (2014), S. 75-77.

127 Fionnuala Murphy, Kirsty Macpherson, Trisha Jeyabalasingham, Tom Manly und Barnaby Dunn, »Modulating mind-wandering in dysphoria«, in: *Frontiers in Psychology* 4 (2013), S. 888.

128 Matthew M. Nour und Robin L. Carhart-Harris, »Psychedelics and the science of self-experience«, in: *The British Journal of Psychiatry* 210 (2017), S. 177-179.

129 Ich möchte festhalten, dass Mind Wandering nicht nur schlecht ist. Untersuchungen haben gezeigt, dass unser unaufhörliches geistiges Geschwätz auch seine guten Seiten hat. Dazu zählen zum Beispiel, kreative Problemlösungen zu finden, Selbstreflektion, Zukunftsszenarien zu entwerfen, unsere Erinnerungen zu sortieren oder darüber nachzudenken, was wir gerade lernen. Gedanken über gegenwärtige Probleme können helfen, sie auf kreative Weise zu lösen. Gedanken über die Vergangenheit können helfen, damit ins Reine zu kommen. Gedanken über die Zukunft können bei der Planung helfen. Gedanken über andere Menschen können Empathie fördern und unsere Beziehungen verbessern.
An sich sind abschweifende Gedanken also nicht schlecht. Sie machen uns zwar selten glücklich, aber sie können nützlich sein. Man könnte sagen, dass es von der Art der Gedanken (Inhalt) und von der jeweiligen Situation (Kontext) abhängt, ob umherschweifende Gedanken insgesamt positiv oder negativ zu bewerten sind.
Für eine Diskussion über Nutzen und Gefahren von umherschweifenden Gedanken siehe zum Beispiel Jonathan W. Schooler, Michael D. Mrazek, Michael S. Franklin, Benjamin Baird, Benjamin W. Mooneyham, Claire Zedelius und James M. Broadway, »The middle way: Finding the balance between mindfulness and mind-wandering«, in: *Psychology of learning and motivation* 60 (2014), S. 1-33.

130 Für eine kurze Einführung zum DMN siehe Judson Brewer, *The craving mind: from cigarettes to smartphones to love – why we get hooked and how we can break bad habits*. New Haven: Yale University Press 2017, S. 99-101. Deutsch: *Das gierige Gehirn. Der achtsame Weg, Alltagssüchte loszuwerden*. München: Kösel 2018.

131 Siehe zum Beispiel Daniel H. Weissman, K. C. Roberts, K. M. Visscher und M. G. Woldorff, »The neural bases of momentary lapses in attention«, in: *Nature neuroscience* 9 (2006), S. 971-978; Valerie Bonnelle, Robert Leech, Kirsi M. Kinnunen, Tim E. Ham, Cristian F. Beckmann, Xavier De Boissezon, Richard J. Greenwood und David J. Sharp, »Default mode network connectivity predicts sustained attention deficits after traumatic brain injury«, in: *Journal of Neuroscience* 31 (2011), S. 13442-13451.

132 Eine Diskussion über abschweifende Gedanken und Aufgabenerfüllung enthält Schooler et al., »The middle way«.

133 Ebd.

134 Siehe zum Beispiel Athanasia M. Mowinckel, Dag Alnæs, Mads L. Pedersen, Sigurd Ziegler, Mats Fredriksen, Tobias Kaufmann, Edmund Sonuga-Barke, Tor Endestad, Lars T. Westlye und Guido Biele, »Increased default-mode variability is related to reduced task-performance and is evident in adults with ADHD«, in: *NeuroImage: Clinical* 16 (2017), S. 369-382.

135 Edward M. Hallowell und John J. Ratey, *ADHD 2.0: New science and essential strategies for thriving with distraction – from childhood through adulthood*. London: Hachette UK 2023.

136 Für eine neuere Studie siehe Hui-Xia Zhou, Xiao Chen, Yang-Qian Shen, Le Li, Ning-Xuan Chen, Zhi-Chen Zhu, Francisco Xavier Castellanos und Chao-Gan

Yan, »Rumination and the default mode network: Meta-analysis of brain imaging studies and implications for depression«, in: *Neuroimage* 206 (2020), S. 116–287.

137 Siehe zum Beispiel Vincent van de Ven, Marleen Wingen, Kim PC Kuypers, Johannes G. Ramaekers und Elia Formisano, »Escitalopram decreases cross-regional functional connectivity within the default-mode network«, in: *PloS one* 8 (2013), ART. ID e68355.

138 Brewer, *The craving mind.*

139 Für einen Überblick über neuere Untersuchungen zu Meditation und ADHS siehe Junhua Zhang, Amparo Díaz-Román und Samuele Cortese, »Meditation-based therapies for attention-deficit/hyperactivity disorder in children, adolescents and adults: a systematic review and meta-analysis«, in: *BMJ Ment Health* 21 (2018), S. 87-94. Für einen Überblick über neuere Untersuchungen zu Meditation und Depression siehe Reangsing, Chuntana, Tanapa Rittiwong und Joanne Kraenzle Schneider, »Effects of mindfulness meditation interventions on depression in older adults: A meta-analysis«, in: *Aging & Mental Health* 25 (2021), S. 1181-1190.

140 Kathleen A. Garrison, Juan F. Santoyo, Jake H. Davis, Thomas A. Thornhill IV, Catherine E. Kerr und Judson A. Brewer, »Effortless awareness: Using real time neurofeedback to investigate correlates of posterior cingulate cortex activity in meditators' self-report«, in: *Frontiers in human neuroscience* 7 (2013), S. 440. Ich möchte festhalten, dass sich Brewer normalerweise nur auf einen Teil des DMN bezieht, den posterioren cingulären Kortex (PCC).

141 Siehe Brewer, *The craving mind.*

142 Brewer, *The craving mind,* S. 101.

143 Brewer, *The craving mind,* S. 114.

144 Matthew M. Nour, Lisa Evans, David Nutt und Robin L. Carhart-Harris, »Ego-dissolution and psychedelics: validation of the ego-dissolution inventory (EDI)«, in: *Frontiers in human neuroscience* (2016), S. 269.

145 Für eine Studie über den Verlust des Selbst bei Nahtoderfahrungen siehe Charlotte Martial, Géraldine Fontaine, Olivia Gosseries, Robin Carhart-Harris, Christopher Timmermann, Steven Laureys und Héléna Cassol, »Losing the self in near-death experiences: The experience of ego-dissolution«, in: *Brain Sciences* 11 (2021), S. 929.

146 Das wurde in mehreren Studien gezeigt, zum Beispiel Martin Ulrich, Johannes Keller, Klaus Hoenig, Christiane Waller und Georg Grön, »Neural correlates of experimentally induced flow experiences«, in: *Neuroimage* 86 (2014), S. 194-202; Martin Ulrich, Johannes Keller und Georg Grön, »Neural signatures of experimentally induced flow experiences identified in a typical fMRI block design with BOLD imagin«, in: *Social cognitive and affective neuroscience* 11 (2016), S. 496-507; Dimitri Van Der Linden, Mattie Tops und Arnold B. Bakker, »Go with the flow: A neuroscientific view on being fully engaged«, in: *European Journal of Neuroscience* 53 (2021), S. 947-963.

147 Bruce Lee, *Bruce Lee striking thoughts: Bruce Lee's wisdom for daily living.* North Clarendon: Tuttle Publishing 2015.

148 J. Van Oort, I. Tendolkar, E. J. Hermans, P. C. Mulders, C. F. Beckmann, A. H. Schene, G. Fernández und P. F. van Eijndhoven, »How the brain connects in response to acute stress: A review at the human brain systems level«, in:

Neuroscience & Biobehavioral Reviews 83 (2017), S. 281-297; Ulrich et al., »Neural correlates«; van der Linden, Tops und Bakker, »Go with the flow«.

149 Corinna Peifer und Jasmine Tan, »The psychophysiology of flow experience«, in: Peifer und Engeser, *Advances in flow research,* S. 191-230.

150 Ulrich et al., »Neural signatures«.

151 Peifer und Tan, »Psychophysiology of flow«.

152 Ebd.

153 René Weber, Ron Tamborini, Amber Westcott-Baker und Benjamin Kantor, »Theorizing flow and media enjoyment as cognitive synchronization of attentional and reward networks«, in: *Communication Theory* 19 (2009), S. 397-422.

154 Für eine Diskussion zu Dopamin und Flow siehe Peifer und Tan, »Psychophysiology of flow«.

155 Zu Kotlers Gedanken über Neurochemie und Flow siehe Kotler, *The rise of superman;* Kotler, *The art of Impossible.*

156 Kenji Katahira, Yoichi Yamazaki, Chiaki Yamaoka, Hiroaki Ozaki, Sayaka Nakagawa und Noriko Nagata, »EEG correlates of the flow state: A combination of increased frontal theta and moderate frontocentral alpha rhythm in the mental arithmetic task«, in: *Frontiers in psychology* 9 (2018), S. 300.

157 Peifer und Tan, »Psychophysiology of flow«.

158 Corinna Peifer und Jasmine Tan, »The psychophysiology of flow experience«, in: Peifer und Engeser, *Advances in flow research,* S. 191-230.

159 Ebd.

160 Ebd.

161 Lindsay P. Cameron, Angela Nazarian und David E. Olson, »Psychedelic microdosing: Prevalence and subjective effects«, in: *Journal of psychoactive drugs* 52 (2020), S. 113-122.

Teil 2: Der Nutzen und die Gefahren von Flow

162 Corinna Peifer und Jasmine Tan, »The psychophysiology of flow experience«, in: Peifer und Engeser, *Advances in flow research,* S. 191-230.

Kapitel 10: Sich so gut fühlen wie noch nie

163 Kotler, *The rise of superman.*

164 In ESM-Studien (siehe Kapitel 7) geben Teilnehmer auf Skalen von eins (»überhaupt nicht«) bis sieben (»sehr«) an, wie intensiv sie verschiedene subjektive Gefühle erleben. Üblicherweise zeigt sich, dass im Flow die meisten positiven Gefühle auf ihrem Höhepunkt sind, das heißt die Teilnehmer fühlen sich maximal munter, heiter, stark et cetera.

165 Zu diesem Ergebnis kamen viele Studien. Siehe zum Beispiel Anne J. Wells, »Self-esteem and optimal experience«, in: Csíkszentmihályi und Csíkszentmihályi, *Optimal Experience,* S. 327-341; Nakamura und Csíkszentmihályi, »Concept of flow«.

166 László Harmat, Örjan de Manzano, Töres Theorell, Lennart Högman, Håkan Fischer und Fredrik Ullén, »Physiological correlates of the flow experience

during computer game playing«, *International Journal of Psychophysiology* 97 (2015), S. 1-7.

167 Kotler, *The rise of superman.*

168 Ebd.

169 Tim Sohn, »One life to live: McConkey film premieres at squaw valley«, Huffpost, eingesehen am 3. November 2023, www.huffpost.com/entry/one-life-to-live-mcconkey_b_4043664.

170 Mihály Csíkszentmihályi, »If we are so rich, why aren't we happy?«, *American psychologist* 54 (1999), S. 821.

171 Csíkszentmihályi, *Beyond Boredom and Anxiety,* S. 44.

172 Zitat aus »Flow, the secret to happiness«, TED-Talk von Mihályi Csíkszentmihályi, eingesehen am 3. November 2023, www.ted.com/talks/mihaly_Csíkszentmihályi_flow_the_secret_to_happiness.

173 Zitat aus »Living in flow – the secret of happiness«, YouTube-Video mit Mihály Csíkszentmihályi, eingesehen am 3. November 2023, www.youtube.com/watch?v=TzPky5Xe1-s.

174 Im Englischen benutzte Csíkszentmihályi die Begriffe »enjoyment« und »pleasure«. Ich übersetze diese hier als »Freude« und »Vergnügen«. Ich mache diese Unterscheidung nur, um den Unterschied zwischen Flow und anderen Wohlfühlaktivitäten hervorzuheben. Im Alltagsgebrauch sind die beiden Begriffe sich sehr nahe oder werden oft als Synonyme verwendet.

175 Zitat aus Csíkszentmihályi, *Flow.*

176 Martin Seligman, *Authentic happiness: Using the new positive psychology to realize your potential for lasting fulfillment.* New York: Simon and Schuster 2002.
Deutsch: *Der Glücksfaktor – warum Optimisten länger leben.* Bergisch Gladbach: Ehrenwirth 2003.

177 Csíkszentmihályi, *Flow.*

178 Ebd.

179 Tse et al., »Living well by ›flowing‹ well«.

180 Corinna Peifer, Christine Syrek, Vivian Ostwald, Eva Schuh und Conny H. Antoni, »Thieves of flow: How unfinished tasks at work are related to flow experience and wellbeing«, *Journal of Happiness Studies* 21 (2020), S. 1641-1660.

181 Marta Bassi, Patrizia Steca, Dario Monzani, Andrea Greco und Antonella Delle Fave, »Personality and optimal experience in adolescence: Implications for well-being and development«, *Journal of Happiness Studies* 15 (2014), S. 829-843.

182 Asakawa, »Flow Experience, Culture«.

183 Siehe zum Beispiel Seongyeul Han, »The relationship between life satisfaction and flow in elderly Korean immigrants«, in: Csíkszentmihályi und Csíkszentmihályi, *Optimal Experience;* Katarina Habe, Michele Biasutti und Tanja Kajtna, »Flow and satisfaction with life in elite musicians and top athletes«, *Frontiers in psychology* 10 (2019), S. 698; Diana Olčar, Majda Rijavec und Tajana Ljubin Golub, »Primary school teachers' life satisfaction: The role of life goals, basic psychological needs and flow at work«, *Current Psychology* 38 (2019), S. 320-329.

184 Mihály Csíkszentmihályi, »The future of flow«, in: Csíkszentmihályi und Csíkszentmihályi, *Optimal Experience,* S. 369.

185 Csíkszentmihályi, »If we are so rich«.

186 Csíkszentmihályi, *Flow.*

187 Mihály Csíkszentmihályi, »Toward a psychology of optimal experience«, in: Csíkszentmihályi, *Flow and the foundations,* S. 209-226.

188 Sonja Lyubomirsky, *The how of happiness: A new approach to getting the life you want.* New York: Penguin Books 2007. Deutsch: *Glücklich sein. Warum Sie es in der Hand haben, zufrieden zu leben.* Frankfurt/Main: Campus 2018. Übersetzt von Jürgen Neubauer.

189 Für eine Erklärung über die PERMA-Theorie des Wohlbefindens siehe Martin Seligman, *Flourish: A visionary new understanding of happiness and well-being.* New York: Free Press 2011.
Deutsch: *Flourish – Wie Menschen aufblühen. Die Positive Psychologie des gelingenden Lebens.* München: Kösel-Verlag 2012. Übersetzt von Stephan Schuhmacher.

190 Es gibt viele Untersuchungen über die Rolle von selbstfokussierter Aufmerksamkeit bei Depression und Angstzuständen. Für einen aktuellen Überblick siehe Timo Brockmeyer, Johannes Zimmermann, Dominika Kulessa, Martin Hautzinger, Hinrich Bents, Hans-Christoph Friederich, Wolfgang Herzog und Matthias Backenstrass, »Me, myself, and I: Self-referent word use as an indicator of self-focused attention in relation to depression and anxiety«, *Frontiers in psychology* 6 (2015), S. 1564.

Kapitel 11: Höchstleistungen abliefern

191 Nakamura und Csíkszentmihályi, »The concept of flow«.

192 Amit Katwala, *The athletic brain: How neuroscience is revolutionising sport and can help you perform better.* New York: Simon and Schuster 2016.

193 Das Zitat stammt von der Buchrückseite von Jackson und Csíkszentmihályi, *Flow in Sports.*

194 William F. Russell, *Second wind: The memoirs of an opinionated man.* New York: Random House 1979.

195 Zitat von Karen Grant, »In the zone«, Who Are You? Blog, eingesehen am 3. November 2023, www.whoareyou.blog/blog/2019/3/13/in-the-zone.

196 Michael Gervais, »The most optimal state for humans«, Linkedin, eingesehen am 3. November 2023, www.linkedin.com/pulse/most-optimal-state-humans-michael-gervais/; »Steve Kerr«, Podcast-Episode über Finding Mastery von Michael Gervais, eingesehen am 3. November 2023, https://findingmastery.com/podcasts/steve-kerr/.

197 Amit Katwala, »The science behind sport's magic moments«, *Prospect Magazine,* eingesehen am 3. November 2023, www.prospectmagazine.co.uk/society/43171/the-science-behind-sports-magic-moments.

198 Andrew Benson, »Lewis Hamilton touches perfection in Spanish Grand Prix victory«, BBC, eingesehen am 3. November 2023, www.bbc.com/sport/formula1/53800895.

199 Lawrence Shainberg, »Finding ›the zone‹«, *The New York Times,* eingesehen am 3. November 2023, www.nytimes.com/1989/04/09/magazine/finding-the-zone.html.

200 Zitiert in Kotler, *The rise of superman.*

201 Kotler, *The rise of superman.*
202 Ebd.
203 Perry, *Writing in flow.*
204 Anne Janzer, *The writer's process: Getting your brain in gear.* San Francisco: Cuesta Park Consulting 2016.
205 Zitiert in Janzer, *Writer's process.*
206 Ebd.
207 Susie Cranston und Scott Keller, »Increasing the ›meaning quotient‹ of work«, McKinsey, eingesehen am 3. November 2023, www.mckinsey.com/capabilities/people-and-organizational-performance/our-insights/increasing-the-meaning-quotient-of-work.
208 James Slavet, »Five new management metrics you need to know«, *Forbes*, eingesehen am 3. November 2023, www.forbes.com/sites/bruceupbin/2011/12/13/five-new-management-metrics-you-need-to-know/#7c5b0568717d.
209 Ann Marsh, »The art of work«, Fast Company, eingesehen am 3. November 2023, www.fastcompany.com/53713/art-work.
210 Ebd.
211 Peter H. Diamandis und Steven Kotler, *Bold: How to go big, create wealth and impact the world.* New York: Simon and Schuster 2016.
Deutsch: *Bold. Groß denken, Wohlstand schaffen und die Welt verändern,* Kulmbach: Plassen 2015. Übersetzt von Ursula Prawitz.
212 Marsh, »Art of Work«.
213 Catherine Clifford, »The founder of Patagonia fishes half the year and tells his employees to go surfing«, CNBC, eingesehen am 3. November 2023, www.cnbc.com/2016/12/23/founder-of-patagonia-fishes-half-the-year-tells-his-employees-to-surf.html.
214 Katwala, *Athletic brain,* S. 146.
215 Mihály Csíkszentmihályi, Kevin Rathunde und Samuel Whalen, *Talented teenagers: The roots of success and failure.* Cambridge: Cambridge University Press, 1997.
216 Angela Heine, »Flow and achievement in mathematics«, nicht publizierte Dissertation, University of Chicago.
217 Stefan Engeser und Falko Rheinberg, »Flow, performance and moderators of challenge-skill balance«, *Motivation and emotion* 32 (2008), S. 158-172.
218 Davin Pavlas, Kyle Heyne, Wendy Bedwell, Elizabeth Lazzara und Eduardo Salas, »Game-based learning: The impact of flow state and videogame self-efficacy«, in: *Proceedings of the human factors and ergonomics society annual meeting,* Bd. 54, 28, S. 2398-2402. Sage CA. Los Angeles: Sage Publications 2010.
219 Susan A. Jackson und Glyn C. Roberts, »Positive performance states of athletes: Toward a conceptual understanding of peak performance«, *The sport psychologist* 6 (1992), S. 156-171.
220 Julia Schüler und Sibylle Brunner, »The rewarding effect of flow experience on performance in a marathon race«, *Psychology of Sport and Exercise* 10 (2009), S. 168-174.
221 van den Hout und Davis, *Team flow.*

222 Corinna Peifer und Gina Zipp, »All at once? The effects of multitasking behavior on flow and subjective performance«, *European Journal of Work and Organizational Psychology* 28 (2019), S. 682-690.

223 Tsung-Hsien Kuo und Li-An Ho, »Individual difference and job performance: The relationships among personal factors, job characteristics, flow experience, and service quality«, *Social Behavior and Personality: an international journal* 38 (2010), S. 531-552.

224 Caroline Aubé, Eric Brunelle und Vincent Rousseau, »Flow experience and team performance: The role of team goal commitment and information exchange«, *Motivation and Emotion* 38 (2014), S. 120-130.

225 Raymond MacDonald, Charles Byrne und Lana Carlton, »Creativity and flow in musical composition: An empirical investigation«, *Psychology of music* 34 (2006), S. 292-306.

226 Richard P. Chi und Allan W. Snyder, »Brain stimulation enables the solution of an inherently difficult problem«, *Neuroscience letters* 515 (2012), S. 121-124.

227 Sally Adee, »Better living through electrochemistry«, The Last Word on Nothing, eingesehen am 3. November 2023, www.lastwordonnothing.com/2012/02/09/better-living-through-electrochemistry/.

228 Sally Adee, »Zap your brain into the zone: Fast track to pure focus«, *NewScientist*, eingesehen am 3. November 2023, www.newscientist.com/article/mg21328501-600-zap-your-brain-into-the-zone-fast-track-to-pure-focus/.

229 Ebd.

230 Ebd.

231 Ob wir solche intensiven Flow-Zustände ohne den Gebrauch von Technologie erzeugen können, und zwar verlässlich und dauerhaft, ist eine andere Frage.

232 Chris Berka, »TED talk: A window on the brain«, Advanced Brain Monitoring, eingesehen am 3. November 2023, www.advancedbrainmonitoring.com/news/ted-talk-a-window-on-the-brain-chris-berka.

233 Es ist zu beachten, dass Flow unterschiedlich intensiv sein kann und dass die schwächeren Formen vermutlich weniger Auswirkungen auf die Leistung haben als die stärkeren. Höchstwahrscheinlich verbessern sich die Leistungen umso mehr, je intensiver der Flow-Zustand ist.

234 Barthelmäs und Keller, »Antecedents, boundary conditions and consequences of flow«.

235 Siehe zum Beispiel Vikki Krane und Jean M. Williams, »Psychological characteristics of peak performance«, in: Jean M. Williams (Hg.), *Applied sport psychology: Personal growth to peak performance,* 6. Auflage. New York: McGraw-Hill Education 2010.

236 Amy A. Pachai, Anita Acai, Andrew B. LoGiudice und Joseph A. Kim, »The mind that wanders: Challenges and potential benefits of mind wandering in education«, *Scholarship of Teaching and Learning in Psychology* 2 (2016), S. 134.

237 Williams, *Applied sport psychology,* S. 336.

238 Michael Phelps, *No limits: The will to succeed.* New York: Simon and Schuster 2009.

239 Nakamura und Csíkszentmihályi, »The concept of flow.«

240 Csíkszentmihályi und Csíkszentmihályi; *Optimal Experience,* S. 320.

241 Csíkszentmihályi, *Flow.*

[242] Das folgende Beispiel ist übernommen von Csíkszentmihályi, *Flow.*
[243] Csíkszentmihályi et al., *Talented teenagers.*

Kapitel 12: Die dunkle(n) Seite(n) des Flow

[244] Csíkszentmihályi, *Flow,* S. 4.
[245] Csíkszentmihályi, *Finding Flow.*
[246] Definition aus dem Oxford Dictionary
[247] Sarah Partington, Elizabeth Partington und Steve Olivier, »The dark side of flow: A qualitative study of dependence in big wave surfing«, *The sport psychologist* 23 (2009), S. 170-185.
[248] Robert M. Heirene, David Shearer, Gareth Roderique-Davies und Stephen D. Mellalieu, »Addiction in extreme sports: An exploration of withdrawal states in rock climbers«, *Journal of behavioral addictions* 5 (2016), S. 332-341.
[249] Ebd.
[250] Carla Willig, »A phenomenological investigation of the experience of taking part in extreme sports«, *Journal of health psychology* 13 (2008), S. 690-702.
[251] Partington et al., »The dark side of flow.«
[252] Richard L. Celsi, Randall L. Rose und Thomas W. Leigh, »An exploration of high-risk leisure consumption through skydiving«, *Journal of consumer research* 20 (1993), S. 1-23.
[253] Kotler, *The rise of superman.*
[254] JP Schlick, »Flow states, part 4: The darkside of flow«, The Inertia, eingesehen am 3. November 2023, www.theinertia.com/surf/flow-states-part-4-the-darkside-of-flow/.
[255] Marilyn Freimuth, Sandy Moniz und Shari R. Kim, »Clarifying exercise addiction: Differential diagnosis, co-occurring disorders, and phases of addiction«, *International journal of environmental research and public health* 8 (2011), S. 4069-4081.
[256] Laura Di Lodovico, Ségolène Poulnais und Philip Gorwood, »Which sports are more at risk of physical exercise addiction: A systematic review«, *Addictive behaviors* 93 (2019), S. 257-262.
[257] Elwin Hu, Vasileios Stavropoulos, Alastair Anderson, Matthew Scerri und James Collard, »Internet gaming disorder: Feeling the flow of social games«, *Addictive behaviors reports* 9 (2019), S. 100–140.
[258] Daniel Kardefelt-Winther, »A conceptual and methodological critique of internet addiction research: Towards a model of compensatory internet use«, *Computers in human behavior* 31 (2014), S. 351-354.
[259] Shuiqing Yang, Yaobin Lu, Bin Wang und Ling Zhao, »The benefits and dangers of flow experience in high school students' internet usage: The role of parental support«, *Computers in Human Behavior* 41 (2014), S. 504-513.
[260] Vasileios Stavropoulos, Mark D. Griffiths, Tyrone L. Burleigh, Daria J. Kuss, Young Yim Doh und Rapson Gomez, »Flow on the Internet: A longitudinal study of Internet addiction symptoms during adolescence«, *Behaviour & Information Technology* 37 (2018), S. 159-172.
[261] Kem ZK Zhang, Chongyang Chen, Sesia J. Zhao und Matthew KO Lee, »Compulsive smartphone use: The roles of flow, reinforcement motives, and convenience«, in: *ICIS*, 2014.

262 Hyoungkoo Khang, Jung Kyu Kim und Yeojin Kim, »Self-traits and motivations as antecedents of digital media flow and addiction: The Internet, mobile phones, and video games«, *Computers in Human Behavior* 29 (2013), S. 2416-2424.

263 Die tatsächliche Anzahl hängt von der Studie ab. Die folgenden Studien zeigten eine Prävalenz von jeweils 4,7 Prozent, 4,1 Prozent und 0,3–1 Prozent. Wendy Feng, Danielle E. Ramo, Steven R. Chan und James A. Bourgeois, »Internet gaming disorder: Trends in prevalence 1998–2016«, *Addictive behaviors* 75 (2017), S. 17-24; Taiki Oka, Toshitaka Hamamura, Yuka Miyake, Nao Kobayashi, Masaru Honjo, Mitsuo Kawato, Takatomi Kubo und Toshinori Chiba, »Prevalence and risk factors of internet gaming disorder and problematic internet use before and during the COVID-19 pandemic: A large online survey of Japanese adults«, *Journal of Psychiatric Research* 142 (2021), S. 218-225; Andrew K. Przybylski, Netta Weinstein und Kou Murayama, »Internet gaming disorder: Investigating the clinical relevance of a new phenomenon«, *American Journal of Psychiatry* 174 (2017), S. 230-236.

264 Brian Schrank, *Avant-garde videogames: Playing with technoculture.* Cambridge: MIT Press 2014.

265 Jane McGonigal, *Reality is broken: Why games make us better and how they can change the world.* London: Penguin Books 2011.
Deutsch: *Besser als die Wirklichkeit! Warum wir von Computerspielen profitieren und wie sie die Welt verändern.* München: Heyne 2012. Übersetzung von Martina Gaspar.

266 Jesse Schell, *The art of game design: A book of lenses,* 3. Auflage. Boca Raton: CRC Press 2019. Deutsch: *Die Kunst des Game Designs: Bessere Games konzipieren und entwickeln.* Frechen: mitp 2012. Übersetzung von Maren Feilen.

267 Torill Mortensen, »Flow, seduction and mutual pleasure«, bei der *Other Players* Konferenz präsentierter Beitrag, Center for Computer Game Research, IT University in Kopenhagen, Dänemark, 6.–8. Dezember (2004).

268 Zu Videospielen als den Heiligen Gral des Designs siehe Lennart E. Nacke und Craig A. Lindley, »Affective ludology, flow and immersion in a first-person shooter: Measurement of player experience«, *arXiv preprint arXiv:*1004.0248 (2010).

269 McGonigal, *Reality is broken.*

270 Mark D. Griffiths, Daria J Kuss und Daniel L King, »Video game addiction: Past, present and future«, *Current Psychiatry Reviews* 8 (2012), S. 308-318.

271 Orsolya Király, Mark D. Griffiths und Zsolt Demetrovics, »Internet gaming disorder and the DSM-5: Conceptualization, debates, and controversies«, *Current Addiction Reports* 2 (2015), S. 254-262.

272 Hu et al., »Internet gaming disorder«.

273 Ebd.

274 SungBok Park und Ha Sung Hwang. »Understanding online game addiction: Connection between presence and flow«, in: *Human-Computer Interaction. Interacting in Various Application Domains: 13th International Conference, HCI International 2009, San Diego, CA, USA, 19.–24. Juli 2009, Proceedings, Part IV 13*, S. 378-386. Springer Berlin Heidelberg, 2009.

275 Pinyapat Kiatsakared und Kuan-Yu Chen, »The effect of flow experience on online game addiction during the COVID-19 pandemic: The moderating effect of activity passion«, *Sustainability* 14, Nr. 19 (2022), Art. ID 12364.

276 Antonella Delle Fave, Fausto Massimini, Marta Bassi, »Psychosocial maladjustment and mimetic flow«, in: Delle Fave et al., *Psychological selection,* S. 321-356.

277 Andrew D. Hathaway und Justin Sharpley, »The cannabis experience: An analysis of ›flow‹«, in: Dale Jacquette (Hg.), *Cannabis – philosophy for everyone: What were we just talking about?* Hoboken: Wiley 2010.

278 »9 Facts about Meth«, Drug Policy Alliance, eingesehen am 3. November 2023, https://drugpolicy.org/drug-fact/meth/.

279 Marisa Crane, »Fentanyl vs. heroin: An opioid comparison«, American Addiction Centers, eingesehen am 3. November 2023, https://americanaddictioncenters.org/fentanyl-treatment/similarities.

280 »What is cocaine and what are the effects of cocaine on the body?« Drug Policy Alliance, eingesehen am 3. November 2023, https://drugpolicy.org/drug-fact/cocaine/?fact=1.

281 Delle Fave et al., »Psychological maladjustment«.

282 Ebd.

283 Ebd.

284 Mason Currey, *Daily rituals: How great minds make time, find inspiration, and get to work.* London: Pan Macmillan 2013.

285 Tim Carman, »Caffeine has been a boon for civilization, Michael Pollan says. But it has come at a cost«, *Washington Post*, eingesehen am 3. November 2023, www.washingtonpost.com/news/voraciously/wp/2020/02/05/caffeine-has-been-a-boon-for-civilization-michael-pollan-says-but-it-has-come-at-a-cost/.

286 James Fadiman und Sophia Korb, »Might microdosing psychedelics be safe and beneficial? An initial exploration«, *Journal of psychoactive drugs* 51 (2019), S. 118-122.

287 Für einen Überblick über die Forschung siehe »Research«, Hopkins Psychedelic, eingesehen am 3. November 2023, https://hopkinspsychedelic.org/index/#research.

288 Kotler, *The rise of superman.*

289 Julia Schüler und Mirjam Pfenninger, »Flow impairs risk perception in kayakers«, *Sport psychology* (2011), S. 237-246.

290 Julia Schüler und Jeanne Nakamura, »Does flow experience lead to risk? How and for whom«, *Applied Psychology: Health and Well-Being* 5 (2013), S. 311-331.

291 Mihály Csíkszentmihályi und Kevin Rathunde, »The measurement of flow in everyday life: toward a theory of emergent motivation«, in: Janis E. Jacobs (Hg.), *Developmental Perspectives on Motivation.* Lincoln: University of Nebraska Press 1993.

292 Mihály Csíkszentmihályi und Reed Larson, »Intrinsic rewards in school crime«, *Crime & Delinquency* 24 (1978), S. 322-335.

293 Yuval Noah Harari, »Combat flow: Military, political, and ethical dimensions of subjective well-being in war«, *Review of General Psychology* 12 (2008), 253-264.

294 Ebd.

295 Philip Caputo, *A rumor of war.* New York: Holt, Rinehart and Winston 1977.

[296] Zitiert in Harari, *Combat flow.*
[297] Lev Nikolaevic Tolstoj, *Krieg und Frieden*. Übersetzung von Hermann Röhl, Leipzig: Insel-Verlag 1922, Bd.1, S. 357f.
[298] Ernst Jünger, *Der Kampf als inneres Erlebnis*. Berlin: E. S. Mittler & Sohn 1922, S. 53f.
[299] Beth-Anne Canero und Naval War College (Newport RI, USA), »Deterring Combat Flow and Absorption: The Need for the COMMARFORCOM to Provide Ethics-and-Morals-Based Training for Operational Leaders in Order to Deter the Effects of Combat Flow and Absorption on Their Decision-Making« (2018), 0027.
[300] Mihály Csíkszentmihályi, »Reflections on enjoyment«, *Perspectives in Biology and Medicine* 28 (1985), S. 489-497.
[301] Ebd.
[302] Csíkszentmihályi und Larson, *Intrinsic rewards.*
[303] Kotler, *The rise of superman,* S. 157.
[304] John Ratey, *Spark: The revolutionary new science of exercise and the brain.* London: Hachette UK 2008.
[305] Lisa Bowen, »Video game play may provide learning, health, social benefits, review finds«, American Psychological Association, eingesehen am 3. November 2023, www.apa.org/monitor/2014/02/video-game.
[306] Siobhan O'Donovan, James Gain und Patrick Marais, »A case study in the gamification of a university-level games development course«, in: *Proceedings of the South African Institute for Computer Scientists and Information Technologists Conference* (2013), S. 242-251.
[307] Csíkszentmihályi, *Flow.*

Teil 3: In den Flow kommen

Kapitel 13: Im Flow bei der Arbeit

[308] Alan Watts: »Was wenn Geld keine Rolle spielen würde?« YouTube-Video, www.youtube.com/watch?v=V0FqAOiUso4. Übersetzung von Wach Auf (www.wachaufmenschheit.de)
[309] Céline Bricteux, José Navarro, Lucía Ceja und Guillaume Fuerst, »Interest as a moderator in the relationship between challenge/skills balance and flow at work: An analysis at within-individual level«, *Journal of Happiness Studies* 18 (2017), S. 861-880.
[310] Dass komplexe Aufgaben eher zum Flow führen als banale, hat sich in vielen Studien gezeigt. Siehe zum Beispiel Maria T. Allison und Margaret Carlisle Duncan, »Women, work, and leisure: The days of our lives«, *Leisure Sciences* 9 (1987), S. 143-161.
[311] Das ist als *Skill Variety* bekannt, die Vielfalt von Fähigkeiten. Siehe zum Beispiel Clive J. Fullagar und E. Kevin Kelloway, »Flow at work: An experience sampling approach«, *Journal of occupational and organizational psychology* 82 (2009), S. 595-615.

312 Das ist als *Task Identity* bekannt – Aufgabenidentität. Ihre Verbindung zu Flow bei der Arbeit wird diskutiert in Corinna Peifer und Gina Wolters, »Flow in the context of work«, in: Peifer und Engeser, *Advances in flow research,* S. 287-321.

313 Anna-Carin Fagerlind, Maria Gustavsson, Gun Johansson und Kerstin Ekberg, »Experience of work-related flow: Does high decision latitude enhance benefits gained from job resources?« *Journal of vocational behavior* 83 (2013), S. 161-170.

314 Peifer und Wolters, »Flow in the context of work«.

315 Barbara Plester und Ann Hutchison, »Fun times: The relationship between fun and workplace engagement«, *Employee Relations* 38 (2016), S. 332-50.

316 Wird diskutiert in Peifer und Wolters, »Flow in the context of work« und in Arnold B. Bakker und Marianne Van Woerkom, »Flow at work: A self-determination perspective«, *Occupational Health Science* 1 (2017), S. 47-65.

317 Ebd.

318 Wird diskutiert in Peifer und Wolters, »Flow in the context of work«.

319 Elaine Hatfield, John T. Cacioppo und Richard L. Rapson, *Emotional contagion*. Cambridge: Cambridge University Press 1993.

320 Arnold B. Bakker, »Flow among music teachers and their students: The crossover of peak experiences«, *Journal of vocational behavior* 66 (2005), S. 26-44.

321 Satoris S. Culbertson, Clive J. Fullagar, Mathias J. Simmons und Mengmeng Zhu, »Contagious flow: Antecedents and consequences of optimal experience in the classroom«, *Journal of Management Education* 39 (2015), S. 319-349.

322 Siehe zum Beispiel Fagerlind et al., »Experience of work-related flow«. Siehe auch Peifer und Wolters, »Flow in the Context of Work«.

323 Matthias Kaufmann, »Deutsche Konzerne kämpfen gegen den Handy-Wahn«, *Spiegel*, eingesehen am 3. November 2023, www.spiegel.de/karriere/erreichbar-nach-dienstschluss-massnahmen-der-konzerne-a-954029.html.

324 Autonomie wird in der Selbstbestimmungstheorie als ein grundlegendes psychologisches Bedürfnis beschrieben.

325 Für einen Überblick siehe Richard M. Ryan und Edward L. Deci, »Parenting and the facilitation of autonomy and wellbeing in development«, in: Richard M. Ryan und Edward L. Deci (Hg.), *Self-determination theory: Basic psychological needs in motivation, development and wellness*, New York: Guilford Publications 2017, S. 319-450.

326 Wendy S. Grolnick und Richard M. Ryan, »Parent styles associated with children's self-regulation and competence in school«, *Journal of educational psychology* 81 (1989), S. 143.

327 Samantha W. Bindman, Eva M. Pomerantz und Glenn I. Roisman, »Do children's executive functions account for associations between early autonomy-supportive parenting and achievement through high school?«, *Journal of educational psychology* 107 (2015), S. 756.

328 Für eine Diskussion des Marshmallow-Experiments siehe Walter Mischel, *The marshmallow test: Understanding self-control and how to master it*, New York: Little Brown Spark 2014.

329 Für eine neuere Studie siehe Elien Mabbe, Bart Soenens, Maarten Vansteenkiste und Sarah De Pauw, »Is autonomy-supportive parenting beneficial only to

adolescents with an autonomous personality? Two meanings of goodness of fit«, *Merrill-Palmer Quarterly* 66 (2020), S. 308-332.

330 Juan L. Núñez und Jaime León, »Autonomy support in the classroom: A review from self-determination theory«, *European Psychologist* 20 (2015), S. 275-283.

331 Siehe zum Beispiel Frank Martela, Marcos Gómez, Wenceslao Unanue, Sofia Araya, Diego Bravo und Alvaro Espejo, »What makes work meaningful? Longitudinal evidence for the importance of autonomy and beneficence for meaningful work«, *Journal of vocational behavior* 131 (2021), Art. ID 103631.

332 Für einen Überblick siehe Richard M. Ryan und Edward L. Deci, »Work and organizations: Promoting wellness and productivity«, in: Ryan und Deci, *Self-determination theory,* S. 532-558.

333 Cal Newport, *So good they can't ignore you: Why skills trump passion in the quest for work you love*, New York: Grand Central Publishing 2012.

334 Siehe zum Beispiel Clive J. Fullagar und E. Kevin Kelloway, »Flow at work: An experience sampling approach«, *Journal of occupational and organizational psychology* 82 (2009), S. 595-615.

Kapitel 14: Die Macht des Sinns

335 Geflügelter Spruch nach Studs Terkel, *Working*. The New Press 2004.

336 Blake A. Allan, Cassondra Batz-Barbarich, Haley M. Sterling und Louis Tay, »Outcomes of meaningful work: A meta-analysis«, *Journal of management studies* 56 (2019), S. 500-528.

337 Martela et al., »What makes work meaningful?«

338 Amy Wrzesniewski und Jane E. Dutton, »Crafting a job: Revisioning employees as active crafters of their work«, *Academy of management review* 26 (2001), S. 179-201.

339 Wei Liu, Dimitri van der Linden und Arnold B. Bakker, »Strengths use and work-related flow: An experience sampling study on implications for risk taking and attentional behaviors«, *Journal of Managerial Psychology* 37 (2022), S. 47-60.

340 Diese Sichtweise wurde zuerst erwähnt in Amy Wrzesniewski, Clark McCauley, Paul Rozin und Barry Schwartz, »Jobs, careers, and callings: People's relations to their work«, *Journal of research in personality* 31 (1997), S. 21-33.

341 Bryan J. Dik, Ryan D. Duffy, *Make your job a calling: How the psychology of vocation can change your life at work*, Conshohocken: Templeton Press 2012, S. 14.

342 Ebd.

343 Marianne van Woerkom, Wido Oerlemans und Arnold B. Bakker, »Strengths use and work engagement: A weekly diary study«, *European Journal of Work and Organizational Psychology* 25 (2016), S. 384-397.

344 Lucy C. Hone, Aaron Jarden, Scott Duncan und Grant M. Schofield, »Flourishing in New Zealand Workers«, *Journal of Occupational and Environmental Medicine* 57 (2015), S. 973-983.

345 Liu et al., »Strengths use and work-related flow«.

346 »Character Strengths«, VIA Institute on Character, eingesehen am 3. November 2023, www.viacharacter.org/character-strengths-via.

347 »What the research says about character strengths«, VIA Institute on Character, eingesehen am 3. November 2023, www.viacharacter.org/research/findings.

[348] »The via character strengths survey«, VIA Institute on Character, eingesehen am 3. November 2023, www.viacharacter.org/account/register.

[349] Claudia Harzer und Willibald Ruch, »Your strengths are calling: Preliminary results of a web-based strengths intervention to increase calling«, *Journal of happiness studies* 17 (2016), S. 2237-2256.

[350] Für die erste Studie, die mit dieser Intervention arbeitete, siehe Martin Seligman, Tracy A. Steen, Nansook Park und Christopher Peterson, »Positive psychology progress: Empirical validation of interventions«, *American psychologist* 60 (2005), S. 410.

[351] Für eine neuere Studie, die sich damit auseinandersetzt, siehe Lucy Finkelstein-Fox, Jeffrey M. Pavlacic, Erin M. Buchanan, Stefan E. Schulenberg und Crystal L. Park, »Valued living in daily experience: Relations with mindfulness, meaning, psychological flexibility, and stressors«, *Cognitive Therapy and Research* 44 (2020), S. 300-310.

[352] Siehe zum Beispiel Geoffrey L. Cohen und David K. Sherman, »The psychology of change: Self-affirmation and social psychological intervention«. *Annual review of psychology* 65 (2014), S. 333-371; Zezhen Wu, Thees F. Spreckelsen und Geoffrey L. Cohen, »A meta-analysis of the effect of values affirmation on academic achievement«, *Journal of Social Issues* 77 (2021), S. 702-750.

[353] Für Forschung über die Wichtigkeit der Wahrnehmung von sozialen Auswirkungen siehe zum Beispiel Adam M. Grant, »The significance of task significance: Job performance effects, relational mechanisms, and boundary conditions«, *Journal of applied psychology* 93 (2008), S. 108; Adam M. Grant, Elizabeth M. Campbell, Grace Chen, Keenan Cottone, David Lapedis und Karen Lee, »Impact and the art of motivation maintenance: The effects of contact with beneficiaries on persistence behavior«, *Organizational behavior and human decision processes* 103 (2007), S. 53-67; Martela et al., »What makes work meaningful?«

[354] Grant et al., »Impact and the art of motivation maintenance«.

[355] Grant, »The significance of task significance«.

[356] David S. Yeager, Marlone D. Henderson, David Paunesku, Gregory M. Walton, Sidney D'Mello, Brian J. Spitzer und Angela Lee Duckworth, »Boring but important: A self-transcendent purpose for learning fosters academic self-regulation«, *Journal of personality and social psychology* 107 (2014), S. 559.

[357] Elizabeth R. Brown, Jessi L. Smith, Dustin B. Thoman, Jill M. Allen und Gregg Muragishi, »From bench to bedside: A communal utility value intervention to enhance students' biomedical science motivation«, *Journal of Educational Psychology* 107 (2015), S. 1116.

[358] Blake A. Allan, Ryan D. Duffy und Brian Collisson, »Helping others increases meaningful work: Evidence from three experiments«, *Journal of Counseling Psychology* 65 (2018), S. 155.

[359] Ebd.

[360] Keiko Otake, Satoshi Shimai, Junko Tanaka-Matsumi, Kanako Otsui und Barbara L. Fredrickson, »Happy people become happier through kindness: A counting kindnesses intervention«, *Journal of happiness studies* 7 (2006), S. 361-375.

[361] Viktor Frankl, *Der Mensch auf der Suche nach Sinn*. Stuttgart: Klett 1972.

Kapitel 15: Humor, Spaß und Spiel

362 Siehe zum Beispiel Shelley A. Crawford und Nerina J. Caltabiano, »Promoting emotional well-being through the use of humour«, in: *The Journal of Positive Psychology* 6 (2011), S. 237-252.

363 Ebd.

364 Rod A. Martin und Herbert M. Lefcourt, »Sense of humor as a moderator of the relation between stressors and moods«, in: *Journal of personality and social psychology* 45 (1983), S. 1313.

365 Siehe zum Beispiel Brandon M. Savage, Heidi L. Lujan, Raghavendar R. Thipparthi und Stephen E. DiCarlo, »Humor, laughter, learning, and health! A brief review«, in: *Advances in physiology education* (2017).

366 Barbara Fraley und Arthur Aron, »The effect of a shared humorous experience on closeness in initial encounters«, in: *Personal Relationships* 11 (2004), S. 61-78.

367 Avner Ziv, »The social function of humor in interpersonal relationships«, in: *Society* 47 (2010), S. 11-18.

368 Laura E. Kurtz und Sara B. Algoe, »When sharing a laugh means sharing more: Testing the role of shared laughter on short-term interpersonal consequences«, in: *Journal of Nonverbal Behavior* 41 (2017), S. 45-65.

369 Einen Überblick der Forschung zu den Nutzeffekten des Lachens bieten Lawrence Robinson, Melinda Smith, M.A. und Jeanne Segal, »Laughter is the best medicine«, in: *Helpguide*, eingesehen 3. November 2023. www.helpguide.org/articles/mental-health/laughter-is-the-best-medicine.htm.

370 Jessica Mesmer-Magnus, David J. Glew und Chockalingam Viswesvaran, »A meta-analysis of positive humor in the workplace«, in: *Journal of Managerial Psychology* 27 (2012), S. 155-190.

371 Marek Bartzik, Andreas Bentrup, Susanne Hill, Maria Bley, Eckart von Hirschhausen, Gerrit Krause, Peter Ahaus, Angelika Dahl-Dichmann und Corinna Peifer, »Care for joy: Evaluation of a humor intervention and its effects on stress, flow experience, work enjoyment, and meaningfulness of work«, in: *Frontiers in Public Health* 9 (2021), Art. ID 667–821.

372 Marek Bartzik, Fabienne Aust und Corinna Peifer, »Negative effects of the COVID-19 pandemic on nurses can be buffered by a sense of humor and appreciation«, in: *BMC Nursing* 20 (2021), S. 1-12.

373 Marek Bartzik und Corinna Peifer, »On the relationships between humour, stress and flow experience—Introducing the humour-flow model«, in: *The Palgrave Handbook of Humour Research* (2021), S. 479-496.

374 Plester und Hutchison, »Fun times«.

375 Bartzik et al., »Care for joy«.

376 Crawford und Caltabiano, »Promoting emotional well-being«.

377 Nektaria Tagalidou, Viola Loderer, Eva Distlberger und Anton-Rupert Laireiter, »Feasibility of a humor training to promote humor and decrease stress in a subclinical sample: A single-arm pilot study«, in: *Frontiers in psychology* 9 (2018), S. 577.

378 Paul McGhee, *Humor as survival training for a stressed-out world: The 7 humor habits program*. Bloomington: AuthorHouse 2010.

379 Jennifer Aaker und Naomi Bagdonas, *Humor, seriously: Why humor is a secret weapon in business and life (and how anyone can harness it. even you)*. New York: Crown 2021.

380 Umfrageergebnisse aus Aaker und Bagdonas, *Humor, seriously*.

381 T. Bradford Bitterly, Alison Wood Brooks und Maurice E. Schweitzer, »Risky business: When humor increases and decreases status«, in: *Journal of personality and social psychology* 112 (2017), S. 431.

382 Ebd.

383 Für eine aktuelle Besprechung dieses Themas siehe Yuri S. Scharp, Arnold B. Bakker, Kimberley Breevaart, Kaspar Kruup und Andero Uusberg, »Playful work design: Conceptualization, measurement, and validity«, in: *Human Relations* 76 (2023), S. 509-550.

384 Arnold B. Bakker, Jørn Hetland, Olav Kjellevold Olsen, Roar Espevik und Juriena D. De Vries, »Job crafting and playful work design: Links with performance during busy and quiet days«, in: *Journal of vocational behavior* 122 (2020), Art.ID 103478; Yuri S. Scharp, Kimberley Breevaart, Arnold B. Bakker und Dimitri van der Linden, »Daily playful work design: A trait activation perspective«, in: *Journal of Research in Personality* 82 (2019), Art. ID 103850.

385 Arnold B. Bakker und Jessica van Wingerden, »Rumination about COVID-19 and employee well-being: The role of playful work design«, in: *Canadian Psychology/Psychologie canadienne* 62 (2021), S. 73; Scharp et al., »Playful work design«.

386 Für eine Besprechung dieses Themas siehe zum Beispiel Bakker und van Woerkom, »Flow at work«.

387 Arnold B. Bakker, Yuri S. Scharp, Kimberley Breevaart und Juriena D. De Vries »Playful work design: Introduction of a new concept«, in: *The Spanish Journal of Psychology* 23 (2020), S. e19. Siehe auch Bakker und van Woerkom, »Flow at Work«.

388 Scharp et al., »Playful work design«.

389 »Rapping flight attendant«, YouTube-Video, eingesehen 3. November 2023. www.youtube.com/watch?v=rhMOnr0GxU8.

390 Scharp et al., »Playful work design«.

391 Katrin S. Heimann und Andreas Roepstorff, »How playfulness motivates–putative looping effects of autonomy and surprise revealed by micro-phenomenological investigations«, in: *Frontiers in Psychology* 9 (2018), S. 1704.

Kapitel 16: Geist wie Wasser

392 E. J. Masicampo und Roy F. Baumeister, »Consider it done! Plan making can eliminate the cognitive effects of unfulfilled goals«, in: *Journal of personality and social psychology* 101 (2011), S. 667.

393 Peifer et al., »Thieves of flow«.

394 Christine J. Syrek und Conny H. Antoni, »Unfinished tasks foster rumination and impair sleeping—Particularly if leaders have high performance expectations«, in: *Journal of Occupational Health Psychology* 19 (2014), S. 490; Christine J. Syrek, Oliver Weigelt, Corinna Peifer und Conny H. Antoni, »Zeigarnik's sleepless nights: How unfinished tasks at the end of the week impair employee

sleep on the weekend through rumination«, in: *Journal of Occupational Health Psychology* 22 (2017), S. 225.

395 Henry David Thoreau, *Walden* (1854).

396 Für Forschungen zu Krankenschwestern siehe zum Beispiel Juliana J. Brixey, David J. Robinson, James P. Turley und Jiajie Zhang, »The roles of MDs and RNs as initiators and recipients of interruptions in workflow«, in: *International journal of medical informatics* 79 (2010), S. e109-e115. Über Forschungen zu Büroangestellten siehe zum Beispiel Mary Czerwinski, Eric Horvitz und Susan Wilhite, »A diary study of task switching and interruptions«, in: *Proceedings of the SIGCHI conference on Human factors in computing systems* (2004), S. 175-182; Gloria Mark, Victor M. Gonzalez und Justin Harris, »No task left behind? Examining the nature of fragmented work«, in: *Proceedings of the SIGCHI conference on Human factors in computing systems* (2005), S. 321-330.

397 Brandon W. Smit, »Successfully leaving work at work: The self-regulatory underpinnings of psychological detachment«, in: *Journal of Occupational and Organizational Psychology* 89 (2016), S. 493-514.

398 Sophie Leroy und Theresa M. Glomb, »Tasks interrupted: How anticipating time pressure on resumption of an interrupted task causes attention residue and low performance on interrupting tasks and how a ›ready-to-resume‹ plan mitigates the effects«, in: *Organization Science* 29 (2018), S. 380-397.

399 Madeleine Dore, »How to reduce ›attention residue‹ in your life«, BBC, eingesehen 3. November 2023. www.bbc.com/worklife/article/20200130-the-life-hack-to-reduce-admin-and-carve-out-downtime.

400 David Allen, *Getting things done: The art of stress-free productivity*, Revised Edition, Boston: Little, Brown Book Group 2015.

Kapitel 17: Sprinten. Ausruhen. Wiederholen.

401 Schwartz und Loehr stellen diese Forschungen in zahlreichen Veröffentlichungen vor, unter anderem in *The power of full engagement: Managing energy, not time, is the key to performance, health and happiness*, London: Allen & Unwin 2003.

402 K. Anders Ericsson, Ralf T. Krampe und Clemens Tesch-Römer, »The role of deliberate practice in the acquisition of expert performance«, in: *Psychological review* 100 (1993), S. 363.

403 K. Anders Ericsson und Robert Pool, *Peak: Secrets from the new science of expertise*, Boston: Houghton Mifflin 2016.

404 Siehe zum Beispiel Zach McCann, »Sleep tracking brings new info to athletes«, in: *ESPN*, eingesehen 3. November 2023. www.espn.com/blog/playbook/tech/post/_/id/797/sleep-tracking-brings-new-info-to-athletes.

405 Robert S. Root-Bernstein, Maurine Bernstein und Helen Garnier, »Correlations between avocations, scientific style, work habits, and professional impact of scientists«, in: *Creativity Research Journal* 8 (1995), S. 115-137.

406 Eine detaillierte Analyse des Arbeitslebens kreativer Menschen bietet Currey, *Daily rituals*. Siehe auch Alex Soojung-Kim Pang, *Rest: Why you get more done when you work less*, New York: Basic Books, 2016.

407 Beispiel aus Pang, *Rest*.

[408] Stephen King, *On writing: A memoir of the craft*, London: Hodder & Stoughton, 2001.

[409] Beispiel aus Currey, *Daily rituals.*

[410] Beispiel aus Pang, *Rest.*

[411] Tony Schwartz, »Developing mastery through deliberate practice«, in: Jocelyn K. Glei (Hg.), *Maximize your potential: Grow your expertise, take bold risks & build an incredible career*, Las Vegas: Amazon Publishing 2013. Siehe auch Tony Schwartz, »The 90-minute solution: Live like a sprinter!«, in: *Business Insider*, eingesehen 3. November 2023. www.businessinsider.com/the-90-minute-solution-live-like-a- sprinter-2011-1?r=US&IR=T.

[412] Julia Gifford, »The secret of the 10 % most productive people? Breaking!«, in: *Desktime*, eingesehen 3. November 2023. https://desktime.com/blog/17-52-ratio-most-productive-people.

[413] Awwad J. Dababneh, Naomi Swanson und Richard L. Shell, »Impact of added rest breaks on the productivity and well being of workers«, in: *Ergonomics* 44 (2001), S. 164-174.

[414] Traci L. Galinsky, Naomi G. Swanson, Steven L. Sauter, Joseph J. Hurrell und Lawrence M. Schleifer, »A field study of supplementary rest breaks for data-entry operators«, in: *Ergonomics* 43 (2000), S. 622-638.

[415] P. S. Tiwari und L. P. Gite, »Evaluation of work-rest schedules during operation of a rotary power tiller«, in: *International Journal of Industrial Ergonomics* 36 (2006), S. 203-210.

[416] Sooyeol Kim, YoungAh Park und Qikun Niu, »Micro-break activities at work to recover from daily work demands«, in: *Journal of Organizational Behavior* 38 (2017), S. 28-44.

[417] Für Forschungen zu Mikro-Pausen und ihre Vorteile siehe beispielsweise Qi Nie, Jie Zhang, Jian Peng und Xiao Chen, »Daily micro-break activities and workplace well-being: A recovery perspective«, in: *Current Psychology* (2021), S. 1-14; Sooyeol Kim, YoungAh Park und Lucille Headrick, »Daily micro-breaks and job performance: General work engagement as a cross-level moderator«, in: *Journal of Applied Psychology* 103 (2018), S. 772; Sooyeol Kim, Seonghee Cho und YoungAh Park, »Daily microbreaks in a self-regulatory resources lens: Perceived health climate as a contextual moderator via microbreak autonomy«, in: *Journal of Applied Psychology* 107 (2022), S. 60.

[418] Sabine Sonnentag, Laura Venz und Anne Casper, »Advances in recovery research: What have we learned? What should be done next?«, in: *Journal of occupational health psychology* 22 (2017), S. 365.

[419] Ebd.

[420] Ebd.

[421] Michael D. Mrazek, Jonathan Smallwood und Jonathan W. Schooler, »Mindfulness and mind-wandering: Finding convergence through opposing constructs«, in: *Emotion* 12 (2012), S. 442.

[422] Burchard beschreibt diese Methode in seinem Buch *High performance habits: How extraordinary people become that way*, Carlsbad: Hay House 2017.

[423] Für eine ausführliche Besprechung der Methode siehe Francesco Cirillo, *The pomodoro technique: The acclaimed time-management system that has transformed how we work*, New York: Currency, 2018.

Kapitel 18: Die Kunst der Erholung

424 Maike E. Debus, Sabine Sonnentag, Werner Deutsch und Fridtjof W. Nussbeck, »Making flow happen: The effects of being recovered on work-related flow between and within days«, in: *Journal of applied psychology* 99 (2014), S. 713.

425 Sabine Sonnentag, Ute Stephan, Johannes Wendsche, Jessica De Bloom, Christine Syrek und Tim Vahle-Hinz, »Recovery in occupational health psychology and human resource management research: An Interview with Prof. Sabine Sonnentag and Prof. Ute Stephan«, in: *German Journal of Human Resource Management* 35 (2021), S. 274-281.

426 Sonnentag et al., »Advances in recovery research«.

427 Jo C. Coulson, Jim McKenna und M. Field, »Exercising at work and self-reported work performance«, in: *International Journal of Workplace Health Management* 1 (2008), S. 176-197.

428 Marjaana Sianoja, Christine J. Syrek, Jessica de Bloom, Kalevi Korpela und Ulla Kinnunen, »Enhancing daily well-being at work through lunchtime park walks and relaxation exercises: Recovery experiences as mediators«, in: *Journal of Occupational Health Psychology* 23 (2018), S. 428.

429 Jeremy S. Sibold und Kathleen M. Berg, »Mood enhancement persists for up to 12 hours following aerobic exercise: A pilot study«, in: *Perceptual and motor skills 111* (2010), S. 333-342.

430 Larissa Ledochowski, Gerhard Ruedl, Adrian H. Taylor und Martin Kopp, »Acute effects of brisk walking on sugary snack cravings in overweight people, affect and responses to a manipulated stress situation and to a sugary snack cue: A crossover study«, in: *PloS one* 10, (2015), S. e0119278.

431 Kate Janse Van Rensburg, Adrian Taylor und Tim Hodgson, »The effects of acute exercise on attentional bias towards smoking-related stimuli during temporary abstinence from smoking«, in: *Addiction* 104 (2009), S. 1910-1917.

432 Bernward Winter, Caterina Breitenstein, Frank C. Mooren, Klaus Voelker, Manfred Fobker, Anja Lechtermann und Karsten Krueger, »High impact running improves learning«, in: *Neurobiology of learning and memory* 87 (2007), S. 597-609.

433 Yu-Kai Chang, Jeffrey D. Labban, Jennifer I. Gapin und Jennifer L. Etnier, »The effects of acute exercise on cognitive performance: A meta-analysis«, in: *Brain research* 1453 (2012), S. 87-101.

434 John Ratey, *Spark*.

435 Jo Barton und Jules Pretty, »What is the best dose of nature and green exercise for improving mental health? A multi-study analysis«, in: *Environmental science & technology* 44 (2010), S. 3947-3955.

436 Jeffrey Conrath Miller und Zlatan Krizan, »Walking facilitates positive affect (even when expecting the opposite)«, in: *Emotion* 16 (2016), S. 775.

437 Es ist wahrscheinlicher, dass man beharrlich bleibt und positive Wirkungen spürt, wenn einem die Aktivität Spaß macht. Siehe zum Beispiel Michelle Segar, *No sweat: How the simple science of motivation can bring you a lifetime of fitness*, New York: Amacom, 2015.

438 Mrazek et al., »Mindfulness and mind-wandering«.

439 Whitney L. Heppner, Michael H. Kernis, Chad E. Lakey, W. Keith Campbell, Brian M. Goldman, Patti J. Davis und Edward V. Cascio, »Mindfulness as a means

of reducing aggressive behavior: Dispositional and situational evidence«, in: *Aggressive Behavior: Official Journal of the International Society for Research on Aggression* 34 (2008), S. 486-496.

440 Für einen Überblick zur wissenschaftlichen Beurteilung der Meditation siehe Daniel Goleman und Richard J. Davidson, *Altered traits: Science reveals how meditation changes your mind, brain, and body*, New York: Avery, 2017.

441 Ich zitiere hierzu keine Studien, weil die Liste zu lang wäre. Wenn Sie nach Meditation in Verbindung mit Grübeln, Optimismus, Mitgefühl mit sich selbst und den weiteren erwähnten Faktoren suchen, werden Sie genug Studien finden.

442 Zahlreiche Studien belegen, dass Meditation positive Auswirkungen auf den Flow hat. Siehe zum Beispiel Bruno Carrança, Sidónio Serpa, António Rosado und Joan Palmi Guerrero, »A pilot study of a mindfulness-based program (MBSoccerP): The potential role of mindfulness, self-compassion and psychological flexibility on flow and elite performance in soccer athletes«, in: *Revista Iberoamericana de psicologia del ejercicio y el deporte* 14 (2019), S. 34-40; Fengbo Liu, Zhongqiu Zhang, Shuqiang Liu und Nan Zhang, »Examining the effects of brief mindfulness training on athletes' flow: The mediating role of resilience«, in: *Evidence-Based Complementary and Alternative Medicine* 2021 (2021), Art. ID 6633658; Mark A. Chen und Jennifer Meggs, »The effects of Mindful Sport Performance Enhancement (MSPE) training on mindfulness, and flow in national competitive swimmers«, in: *Journal of Human Sport and Exercise* 16 (2021), S. 517-527; Keith A. Kaufman, Carol R. Glass und Diane B. Arnkoff, »Evaluation of Mindful Sport Performance Enhancement (MSPE): A new approach to promote flow in athletes«, in: *Journal of clinical sport psychology* 3 (2009), S. 334-356; Cian Aherne, Aidan P. Moran und Chris Lonsdale, »The effect of mindfulness training on athletes' flow: An initial investigation«, in: *The Sport Psychologist* 25 (2011), S. 177-189.

443 Interviews mit langjährigen Praktizierenden zeigen, dass diese Personen durch mehrere tausend Stunden Meditation einen Zustand ständiger Widerstandslosigkeit, ständigen Nichtbemühens und ständiger Ehrgeizlosigkeit erreicht haben. Sie kämpfen nicht gegen das Leben. Sie mühen sich nicht. Sie schwimmen nicht gegen den Strom. Sie lassen alles so zu, wie es ist. Sie lassen das Leben sich entfalten und natürlich fließen. Ihr Alltagsleben scheint dadurch sehr viel harmonischer und flow-hafter zu werden als das anderer Menschen.

444 Yi-Yuan Tang, Yinghua Ma, Junhong Wang, Yaxin Fan, Shigang Feng, Qilin Lu, Qingbao Yu et al., »Short-term meditation training improves attention and self-regulation«, in: *Proceedings of the national Academy of Sciences* 104 (2007), S. 17152-17156.

445 Fadel Zeidan, Susan K. Johnson, Bruce J. Diamond, Zhanna David und Paula Goolkasian, »Mindfulness meditation improves cognition: Evidence of brief mental training«, in: *Consciousness and cognition* 19 (2010), S. 597-605.

446 Matthew Lieberman, *Social: Why our brains are wired to connect*, Oxford: Oxford University Press 2013.

447 Daniel Gilbert, *Stumbling on happiness*, New York: Vintage Books 2006.

448 Diese Studie wird besprochen in: Martin Seligman, *Authentic happiness*.

449 Für eine neuere Studie siehe Oliver Hämmig, »Health risks associated with social isolation in general and in young, middle and old age«, in: *PLoS One* 14 (2019), S. e0219663. Für eine ausführlichere Diskussion siehe John T. Cacioppo und William Patrick, *Loneliness: Human nature and the need for social connection*, New York: W. W. Norton & Company 2009.

450 Wird besprochen in: Johann Hari, *Lost connections: Why you're depressed and how to find hope*, London: Bloomsberry Publishing 2019.

451 John T. Cacioppo, John M. Ernst, Mary H. Burleson, Martha K. McClintock, William B. Malarkey, Louise C. Hawkley, Ray B. Kowalewski et al., »Lonely traits and concomitant physiological processes: The MacArthur social neuroscience studies«, in: *International Journal of Psychophysiology* 35 (2000), S. 143-154.

452 Mehr dazu bei Lieberman, *Social.*

453 Sonnentag et al., »Advances in recovery research«.

454 Christine Bosch, Sabine Sonnentag und Anna Sophia Pinck, »What makes for a good break? A diary study on recovery experiences during lunch break«, in: *Journal of Occupational and Organizational Psychology* 91 (2018), S. 134-157.

455 Mehr dazu bei Sherry Turkle, *Reclaiming conversation: The power of talk in a digital age*, New York: Penguin Press 2015.

456 Für eine wissenschaftlich fundierte Darstellung der Einsamkeit siehe Cacioppo und Patrick, *Loneliness.*

457 Jarek Krajewski, Martin Sauerland und Rainer Wieland, »Relaxation-induced cortisol changes within lunch breaks–an experimental longitudinal worksite field study«, in: *Journal of Occupational and Organizational Psychology* 84 (2011), S. 382-394.

458 Ebd.

459 Die Ergebnisse dieser Studie werden in drei verschiedenen Aufsätzen vorgestellt: Sianoja et al., »Enhancing daily well-being«; Krajewski et al., »Relaxation-induced cortisol changes«; Tobias Esch, Gregory L. Fricchione, Stefanie Joos und Michael Teut, »Self-care, stress management, and primary care: from salutogenesis and health promotion to mind-body medicine«, alle in: *Evidence-Based Complementary and Alternative Medicine* 2013 (2013).

460 Sianoja et al., »Enhancing daily well-being«.

461 Sara C. Mednick und Mark Ehrman, *Take a nap! Change your life*, New York: Workman Publishing Company 2006.

462 Frédéric Dutheil, Benjamin Danini, Reza Bagheri, Maria Livia Fantini, Bruno Pereira, Farès Moustafa, Marion Trousselard und Valentin Navel, »Effects of a short daytime nap on the cognitive performance: A systematic review and meta-analysis«, in: *International Journal of Environmental Research and Public Health* 18 (2021), S. 10212.

463 Jennifer R. Goldschmied, Philip Cheng, Kathryn Kemp, Lauren Caccamo, Julia Roberts und Patricia J. Deldin, »Napping to modulate frustration and impulsivity: A pilot study«, in: *Personality and Individual Differences* 86 (2015), S. 164-167.

464 Kosuke Kaida, Yuji Takeda und Kazuyo Tsuzuki, »The relationship between flow, sleepiness and cognitive performance: The effects of short afternoon nap and bright light exposure«, in: *Industrial Health* 50 (2012), S. 189-196.

465 Olaf Lahl, Christiane Wispel, Bernadette Willigens und Reinhard Pietrowsky, »An ultra short episode of sleep is sufficient to promote declarative memory performance«, in: *Journal of sleep research* 17 (2008), S. 3-10.

466 Cassie Shortsleeve, »Can't sleep? Try ›quiet wakefulness‹ instead«, in: *Medium*, eingesehen 3. November 2023, https://elemental.medium.com/cant-sleep-try-quiet-wakefulness-instead-2b106e5b8e3c.

467 Sonnentag et al., »Advances in recovery research«.

468 Sonnentag et al., »Recovery in occupational health psychology«.

469 Stuart Brown, *Play: How it shapes the brain, opens the imagination, and invigorates the soul*, London: Scribe Publications 2010.

470 Michael A. Rupp, Richard Sweetman, Alejandra E. Sosa, Janan A. Smither und Daniel S. McConnell, »Searching for affective and cognitive restoration: Examining the restorative effects of casual video game play«, in: *Human Factors* 59 (2017), S. 1096-1107.

471 Gurinder Singh Bains, Lee S. Berk, Noha Daher, Everett Lohman, Ernie Schwab, Jerrold Petrofsky und Pooja Deshpande, »The effect of humor on short-term memory in older adults: A new component for whole-person wellness«, in: *Advances in mind-body medicine* 28 (2014), S. 16-24.

472 Für einen Überblick der Forschung zum Nutzen des Lachens siehe Robinson et al, »Laughter is the best medicine«.

473 Robert Kubey und Mihály Csíkszentmihályi, »Television addiction is no mere metaphor«, in: *Scientific American* 286 (2002), S. 74-80.

474 E. Alison Holman, Dana Rose Garfin und Roxane Cohen Silver, »Media's role in broadcasting acute stress following the Boston Marathon bombings«, in: *Proceedings of the National Academy of Sciences* 111 (2014), S. 93-98.

475 Zit. in Kelly McGonigal, *The upside of stress: Why stress is good for you (and how to get good at it)*, London: Vermilion 2015.

476 Shawn Achor, *The happiness advantage: How a positive brain fuels success in work and life*, New York: Currency 2010.

477 Tannis MacBeth Williams, »The impact of television: A natural experiment involving three communities«, (1979).

478 Aric Sigman, *Remotely controlled: How television is damaging our lives*, London: Vermilion 2007.

479 Leonard Reinecke, Jennifer Klatt und Nicole C. Krämer, »Entertaining media use and the satisfaction of recovery needs: Recovery outcomes associated with the use of interactive and noninteractive entertaining media«, in: *Media Psychology* 14 (2011), S. 192-215.

480 Dacher Keltner, Richard Bowman und Harriet Richards, »Exploring the emotional state of ›real happiness‹. A study into the effects of watching natural history television content« (2017). Siehe auch: N. L. Yeo, M. P. White, I. Alcock, R. Garside, S. G. Dean, A. J. Smalley und B. Gatersleben, »What is the best way of delivering virtual nature for improving mood? An experimental comparison of high definition TV, 360 video, and computer generated virtual reality«, in: *Journal of environmental psychology* 72 (2020), S. 101500.

481 Sonnentag et al., »Advances in recovery research«.

482 Ebd.

483 Anniina Virtanen, Michelle Van Laethem, Jessica de Bloom und Ulla Kinnunen, »Dramatic breaks: Break recovery experiences as mediators between job demands and affect in the afternoon and evening«, in: *Stress and Health* 37 (2021), S. 801-818.

484 Marc G. Berman, John Jonides und Stephen Kaplan, »The cognitive benefits of interacting with nature«, in: *Psychological science* 19 (2008), S. 1207-1212.

485 Marc G. Berman, Ethan Kross, Katherine M. Krpan, Mary K. Askren, Aleah Burson, Patricia J. Deldin, Stephen Kaplan, Lindsey Sherdell, Ian H. Gotlib und John Jonides, »Interacting with nature improves cognition and affect for individuals with depression«, in: *Journal of affective disorders* 140 (2012), S. 300-305.

486 Peter Aspinall, Panagiotis Mavros, Richard Coyne und Jenny Roe, »The urban brain: Analysing outdoor physical activity with mobile EEG«, in: *British journal of sports medicine* 49 (2015), S. 272-276.

487 Für weitere Studien zu Naturspaziergängen siehe zum Beispiel Ahmad Hassan, Jiang Tao, Guo Li, Mingyan Jiang, Liu Aii, Jiang Zhihui, Liu Zongfang und Chen Qibing, »Effects of walking in bamboo forest and city environments on brainwave activity in young adults«, in: *Evidence-Based Complementary and Alternative Medicine* 2018 (2018); Gregory N. Bratman, Gretchen C. Daily, Benjamin J. Levy und James J. Gross, »The benefits of nature experience: Improved affect and cognition«, in: *Landscape and Urban Planning* 138 (2015), S. 41-50.

488 Siehe zum Beispiel Elizabeth K. Nisbet und John M. Zelenski, »Underestimating nearby nature: Affective forecasting errors obscure the happy path to sustainability«, in: *Psychological science* 22 (2011), S. 1101-1106.

489 Eine neuere Übersicht bietet Michele Antonelli, Davide Donelli, Lucrezia Carlone, Valentina Maggini, Fabio Firenzuoli und Emanuela Bedeschi, »Effects of forest bathing (shinrin-yoku) on individual well-being: An umbrella review«, in: *International Journal of Environmental Health Research* 32 (2022), S. 1842-1867.

490 Ebd.

491 Berman et al., »Cognitive benefits.«

492 Daniel K. Brown, Jo L. Barton und Valerie F. Gladwell, »Viewing nature scenes positively affects recovery of autonomic function following acute-mental stress«, in: *Environmental science & technology* 47 (2013), S. 5562-5569.

493 Deborah Cracknell, Mathew P. White, Sabine Pahl, Wallace J. Nichols und Michael H. Depledge, »Marine biota and psychological well-being: A preliminary examination of dose–response effects in an aquarium setting«, in: *Environment and behavior* 48 (2016), S. 1242-1269.

494 Akil Gordon-Beckford, »The therapeutic effect of an aquarium in the workplace«, in: *Videre Aquariums*, eingesehen 3. November 2023, www.videreaquariums.com/post/the-therapeutic-effect-of-an-aquarium-in-the-workplace.

495 Carol Cutler Riddick, »Health, aquariums, and the non-institutionalized elderly«, in: *Marriage & family review* 8 (1985), S. 163-173.

496 Nancy E. Edwards und Alan M. Beck, »Animal-assisted therapy and nutrition in Alzheimer's disease«, in: *Western journal of nursing research* 24 (2002), S. 697-712.

[497] Deborah L. Wells, »The effect of videotapes of animals on cardiovascular responses to stress«, in: *Stress and health* 21 (2005), S. 209-213.

[498] Ebd.

[499] Tina Karabinski, Verena C. Haun, Annika Nübold, Johannes Wendsche und Jürgen Wegge, »Interventions for improving psychological detachment from work: A meta-analysis«, in: *Journal of occupational health psychology* 26 (2021), S. 224.

[500] Sonnentag et al., »Advances in recovery research«.

[501] Ebd.

Kapitel 19: Eins nach dem anderen

[502] Es gibt keine offizielle Definition, was als »Aufgabe« zählt oder was »gleichzeitig« genau heißt. Ist Kaugummikauen eine Aufgabe? Zählt es als Multitasking, wenn man innerhalb 30 Sekunden zwei Tätigkeiten ausführt, allerdings nacheinander?

[503] Louise Ridley, »People swap devices 21 times an hour, says OMD«, in: *Campaign UK*, eingesehen 3. November 2023, www.campaignlive.co.uk/article/people-swap-devices-21-times-hour-says-omd/1225960.

[504] »4 in 5 Americans multitask while watching tv«, in: *Marketing Charts*, eingesehen 3. November 2023, www.marketingcharts.com/television-28025.

[505] Larry D. Rosen, L. Mark Carrier und Nancy A. Cheever, »Facebook and texting made me do it: Media-induced task-switching while studying«, in: *Computers in Human Behavior* 29 (2013), S. 948-958.

[506] Victor M. González und Gloria Mark, »›Constant, constant, multi-tasking craziness‹: managing multiple working spheres«, in: *Proceedings of the SIGCHI conference on Human factors in computing systems* 2004, S. 113-120.

[507] Gloria Mark, Shamsi T. Iqbal, Mary Czerwinski, Paul Johns und Akane Sano, »Neurotics can't focus: An in situ study of online multitasking in the workplace«, in: *Proceedings of the 2016 CHI conference on human factors in computing systems* (2016), S. 1739-1744.

[508] Gloria Mark, Yiran Wang und Melissa Niiya, »Stress and multitasking in everyday college life: An empirical study of online activity«, in: *Proceedings of the SIGCHI conference on human factors in computing systems* (2014), S. 41-50.

[509] Kevin P. Madore und Anthony D. Wagner, »Multicosts of multitasking«, in: *Cerebrum: The Dana forum on brain science*, 2019. Dana Foundation 2019.

[510] Siehe zum Beispiel Wesley C. Clapp, Michael T. Rubens und Adam Gazzaley, »Mechanisms of working memory disruption by external interference«, in: *Cerebral cortex* 20 (2010), S. 859-872; Paul E. Dux, Jason Ivanoff, Christopher L. Asplund und René Marois, »Isolation of a central bottleneck of information processing with time-resolved fMRI«, in: *Neuron* 52 (2006), S. 1109-1120.

[511] Madore und Wagner, »Multicosts of multitasking«.

[512] Es gibt verschiedene Arten von Kosten: einen allgemeinen Verlust an Effizienz wie im Haupttext erwähnt, aber auch Kosten für das Lernen (z. B. schlechteres und weniger flexibles Gedächtnis) und andere.

[513] Siehe zum Beispiel Edita Poljac, Andrea Kiesel, Iring Koch und Hermann Müller, »New perspectives on human multitasking«, in: *Psychological Research* 82 (2018), S. 1-3.

[514] Madore und Wagner, »Multicosts of multitasking«.

515 Thomas Buser und Noemi Peter, »Multitasking«, in: *Experimental Economics* 15 (2012), S. 641-655.

516 Laura L. Bowman, Laura E. Levine, Bradley M. Waite und Michael Gendron, »Can students really multitask? An experimental study of instant messaging while reading«, in: *Computers & Education* 54 (2010), S. 927-931.

517 Peifer und Zipp, »All at once?«

518 Eyal Ophir, Clifford Nass und Anthony D. Wagner, »Cognitive control in media multitaskers«, in: *Proceedings of the national academy of sciences of the United States of America* 106 (2009), S. 15583.

519 Ira Flatow, »The myth of multitasking«, in: *NPR*, eingesehen 3. November 2023, www.npr.org/2013/05/10/182861382/the-myth-of-multitasking.

520 Dan Schutten, Kirk A. Stokes und Karen M. Arnell, »I want to media multitask and I want to do it now: Individual differences in media multitasking predict delay of gratification and system-1 thinking«, in: *Cognitive research: principles and implications* 2 (2017), S. 1-10.

521 Einen Überblick zur Plastizität des Gehirns bietet zum Beispiel Norman Doidge, *The brain that changes itself: Stories of personal triumph from the frontiers of brain science*, London: Penguin Books 2007.

522 Kostadin Kushlev, Jason Proulx und Elizabeth W. Dunn, »›Silence your phones‹: Smartphone notifications increase inattention and hyperactivity symptoms«, in: *Proceedings of the 2016 CHI conference on human factors in computing systems* (2016), S. 1011-1020.

523 Cary Stothart, Ainsley Mitchum und Courtney Yehnert, »The attentional cost of receiving a cell phone notification«, in: *Journal of experimental psychology: human perception and performance* 41 (2015): 893.

524 Martin Pielot und Luz Rello, »Productive, anxious, lonely: 24 hours without push notifications«, in: *Proceedings of the 19th International Conference on Human-Computer Interaction with Mobile Devices and Services* (2017), S. 1-11.

525 Pielot und Rello, »Productive, anxious, lonely«; Martin Pielot und Luz Rello, »The do not disturb challenge: A day without notifications«, in: *Proceedings of the 33rd annual ACM conference extended abstracts on human factors in computing systems* (2015), S. 1761-1766; Shamsi T. Iqbal und Eric Horvitz, »Notifications and awareness: A field study of alert usage and preferences«, in: *Proceedings of the 2010 ACM conference on Computer supported cooperative work* (2010), S. 27-30.

526 Iqbal und Horvitz, »Notifications and awareness«.

527 Gloria Mark, Mary Czerwinski und Shamsi T. Iqbal, »Effects of individual differences in blocking workplace distractions«, in: *Proceedings of the 2018 CHI Conference on Human Factors in Computing Systems* (2018), S. 1-12.

528 Gloria Mark, Shamsi Iqbal, Mary Czerwinski und Paul Johns, »Focused, aroused, but so distractible: Temporal perspectives on multitasking and communications«, in: *Proceedings of the 18th ACM Conference on Computer Supported Cooperative Work & Social Computing* (2016), S. 903-916.

529 Thomas W. Jackson, Ray Dawson und Darren Wilson, »Understanding email interaction increases organizational productivity«, in: *Communications of the ACM* 46 (2003), S. 80-84.

530 Kostadin Kushlev und Elizabeth W. Dunn, »Checking email less frequently reduces stress«, in: *Computers in Human Behavior* 43 (2015), S. 220-228.

531 Brian Wansink, »Environmental factors that increase the food intake and consumption volume of unknowing consumers«, in: *Annu. Rev. Nutr.* 24 (2004), S. 455-479.

532 Ebd.

533 Rosen et al., »Facebook and texting«.

534 Lora E. Burke, Jing Wang und Mary Ann Sevick, »Self-monitoring in weight loss: A systematic review of the literature«, in: *Journal of the American Dietetic Association* 111 (2011), S. 92-102.

535 Ebd.

536 Dena M. Bravata, Crystal Smith-Spangler, Vandana Sundaram, Allison L. Gienger, Nancy Lin, Robyn Lewis, Christopher D. Stave, Ingram Olkin und John R. Sirard, »Using pedometers to increase physical activity and improve health: A systematic review«, in: *Jama* 298 (2007), S. 2296-2304.

537 Steve Whittaker, Vaiva Kalnikaite, Victoria Hollis und Andrew Guydish, »›Don't waste my time‹ use of time information improves focus«, in: *Proceedings of the 2016 CHI Conference on Human Factors in Computing Systems* (2016), S. 1729-1738.

538 Judith Borghouts, Duncan P. Brumby und Anna L. Cox, »TimeToFocus: Feedback on interruption durations discourages distractions and shortens interruptions«, in: *ACM Transactions on Computer-Human Interaction* 27 (2020), S. 1-31.

Kapitel 20: Sinnesreize, die den Flow unterstützen

539 Adrian C. North, David J. Hargreaves und Jennifer McKendrick, »The influence of in-store music on wine selections«, in: *Journal of Applied psychology* 84 (1999), S. 271.

540 Janet Currie, Stefano DellaVigna, Enrico Moretti und Vikram Pathania, »The effect of fast food restaurants on obesity and weight gain«, in: *American Economic Journal: Economic Policy* 2 (2010), S. 32-63.

541 Jia Wei Zhang, Ryan T. Howell und Colleen J. Howell, »Living in wealthy neighborhoods increases material desires and maladaptive consumption«, in: *Journal of Consumer Culture* 16 (2016), S. 297-316.

542 Lubomir Lamy, Nicolas Guéguen, Jacques Fischer-Lokou und Jérôme Guegan, »›Wrong place to get help‹: A field experiment on luxury stores and helping behavior«, in: *Social Influence* 11 (2016), S. 130-139.

543 Lawrence E. Williams und John A. Bargh, »Experiencing physical warmth promotes interpersonal warmth«, in: *Science* 322 (2008), S. 606-607.

544 Russell A. Hill und Robert A. Barton, »Red enhances human performance in contests«, in: *Nature* 435 (2005), S. 293-293.

545 Brian Wansink und Jeffery Sobal, »Mindless eating: The 200 daily food decisions we overlook«, in: *Environment and Behavior* 39 (2007), S. 106-123.

546 Rob W. Holland, Merel Hendriks und Henk Aarts, »Smells like clean spirit: Nonconscious effects of scent on cognition and behavior«, in: *Psychological science* 16 (2005), S. 689-693.

547 D. J. Birnbach, D. King, I. Vlaev, L. F. Rosen und P. D. Harvey, »Impact of environmental olfactory cues on hand hygiene behaviour in a simulated

hospital environment: A randomized study«, in: *Journal of Hospital Infection* 85 (2013), S. 79-81.

548 Nastaran Shishegar und Mohamed Boubekri, »Natural light and productivity: Analyzing the impacts of daylighting on students' and workers' health and alertness«, in: *Proceedings of the International Conference on Health, Biological and Life Science* (HBLS-16), Istanbul, Turkey (2016), S. 18-19.

549 Für einen vergleichenden Überblick zu den Wirkungen von Tageslicht und künstlichem Licht siehe Mohamed Boubekri, *Daylighting, architecture and health*, London: Routledge 2008.

550 Lisa Heschong, »Daylighting and human performance«, in: *ASHRAE journal* 44 (2002), S. 65-67.

551 M. Boubekri, J. Lee, K. Bub und K. Curry, »Impact of daylight exposure on sleep time and quality of elementary school children«, in: *European Journal of Teaching and Education* 2 (2020), S. 10-17.

552 »Study: Natural Light Is the Best Medicine for the Office», in: *PR Newswire*, eingesehen 3. November 2023, www.prnewswire.com/news-releases/study-natural-light-is-the-best-medicine-for-the- office-300590905.html.

553 Yousef Al Horr, Mohammed Arif, Amit Kaushik, Ahmed Mazroei, Martha Katafygiotou und Esam Elsarrag, »Occupant productivity and office indoor environment quality: A review of the literature«, in: *Building and environment* 105 (2016), S. 369-389.

554 Mohamed Boubekri, Ivy N. Cheung, Kathryn J. Reid, Chia-Hui Wang und Phyllis C. Zee, »Impact of windows and daylight exposure on overall health and sleep quality of office workers: A case-control pilot study«, in: *Journal of clinical sleep medicine* 10 (2014), S. 603-611.

555 Mohamed Boubekri, Jaewook Lee, Piers MacNaughton, May Woo, Lauren Schuyler, Brandon Tinianov, und Usha Satish, »The impact of optimized daylight and views on the sleep duration and cognitive performance of office workers«, in: *International journal of environmental research and public health* 17 (2020), S. 3219.

556 Man Young Park, Choul-Gyun Chai, Hae-Kyung Lee, Hani Moon und Jai Sung Noh, »The effects of natural daylight on length of hospital stay«, in: *Environmental health insights* 12 (2018), S. 1178630218812817.

557 Jeffrey M. Walch, Bruce S. Rabin, Richard Day, Jessica N. Williams, Krissy Choi und James D. Kang, »The effect of sunlight on postoperative analgesic medication use: A prospective study of patients undergoing spinal surgery«, in: *Psychosomatic medicine* 67 (2005), S. 156-163.

558 Rana Sagha Zadeh, Mardelle McCuskey Shepley, Gary Williams und Susan Sung Eun Chung, »The impact of windows and daylight on acute-care nurses' physiological, psychological, and behavioral health«, in: *HERD: Health Environments Research & Design Journal* 7 (2014), S. 35-61

559 Für die Begründung dieser Empfehlungen siehe die Arbeiten von Dr. Alexander Wunsch.

560 »State of the American workplace«, in: *Gallup*, eingesehen 3. November 2023, www.gallup.com/workplace/238085/state-american-workplace-report-2017.aspx.

[561] Simon P. Banbury und Dianne C. Berry, »Office noise and employee concentration: Identifying causes of disruption and potential improvements«, in: *Ergonomics* 48 (2005), S. 25-37.

[562] Aram Seddigh, Cecilia Stenfors, Erik Berntsson, Rasmus Bååth, Sverker Sikström und Hugo Westerlund, »The association between office design and performance on demanding cognitive tasks«, in: *Journal of Environmental Psychology* 42 (2015), S. 172-181; Helena Jahncke, Staffan Hygge, Niklas Halin, Anne Marie Green und Kenth Dimberg, »Open-plan office noise: Cognitive performance and restoration«, in: *Journal of Environmental Psychology* 31 (2011), S. 373-382; Gary W. Evans und Dana Johnson, »Stress and open-office noise«, in: *Journal of applied psychology* 85 (2000), S. 779.

[563] Sheldon Cohen, David C. Glass und Jerome E. Singer, »Apartment noise, auditory discrimination, and reading ability in children«, in: *Journal of experimental social psychology* 9 (1973), S. 407-422.

[564] Rhiannon Thompson, Rachel B. Smith, Yasmin Bou Karim, Chen Shen, Kayleigh Drummond, Chloe Teng und Mireille B. Toledano, »Noise pollution and human cognition: An updated systematic review and meta-analysis of recent evidence«, in: *Environment international* 158 (2022), S. 106905.

[565] Brett RC Molesworth, Marion Burgess, Belinda Gunnell, Diana Löffler und Antje Venjakob, »The effect on recognition memory of noise cancelling headphones in a noisy environment with native and nonnative speakers«, in: *Noise and Health* 16 (2014), S. 240.

[566] Helena Jahncke, Patrik Björkeholm, John E. Marsh, Johan Odelius und Patrik Sörqvist, »Office noise: Can headphones and masking sound attenuate distraction by background speech?«, in: *Work* 55 (2016), S. 505-513.

[567] Amar Cheema und Vanessa M. Patrick, »Influence of warm versus cool temperatures on consumer choice: A resource depletion account«, in: *Journal of Marketing Research* 49 (2012), S. 984-995; Peter A. Hancock und Ioannis Vasmatzidis, »Effects of heat stress on cognitive performance: The current state of knowledge«, in: *International Journal of Hyperthermia* 19 (2003), S. 355-372.

[568] Ebd.

[569] Olli Seppanen, William J. Fisk und Q. H. Lei, »Effect of temperature on task performance in office environment«, (2006).

[570] Frank J. Kelly und Julia C. Fussell, »Improving indoor air quality, health and performance within environments where people live, travel, learn and work«, in: *Atmospheric Environment* 200 (2019), S. 90-109.

[571] Siehe zum Beispiel Lance A. Wallace, Edo D. Pellizzari, Tyler D. Hartwell, Roy Whitmore, Charles Sparacino und Harvey Zelon, »Total Exposure Assessment Methodology (TEAM) Study: Personal exposures, indoor-outdoor relationships, and breath levels of volatile organic compounds in New Jersey«, in: *Environment International* 12 (1986), S. 369-387.

[572] Kelly und Fussell, »Improving indoor air quality«.

[573] Ebd.

[574] »The Lancet Commission on pollution and health«, in: *The Lancet*, eingesehen 3. November 2023, www.thelancet.com/commissions/pollution-and-health.

[575] Kelly und Fussell, »Improving indoor air quality«.

[576] Ebd.

[577] Ebd.

[578] Ebd.

[579] Donald K. Milton, P. Mark Glencross und Michael D. Walters, »Risk of sick leave associated with outdoor air supply rate, humidification, and occupant complaints«, (2000).

[580] Ebd.

[581] Horr et al., »Occupant productivity«.

[582] Boyoun Chae und Rui Zhu, »Environmental disorder leads to self-regulatory failure«, in: *Journal of Consumer Research* 40 (2014), S. 1203-1218.

[583] Kathleen D. Vohs, Joseph P. Redden und Ryan Rahinel, »Physical order produces healthy choices, generosity, and conventionality, whereas disorder produces creativity«, in: *Psychological Science* 24 (2013), S. 1860-1867.

[584] Adrian F. Ward, Kristen Duke, Ayelet Gneezy und Maarten W. Bos, »Brain drain: The mere presence of one's own smartphone reduces available cognitive capacity«, in: *Journal of the Association for Consumer Research* 2 (2017), S. 140-154.

[585] Clarissa Theodora Tanil und Min Hooi Yong, »Mobile phones: The effect of its presence on learning and memory«, in: *PloS one* 15 (2020), S. e0219233.

[586] Priscilla Chee, Julia Irwin, Joanne M. Bennett und Ann J. Carrigan, »The mere presence of a mobile phone: Does it influence driving performance?«, in: *Accident Analysis & Prevention* 159 (2021), S. 106226.

[587] Bill Thornton, Alyson Faires, Maija Robbins und Eric Rollins, »The mere presence of a cell phone may be distracting«, in: *Social Psychology* (2014).

[588] Andrew K. Przybylski und Netta Weinstein, »Can you connect with me now? How the presence of mobile communication technology influences face-to-face conversation quality«, in: *Journal of Social and Personal Relationships* 30 (2013), S. 237-246.

[589] Shalini Misra, Lulu Cheng, Jamie Genevie und Miao Yuan, »The iPhone effect: The quality of in-person social interactions in the presence of mobile devices«, in: *Environment and Behavior* 48 (2016), S. 275-298.

[590] Kaitlyn Gillis und Birgitta Gatersleben, »A review of psychological literature on the health and wellbeing benefits of biophilic design«, in: *Buildings* 5 (2015), S. 948-963.

[591] Stephen Kellert und Elizabeth Calabrese, »The practice of biophilic design«, in: *Terrapin Bright* LLC 3, London 2015, S. 21-46.

[592] Tonia Gray und Carol Birrell, »Are biophilic-designed site office buildings linked to health benefits and high performing occupants?«, in: *International journal of environmental research and public health* 11 (2014), S. 12204-12222.

[593] Für eine neuere Übersicht zu den Wirkungen von Zimmerpflanzen siehe Ke-Tsung Han, Li-Wen Ruan und Li-Shih Liao, »Effects of indoor plants on human functions: A systematic review with meta-analyses«, in: *International journal of environmental research and public health* 19 (2022), S. 7454.

[594] Ruth K. Raanaas, Katinka Horgen Evensen, Debra Rich, Gunn Sjøstrøm und Grete Patil, »Benefits of indoor plants on attention capacity in an office setting«, in: *Journal of Environmental Psychology* 31 (2011), S. 99-105.

[595] Chen-Yen Chang und Ping-Kun Chen, »Human response to window views and indoor plants in the workplace«, in: *HortScience* 40 (2005), S. 1354-1359.

596 Für einen Überblick zu den Vorteilen frischer Blumen siehe »About flowers – health benefits research«, in: *Society of American Florists* (SAF), eingesehen 3. November 2023, https://safnow.org/aboutflowers/quick-links/health-benefits-research/.

597 Hiromi Ohta, Megumi Maruyama, Yoko Tanabe, Toshiko Hara, Yoshihiko Nishino, Yoshio Tsujino, Eishin Morita, Shotai Kobayashi und Osamu Shido, »Effects of redecoration of a hospital isolation room with natural materials on stress levels of denizens in cold season«, in: *International Journal of Biometeorology* 52 (2008), S. 331-340.

598 Christina Kelz, Vincent Grote und Maximilian Moser, »Interior wood use in classrooms reduces pupils' stress levels«, in: *Proceedings of the 9th Biennial Conference on Environmental Psychology* (2011).

599 »Wood as a restorative material in healthcare environments«, in: *naturally:wood*, eingesehen 23. Juli 2024, www.naturallywood.com/resource/wood-as-a-restorative-material-in-healthcare-environments/.

600 Zu Holz und Schlafqualität siehe »Positive health effects of stone pine furniture«, Institute of Health Technology and Prevention Research Stone Pine. Zu Holz und Wohlbefinden siehe T. Anme, T. M. Watanabe, K. M. Tokutake, E. M. Tomisaki, H. M. Mochizuki, E. M. Tanaka, B. M. Wu et al., »Behavior changes in older persons caused by using wood products in assisted living«, in: *Public Health Res* 2 (2012), S. 106-109. Zu den Vorteilen von Holz am Arbeitsplatz siehe Andrew Knox »Workplaces: wellness + wood = productivity«, in: *Pollinate*, eingesehen 3. November 2023, https://puumarket.ee/wp-content/uploads/Workplaces-Wellness-and-Wood-Productivity.pdf.

601 Roger S. Ulrich, »View through a window may influence recovery from surgery«, in: *Science* 224 (1984), S. 420-421.

602 Chia-Hui Wang, Nai-Wen Kuo und Kathryn Anthony, »Impact of window views on recovery—an example of post-cesarean section women«, in: *International Journal for Quality in Health Care* 31 (2019), S. 798-803.

603 Won Sop Shin, »The influence of forest view through a window on job satisfaction and job stress«, in: *Scandinavian journal of forest research* 22 (2007), S. 248-253.

604 Stephen C. Van Hedger, Howard C. Nusbaum, Luke Clohisy, Susanne M. Jaeggi, Martin Buschkuehl und Marc G. Berman, »Of cricket chirps and car horns: The effect of nature sounds on cognitive performance«, in: *Psychonomic bulletin & review* 26 (2019), S. 522-530.

605 Jesper J. Alvarsson, Stefan Wiens und Mats E. Nilsson, »Stress recovery during exposure to nature sound and environmental noise«, in: *International journal of environmental research and public health* 7 (2010), S. 1036-1046.

606 Jacob A. Benfield, B. Derrick Taff, Peter Newman und Joshua Smyth, »Natural sound facilitates mood recovery«, in: *Ecopsychology* 6 (2014), S. 183-188.

607 Mark Moss, Victoria Earl, Lucy Moss und Tom Heffernan, »Any sense in classroom scents? Aroma of rosemary essential oil significantly improves cognition in young school children«, in: *Advances in Chemical Engineering and Science* 7 (2017), S. 450-463.

608 Eine kurze Besprechung dieser Studie siehe »Herbs that can boost your mood and memory«, in: *Northumbria University Newcastle*, eingesehen 23. Juli 2024,

www.northumbria.ac.uk/about-us/news-events/news/2016/04/herbs-that-can-boost-your-mood-and-memory/.

609 Shannon Barker, Pamela Grayhem, Jerrod Koon, Jessica Perkins, Allison Whalen und Bryan Raudenbush, »Improved performance on clerical tasks associated with administration of peppermint odor«, in: *Perceptual and motor skills* 97 (2003), S. 1007-1010.

610 Bryan Raudenbush, Brian Meyer und Bill Eppich, »The effects of odors on objective and subjective measures of athletic performance«, in: *International Sports Journal* 6 (2002), S. 14-27.

611 Bryan Raudenbush, Nathan Corley und William Eppich, »Enhancing athletic performance through the administration of peppermint odor«, in: *Journal of Sport and Exercise Psychology* 23 (2001), S. 156-160.

612 »WJU Looks to Peppermint, Its Effect on Athletic Performance«, in: *The Intelligencer*, eingesehen 23. Juli 2024, www.theintelligencer.net/news/community/2017/03/wju-looks-to-peppermint-its-effect-on-athletic-performance/.

613 Mark Moss, Ellen Smith, Matthew Milner und Jemma McCready, »Acute ingestion of rosemary water: Evidence of cognitive and cerebrovascular effects in healthy adults«, in: *Journal of Psychopharmacology* 32 (2018), S. 1319-1329.

614 Mark Moss, Robert Jones, Lucy Moss, Richard Cutter und Keith Wesnes, »Acute consumption of peppermint and chamomile teas produce contrasting effects on cognition and mood in healthy young adults«, in: *Plant Science Today* 3 (2016), S. 327-336.

Kapitel 21: Umgang mit Flow-störenden Emotionen

615 Siehe zum Beispiel Christian Swann, Richard J. Keegan, David Piggott und Lee Crust, »A systematic review of the experience, occurrence, and controllability of flow states in elite sport«, in: *Psychology of sport and exercise* 13 (2012), S. 807-819; Leonard Tan und Hui Xing Sin, »Optimizing optimal experiences: Practical strategies to facilitate flow for 21st-Century music educators«, in: *Music Educators Journal* 107 (2020), S. 35-41; Christian Swann, David Piggott, Lee Crust, Richard Keegan und Brian Hemmings, »Exploring the interactions underlying flow states: A connecting analysis of flow occurrence in European Tour golfers«, in: *Psychology of Sport and Exercise* 16 (2015), S. 60-69.

616 Für eine vollständige wissenschaftliche Darstellung der Emotionsregulierung siehe James J. Gross (Hg.), *Handbook of emotion regulation*, Guilford publications 2013.

617 Ebd.

618 Laura Campbell-Sills, David H. Barlow, Timothy A. Brown und Stefan G. Hofmann, »Effects of suppression and acceptance on emotional responses of individuals with anxiety and mood disorders«, in: *Behaviour research and therapy* 44 (2006), S. 1251-1263.

619 Die Emotionsregulierungsforschung unterscheidet zwischen zwei Arten von Unterdrückung, der experientiellen und der expressiven. Erstere bezeichnet die Unterdrückung innerer Erlebnisse, also der Gefühle, Gedanken und körperlichen Empfindungen. Über diese Art Unterdrückung schreibe ich im Haupttext. Die expressive Unterdrückung bezieht sich auf die Unterdrückung

des Ausdrucks von Emotionen (z. B. ein ausdrucksloses Gesicht, wenn man ein gutes Blatt beim Poker hält). Beide Formen der Unterdrückung haben ernste negative Folgen.

620 Man sollte bedenken, dass die negativen Wirkungen der Unterdrückung von verschiedenen Faktoren abhängen. Unterdrückung ist zum Beispiel besonders problematisch, wenn der Betreffende glaubt, es müsse möglich und sogar leicht sein, negative Gedanken und Gefühle loszuwerden. Oder wenn er glaubt, andere könnten ihre Gefühle leicht unterdrücken oder Gedanken und Gefühle, die er nicht unterdrücken kann, seien besonders wichtig, wenn er sich selbst für schwach hält, weil er bestimmte Gedanken nicht loswerden kann, wenn er sich selbst deswegen negativ beurteilt und wenn er glaubt, negative Gedanken und Gefühle seien auf eine unglückliche Persönlichkeit zurückzuführen.

621 Hugo Alberts, Francine Schneider und Carolien Martijn, »Dealing efficiently with emotions: Acceptance-based coping with negative emotions requires fewer resources than suppression«, in: *Cognition & Emotion* 26 (2012), S. 863-870; Michael Inzlicht und Jennifer N. Gutsell, »Running on empty: Neural signals for self-control failure«, in: *Psychological science* 18 (2007), S. 933-937; Shian-Ling Keng, Elysia Li Yan Tan, Tory A. Eisenlohr-Moul und Moria J. Smoski, »Effects of mindfulness, reappraisal, and suppression on sad mood and cognitive resources«, in: *Behaviour research and therapy* 91 (2017), S. 33-42.

622 Yan Wang, Lixia Yang und Yan Wang, »Suppression (but not reappraisal) impairs subsequent error detection: An ERP study of emotion regulation's resource-depleting effect«, in: *PloS one* 9 (2014), S. e96339.

623 Zitat aus Daniel M. Wegner, *White bears and other unwanted thoughts: Suppression, obsession, and the psychology of mental control*, New York: Guilford 1994.

624 Richard M. Wenzlaff und Daniel M. Wegner, »Thought suppression«, in: *Annual review of psychology* 51 (2000), S. 59-91.

625 Beispiel frei nach Steven C. Hayes, Kirk D. Strosahl und Kelly G. Wilson, *Acceptance and commitment therapy: The process and practice of mindful change*, New York: Guilford Press 2011.

626 Wendy Treynor, Richard Gonzalez und Susan Nolen-Hoeksema, »Rumination reconsidered: A psychometric analysis«, in: *Cognitive therapy and research* 27 (2003), S. 247-259.

627 Edward R. Watkins und Henrietta Roberts, »Reflecting on rumination: Consequences, causes, mechanisms and treatment of rumination«, in: *Behaviour research and therapy* 127 (2020), S. 103573.

628 Treynor et al., »Rumination reconsidered«; Watkins und Roberts, »Reflecting on rumination«.

629 Für eine neuere Übersicht der Forschungen zum Grübeln siehe Watkins und Roberts, »Reflecting on rumination«.

630 Ebd.

631 Lyubomirsky, *The how of happiness*.

632 Sonja Lyubomirsky, Kristin Layous, Joseph Chancellor und S. Katherine Nelson, »Thinking about rumination: The scholarly contributions and intellectual legacy of Susan Nolen-Hoeksema«, in: *Annual review of clinical psychology* 11 (2015), S. 1-22.

633 Lyubomirsky, *The how of happiness.*

634 Das ist in vielen Studien gezeigt worden. Für eine Metastudie zu den verschiedenen Strategien der Emotionsregulierung einschließlich der kognitiven Neubewertung siehe Thomas L. Webb, Eleanor Miles und Paschal Sheeran, »Dealing with feeling: A meta-analysis of the effectiveness of strategies derived from the process model of emotion regulation«, in: *Psychological bulletin* 138 (2012), S. 775.

635 Diese Studie wird geschildert in David Rock, *Your brain at work: Strategies for overcoming distraction, regaining focus, and working smarter all day long*, New York: HarperCollins 2009.

636 Diese Geschichte wird in verschiedenen Fassungen erzählt. Ich erzähle sie hier nach Alan Watts' »›A Chinese farmer story‹ ~ Alan Watts«, in: YouTube, eingesehen 3. Juli 2024, www.youtube.com/watch?sWd6fNVZ20o.

637 Scott R. Bishop, Mark Lau, Shauna Shapiro, Linda Carlson, Nicole D. Anderson, James Carmody, Zindel V. Segal et al., »Mindfulness: A proposed operational definition«, in: *Clinical psychology: Science and practice* 11 (2004), S. 230.

638 James D. Herbert und Lynn L. Brandsma, »Understanding and enhancing psychological acceptance«, in: *Health, happiness, and well-being: Better living through psychological science* (2015), S. 62-88.

639 Interessanterweise deuten einige Studien darauf hin, dass Akzeptanz anfänglich das negative Erleben verstärkt. Das ist vielleicht so, weil Akzeptanz heißt, dass man schwierige Gedanken und Emotionen willkommen heißt, sich ihnen zuwendet und sie dadurch vollständiger und stärker wahrnimmt. Wichtig ist, dass auf jeden anfänglichen Anstieg negativer Emotion rasch eine Abnahme folgt. Akzeptanz soll einer natürlichen und gesunden emotionalen Bahn folgen: Dem vollständigen Erleben einer Emotion folgt ihre Auflösung. So wie Wellen klein anfangen, wachsen, sich überschlagen und sich auflösen, verlaufen auch Emotionen. Akzeptanz mischt sich in diesen Vorgang nicht ein und lässt ihn natürlich ablaufen.

640 Irene Messina, Alessandro Grecucci und Roberto Viviani, »Neurobiological models of emotion regulation: A meta-analysis of neuroimaging studies of acceptance as an emotion regulation strategy«, in: *Social cognitive and affective neuroscience* 16 (2021), S. 257-267.

641 S. Troy Allison, Amanda J. Shallcross, Anna Brunner, Rachel Friedman und Markera C. Jones, »Cognitive reappraisal and acceptance: Effects on emotion, physiology, and perceived cognitive costs«, in: *Emotion* 18 (2018), S. 58.

642 Alberts et al., »Dealing effectively with emotions«.

643 Siehe zum Beispiel Stuart Cathcart, Matt McGregor und Emma Groundwater, »Mindfulness and flow in elite athletes«, in: *Journal of Clinical Sport Psychology* 8 (2014), S. 119-141.

644 Ebd.

645 Kristin D. Neff, »Self-compassion: An alternative conceptualization of a healthy attitude toward oneself«, in: *Self and identity* 2 (2003), S. 85-101; Kristin D. Neff, »The development and validation of a scale to measure self-compassion«, in: *Self and identity* 2 (2003), S. 223-250.

646 Eine neuere Übersicht der Studien zum Mitleid mit sich selbst bietet Kristin D. Neff, »Self-compassion: Theory, method, research, and intervention«, in: *Annual review of psychology* 74 (2023), S. 193-218.

647 Nicole Lyon und Mary Plisco, »The effects of self-compassion and mindfulness on performance anxiety and flow in elite athletes«, in: *Journal of Sport Behavior* 43 (2020).

648 Kristin D. Neff, *Fierce self-compassion: How women can harness kindness to speak up, claim their power, and thrive*, New York: HarperCollins 2021.

649 Ich führe hier keine spezifischen Studien auf, weil die Liste zu lang wäre. Wenn Sie im Internet nach Meditation, Mitleid mit sich selbst, Grübeln et cetera suchen, finden Sie jede Menge Forschungen, die bestätigen, was ich im Haupttext geschrieben habe.

650 Eine ausführliche Behandlung des RAIN-Verfahrens bietet Tara Brach, *Radical compassion: Learning to love yourself and your world with the practice of RAIN*, New York: Viking 2019.

651 Lao Tzu, *Tao Te Ching*, New York: Vintage/Random House 1997. (Deutsche Ausgaben des *Daodejing* sind zahlreich. Hier zitiert nach der bekanntesten: Laotse, *Taoteking*, aus d. Chines. v. Richard Wilhelm. Jena: Eugen Diederichs 1911 u. ö., Spruch 36, 43 u. 76.)

Kapitel 22: Flow-fördernde Worte

652 Eine ausführliche Diskussion materialistischer Werte findet man in Tim Kasser, *The high price of materialism*, Cambridge: The MIT Press 2002; für eine neuere Diskussion siehe Tim Kasser, »Materialistic values and goals«, in: *Annual review of psychology* 67 (2016), S. 489-514.

653 Kasser, »Materialistic values and goals«; Tim Kasser, »Materialism and living well«, in: *Handbook of well-being* (2018), S. 860-871.

654 Forscher untersuchen die Folgen materialistischer Werte mit Korrelations- und experimentellen Studien. Korrelationsstudien dienen zur Bewertung, wie ausgeprägt der Materialismus der Teilnehmer ist, zusammen mit anderen gewünschten Messgrößen wie Lebenszufriedenheit, Depressivität oder ökologischer Einstellung. Dann vergleichen sie die Personen mit hohen Materialismuswerten mit denjenigen mit niedrigen Materialismuswerten, um zu erkennen, ob es Unterschiede zwischen beiden Gruppen gibt. Fühlen und verhalten sich materialistische Personen anders als weniger materialistische? Bei experimentellen Studien verändern die Forscher die Werte der Teilnehmer subtil entweder zu mehr oder weniger Materialismus hin und beobachten, was daraufhin mit den Einstellungen, Gefühlen und Verhaltensweisen geschieht. Forscher haben viele Wege gefunden, um den situationsbedingten Materialismus von Teilnehmern zu verstärken: Sie zeigen ihnen Anzeigen für Luxusprodukte, fragen sie nach unerfüllten materiellen Wünschen, lassen sie Modezeitschriften oder Vom-Tellerwäscher-zum-Millionär-Biografien lesen oder bezeichnen sie einfach als »Verbraucher« statt als »Bürger« oder »Personen«. Für einen Überblick über die vielen Arten, auf die Forscher materialistische Werte manipulieren, siehe Olaya Moldes und Lisbeth Ku, »Materialistic cues make us miserable: A meta-analysis of the experimental evidence for the effects of materialism on individual and societal well-being«, in: *Psychology & Marketing*

37 (2020), S. 1396-1419. Umgekehrt können Forscher den Materialismus von Versuchsteilnehmern reduzieren, indem sie deren erwähnte selbst-transzendente Werte verstärken. Das bewirken sie, indem sie die Teilnehmer mit der Natur konfrontieren oder ihnen Geschichten und Videos zum Lesen beziehungsweise Anschauen geben, die Altruismus, Großzügigkeit, Wohlwollen et cetera zeigen. Beide Arten von Studien ergeben dieselben Schlussfolgerungen: Materialistische Werte beziehen sich auf das eigene Wohlergehen, die Gemeinschaft und die Welt als Ganzes. Für neuere Übersichten zu den negativen Wirkungen des Materialismus siehe Kasser, »Materialistic values and goals«; L. J. Shrum, Lan Nguyen Chaplin und Tina M. Lowrey, »Psychological causes, correlates, and consequences of materialism«, in: *Consumer Psychology Review* 5 (2022), S. 69-86.

Die Korrelationsstudien zeigen, dass Personen mit hohen Materialismuswerten auch hohe Messwerte für Depression und Angstgefühle erreichen, weniger zufrieden mit ihrem Leben sind, weniger Selbstvertrauen besitzen, mehr zu Tabak- und Alkoholkonsum neigen und insgesamt ein geringeres Wohlbefinden aufweisen. Sie haben außerdem kürzere, konfliktreichere und insgesamt schlechtere persönliche Beziehungen. Tim Kasser, einer der weltweit führenden Materialismusforscher, sagt gerne, dass Menschen, die viel Wert auf Dinge legen, auch andere Menschen irgendwann wie Dinge behandeln. Für ein Interview mit Kasser siehe »Materially False: A Q&A with Tim Kasser about the pursuit of the good life through goods«, in: *BEHAVIORAL scientist*, eingesehen 3. Juli 2024, https://behavioralscientist.org/materially-false-qa-tim-kasser-pursuit-good-goods/.

Materialistische Menschen haben außerdem durchschnittlich mehr rassistische und ethnische Vorurteile, interessieren sich weniger für unternehmerische Verantwortung, zeigen weniger prosoziales Verhalten, zeigen mehr antisoziales Verhalten, behandeln andere Menschen weniger empathisch, konkurrieren eher miteinander als zusammenzuarbeiten und sind machiavellistischer, das heißt sie sind eher bereit, andere zu manipulieren, um voranzukommen.

Sie haben außerdem höhere Werte in der Social Dominance Orientation (SDO) – der Neigung, gruppenbasierte Hierarchien zu unterstützen. Sie glauben, dass es gut sei, wenn bestimmte gesellschaftliche Gruppen mehr Macht und Ressourcen haben als andere Gruppen, und handeln so, dass Gruppen mit hohem Status an der Spitze und Gruppen mit niedrigem Status unten bleiben. Sie glauben an eine Welt, in der jeder jeden bekämpft. Angesichts dieser Weltsicht überrascht es nicht, dass sehr materialistische Menschen allgemein ein schlechteres Umweltverhalten, einen größeren ökologischen Fußabdruck und weniger umweltfreundliches Verhalten aufweisen (z. B. Müllwiederverwertung, Papier auf beiden Seiten beschreiben, Licht ausschalten, Radfahren). Die experimentellen Studien stützen diese Ergebnisse. Wenn materialistische Neigungen kurzfristig verstärkt werden, macht das die Betreffenden unglücklicher und weniger zufrieden mit sich selbst. Sie werden selbstsüchtiger, wettbewerbsorientierter und gieriger, zeigen ein größeres Bedürfnis, andere zu übertreffen, verhalten sich weniger nachhaltig und weniger prosozial. Für einen Überblick der experimentellen Forschung zu den

negativen Wirkungen materialistischer Werte siehe Moldes und Ku, »Materialistic cues make us miserable«.
Bei einer Studie verhielten sich die Teilnehmer, nachdem sie Zeitschriften gelesen hatten, die ihren situationsbedingten Materialismus verstärkten, in einem Simulationsspiel selbstsüchtiger – sie spendeten weniger für Umweltschutzkampagnen und gaben mehr Geld für sich selbst aus. Umgekehrt verhielten sich Teilnehmer, die Zeitschriften lasen, die ihren situationsbedingten Materialismus verringerten, im Simulationsspiel weniger selbstsüchtig – sie spendeten mehr Geld für Umweltschutzkampagnen und gaben weniger Geld für sich selbst aus. Die materialistischen Zeitschriften enthielten eine Mischung aus Mode- und Beauty-Berichten, Artikel über die neuesten Konsumgüter wie Handtaschen und Accessoires sowie Artikel und Fotografien zu Luxusreisen ins Ausland. Die nichtmaterialistischen Magazine enthielten Artikel und Fotografien über eine Wohlfahrtsorganisation, eine Kampagne gegen Haifischflossensuppe in Südostchina und Hongkong, Informationen über Arbeitsurlaube im Ausland und Artikel über Altruismus, Zugehörigkeit und Selbstakzeptanz. Für die Studie siehe Lisbeth Ku und Charles Zaroff, »How far is money from your mouth? The effects of intrinsic relative to extrinsic values on willingness to pay and protect the environment«, in: *Journal of Environmental Psychology* 40 (2014), S. 472-483.
Bei einer anderen Studie fühlten sich die Teilnehmer, wenn sie als »Verbraucher« statt als »Personen« bezeichnet wurden, weniger verantwortlich für die Lösung eines hypothetischen Ressourcen-Dilemmas und neigten weniger dazu, die anderen als Partner bei der Lösung des Dilemmas zu sehen. Für die Studie siehe Monika A. Bauer, James EB Wilkie, Jung K. Kim und Galen V. Bodenhausen, »Cuing consumerism: Situational materialism undermines personal and social well-being«, in: *Psychological science* 23 (2012), S. 517-523.
Kurz gesagt, wie im Haupttext erwähnt, korrelieren die materialistischen Werte stark mit Gedanken, Gefühlen und Handlungen, die schlecht für den Einzelnen, die Gesellschaft und die Welt als Ganzes sind. Im Gegensatz dazu korrelieren die selbst-transzendenten Werte mit Gedanken, Gefühlen und Handlungen, die gut für den Einzelnen, die Gesellschaft und die Welt als Ganzes sind. Wichtig ist, dass die nachteiligen Wirkungen materialistischer Werte bei armen wie bei reichen Menschen gleichermaßen nachgewiesen wurden. Es ist nicht der Fall, dass jemand, der reich und berühmt wird, den Einwirkungen des Materialismus gegenüber immun wird. Selbst eine sehr »erfolgreiche« Person wird die negativen Folgen spüren, wenn sie sich zu sehr um sich selbst, ihren Reichtum und ihren Status sorgt. Für eine neuere, kurze Diskussion dieser Erkenntnis siehe Kasser, »Materialism and living well«.

655 Amy Isham, Birgitta Gatersleben und Tim Jackson, »Materialism and the experience of flow«, in: *Journal of Happiness Studies* 22 (2021), S. 1745-1768.; Amy Isham, Birgitta Gatersleben und Tim Jackson, »Why do materialistic values undermine flow experiences? The role of self-regulatory resources«, in: *European Journal of Applied Positive Psychology* 5 (2021).

656 Isham et al., »Materialism and the experience of flow«.

657 Hari, *Lost connections*.

658 Seligman, *Authentic happiness*.

[659] Ed Diener, Ed Sandvik, Larry Seidlitz und Marissa Diener, »The relationship between income and subjective well-being: Relative or absolute?«, in: *Social indicators research* 28 (1993), S. 195-223.

[660] Tim Kasser und Richard M. Ryan, »Be careful what you wish for: Optimal functioning and the relative attainment of intrinsic and extrinsic goals«, in: P. Schmuck und K. M. Sheldon (Hg.), *Life goals and well-being: Towards a positive psychology of human striving*, Hogrefe & Huber Publishers 2001.

[661] Kennon M. Sheldon und Tim Kasser, »Pursuing personal goals: Skills enable progress, but not all progress is beneficial«, in: *Personality and social psychology bulletin* 24 (1998), S. 1319-1331.

[662] Für eine detaillierte Vorstellung der neuen Wissenschaft des hypo-egoicism siehe Kirk Warren Brown und Mark R. Leary (Hg.), *The Oxford handbook of hypo-egoic phenomena*, Oxford: Oxford University Press 2016.

[663] Philip J. Cozzolino, Angela Dawn Staples, Lawrence S. Meyers und Jamie Samboceti, »Greed, death, and values: From terror management to transcendence management theory«, in: *Personality and Social Psychology Bulletin* 30 (2004), S. 278-292.

[664] Ebd.

[665] Cozzolino et al., »Greed, death, and values«; Araceli Frias, Philip C. Watkins, Amy C. Webber und Jeffrey J. Froh, »Death and gratitude: Death reflection enhances gratitude«, in: *The Journal of Positive Psychology* 6 (2011), S. 154-162; Emily LB Lykins, Suzanne C. Segerstrom, Alyssa J. Averill, Daniel R. Evans und Margaret E. Kemeny, »Goal shifts following reminders of mortality: Reconciling posttraumatic growth and terror management theory«, in: *Personality and Social Psychology Bulletin* 33 (2007), S. 1088-1099; Mike Prentice, Tim Kasser und Kennon M. Sheldon, »Openness to experience predicts intrinsic value shifts after deliberating one's own death«, in: *Death studies* 42 (2018), S. 205-215.

[666] Marcus Aurelius, *Meditations*, London: Penguin Books 2006. (Im Original: *Ad se ipsum*, II,11. Deutsche Fassung zitiert nach: Marc Aurel, *Selbstbetrachtungen*, herausgegeben und übertragen von Arno Mauersberger, Leipzig: Dieterichsche Verlagsbuchhandlung. 1954, S. 16.)

[667] Bronnie Ware, *Top five regrets of the dying: A life transformed by the dearly departing*, London: Hay House 2012.

[668] Siehe zum Beispiel Moldes und Ku, »Materialistic cues make us miserable«; Shrum et al., »Psychological causes, correlates, and consequences of materialism«; Suzanna J. Opree, Moniek Buijzen, Eva A. van Reijmersdal und Patti M. Valkenburg, »Children's advertising exposure, advertised product desire, and materialism: A longitudinal study«, in: *Communication Research* 41 (2014), S. 717-735; Moniek Buijzen und Patti M. Valkenburg, »The effects of television advertising on materialism, parent–child conflict, and unhappiness: A review of research«, in: *Journal of applied developmental psychology* 24 (2003), S. 437-456; Marsha L. Richins, »Materialism pathways: The processes that create and perpetuate materialism«, in: *Journal of Consumer Psychology* 27 (2017), S. 480-499; Jennifer Lewallen, Brandon Miller und Elizabeth Behm-Morawitz, »Lifestyles of the rich and famous: Celebrity media diet and the cultivation of emerging adults' materialism«, in: *Mass Communication and Society* 19 (2016), S. 253-274; Rodolfo Leyva, »Experimental insights into the socio-cognitive effects of viewing

materialistic media messages on welfare support«, in: *Media Psychology* 22 (2019), S. 601-625.

669 Siehe zum Beispiel Buijzen und Valkenburg, »The effects of television advertising«.

670 See, for example, Lewallen et al., »Lifestyles of the rich and famous«.

671 Für Forschungen zu sozialen Netzwerken und Materialismus siehe zum Beispiel Marsha L. Richins und Lan Nguyen Chaplin, »Object attachment, transitory attachment, and materialism in childhood«, in: *Current Opinion in Psychology* 39 (2021), S. 20-25.

672 Siehe zum Beispiel Mauro Giacomantonio, Valeria De Cristofaro, Angelo Panno, Valerio Pellegrini, Marco Salvati und Luigi Leone, »The mindful way out of materialism: Mindfulness mediates the association between regulatory modes and materialism«, in: *Current Psychology* (2020), S. 1-11; David C Watson, »Self-compassion, the ›quiet ego‹ and materialism«, in: *Heliyon* 4 (2018); Amy Isham, Patrick Elf und Tim Jackson, »Self-transcendent experiences and sustainable prosperity«, (2022).

673 Siehe zum Beispiel Ruth A Baer, »Self-focused attention and mechanisms of change in mindfulness-based treatment«, in: *Cognitive behaviour therapy* 38 (2009), S. 15-20; Michaël Dambrun, »When the dissolution of perceived body boundaries elicits happiness: The effect of selflessness induced by a body scan meditation«, in: *Consciousness and cognition* 46 (2016), S. 89-98.

674 Für eine Besprechung siehe Don E. Davis, Elise Choe, Joel Meyers, Nathaniel Wade, Kristen Varjas, Allison Gifford, Amy Quinn et al., »Thankful for the little things: A meta-analysis of gratitude interventions«, in: *Journal of counseling psychology* 63 (2016), S. 20.

675 Für eine neuere Diskussion dieser Studien siehe Lan Nguyen Chaplin, Deborah Roedder John, Aric Rindfleisch und Jeffrey J. Froh, »The impact of gratitude on adolescent materialism and generosity«, in: *The Journal of Positive Psychology* 14 (2019), S. 502-511.

676 Chaplin et al., »The impact of gratitude«.

677 Matthew W. Johnson, Peter S. Hendricks, Frederick S. Barrett und Roland R. Griffiths, »Classic psychedelics: An integrative review of epidemiology, therapeutics, mystical experience, and brain network function«, in: *Pharmacology & therapeutics* 197 (2019), S. 83-102.

678 Matthew M. Nour, Lisa Evans, David Nutt und Robin L. Carhart-Harris, »Ego-dissolution and psychedelics: Validation of the ego-dissolution inventory (EDI)«, in: *Frontiers in human neuroscience* 10 (2016), S. 269.

679 Der Begriff *psychedelic unselfing* (»psychedelische Entselbstung«) stammt aus Juuso Kähönen, »Psychedelic unselfing: Self-transcendence and change of values in psychedelic experiences«, in: *Frontiers in Psychology* 14 (2023), S. 1104627.

680 Für eine Diskussion psychedelischen Wertewandels siehe zum Beispiel Kähönen, »Psychedelic unselfing«.

681 Albert Hofmann, *LSD my problem child: Reflections on sacred drugs, mysticism and science*. 4. Auflage, MAPS 2017.

682 Für eine neuere Diskussion der Risiken siehe Bridget Huber, »What do we know about the risks of psychedelics?« eingesehen 1. Juli 2024, https://michaelpollan.com/psychedelics-risk-today/.

683 Für einen neueren Überblick der wissenschaftlich nachgewiesenen Vorteile von Freiwilligenarbeit siehe »Volunteering, health and wellbeing«, in: *Volunteer Scotland*, eingesehen 3. Juli 2024, www.volunteerscotland.net/research-evaluation/research-publications/volunteering-health-wellbeing.

684 Netta Weinstein, Andrew K. Przybylski und Richard M. Ryan, »Can nature make us more caring? Effects of immersion in nature on intrinsic aspirations and generosity«, in: *Personality and social psychology bulletin* 35 (2009), S. 1315-1329.

685 Weinstein et al., »Can nature make us more caring?«.

686 Siehe zum Beispiel Yannick Joye, Jan Willem Bolderdijk, Massimo AF Köster und Paul K. Piff, »A diminishment of desire: Exposure to nature relative to urban environments dampens materialism«, in: *Urban Forestry & Urban Greening* 54 (2020), S. 126783.

687 John J. Ratey, *Go wild: Free your body and mind from the afflictions of civilization*, New York: Little, Brown and Company 2014.

688 Siehe Kapitel 9 in Hari, *Lost connections*; Tim Kasser, »About me«, eingesehen 3. Juli 2024, www.timkasser.org/about-me.

689 Für neuere Besprechungen siehe Dusica Lecic-Tosevski, »Is urban living good for mental health?« in: *Current opinion in psychiatry* 32 (2019), S. 204-209.; Mazda Adli und Jonas Schöndorf, »Macht uns die Stadt krank? Wirkung von Stadtstress auf Emotionen, Verhalten und psychische Gesundheit«, in: *Bundesgesundheitsblatt-Gesundheitsforschung-Gesundheitsschutz* 63 (2020), S. 968-979.

690 Joye et al., »A diminishment of desire«.

691 Lecic-Tosevski, »Is urban living good for mental health?«; Adli und Schöndorf, »Macht uns die Stadt krank?«